Tobias Bernasconi und Ursula Böing (Hgg.)
Schwere Behinderung & Inklusion
Facetten einer nicht ausgrenzenden Pädagogik

Impulse: Schwere und mehrfache Behinderung
Herausgegeben von Norbert Heinen, Theo Klauß, Wolfgang Lamers und Klaus Sarimski

Band 2

Mehr entdecken
Sie hier

Tobias Bernasconi und Ursula Böing (Hgg.)

Schwere Behinderung & Inklusion

Facetten einer nicht ausgrenzenden Pädagogik

ATHENA

Umschlagabbildung:
Kurzbiographie Andy LAUER, geboren 1991, lebt in Mannheim
Andy Lauer ist in Mannheim geboren und wohnt derzeit alleine in einer Wohnung in der Innenstadt. Er stammt aus einer kinderreichen Familie, in der es auch heute einen guten Zusammenhalt zwischen den Geschwistern gibt. Herr Lauer wurde in der Schule für Geistigbehinderte beschult, wo er Lesen und Schreiben in Grundzügen erlernte. Nach der Schule wurde er im Berufsbildungsbereich der DIAKONIEWERKSTÄTTEN Rhein-Neckar weitergebildet; hier besuchte er mit Freude und Erfolg die Bereiche der Holz- und Kreativwerkstatt, wo er mit den entsprechenden Materialien schon bald eigene Ideen und Entwürfe umsetzte. Er ist ein offener und kommunikativer Mensch, der das langfristige Ziel hat, eine Friseurlehre zu machen. Dafür investiert er viel Kraft und Zeit in den Hauptschulabschluss, den er in der Abendschule machen will. Derzeit ist er in einem Langzeitpraktikum in einer Großküche, da es ihm stets ein großes Anliegen war, eine Tätigkeit auf dem allgemeinen Arbeitsmarkt zu haben.
Andy Lauer ist vielseitig interessiert und hat sich im Rahmen der kreativen Angebote mit Assistenz einer Praktikantin im Bereich Ergotherapie an die Gestaltung von Farbkompositionen auf Leinwand eingearbeitet. Es wurden Farbenflächen vorbereitet, die verschiedenen Farben ausgesucht und wie diese zueinander passen und die Zusammenstellung für die Ausstellung arrangiert.
Die Ausstellung mit dem Titel »Buntes Arbeiten« wurde in der Agentur für Arbeit in Mannheim vom Dezember 2014 bis Januar 2015 präsentiert.
Notiert von Reinhard Lipponer und Antonia Lesle, Februar 2016

Dieses Buch entstand in Kooperation mit der Bundesvereinigung Lebenshilfe e. V.,
die die fachliche Beratung und das fachliche Lektorat übernahm.

Bibliografische Information der Deutschen Nationalbibliothek

Die Deutsche Nationalbibliothek verzeichnet diese Publikation
in der Deutschen Nationalbibliografie; detaillierte bibliografische Daten
sind im Internet über <http://dnb.d-nb.de> abrufbar.

1. Auflage 2016
Copyright © 2016 by ATHENA-Verlag,
Mellinghofer Straße 126, 46047 Oberhausen
www.athena-verlag.de
Alle Rechte vorbehalten
Druck und Bindung: Difo-Druck, Bamberg
Gedruckt auf alterungsbeständigem Papier (säurefrei)
Printed in Germany
ISBN 978-3-89896-613-9

Inhalt

Norbert Heinen, Theo Klauß, Wolfgang Lamers
und Klaus Sarimski: Vorwort 9

Tobias Bernasconi und Ursula Böing
Einleitung: Schwere Behinderung & Inklusion –
grundlegende Anmerkungen 11

Clemens Dannenbeck und Carmen Dorrance
Inkludiert wird man nicht – inkludiert ist man (oder auch nicht).
Inklusion als Strukturmerkmal und kritischer Maßstab 23

Tobias Bernasconi und Ursula Böing
Figuren einer nicht ausgrenzenden Pädagogik 37

Christian Lindmeier
Mit Menschen mit schweren und mehrfachen Beeinträchtigungen
biografisch arbeiten – wie geht das? 55

Erik Weber
»... und nicht verpflichtet sind, in besonderen Wohnformen zu leben«
Inklusive Perspektiven für Erwachsene mit hohem Unterstützungsbedarf
in allen Lebensbereichen – Herausforderungen, Widerstände, Perspektiven 69

Jens Boenisch
Verständigung ermöglichen
Neue Ansätze zur Sprachförderung von Menschen mit schwerer
und mehrfacher Behinderung 91

Barbara Ortland
Realisierungs(un)möglichkeiten sexueller Selbstbestimmung
bei Menschen mit Komplexer Behinderung 111

Irmgard Merkt
»das klinget so herrlich, das klinget so schön« – Teilhabe von Menschen
mit komplexen Beeinträchtigungen an der Musikkultur 125

Volker Benthien, Céline Müller und Nadine Voß
Veränderungen im Leben gestalten – Persönliche Zukunftsplanung
auch für Menschen mit hohem Unterstützungsbedarf 141

Christian Bühler
Barrierefreiheit und Assistive Technologie als Voraussetzung und Hilfe
zur Inklusion 155

Matthias Schumacher
(De-)Kategorisierung und das systemtheoretische Beobachtungsschema
Inklusion/Exklusion am Beispiel von Menschen ›mit schweren und
mehrfachen Behinderungen‹ und dem System Schule 171

Kerstin Ziemen
Inklusion und Schule – Zur Situation von Kindern und Jugendlichen,
die unter den Bedingungen von schwer(st)er Behinderung leben 185

Andreas Köpfer
Zwischen Autonomie und Be-Hinderung – Schulassistenz bei
Schüler(inne)n mit hohem Unterstützungsbedarf als Voraussetzung
oder Widerspruch für Raumaneignung? 195

Gwendolin Bartz
Schwere Behinderung und Schule. Die neue Ausbildungsordnung für
sonderpädagogische Förderung – Facetten einer nicht ausgrenzenden
Pädagogik? 209

Ingo Bosse
Forschendes Lernen – Wie Studierende der TU Dortmund auf die Arbeit
mit Menschen mit komplexen Kommunikationsbedürfnissen theoretisch
und praktisch vorbereitet werden   221

Alja Cordes und Katharina Silter
Inklusion ohne Grenzen – Beeinflussung von Einstellungsbarrieren
durch Respekt   235

Carla Klimke
Möglichkeiten der kulturellen Förderung im inklusiven Unterricht   249

Dorothea Sickelmann-Wölting
›Die Hand riecht nach Thymian …‹ – Sinnesgärten als inklusives
Bildungsangebot   263

Sylvia Mira Wolf
»Wie geht es weiter, wenn wir nicht mehr sind?« – Erste Ergebnisse
einer Befragung von alternden Eltern von Menschen mit (mehrfacher)
Beeinträchtigung zu Wünschen und Absprachen innerhalb der Familien   277

Norbert Heinen, Theo Klauß, Wolfgang Lamers
und Klaus Sarimski

Vorwort

Die Notwendigkeit dieser Reihe mit dem Titel »Impulse: Schwere und mehrfache Behinderung« hat sich seit dem Erscheinen des ersten Bandes nicht verändert. Menschen mit besonderen Beeinträchtigungen und hohem Unterstützungsbedarf werden – und das macht die ›Schwere‹ ihrer Behinderung aus – in allen Lebensbereichen sowohl in der Praxis als auch in der Wissenschaft, Gesellschaft und Politik ganz erheblich an ihrer gesellschaftlichen Teilhabe gehindert.
- Man traut ihnen nicht zu, mit anderen zu kommunizieren und sie finden kein Gehör, weil man ihre Ausdrucksformen nicht kennt. Bis vor kurzem galten sie als völlig bildungsunfähig, und bei der schulischen Inklusion kommen sie zuallermeist nicht vor. Auch Förderschulen gewährleisten keineswegs ihre Teilhabe an guter Bildung (vgl. Janz u. a. 2009).
- Auf dem allgemeinen Arbeitsmarkt findet man sie nicht, auch die meisten Werkstätten sind ihnen verschlossen, teilweise wird ihnen sogar eine Tagesstrukturierung verwehrt (Seifert 2006). Allgemeine Freizeitangebote können sie kaum nutzen, sie wohnen kaum ambulant betreut und riskieren ein Alter im Pflegeheim (Klauß 2006). Trotz Dezentralisierung bleiben viele in Komplexeinrichtungen zurück, während *Fittere* in Wohnquartiere umziehen.
- Keineswegs ermöglichen ihnen die am besten qualifizierten Begleiter(innen) ein selbstbestimmtes Leben, sie werden eher von wenig qualifiziertem und schlecht bezahltem Personal betreut und versorgt (Seifert 2006).
- Am *schwersten* werden sie *behindert*, indem sie *nicht wahrgenommen* werden und eine »Verweigerung des Zusammenlebens« erfahren (Hahn et al. 2004, 15).

Doch Menschen mit schwerer und mehrfacher Behinderung haben ein Recht auf selbstbestimmte und unbehinderte Teilhabe in unserem Gemeinwesen, an der Kultur, an Bildung, Arbeitsleben, in Nachbarschaften und im Gesundheitswesen, das sichert ihnen nicht zuletzt die Behindertenrechtskonvention ausdrücklich zu, d. h. sie können teilhaben, sind dabei allerdings darauf angewiesen, dass wir *geeignete Maßnahmen* bereitstellen, die ihnen das ermöglichen. Sie müssen von anderen wahr-, ernstgenommen und respektiert werden. Und sie benötigen eine Wissenschaft und eine wissenschaftlich und erfahrungsbasierte Praxis, die für die Begegnung mit ihnen Konzepte entwickelt, bekanntmacht und evaluiert.

Dazu wesentliche Beiträge zu leisten, ist sowohl das Anliegen dieser Reihe als auch dieses zweiten Bandes sowie der ihm zu Grunde liegenden Fachtagung »Schwere Behinderung und Inklusion«, die im Jahr 2015 von den Universitäten in Dortmund

und Köln durchgeführt wurde. Im Zentrum der Darstellungen, Reflexionen und konzeptionellen Impulse steht dabei die Eröffnung von Teilhabemöglichkeiten und die Überwindung der Barrieren, die die Lebensrealität von Menschen, die als schwer- und mehrfachbehindert bezeichnet werden, ausmachen und kennzeichnen. Dass dies vor allem in den Zusammenhang des Themas Inklusion gestellt wird, erscheint uns als Herausgebern der Reihe von besonderer Relevanz zu sein. Während man allenthalben erfährt, Inklusion meine selbstverständlich Alle und schließe natürlich niemanden aus, sind die Exklusionstendenzen im Kontext von schwerer und mehrfacher Behinderung gerade auch dadurch allenthalben erfahr- und erlebbar, dass diese Menschen in der sich als *inklusiv* verstehenden Praxis fast nirgends vorkommen. Es ist deshalb sehr wichtig, die speziellen Exklusionsrisiken dieses Personenkreises besonders in den Blick zu nehmen, ihre Teilhabemöglichkeiten aus verschiedenen Perspektiven zu reflektieren.

Es ist zu wünschen, dass dieser zweite Band wiederum auf ein breites Interesse stößt, bei allen – Fachleuten, Angehörigen, Verbänden, Sozialpolitiker(innen) und Verantwortlichen in Bildungseinrichtungen und -organisationen – die sich der Verpflichtung der Behindertenrechtskonvention stellen, tatsächlich allen Menschen einschließende Teilhabemöglichkeiten in allen Lebensbereichen zu gewährleisten.

Literatur

Hahn, M. Th./Fischer, U./Klingmüller, B. (Hrsg.) (2004): »Warum sollen sie nicht mit uns leben?« Stadtteilintegriertes Wohnen von Erwachsenen mit schwerer geistiger Behinderung und ihre Situation in Wohnheimen. Zusammenfassende Gesamtdarstellung des Projektes WISTA. Reutlingen: Diakonie-Verlag.

Janz, F./Klauß, Th./Lamers, W. (2009): Unterricht für Schülerinnen und Schüler mit schwerer und mehrfacher Behinderung – Ergebnisse aus dem Forschungsprojekt BiSB. In: Behindertenpädagogik 48, Heft 2, 117–142.

Klauß, Th. (2006): Menschen mit schweren Behinderungen im Spannungsfeld unterschiedlicher Interessen. In: Geistige Behinderung (45) Heft 1, 3–18.

Seifert, M. (2006): Lebensqualität von Menschen mit schweren Behinderungen Forschungsmethodischer Zugang und Forschungsergebnisse. URL: http://www.inklusion-online.net/index.php?menuid=20&reporeid=21. Entn. 29.03.2012.

Tobias Bernasconi und Ursula Böing

Einleitung: Schwere Behinderung & Inklusion – grundlegende Anmerkungen

Der vorliegende Band ist als erweiterter Tagungsband der Tagung »Schwere Behinderung und Inklusion« entstanden, die im Juni 2015 in einer Kooperation der Lehrstühle Rehabilitation und Pädagogik bei geistiger Behinderung der TU Dortmund und Pädagogik für Menschen mit Beeinträchtigungen der körperlichen und motorischen Entwicklung der Universität zu Köln realisiert wurde. Die Tagung hat – aus sehr verschiedenen Perspektiven – Teilhabemöglichkeiten für einen Personenkreis in den Fokus genommen, der im Kontext derzeitiger bildungspolitischer Transformationsprozesse, die unter dem Label »Inklusion« angestoßen werden, kaum adressiert wird (vgl. u. a. Fröhlich et al. 2011, 7 ff.).

In den einzelnen Beiträgen dieses Bandes werden Zugänge bzw. Barrieren zu verschiedenen (Bildungs-)Institutionen und kulturell-gesellschaftlichen Feldern für Kinder, Jugendliche und Erwachsene, die als schwer und mehrfachbehindert bezeichnet werden, analysiert und zugrundeliegende theoretische Implikationen aufgedeckt. Damit folgt der Band der Intention der Reihe »Impulse: Schwere und mehrfache Behinderung«, ausgehend von einem menschenrechtsbasierten »unteilbaren Diskriminierungsverbot« (ebd., 7), wie es in der UN-BRK grundgelegt wird, »Grundfragen des Lebens mit schwerer und mehrfacher Behinderung [zu] thematisieren, Probleme deutlich [zu] machen und Lösungswege an[zu]sprechen« (ebd.). Dieser Band möchte dabei im Besonderen die gesellschaftlichen, politischen und kulturellen Herausforderungen in den Blick nehmen, die sich aus dem Anspruch der UN-BRK im Hinblick auf Kinder, Jugendliche und Erwachsene mit schwerer und mehrfacher Behinderung ergeben und wissenschaftliche bzw. professionell-praktische *Impulse* vorlegen.

Den Begriff der Inklusion, der in Abgrenzung zum derzeit beobachtbaren bildungspolitisch gesteuerten Prozess der Auflösung von Sonderinstitutionen unter Aufrechterhaltung diskriminierender und stigmatisierender Strukturen (vgl. Böing/Köpfer 2016, in Vorb.), hier allgemein als »ein Konzept zur Überwindung von Marginalisierung und Diskriminierung« (Ziemen 2012) verstanden wird, wird deshalb in Bezug zu dem Phänomen »schwere und mehrfache Behinderung« gesetzt, um von hier aus Grundprobleme und -fragestellungen einer nicht ausgrenzenden Pädagogik zu entwerfen.

Mit dieser Intention geht jedoch ein grundsätzliches Dilemma einher, dem sich auch dieser Band nicht entziehen kann. »Inklusion« von einem bestimmten Personenkreis aus bzw. für diesen zu denken, widerspricht im Kern dem hier zugrunde gelegten Inklusionsverständnis (siehe ›Zum Begriff Inklusion‹ in diesem Beitrag). Inklusion, unter Einfluss des menschenrechtlich basierten Anspruchs der UN-BRK, meint ja gerade voraussetzungslose Teilhabe zu ermöglichen, unabhängig von personenbezogenen Merkmalen. Die Fokussierung auf einen bestimmten Personenkreis, wie er in diesem Band vorgenommen wird, muss sich demnach immer auch mit dem Vorwurf auseinandersetzen, Inklusion entlang bereits festgelegter gesellschaftlicher und institutioneller Bedingungen, auf Chancen und Risiken, Vor- und Nachteile, Möglichkeiten und Grenzen für bestimmte Personen zu befragen und damit unzulässig zu reduzieren. Werden Teilhabe- und Inklusionsprozesse von einer bestimmten Personengruppe aus analysiert, verfehlen sie bereits ihren Anspruch (vgl. Dannenbeck/Dorrance in diesem Band).

Dennoch gibt es Gründe, das Thema unter der genannten Perspektive zu bearbeiten. Erstens deshalb, weil der derzeitig beobachtbare bildungspolitisch initiierte »Inklusionsprozess« eben nicht von einem menschenrechtsbasierten Anspruch voraussetzungsloser Teilhabe ausgeht, sondern Grenzziehungen vornimmt (vgl. Feuser 2016). Von diesen Grenzziehungen sind in erster Linie Menschen betroffen, die in einer sozial-gesellschaftlich randständigen Position mit wenig Rechten und Ressourcen ausgestattet sind. An diesen Grenzen zeigen sich jedoch bestimmte Phänomene besonders prägnant und können von daher einer Analyse und wissenschaftlichen Betrachtung unterzogen werden.

Zweitens deshalb, weil Menschen mit schwerer und mehrfacher Behinderung immer noch in besonderem Maß auf Stellvertretung und/oder Assistenz angewiesen sind, damit sie Gehör finden und ihre Rechte einfordern können. Insofern übernehmen die Autor(inn)en dieses Bandes die Herausforderung einer zeitlich begrenzten stellvertretenden Position, die ihrerseits wiederum besonderen Schwierigkeiten und Dilemmata unterliegt (vgl. Bernasconi/Böing in diesem Band).

Die Gesamtherausgeber der Reihe merken dazu in ihrem Vorwort zum ersten Band an:

»Für das Anliegen unserer Buchreihe ist es ein großes Manko, dass wir die Menschen um die es geht, nicht selbst zu Wort kommen lassen. Wir sind noch nicht so weit, sie so gut zu verstehen, dass wir das, was sie im Alltag auf vielfältige Art und Weise zum Ausdruck bringen, in ›unsere‹ Sprache übersetzen könnten. So müssen – immer noch – andere für sie sprechen und versuchen, sich dabei ihnen und ihrer Perspektive möglichst weit anzunähern« (Fröhlich et al. 2011, 8). Unter den Bedingungen einer schweren und mehrfachen Behinderung zu leben bedeutet für die betroffenen Personen insofern, dass sich der »Grad der Abhängigkeit von Bedeutungs- und Deutungszuschreibungen« (Fornefeld 2008, 76) erhöht.

Im vorliegenden Band haben einige Autor(inne)n ihren Beitrag aus der Perspektive – angenommener – Bedarfe des Personenkreises formuliert. Der Personenkreis wird, ausgehend von ihren je spezifischen Zugängen, von den verschiedenen

Autor(inn)en mit diversen Begriffen belegt, hinter denen sich unterschiedliche Perspektiven auf das Phänomen verbergen und in denen sich die ›Streubreite‹ des wissenschaftlichen Feldes zeigt, welches sich mit dem Phänomen »Schwere und mehrfache Behinderung«, seinen Ausgangsbedingungen und seinen Zugängen zu gesellschaftlichen Feldern befasst. Diese (Stellvertreter-)Perspektive unterliegt immer der Gefahr, die Bedarfe des Personenkreises falsch einzuschätzen und den Personenkreis auf bestimmte Möglichkeiten der Welterfahrung und -erfassung festzulegen und damit zu begrenzen.

Um für den vorliegenden Band einen Rahmen zu bestimmen sollen nun einige grundsätzliche Anmerkungen zum Phänomen der »schweren und mehrfachen Behinderung« und zum Inklusionsprozess aus der Perspektive der Herausgeber(in) dieses Bandes folgen.

Annäherungen an das Phänomen »Schwere und mehrfache Behinderung«

Betrachtet man das Phänomen ›Schwere und mehrfache Behinderung‹, so lassen sich im aktuellen Diskurs sehr verschiedene – gegensätzliche – Zugänge ausmachen.

In einer medizinisch-psychologischen Betrachtung wird ›schwere und mehrfache Behinderung‹, wahlweise auch bezeichnet als ›Schwerstbehinderung‹, ›Schwerstmehrfachbehinderung‹, ›schwerste Beeinträchtigung‹ oder ›schwere geistige Behinderung‹, überwiegend an körperliche Strukturen und Funktionen bzw. organische Ausgangsbedingungen des Individuums gebunden, die, in Verbindung mit einem beobachteten Verhalten und entlang einer gedachten Grenzmarkierung von »normal« bzw. »nicht-normal«, als defizitär identifiziert werden (vgl. Bernasconi/Böing 2015, 17). Diese Sichtweise stellt nicht nur eine verkürzende Darstellung dar, sondern ist grundsätzlich unhaltbar und unzutreffend, wenn sozialwissenschaftliche Erkenntnisse und menschenrechtsbasierte oder gesundheitspolitische Definitionen[1] in den pädagogischen Diskurs aufgenommen werden, um Behinderung im Kontext sozial-gesellschaftlicher Entwicklungen zu betrachten.

So wird in der UN-BRK betont, dass »Behinderung aus der Wechselwirkung zwischen Menschen mit Beeinträchtigungen und einstellungs- und umweltbedingten Barrieren entsteht, die sie an der vollen, wirksamen und gleichberechtigten Teilhabe an der Gesellschaft hindern« (Bgbl 2008, 1420). Die ICF (vgl. DIMDI 2005) betrachtet Behinderung als Relation zwischen einem Individuum und seiner Umwelt und rückt Aktivitäts- und Teilhabemöglichkeiten bzw. -barrieren in den Fokus. Ins-

---

1 Vgl. Übereinkommen der Vereinten Nationen über die Rechte von Menschen mit Behinderungen (UN-BRK) (Bgbl 2008) bzw. International classification of functioning disability and health (ICF) der WHO (DIMDI 2005)

besondere in der UN-BRK scheint ein kulturelles Modell auf (vgl. Dannenbeck/ Dorrance in diesem Band), welches ein Verständnis von Behinderung als historisch entstandenes Konstrukt, geschaffen durch die je gesellschaftlich dominierenden Vorstellungen und sozialen Verhältnisse, entwickelt. Es basiert auf der Annahme, dass »die weltweit desolate Lage behinderter Menschen weniger mit körperlichen, intellektuellen oder psychischen Beeinträchtigungen als vielmehr mit der gesellschaftlich konstruierten Entrechtung (gesundheitlich) beeinträchtigter Menschen zu erklären ist« (Degener 2009, 272).

Die Allgemeine materialistische Behindertenpädagogik hat diese »bio-psycho-sozialen« Zusammenhänge zum Gegenstand ihrer Analyse gemacht (vgl. Jantzen 1987, 1990; Feuser 1996). Im Zusammenhang mit einer identifizierten geistigen Behinderung wird zwischen dem »Kern der Retardation«, der sekundären sowie der tertiären Komplikation differenziert. Der »Kern der Retardation« ist wenig beeinflussbar und wird als unmittelbare Primärfolge einer Schädigung bezeichnet (Jantzen 2001, 118). Am Beispiel der Trisomie 21 zeigt sich dieser Kern in der veränderten Chromosomenfolge, die zu einer Langsamkeit der Bewegungsrealisation führt (ebd.). Dies ist für das betreffende Kind die jeweilige Ausgangsbedingung seiner Entwicklung, ein subjektiv sinnhafter ›normaler‹ Zustand. Die »Störung« entsteht – als sekundäre Komplikation – erst in der sozialen Situation. Das Kind erlebt seine Beeinträchtigung »mittelbar, sekundär, als auf es selbst reflektiertes Ergebnis seiner sozialen Erfahrung« (Vygotski 1975, 70). Bei einer schweren Behinderung tritt zu dieser sekundären häufig noch eine tertiäre Komplikation hinzu, nämlich die Reaktion des Kindes auf die veränderten sozialen Bedingungen, wie sie z. B. in selbstverletzenden und/oder stereotypen Verhaltensformen beobachtbar wird (vgl. Jantzen 2001, 120; Bernasconi/Böing 2015, 77).

Innerhalb der Pädagogik bei schwerer und mehrfacher Behinderung wird in jüngerer Zeit mit den Begriffen »Komplexe Behinderung« (Fornefeld 2008) oder »Intensive Behinderungserfahrung« (Schuppener 2007) die Beeinträchtigung fokussiert, die sich aus der (Nicht-)Verbundenheit des Einzelnen mit der sozialen und kulturellen Umwelt ergibt. »Komplexe Behinderung« wird verstanden als »Attribut der Lebensbedingungen von Menschen mit Behinderung« (Fornefeld 2008, 51). Komplex ist hier dann nicht eine individuelle Schädigung, sondern vielmehr die »wachsende Anforderung an das soziale Umfeld« (Klauß 2011, 14).

»Intensive Behinderungserfahrungen« drücken sich durch ein hohes Risiko des Erlebens von Stigmatisierung und Exklusion aus. Die gesellschaftliche Situation der so bezeichneten Menschen zeichnet sich im Besonderen dadurch aus, dass sie häufig nicht ›dazu gehören‹, Exklusion erleben und ihnen Bildungs- und Teilhabemöglichkeiten vorenthalten werden.

In diesem Zusammenhang gilt zu konstatieren, dass trotz dieser Erkenntnisse die medizinisch-psychologische Sichtweise in gesellschaftlichen Feldern – innerhalb und außerhalb der Pädagogik – sehr virulent ist und die Lebenslage des so bezeichneten Personenkreises determiniert.

Die Zuschreibung einer schweren oder mehrfachen Behinderung ist insofern untrennbar verbunden mit einer Grenzmarkierung, einer systemischen Erwartungsenttäuschung, auf die mit Sanktion, d. h. Ausschluss reagiert wird (vgl. Schumacher in diesem Band). Allein die Bezeichnung ›schwere und mehrfache Behinderung‹ markiert als sogenannter »Rest« (Wagner 2013, Feuser et al. 2001) die Grenze des »inkludierbaren«. Den so bezeichneten Personen wird in den verschiedenen Institutionen dann allenfalls der Status von »Kellerkindern« (Dörr 1998) zugewiesen. Die Definitionsmacht liegt dabei bei den Akteur(inne)n in den verschiedenen sozial- und bildungspolitischen, sozialökonomischen, wissenschaftlichen und pädagogischen Handlungsfeldern und dient dazu Ressourcen und Zugänge zu öffnen oder zu verschließen (vgl. Schmuhl 2007, 23 f.). Sie liegt jedoch niemals bei den betroffenen Personen selbst.

Zum Begriff Inklusion

Der Begriff Inklusion stammt aus dem Lateinischen und bedeutet ›Einschließung‹ (vgl. Ziemen 2012). Inklusion bezieht sich auf alle gesellschaftlichen Gruppen, die Diskriminierungserfahrungen machen und von sozialer Ungleichheit, Aussonderung und Marginalisierung betroffen sind, so aufgrund der Zugehörigkeit zu einem bestimmten Geschlecht oder einer bestimmten sexuellen Neigung, aufgrund der Zugehörigkeit zu einer bestimmten Ethnie oder aufgrund eines sozioökonomischen Status oder einer prekären Lebenslage (vgl. Unesco 2010, 7). Inklusion meint entsprechend »die Überwindung der sozialen Ungleichheit und der Aussonderung [und] zielt auf das Schaffen von Bedingungen, um allen Kindern, Jugendlichen und Erwachsenen ohne Ausnahme Partizipation in gesellschaftlich relevanten Feldern zu ermöglichen« (vgl. Ziemen in diesem Band). Damit wird bereits deutlich, dass ein so formulierter Inklusionsanspruch Ungleichheit nicht durch die Herstellung von Gleichheit überwinden möchte. Ungleichheit im pädagogischen Kontext zu bearbeiten dient dem Ziel gleichwertige und -würdige Teilhabe zu ermöglichen und die Achtung der Besonderheit und die Respektierung der Unterschiede von Menschen anzuerkennen, ohne dass die jeweiligen Individuen über diese Unterschiede hierarchisiert werden (vgl. Kron 2010).

Eine populäre Sichtweise, die Inklusion simplifizierend als ›buntes Miteinander‹ unterschiedlich gefärbter Kreise abbildet, wird diesem wissenschaftlichen Verständnis von Inklusion nicht gerecht. Systemtheoretisch betrachtet lässt sich das Verhältnis von Exklusion und Inklusion nicht als chronologischer Prozess hin zu einem idealtypischen Zustand beschreiben, vielmehr bildet es zwei Seiten einer Medaille ab. Inklusion ist folglich ausschließlich im Zusammenhang mit Exklusion zu denken (vgl. Dederich 2006, 11; Schumacher in diesem Band), wobei Exklusionsprozesse sich nicht dadurch auszeichnen, dass sie am Rand einer Gesellschaft stattfinden, sondern in ihrer Mitte (Dederich 2006, 23).

Inklusionsprozesse sind zusammenfassend als eine gesamtgesellschaftliche Aufgabe anzusehen, welche auf die Transformation verschiedener Gesellschaftssysteme zielen. Unterschiedliche gesellschaftliche Felder sind in diesen Prozess involviert und miteinander verwoben. Inklusion beschränkt sich pädagogisch betrachtet weder auf die Auflösung sonderpädagogischer Institutionen noch auf die topologisch-räumliche Anwesenheit in allgemeinen Institutionen (vgl. Köpfer in diesem Band). Vielmehr geht es um »strukturelle Veränderungen der regulären Institutionen [...], um der Verschiedenheit der Voraussetzungen und Bedürfnisse aller Nutzer/innen gerecht zu werden« (Biewer 2009, 193).

Die Frage der Inklusion von Kindern, Jugendlichen und Erwachsenen mit schwerer und mehrfacher Behinderung ist demnach abhängig von der Bereitschaft regulärer Institutionen und gesellschaftlicher Felder diesen Kindern, Jugendlichen oder Erwachsenen einen ihnen gemäßen Platz im System anzubieten und strukturelle Veränderungen vorzunehmen.

Exklusionstendenzen im Kontext von schwerer und mehrfacher Behinderung

Auf handlungspraktischer Ebene in unterschiedlichen professionellen Handlungsfeldern lassen sich aktuell hinreichend Belege finden, dass der derzeitige ›Inklusionsprozess‹ jedoch nicht auf tiefgreifende strukturelle Veränderungen der regulären Institutionen abzielt, sondern zu einem Zwei-Klassen-System und der Identifizierung einer sogenannten ›nicht inkludierbaren‹ Personengruppe führt. Dieser Ausschluss folgt dabei einer historisch nachweisbaren gesellschaftlichen »Tradition« von Ausschlussmechanismen, die in der Pädagogik seit ihren Anfängen zu beobachten waren (vgl. Böing/Bernasconi 2015, 34 ff.) und sich auch in moderner Pädagogik beispielsweise in den 1980er-Jahren durch die vermeintliche Identifizierung eines sog. »harten Kerns« (Toresini 1989, vgl. Weber in diesem Band) finden. Dieser Ausschluss setzt sich aktuell in fast allen relevanten Lebensbereichen von Menschen mit schwerer und mehrfacher Behinderung fort, so im Bereich der Schule oder weiterer Bildungsinstitutionen, im Bereich des Wohnens, der Arbeit, der Freizeitgestaltung etc.

Im Kontext ›Schule‹ sind beispielsweise nur wenige Bemühungen erkennbar, Kindern und Jugendlichen mit schwerer und mehrfacher Behinderung gleiche Bildungschancen zu ermöglichen. Lamers und Heinen (2011, 322) verweisen in diesem Zusammenhang auf das Phänomen der sogenannten »Beistellkinder«. Sie stellen dar, »dass einzelne integrierte Schüler mit schwerer und mehrfacher Behinderung die Aufmerksamkeit ihrer Lehrkräfte nicht in dem Umfang erhalten, welcher ihnen zusteht« (Schulz zur Wiesch 2008, zit. nach Lamers/Heinen 2011, 322) und beschreiben damit eine Reduktion von Bildungsangeboten und Lernmöglichkeiten für diesen Personenkreis. Aktuelle nationale und internationale Studien bestätigen zusammenfassend, dass eine höhere intellektuelle Beeinträchtigung, insbesondere im Zusammenhang mit zusätzlichen Behinderungen, sog. auffälligen Verhaltensweisen oder erhöhtem Pflegebedarf in der Regel eine Exklusion aus der Allgemeinen Schule zur Folge hat (vgl. Lelgemann et al. 2012; Dworschak et al. 2012, Paulsson et al. 2012, Wolfe/Hall 2003).

Der für Kinder und Jugendliche mit schwerer und mehrfacher Behinderung belegte Ausschluss aus Bildungsbezügen setzt sich im weiteren Lebensverlauf umfassend fort. Fornefeld beklagt in diesem Zusammenhang sogar eine »neue Separation und Exklusion« (2007, 51), die angesichts wirtschaftlicher Destabilisierungstendenzen und einer neoliberal motivierten ›Lockerung sozialer Netze‹, in deren Folge auch Behindertenpolitik unter dem Diktat ökonomischer Interessen steht, beispielsweise im Bereich Wohnen erkennbar wird. Pädagogische Postulate, wie sie im Begriff der Selbstbestimmung und des Empowerments aufscheinen, bewirken, sobald sie ausschließlich unter wirtschaftlich-ökonomischen Argumenten betrachtet werden, einen Ausschluss derjenigen, die diesen Anforderungen nicht zu genügen scheinen (vgl. ebd.). Das ambulante, gemeindeintegrierte Wohnen bleibt einem Klientel, welches auf erhöhte Unterstützung und Assistenz angewiesen ist, bislang verschlossen (vgl. Weber in diesem Band).

Für die Teilhabe am Arbeitsleben existieren ebenfalls nahezu keine Modelle, die Erwachsenen mit schwerer und mehrfacher Behinderung einen Zugang zum allgemeinen Arbeitsmarkt eröffnen (vgl. Renner 2015). Darüberhinaus zeigen sich auch in sog. »geschützten« Arbeitsmärkten, wie der WfbM, eindeutige Ausschlusstendenzen anhand personenspezifischer Merkmale (vgl. Terfloth/Lamers 2009, 223).

Zusammenfassend lässt sich anhand der aufgeführten Beispiele festhalten: Die Lebenslage von Kindern, Jugendlichen und Erwachsenen mit schwerer und mehrfacher Behinderung lässt sich hinsichtlich der ihnen zur Verfügung stehenden materiellen und immateriellen Ressourcen als prekär bezeichnen. Der aktuell zu beobachtende und bildungspolitisch initiierte sog. »Inklusionsprozess« führt zu einer qualitativen und quantitativen Verschlechterung der Teilhabemöglichkeiten in fast allen gesellschaftlich relevanten Feldern.

Die Beiträge in diesem Band folgen insofern der Intention, die Lebenslage dieses Personenkreises in den Blick zu nehmen, Teilhabemöglichkeiten aus verschiedenen Perspektiven zu fokussieren und im Sinne einer veränderten Sichtweise Grundfragen einer nicht ausgrenzenden Pädagogik zu diskutieren. Dabei werden zunächst theoretische Grundfragen erörtert, bevor die weiteren Beiträge Teilhabemöglichkeiten in unterschiedlichen Handlungsfeldern und verschiedenen Lebensbereichen in den Fokus nehmen. Das Handlungsfeld Schule wird dabei aus verschiedenen Perspektiven betrachtet. Den Abschluss bilden, neben Fragestellungen im Kontext von Lehrerbildung bzw. familiärer Strukturen, praxisorientierte Beispiele kultureller Bildung.

Clemens Dannenbeck und *Carmen Dorrance* beschreiben zunächst Inklusion als konsequent gedachte Einlösung menschenrechtlicher Ansprüche, diskutieren die Resonanz auf diese Ansprüche in gesellschaftlichen und (bildungs-)politischen Entwicklungen und Debatten und decken Widersprüche auf. Dabei werden folgerichtig keine handlungspraktischen Vorschläge zu den Teilhabemöglichkeiten der hier fokussierten Zielgruppe gemacht, vielmehr werden die Denkfigur des ›Schwerbehinderten‹ und seine Rolle in Inklusionsdiskursen als Repräsentant des Nichtintegrierbaren analysiert.

Tobias Bernasconi und *Ursula Böing* entwerfen in ihrem Beitrag ausgehend von einer Beschreibung des Verhältnisses von Sonderpädagogik und allgemeiner Pädagogik in theoretisch-disziplinärer Perspektive Ansatzpunkte für ein nicht ausgrenzendes pädagogisches Fundament entlang der pädagogischen Grundfragen und -motive von Ungewissheit, Imperfektibilität, Stellvertretung und Bildung.

Christian Lindmeier zeigt in seinem Beitrag Perspektiven für biografisches Arbeiten mit Menschen mit schwerer und mehrfacher Beeinträchtigung. Insbesondere die Möglichkeiten stellvertretender Biografiearbeit werden dabei kritisch beleuchtet und somit ein pädagogisches Grundproblem offengelegt: die ›Innenperspektive‹ und die ›stellvertretende‹ Perspektive stellen letztlich »inkommensurable Perspektiven auf eine individuelle Lebensgeschichte« dar, »die trotz der kollektiven Geschichte, die die beeinträchtigte Person und die Familienangehörigen verbindet, unterschiedlich sind und bleiben werden« (Lindmeier in diesem Band).

Erik Weber arbeitet an verschiedenen Beispielen heraus, dass die Gestaltung inklusiver Perspektiven und das Recht auf umfassende Teilhabe für Erwachsene mit hohem Unterstützungsbedarf in allen Lebensbereichen die beteiligten Akteur(inn)e(n) vor große Herausforderungen stellen. Widerstände identifiziert Weber sowohl innerhalb der Behindertenpädagogik und -hilfe selbst als auszumachende Gewaltverhältnisse als auch in Form von Barrieren bei der Entwicklung inklusiver Sozialräume. Diesen Widerständen stellt er mögliche (inklusive) Perspektiven gegenüber.

Jens Boenisch stellt in seinem Beitrag neue Ansätze zur Sprachförderung von Menschen mit schwerer und mehrfacher Behinderung dar. Ausgehend von der Feststellung, dass sich die Kommunikation mit diesem Personenkreis häufig auf Versorgungssituationen beschränkt, beschreibt er – aufbauend auf aktuellen Untersuchungen zum Kern- und Randvokabular – methodische Möglichkeiten der Sprachförderung, die aktive kommunikative Teilhabe in allen Lebensbereichen ermöglicht.

Barbara Ortland widmet sich dem Thema der sexuellen Selbstbestimmung, welche sie weniger an körperliche Voraussetzungen gebunden sieht, als an strukturellen und sozialen Kontextbedingungen in denen eine Person lebt. Auf den Ergebnissen einer breit angelegten Studie im Bereich von Wohneinrichtungen entwickelt sie grundlegende Gedanken und konzeptionelle Vorschläge für die Realisierung sexueller Selbstbestimmung von Menschen mit Komplexer Behinderung.

Irmgard Merkt zeigt in Ihrem Beitrag, dass Musik bzw. die akustische Welt im Sinne einer »Lebenspartitur« von Anbeginn der Entwicklung zum Menschen gehört. Sie kann beschrieben werden als »Gefühlswelt« und hat gleichzeitig einen kulturell bestimmten Charakter. Auf diesen Gedanken aufbauend werden Vorschläge für die Teilhabe von Menschen mit komplexen Beeinträchtigungen am kulturellen Medium Musik entwickelt.

Volker Benthien, Céline Müller und *Nadine Voss* beschäftigen sich mit den Möglichkeiten von Menschen mit hohem Unterstützungsbedarf, ihre eigene Zukunft zu planen und mitzugestalten. Dabei werden Elemente und Methoden der Persönlichen Zukunftsplanung auf ihre Bedeutung in diesem Kontext hin analysiert, um Teilhabe und gute Lebensqualität für den fokussierten Personenkreis umzusetzen.

Christian Bühler analysiert in seinem Beitrag die Rolle und die Möglichkeiten von Assistiver Technologie im Kontext von Inklusion und schwerer und mehrfacher Behinderung. Dabei stellt er grundlegende Überlegungen zum Konzept der Barrierefreiheit und des Design für Alle dar und beschreibt anschließend exemplarisch für das Handlungsfeld Schule die Chancen und Potenziale beim Einsatz technologischer Hilfesysteme.

Matthias Schuhmacher zeigt anhand einer differenztheoretischen Analyse, wie das Beobachtungsschema Inklusion/Exklusion aufgrund zugrundeliegender Erwartungsenttäuschungen betrachtet werden kann. Durch eine Umstellung von kategorisierenden Beobachtungen hin zu einer auf Differenz und Reflexion fußenden Beobachtung zeigt er, wie auf interaktionaler und organisationaler Ebene beispielhaft im Handlungsfeld Schule eine veränderte Perspektive eingenommen werden kann.

Kerstin Ziemen stellt unter Rückgriff auf einen sozialwissenschaftlichen Erklärungsansatz grundlegende Aspekte im Kontext von Inklusion in Bezug auf Kinder und Jugendliche, die unter den Bedingungen von schwer(st)er Behinderung leben dar. Der Blick auf das Handlungsfeld Schule macht dann anhand aktueller Studien sowie weiterführender Überlegungen deutlich, dass gesellschaftliche Teilhabe in einem ansonsten strukturell nur eingeschränkt veränderten System nicht gelingen kann. Vielmehr sollte Schule selber als ein sich entwickelndes und veränderbares System betrachtet werden.

Andreas Köpfer widmet sich der in der bisherigen Diskussion um inklusive Beschulung von Schüler(inne)n mit hohem Unterstützungsbedarf nur wenig beachteten Rolle von Schulassistent(inn)en bzw. Schulbegleitungen. Mit theoretischen Bezügen zu Raum und Raumaneignung wirft Köpfer einerseits einen kritischen Blick auf die Anforderungen von Schulassistent(inn)en und andererseits auf ihre zu Verfügung stehenden Handlungsräume. Darauf aufbauend werden erste didaktische Ideen für eine konzeptionelle Weiterentwicklung der Rolle von Schulassistent(inn)en entwickelt.

Gwendolin Bartz untersucht die Frage, in welcher Art und Weise ›schwere Behinderung‹ in der neuen Ausbildungsordnung sonderpädagogische Förderung für Nordrhein-Westfalen (AO-SF, NRW) berücksichtigt wird und welche Folgen sich daraus für die inklusive Beschulung dieser Schüler(innen) ergeben. Anhand einer kleinen Interviewstudie werden die pädagogisch-praktischen Umsetzungen der schulrechtlichen Vorgaben anhand der Idee einer nicht ausgrenzenden Pädagogik diskutiert.

Ingo Bosse fokussiert in seinem Beitrag Aspekte der Professionalisierung in der Ausbildung von Studierenden im Lehramt sonderpädagogische Förderung. Anhand hochschuldidaktischer Praxisbeispiele wird die Relevanz des Lehr-/Lernformats ›Forschendes Lernen‹ aufgezeigt und zudem erläutert, wie durch dieses Format Ansatzpunkte für mehr Teilhabe des Personenkreises entwickelt werden können.

Alja Cordes und *Katharina Silter* stellen fest, dass der Begriff ›Respekt‹ oftmals im Zusammenhang der Behindertenhilfe verwendet wird, gleichsam jedoch keine eindeutige theoretische Fundierung des Respektbegriffs im Kontext von Behinderung existiert. In ihrem Beitrag unternehmen sie den Versuch, Konstrukte die sich unter dem Begriff Respekt mit Bezug zum Personenkreis der Menschen mit schwerer und mehrfacher Behinderung befinden, genauer zu fassen, kritisch zu beleuchten und damit anwendbar für Theorie und Forschung zu machen.

Carla Klimke beschreibt in einem anschaulichen und praxisorientierten Beitrag, wie kulturelle Förderung von Schüler(innen) mit schwerer Behinderung mit Fokussierung auf anspruchsvolle Bildungsinhalte im Kontext einer Förderschule mit dem Förderschwerpunkt körperliche und motorische Entwicklung gelingen kann.

Dorothea Sickelmann-Wölting fokussiert in ihrem Beitrag auf Bildungsangebote zur sensorischen Entwicklung in Sinnesgärten. Dabei werden praxisnahe Ideen aufgezeigt und diese auf ihren ›inklusiven Charakter‹ hin untersucht.

Mira Sylvia Wolf stellt abschließend erste Ergebnisse einer Befragung von Eltern von Menschen mit Behinderung dar. Sie macht deutlich, dass im Kontext von Transitionsprozessen Menschen mit (mehrfacher) Behinderung nur wenig Teilhabemöglichkeiten bei der Planung ihrer eigene Zukunft besitzen und entwickelt einige konzeptionelle Vorschläge zur Unterstützung im System Familie.

Literatur

Bernasconi, Tobias/Böing, Ursula (2015): Pädagogik bei schwerer und mehrfacher Behinderung. Stuttgart.

Bgbl (2008): Gesetz zu dem Übereinkommen der Vereinten Nationen vom 13. Dezember 2006 über die Rechte von Menschen mit Behinderungen sowie zu dem Fakultativprotokoll vom 13. Dezember 2006 zum Übereinkommen der Vereinten Nationen über die Rechte von Menschen mit Behinderungen. Bundesgesetzblatt Teil II, Nr. 35, 1419–1457.

Biewer, Gottfried (2009): Grundlagen der Heilpädagogik und Inklusiven Pädagogik. Bad Heilbrunn.
Böing, Ursula/Köpfer, Andreas (2016): Be-Hinderung der Teilhabe. Soziale, politische und institutionelle Herausforderungen inklusiver Bildungsräume. Bad Heilbrunn. In Vorbereitung.
Dederich, Markus (2006): Exklusion. In: Dederich, Markus/Greving, Heinrich/Mürner, Christian/Rödler, Peter (Hrsg.): Inklusion statt Integration? Heilpädagogik als Kulturtechnik, Gießen 2006, 11–27.
Degener, Teresa (2009): Die neue UN- Behindertenrechtskonvention aus der Perspektive der Disability Studies. Behindertenpädagogik (3), 263–283.
DIMDI (2005): ICF – Internationale Klassifikation der Funktionsfähigkeit, Behinderung und Gesundheit. Hrsg. Deutsches Institut für medizinische Dokumentation und Information. In: http://www.dimdi.de/dynamic/de/klassi/downloadcenter/icf/endfassung/icf_endfassung-2005-10-01.pdf (21.01.2016).
Dörr, Günter (1998): Neue Perspektiven in der Sonderpädagogik. Düsseldorf.
Dworschak, Wolfgang/Kannewischer, Sybille/Ratz, Christoph/Wagner, Michael (2012): Schülerschaft mit dem Förderschwerpunkt geistige Entwicklung. Eine empirische Studie. Oberhausen.
Feuser, Georg (1996): »Geistigbehinderte gibt es nicht!«. Zum Verhältnis von Menschenbild und Integration. Vortrag vor den Abgeordneten zum Nationalrat im Österreichischen Parlament am 29.10.1996. In: http://bidok.uibk.ac.at/library/feuser-geistigbehinderte.html, zuletzt aktualisiert am 25.09.2006, (21.01.2016).
Feuser, Georg/Rödler, Peter/Jantzen, Wolfgang (Hrsg.) (2001): Es gibt keinen Rest! Basale Pädagogik für Menschen mit schwersten Beeinträchtigungen. Weinheim.
Feuser, Georg (2016): Die Integration der Inklusion in die Segregation. In: Böing, Ursula/Köpfer, Andreas (Hrsg.): Be-Hinderung der Teilhabe. Soziale, politische und institutionelle Herausforderungen inklusiver Bildungsräume. Bad Heilbrunn. In Vorbereitung.
Fornefeld, Barbara (2007): Was geschieht mit dem ›Rest‹? Anfragen an die Behindertenpolitik – Teil 1. In: Dederich, Markus/Grüber, Katrin (Hrsg.): Herausforderungen. Mit schwerer Behinderung leben. Frankfurt am Main, 39–54.
Fornefeld, Barbara (2008): Menschen mit Komplexer Behinderung – Klärung des Begriffs. In: Fornefeld, Barbara (Hrsg.): Menschen mit komplexer Behinderung. Selbstverständnis und Aufgaben der Behindertenpädagogik. München, 50–81.
Fröhlich, Andreas/Heinen, Norbert/Klauß, Theo/Lamers, Wolfgang (2011): Schwere und mehrfache Behinderung – interdisziplinär. Impulse: Schwere und mehrfache Behinderung. Band 1. Oberhausen.
Jantzen, Wolfgang (1987): Allgemeine Behindertenpädagogik. Sozialwissenschaftliche und psychologische Grundlagen. Band 1. Weinheim/Basel.
Jantzen, Wolfgang (1990): Allgemeine Behindertenpädagogik. Neurowissenschaftliche Grundlagen, Diagnostik, Pädagogik und Therapie. Band 2. Weinheim/Basel.
Jantzen, Wolfgang (2001): Schwerste Beeinträchtigung und die »Zone der nächsten Entwicklung«. In: Feuser, Georg/Rödler, Peter/Jantzen, Wolfgang (Hrsg.): Es gibt keinen Rest! Basale Pädagogik für Menschen mit schwersten Beeinträchtigungen. Weinheim/Basel, 102–126.
Klauß, Theo (2011): Schwere und mehrfache Behinderung – interdisziplinär. Einleitende Überlegungen. In: Fröhlich, Andreas/Heinen, Norbert/Klauß, Theo/Lamers, Wolfgang (Hrsg.): Schwere und mehrfache Behinderung – interdisziplinär. Impulse: Schwere und mehrfache Behinderung. Band 1. Oberhausen, 11–39.
Kron, Maria (2010): Ausgangspunkt: Heterogenität. Weg und Ziel: Inklusion? Reflexionen zur Situation im Elementarbereich. Zeitschrift für Inklusion. Online.net. 3/2010.

In: http://www.inklusion-online.net/index.php/inklusion-online/article/view/120/120 (21.01.2016).

Lamers, Wolfgang/Heinen, Norbert (2011): Bildung für alle – Menschen mit schwerer und mehrfacher Behinderung im Spannungsfeld von Inklusion und Exklusion. In: Fröhlich, Andreas/Heinen, Norbert/Klauß, Theo/Lamers, Wolfgang (Hrsg.): Schwere und mehrfache Behinderung – interdisziplinär. Impulse: Schwere und mehrfache Behinderung. Band 1. Oberhausen, 317–344.

Lelgemann, Reinhard/Lübbeke, Jelena/Singer, Philipp/Walter-Klose, Christian (2012): Qualitätsbedingungen schulischer Inklusion für Kinder und Jugendliche mit dem Förderschwerpunkt Körperliche und motorische Entwicklung. In: http://www.uni-wuerzburg.de/fileadmin/06040400/downloads/Forschung/Zusammenfassung_Forschungsprojekt_schulische_Inklusion.pdf (21.01.2016).

Paulsson, Karin/Nygren, Göran/Lübbeke, Jelena/Lelgemann, Reinhard (2012): Zur aktuellen Situation körperbehinderter Schülerinnen und Schüler in Schweden. Zeitschrift für Inklusion. In: http://www.inklusion-online.net/index.php/inklusion-online/article/view/77/77 (21.01.2016).

Renner, Georg (2015): Berufliche Teilhabe (Partizipation) von Menschen mit schwerer motorischer Bewegungseinschränkung und schwerer Kommunikationsbeeinträchtigung. Zeitschrift für Heilpädagogik, 66, 289–301.

Schmuhl, Hans-Werner (2007): Schwer behindert, schwerbehindert, schwerstbehindert. Begriffsgeschichtliche Betrachtung zu den feinen Unterschieden in der Benennung von Menschen mit Behinderung. In: Dederich, Markus/Grüber, Katrin (Hrsg.): Herausforderungen. Mit schwerer Behinderung leben. Frankfurt am Main, 23–38.

Schuppener, Saskia (2007): Geistig- und Schwermehrfachbehinderungen. In: Borchert, Johann (Hrsg.): Einführung in die Sonderpädagogik. München/Wien, 111–147.

Terfloth, Karin/Lamers, Wolfgang (2009): Untersuchung von Organisationsmerkmalen nachschulischer Angebote für Menschen mit schwerer und mehrfacher Behinderung (Projekt SITAS). In: Janz, Frauke/Terfloth, Karin (Hrsg.): Empirische Forschung im Kontext geistiger Behinderung. Heidelberg, 215–239.

Toresini, Lorenzo (1989): Der Mythos vom harten Kern. In: TAFIE (Hrsg.): Pädagogik und Therapie ohne Aussonderung. 5. Gesamtösterreichisches Symposium 1989, 113–120. In: http://bidok.uibk.ac.at/library/toresini-kern.html (21.01.2016).

Unesco (2010): Inklusion: Leitlinien für die Bildungspolitik. In: https://www.unesco.de/fileadmin/medien/Dokumente/Bildung/InklusionLeitlinienBildungspolitik.pdf (21.01.2016).

Vygotskij, Lew Semjonowitsch (1975): Zur Psychologie und Pädagogik der kindlichen Defektivität. Gekürzter Nachdruck aus dem Sammelband »Fragen der Erziehung blinder, gehörloser und schwachsinniger Kinder« mit Aufsätzen und Materialien, erschienen unter der Redaktion von L. S. Vygotskij, herausgegeben von der Abteilung sozialer und rechtlicher Schutz für Unmündige, Hauptverwaltung Sozialerziehung, des Volkskommissariats für Volksbildung der RSFSR, Moskau 1924, 5–30. In: Die Sonderschule (2), 65–72. In: http://www.th-hoffmann.eu/archiv/wygotski/wygotski.1924.pdf, (21.01.2016).

Wagner, Michael (2013): Sind sie der Rest? Kinder und Jugendliche mit schwerer Behinderung in einem inklusiven Schulsystem. Zeitschrift für Heilpädagogik, 64, 496–501.

Wolfe, Pamela S./Hall, Tracey E. (2003): Making Inclusion a Reality for Students with Severe Disabilities. In: Teaching Exceptional Children, 35, 56–60.

Ziemen, Kerstin (2012): Inklusion. In: Ziemen, Kerstin (Hrsg.): Inklusion-Lexikon. In: http://www.inklusion-lexikon.de/Inklusion_Ziemen.php (21.01.2016).

Clemens Dannenbeck und Carmen Dorrance

Inkludiert wird man nicht – inkludiert ist man (oder auch nicht). Inklusion als Strukturmerkmal und kritischer Maßstab

Vorbemerkung

Die Herausforderungen, die durch die Ratifizierung der *UN-Konvention über die Rechte von Menschen mit Behinderung (UN-BRK)*[1] gegeben sind, können nicht im Sinne der bloßen Fortführung einer Integrationspolitik für (in bestimmter Weise adressierte) Menschen mit (ausgewiesenen) Behinderungen oder chronischen Erkrankungen interpretiert werden. Während mit Integration in Deutschland gemeinhin eine voraussetzungsvolle selektive und punktuelle (Wieder)Eingliederung in soziale Teilsysteme assoziiert wird, verweist die Verwendung des Inklusionsbegriffs häufig auf den Anspruch einer unhintergehbaren Teilhabe von Anfang an. Ein Blick in die UN-BRK macht deutlich, dass die an dieser Stelle erfolgte menschenrechtliche Begründung der Notwendigkeit, soziale Teilhabebarrieren und Diskriminierungserfahrungen zu identifizieren und zu beseitigen, sich nicht auf Zielgruppen mit diagnostizierten Eigenschaften oder individuellen Voraussetzungen begrenzen lässt. Demzufolge kann es im Zusammenhang mit Inklusion nicht lediglich um eine politisch induzierte Optimierung von Integrationsquoten (die fortan als verbesserte Inklusionsquoten in den Statistiken reüssieren) gehen, sondern um die Frage der Gestaltung gesamtgesellschaftlicher Entwicklungen in Bezug auf voraussetzungslose und gleichwürdige Teilhabe- und Repräsentationschancen jedes Einzelnen. Erfahrungen von strukturellen Benachteiligungen und institutionellen Diskriminierungen sind damit als Menschenrechtsverletzungen einzuordnen, die es zu kritisieren und politisch zu beseitigen gilt. Ein Inklusionsverständnis, das nach den Vor- und Nachteilen, Chancen und Risiken oder Möglichkeiten und Grenzen von ›Inklusion‹ sucht, verfehlt diese Perspektive und setzt sich dem Vorwurf aus, den Geltungsanspruch der ratifizierten UN-BRK zu ignorieren. In diesem Zusammenhang ist auf das spezifische Verständnis von Behinderung in der UN-BRK zu verweisen, das einem kulturellen Modell entspricht, welches berücksichtigt, dass sich dominierende Vorstellungen von Behinderung gesellschaftlich stets weiterentwickeln. In der Präambel der UN-BRK heißt es dementsprechend:

> »in der Erkenntnis, dass das Verständnis von Behinderung sich ständig weiterentwickelt und dass Behinderung aus der Wechselwirkung zwischen Menschen mit Beeinträchti-

---

[1] Zu den Vertragstexten vgl. Deutsches Institut für Menschenrechte (http://www.institut-fuer-menschenrechte.de/?id=467)

gungen und einstellungs- und umweltbedingten Barrieren entsteht, die sie an der vollen, wirksamen und gleichberechtigten Partizipation an der Gesellschaft hindern« (Präambel Buchstabe e UN-BRK)[2].

1 Überforderung durch Vielfalt in der ›inklusiven‹ Gesellschaft

Die Konsequenzen aus der Entwicklung der Flüchtlingszahlen in diesem Jahr werden, so das Menetekel, ›uns‹ auf Jahre hinaus mit einer ›Integrationsproblematik‹ konfrontieren, die zu einer Belastung unabsehbaren Ausmaßes, mithin zu einer Zerreißprobe für den ›Zusammenhalt der Gesellschaft‹ führen wird (vgl. bspw. Bundesverband mittelständische Wirtschaft 2015, Die Bundesregierung 2015) Diese Aussicht (so die inflationär verbreitete Diagnose) erzeugt Angst bei vielen Bürger(inne)n – eine Angst, die der sorgsamen politischen Fürsorge bedarf. So oder so ähnlich lässt sich die hegemoniale Lesart aktueller Zustandsbeschreibung gesellschaftlicher Wirklichkeit zum Thema Integration als Herausforderung skizzieren.

Unschwer daraus abzuleiten ist eine bereits beobachtbar virulente Verschiebung des gesellschaftspolitischen Wahrnehmungshorizontes und der Aufmerksamkeitsökonomie, denen sich der (pädagogische) Inklusionsdiskurs momentan ausgesetzt sieht und zunehmend ausgesetzt sehen wird. Der Preis für die defizitäre theoretische Fundierung eines Inklusionsverständnisses, das sich in den vergangenen Jahren seit der Ratifizierung der UN-BRK in der Bundesrepublik Deutschland politisch, medial und teilweise auch fachlich durchgesetzt hat, wird – so steht zu befürchten – nunmehr zu zahlen sein: Die Integration von Menschen mit Behinderung in gesellschaftliche Teilbereiche wird nach den proklamierten ›ersten Erfolgen‹ der vergangenen Jahre (ablesbar an den steigenden sogenannten ›Inklusionsquoten‹) stagnieren, die mit ihr verbundenen bildungspolitischen Bemühungen werden zusehends von den Agenden verschwinden oder bestenfalls zu ›sonstigen‹ Tagesordnungspunkten degradiert werden, deren Behandlung allemal angesichts der offensichtlichen Brisanz der Bewältigung kultureller Differenz, die das Land ›überschwemmt‹, als nachrangig zu behandelnde kostenneutrale Aufgabe angesehen werden wird. Die Integration immer neuer Gruppen, die als immer fremder, immer andersartiger beschrieben werden, wird endgültig zu einer rahmensprengenden Aufgabe, die jetzt lösen zu wollen, die Überschreitung des Rubikons bedeuten würde – so die unvermeidlich als alternativlos präsentierte Behauptung. Was gestern noch bloß schwierig, weil nicht sofort leistbar erschien, wird nunmehr zum Beleg des Nichtverkraftbaren, der Überforderung, der schlichten Unzumutbarkeit. Dass die Integrationskandidat(inn)en entlang ihrer kulturellen Fremdzuschreibungen und sozio-ökonomischen Ressour-

---

2 Zum neuen Verständnis von Behinderung nach der UN-BRK vgl. Hirschberg (2011)

cen gegeneinander ausgespielt werden, ist die beabsichtigte Konsequenz einer auf Stabilisierung von Ungleichheitsverhältnissen angewiesenen gesellschaftspolitischen Ordnungsvorstellung.[3]

Kurz gesagt, wo Inklusion lediglich als Integration des Unvermeidlichen verstanden wird, ist davon auszugehen, dass konsequent nach politischen Lösungen und fachlichen Begründungen gesucht wird, der Unumgänglichkeit von Integration, wo immer es geht, zu entkommen. Das führt in einer Hinsicht zur inflationären Proklamation vorgeblich sicherer Herkunftsländer (vgl. Bundesamt für Migration und Flüchtlinge 2015) wie in anderer Hinsicht zu einer Renaissance der Errichtung gesicherter Schutz- und Schonräume (vgl. aktuell etwa von Kardorff/Ohlbrecht 2015) für all diejenigen, deren Teilhabeansprüche den Zusammenhalt der Gesellschaft potenziell überstrapazieren könnten. Jede Diskussion über das, was jetzt zu tun sei, ist eingebettet in einen Verständigungsdiskurs über die Tragfähigkeit von Voraussetzungskriterien der Integrierbarkeit und die Festlegung von Verhaltensmaßstäben, denen gegenüber sich die Integrierbaren gewachsen erweisen müssen. Der Umgang mit dem Thema Flucht führt uns vor Augen, wie Integration einmal mehr als gesellschaftliche Zumutung verstanden wird, als eine Herkulesaufgabe, die unbestimmte, aber in jedem Fall berechtigte Ängste, zumindest aber emotional tief verwurzelte Besorgnisse erzeugt und die Gemeinschaft sozial wie ökonomisch strapaziert, wenn nicht gar in ihrem innersten Bestand bedroht.

Man kann auch sagen: Die von der Unkenntnis zur Unkenntlichkeit (Hinz 2013) vorangeschrittene Inklusionsrhetorik der letzten Jahre trägt nun im Kontext der Flüchtlingsthematik fatale (ungenießbare) Früchte. Denn eine Gesellschaft, die sich selbst auf dem besten Weg der ›Inklusion‹ wähnt, vermag mit Fug und Recht auf den Bestandserhalt des Erreichten verweisen. Den Preis zu zahlen haben einmal mehr diejenigen jenseits der Grenzen und Zäune, diejenigen ohne aufenthaltslegitimierende Eintrittskarten, diejenigen, die sich im gesellschaftlichen Diesseits nicht oder nur mit unverhältnismäßigem Aufwand bewähren können. Und alles wird geschehen zu unserem – und deren – Besten.

---

3 Vgl. etwa den Online-Pressebericht Inklusion und jetzt Flüchtlingskinder: Schulen kapitulieren unter der Aufgabenlast – 122 Brandbriefe allein in Hessen. Dort heißt es: »Es ist unschwer vorherzusagen, dass der gewaltige Kraftakt, vor dem die Schulen mit der Eingliederung von 300.000 sprachförderbedürftigen und zum Teil traumatisierten Kindern und Jugendlichen aus Syrien, Afghanistan oder Afrika aktuell stehen, das ohnehin schon unter Volllast knarzende Schulsystem ins Wanken bringen wird – wenn die Politik den Druck auf die Schulen, den gemeinsamen Unterricht von behinderten und nicht-behinderten Schülern voranzutreiben, nicht senkt. Jetzt wurde bekannt: Allein in Hessen haben 122 Schulen sogenannte Brandbriefe ans Ministerium geschickt. Sie sehen sich insbesondere nicht in der Lage, die Inklusion wie gewünscht umzusetzen.« News-4teachers. Das Bildungsmagazin (http://www.news4teachers.de/2015/09/inklusion-und-jetzt-fluechtlingskinder-immer-mehr-schulen-kapitulieren-unter-der-aufgabenlast-122-brandbriefe-allein-in-hessen/)

Originalton aus der pädagogischen Inklusionspraxis: »Wir haben schon genug Schwierigkeiten mit der Integration all der I-Kinder, wenn jetzt noch die ganzen Flüchtlinge dazukommen, das sprengt dann doch jeden Rahmen. Und außerdem: Darauf sind wir weder ressourcenmäßig vorbereitet, noch dafür fachlich ausgebildet.«[4]

In der UN-BRK verbirgt sich, so meine These (oder mag es nur eine stille Hoffnung sein?), das Potenzial eines kritischen Maßstabs, an dem sich gesellschaftliche Entwicklungen und die politischen Debatten über deren soziale Gestaltung messen lassen. Ihre Ratifizierung zwingt dabei unhintergehbar zu Berücksichtigung und Anwendung – und keineswegs zu einem bloßen Aufruf, selbige praktisch ›umzusetzen‹. (Natürlich verlangt die Berücksichtigung der UN-BRK eine praktische Umsetzung von Maßnahmen zur Herstellung und Sicherstellung von Teilhabe und Diskriminierungsfreiheit. Aber: Konkrete Praxis und der Wertmaßstab, der dieser Praxis zugrunde liegt, gehen nicht nie bruchlos ineinander auf). Menschenrechte können nicht (mehr oder weniger weitgehend) *umgesetzt* werden, sie können bestenfalls in unterschiedlichem Maße Geltung erlangen – oder eben missachtet und verletzt werden. Während sich Integration als politische und fachliche Gestaltungsaufgabe mit Fragen ihrer praktischen Umsetzbarkeit auseinander zu setzen hat, ist diese (und damit jegliche) IntegrationsPRAXIS (angesichts der rechtswirksam geltenden UN-BRK) auf den Prüfstand zu stellen: Inwieweit begrenzt die Praxis Teilhabeoptionen und inwieweit reproduziert sie Diskriminierung? Es ginge also nicht um die Frage der Voraussetzungen und Bedingungen der Möglichkeit von Integration, sondern um die Frage nach deren Folgewirkungen (für Teilhabeoptionen und Diskriminierungsschutz).

Vielleicht sollte man noch einen Schritt weiter gehen: Jegliche IntegrationsPRAXIS müsste sich auf ihre inklusionsTHEORETISCHE Fundierung hin überprüfen lassen. Daraus aber würde folgen: Anstatt Verschiebungsoptionen von Integrationsgrenzen zu debattieren, fachlich verbrämt über Integrationsfähigkeit und -bereitschaft der betreffenden Betroffenen zu befinden und volkswirtschaftliche Kosten-/Nutzenrechnungen anzustellen, wären diese Debatten und die aus ihnen resultierenden Praxen selbst in den Mittelpunkt der Betrachtung zu stellen.

2 ›Schwere‹ Behinderung und Inklusion

Konsequenterweise möchten sich die folgenden Überlegungen nicht mit der Frage auseinander setzen, welche handlungspraktischen Bedingungen und welche bildungspolitischen Voraussetzungen erforderlich wären, um inklusionsorientiert ›schwerer Behinderung‹ begegnen zu können. Insofern entzieht sich der vorliegende

---

4 Mündliche Äußerung am Rande der 29. Jahrestagung der Integrations-/Inklusionsforscher(innen) in deutschsprachigen Ländern 2015 in Halle

Beitrag bewusst einer Definition von ›schwerer Behinderung‹ jenseits der Feststellung, dass es sich dabei vorrangig um ein unbestimmtes Diskursphänomen handelt. Von schwerer Behinderung ist regelmäßig dann die Rede, wenn nach den Grenzen von Integration gefragt wird. Wer sich auf die Suche nach einer solchen Grenze macht, wird allemal fündig werden. Es wird der Einzelfall stets zu konstruieren sein, der nun wirklich nicht in die real existierenden Verhältnisse integrierbar ist.[5] Integrationsgrenzen können hinsichtlich ihrer Lage und Bedeutung zwar Verschiebungen erfahren, ihre Existenz selbst wird dabei jedoch nicht in Frage gestellt. Das ist das Problem integrationslogischen Denkens.

Inklusionstheoretisch läge das ›Problem‹ hingegen in der Fähigkeit und Bereitschaft, die Motivation des/der Suchenden zu analysieren: Welche Mechanismen treiben diese Grenzsuche letztlich an? Unterschiedliche Antworten auf diese Frage definieren die (sozialen) Räume von Innen und Außen, von Eigenem und Fremden, von Richtig und Falsch, von Gut und Böse, von gesund und krank. Hinter dem grenzwertigen Horizont liegt (u. a.) die ›schwere Behinderung‹, die ›Mehrfachbehinderung‹, die nichts beweist als ihre offensichtliche Nicht-Integrierbarkeit. Und dennoch erweist sich selbst diese Grenze als durchlässig, als grundsätzlich verletzbar (was auch ihre Schutzbedürftigkeit erklärt, der zu entsprechen nicht nur den Ängsten der Schutzbedürftigen geschuldet ist, sondern auch der Aufrechterhaltung einer inneren Ordnung, die sich nur und erst durch ihre Unterscheidung vom Zustand völliger Entgrenzung bewahren lässt). Gelingende Modelle der Integration von ›schwerer Behinderung‹ sind dann bestenfalls Einzelfälle, untypische Ausnahmen bzw. keine ›richtig‹ schweren Behinderungen mehr. Sie belegen so gesehen das Gegenteil dessen, was sie vorgeben zu sein: Die endgültige Nichtintegrierbarkeit der ›wirklich‹ und ›eigentlich‹ Schwer-Behinderten.

> N. kam als gesundes Kind, freilich viel zu früh zur Welt. Aufgrund eines Belegungsfehlers und damit verbundener Fehlbehandlung erlitt er nach wenigen Tagen im Inkubator einen akuten Sauerstoffmangel, wodurch eine beinbetonte Cerebralparese entstand. N. wurde von fachkompetenter Seite mit drei Jahren eine dauerhafte Schulunfähigkeit prognostiziert und eine ebenso dauerhafte Unterbringung in einem Heim in Aussicht gestellt. Das war 1996. Also im letzten Jahrhundert. Heute absolviert N. an der Freien Uni Berlin ein geisteswissenschaftliches Studium. Doch wie ist es überhaupt möglich, dass ein als behindert oder von Behinderung bedrohtes Kind in der oberen Liga des Bildungssystems mitspielen kann? Da gibt es nur eine Antwort: Das muss eine Ausnahme sein. Man ist sich einig: N. ist gar kein ›richtig‹ Behinderter. Eher so etwas wie ein Wolf im Schafspelz. Unterscheiden wir am besten zwischen richtig und nicht richtig Behinderten. Die im

---

5 Eindrucksvolle Gegenbeispiele lassen sich jedoch in Modellprojekten mit inklusionsorientiertem Anspruch finden. Nachvollziehbar etwa im Film Klassenleben (2004) (www.klassenleben.de), einer Dokumentation über den Schulalltag einer integrativen Grundschule in Berlin.

eigentlichen Sinne Behinderten, also die wirklich schweren Fälle, die können nicht studieren. Schließlich kann nicht jede/r studieren.[6]

Aus inklusionstheoretischer Sicht wäre also die Denkfigur des ›Schwerbehinderten‹ als Repräsentant(in) des Nichtintegrierbaren zu untersuchen, einschließlich seiner Rolle in fachlichen und (gesellschafts)politischen Inklusionsdiskursen. Die schwere Behinderung erscheint dabei nicht als Ursache für deren Nichtintegrierbarkeit, sondern erweist sich umgekehrt als unweigerliche Konsequenz ihrer vorausgesetzten Annahme. Die jeweilige Rollenbesetzung mag dabei saison- und konjunkturabhängig variieren.

Auch eine Denkbewegung, die daran erinnert, sich den ›Integrationsverlierer(inne)n‹ zuwenden zu wollen, insofern sie im Namen der Inklusion die unversehens Vergessenen und Übersehenen mit in den Integrationsdiskurs zu ›re-inkludieren‹ trachtet (Wagner 2013), ist so gesehen nicht schon gleichzusetzen mit der Ein-Lösung des Inklusionsgebotes. Eine solche Perspektive mag zwar die (ehrenwerte und handlungspraktisch gebotene) Bemühung um eine Horizonterweiterung repräsentieren, nicht hingegen dem Maßstab der Kritik zu entsprechen, auf den die UN-BRK zielt.

Aus einer kritisch-inklusionstheoretischen Sicht resultiert daraus nicht die Frage nach der Integrierbarkeit des möglichst Schwer(st)-Integrierbaren, sondern diejenige nach der herrschenden Integrationspraxis. Praktische Lösungen müssten demnach stets Teil des Problems bleiben. Ein inklusionstheoretischer Ansatz der Kritik wäre in diesem Sinne konsequent anti-ideologisch, als er die positiven praktischen Integrationslösungen dem Prozess einer negativen Dialektik unterzieht, er wäre in dem Sinne anti-teleologisch, als er Inklusion nicht als Fortschritt einer zielgerichteten visionsgeleiteten Entwicklung versteht und gesellschaftliche Widersprüche tabuisierend ihrer Analysierbarkeit entzieht, er wäre in dem Sinne politisch, als er strukturelle, organisatorische und kognitive Verhältnisse für gestalt- und veränderbar erklärt.

3   Die Lösung(en) als Teil des Problems

Als gesellschaftlich, sozial und/oder kulturell inkludiert zu gelten, ist in keinem Fall gleichbedeutend mit dem Genuss uneingeschränkter Teilhabe oder garantierter Diskriminierungsfreiheit. Teilhabe in modernen Gegenwartsgesellschaften ist stets hierarchisch sozial ungleich verteilt, Diskriminierungsschutz mindestens bereichsspezifisch, lebensphasenspezifisch und situativ gebrochen. Die den gesellschaftlichen Verhältnissen zugrundeliegenden Strukturbedingungen schaffen Integration stets nach Maßgabe des Verwertbaren (Empowerment zur Erzeugung von Employability

---

6   So eine typische persönliche Erfahrung der Autorin des vorliegenden Beitrags, wenn die Bildungsbiografie ihres Sohnes zum Thema in Diskussionen über Möglichkeiten und Grenzen schulischer Integration gemacht wird.

und ökonomischer Selbstständigkeit)[7] und unter Vorbehalt des jeweils Finanzierbaren (Soziale Reintegration und Rehabilitation). Insofern wird stets inkludiert, was mit vertretbarem (und mit Aussicht auf Refinanzierung ausgestattetem) Aufwand garantiert werden kann und sich über kurz oder lang zu bewähren im Stande sieht. Integration dient gesellschaftlichen Zwecken, die der Sphäre des Hinterfragbaren entzogen sind, wohingegen die UN-BRK diese Zwecke einer kritischen Debatte aussetzt.

Beispiel Bildungspolitik

In diesem Sinne naheliegend ist der Blick auf die im Namen von Inklusion erfolgten bildungspolitischen Maßnahmen (vgl. Autorengruppe Bildungsberichterstattung 2014; Bertelsmann Stiftung 2014a), hier am Beispiel Bayerns. Inzwischen hat sich (nicht nur dort) politisch und medial die Vorstellung durchgesetzt, der Maßstab für gelingende Inklusion wäre mehr Integration von Menschen mit Behinderung oder chronischen Erkrankungen, vorzugsweise in bestimmten Bereichen des (schulischen) Bildungssystems[8], also unter weitgehendem systematischen Ausschluss weiterführender Schulen. Diese politische Strategie, die argumentativ medienwirksam veröffentlicht wird, folgt dem Grundsatz: So viel *Inklusion* wie möglich, so viel *Separation* wie nötig, manifestiert in der einprägsamen bayerische schulische Inklusionspolitik auf den Punkt bringenden Formel: »Inklusion durch eine Vielfalt schulischer Angebote« (Bayerisches Staatsministerium für Unterricht und Kultus 2013, 58). Dieser Interpretation entsprechen auch weite Teile der wissenschaftsgestützten Politikberatung[9]. Ausgangspunkt und Voraussetzung allen bisher zu beobachtenden bildungspolitischen Handelns und wissenschaftlichen Begleitens inklusionsorientierter Prozesse in Bayern ist demzufolge die Erhaltung der Pluralität von Förderorten auf Basis der bestehenden schulorganisatorischen Strukturen.

Auch ein im Jahre 2013 verabschiedeter Aktionsplan *Schwerpunkte der bayerischen Politik für Menschen mit Behinderung im Lichte der UN-BRK* (Bayerisches Staatsministerium für Arbeit und Soziales, Familie und Integration BayStMAS 2013) benennt diese strategische Perspektive, unter der sich ›*Inklusion*‹ in Bayern im schulischen Bereich vollziehen soll, unmissverständlich[10]:

- »Die inklusive Schullandschaft reicht von unterschiedlichen inklusiven Angeboten in allen Schularten in Bayern bis hin zu den spezialisierten Förderschulen

---

7 In diesem Zusammenhang verweist Waldschmidt (2003, 2012) immer wieder auf die ambivalente Funktion von Selbstbestimmung als vorherrschendes behindertenpolitisches Paradigma
8 Dieser Lesart verpflichtet ist bspw. der vom Wissenschaftlichen Beirat *Inklusion* (2012) verfasste Leitfaden: *Profilbildung inklusive Schule – ein Leitfaden für die Praxis.*
9 Vgl. hierzu die Veröffentlichungen des Wissenschaftlichen Beirats »Inklusion« (2012, 2014), beauftragt durch den Bayerischen Landtag.
10 Vgl. dazu bundesweit: Bundesministerium für Arbeit und Soziales (2013)

in allen Förderschwerpunkten« (Bayerisches Staatsministerium für Arbeit und Soziales, Familie und Integration (BayStMAS) 2013, 22).
- »Erhalt der Förderschulen als schulische Lernorte und Weiterentwicklung der Förderschulen als sonderpädagogische Kompetenzzentren und deren Öffnung für Schülerinnen und Schüler ohne Behinderung bis hin zu Förderschulen mit dem Profil ›Inklusion‹« (ebd., 24).

Erhalt und Ausbau des nach Förderschwerpunkten eingeteilten Förderschulsystems stehen demnach gemeinsam mit der unbedingten Beibehaltung einer mehrgliedrigen Allgemeinen Schule auch zukünftig im Zentrum bildungspolitischer Strategien zur Gestaltung einer nunmehr allerdings als ›inklusiv‹ bezeichneten Schullandschaft. Mit einer solchermaßen verstandenen *inklusiven Bildungslandschaft* bestätigt der Aktionsplan nachdrücklich die Idee des gegliederten Schulwesens als Voraussetzung für gelingende Bildungsprozesse und deren Optimierbarkeit (vgl. Wocken 2014)[11]. Durch überparteilich gestützte Lesarten[12] dieser Strategie werden gleichzeitig kritische Einwände erschwert. Es geht also um die Weiterentwicklung und den Ausbau des schulischen Parallelsystems unter Berücksichtigung des Integrationsgedankens nach Maßgabe des jeweils als (finanziell und organisatorisch) machbar Angesehenen. Die überkommene Integrationslogik, die darin besteht, Schüler(innen) auf Basis ihrer diagnostizierten Defizite auf die jeweils für sie als angemessen angesehenen Schulformen und Förderorte zu verteilen (Ressourcen-Etikettierungs-Dilemma), bleibt dabei trotz aller mittlerweile erreichten Durchlässigkeit vorherrschendes Prinzip der Schulorganisation in Bayern. Die empirisch beobachtbare Heterogenität in der Zusammensetzung der Schülerschaft (Diversity) wird nicht zum Anlass genommen, gleichwürdige Teilhabe aller als Ziel für die Organisationsentwicklung und Qualitätssicherung der schulischen Bildungseinrichtungen des Allgemeinen Bildungssystems zu etablieren. Die Antwort auf das Problem der ›umzusetzenden‹ UN-BRK ist also die durchaus mit zusätzlichem Aufwand verbundene Re-Sortierung von unter verbesserten Bedingungen Integrierbaren und unter vorgeblich besseren Bedingungen aufgehobenen Nichtintegrierbaren. Dass diese Sortierung zu gruppenbezogener Benachteiligung führt, versteht sich von selbst. Als besonders schwer-

---

11 Vgl. hierzu auch: Wocken (2013, 2014a–c, 2015)
12 Die im Namen der Umsetzung der UN-BRK in Bayern erfolgten bildungspolitischen Entscheidungen wurden in den letzten Jahren durch eine interfraktionelle Arbeitsgruppe vorbereitet, der alle im Bayerischen Landtag vertretenen Parteien angehörten. Dieses Novum im politischen Entscheidungsprozess hat etwa bei der Verabschiedung der Reform des BayEUG zu durchaus bemerkenswerten Resultaten geführt. Andererseits ist die Kritik an den getroffenen Entscheidungen seither mit einem Legitimationsproblem verbunden. Kritische Kommentare gegen den eingeschlagenen Weg sehen sich weitgehend auf außerparlamentarische Repräsentationsräume verwiesen. Gegen die Behauptung eines überparteilichen Konsenses bei einem, wie es immer wieder heißt, hoch emotionalen Themenfeld, ist dann insbesondere von unmittelbar Betroffenen kaum mehr wirksam anzuargumentieren. So findet etwa eine kritische Elternperspektive weder im politischen Prozess noch in der wissenschaftlichen Begleitforschung bislang kontinuierlich Gehör.

oder mehrfachbehindert, kulturell fremd adressiert zu sein oder den vorgezeichneten Bahnen ›normaler‹ Lebensführung nicht anpassbar zu gelten, ist der möglichst schnell und frühzeitig zu erbringende Befund, auf dessen Grundlage die Verteilung von Förderung und Bildung erfolgen soll. Dass inkludiert zu werden ein zugeeignetes Privileg auf Zeit ist, dessen Gewährung stets nur auf Bewährung erfolgt, gehört zur Strukturlogik des Bildungssystems. Insofern sind Klassenwiederholungen, Abschulungen und Notenbewertungssystematiken bewährte pädagogische Mittel, deren Infragestellung allemal eine Systemgefährdung darstellt. Nach Ludwig Spaenle (Staatsminister des Bayerischen Staatsministeriums für Unterricht und Kultus) wäre die Abschaffung von Klassenwiederholungen gleichbedeutend mit dem Verzicht auf ein bewährtes pädagogisches Instrument (Süddeutsche Zeitung vom 16. Februar 2013). Es geht also um die individuelle Bewährung im (Schul)System. Wo gehobelt werden muss, fallen Späne – wer dem nicht zu entsprechen vermag, für denjenigen finden sich angemessenere Orte der Förderung – zum behaupteten Wohle aller.

Beispiel Arbeitsmarktpolitik

Ein weiteres Beispiel zeigt sich bei der Frage nach den Möglichkeiten und Grenzen der Integrierbarkeit von Menschen mit schweren Behinderungen in den (ersten) Arbeitsmarkt. Diese Grenzen sind integrationslogisch naheliegend und erscheinen durch die jeweils bestehenden (aber durchaus in Umfang und Höhe wandelbaren) Ansprüche an Ausbildungsfähigkeit und Qualifikationsniveau vorgezeichnet. Diversityorientierung steht dazu zunächst nicht im Widerspruch, im Gegenteil: Es können durchaus immer wieder Aspekte und Felder ›entdeckt‹ werden, die beweisen: Auch Menschen mit (spezifischen) Behinderungen oder chronischen Erkrankungen können (!) spezifische, bisweilen unerwartete Ressourcen einbringen, Kompetenzen erwerben, über spezifische Skills verfügen. Selbstkritisch ist anmerkbar, dass bei der Integration von Menschen mit Behinderungen auf dem Arbeitsmarkt durchaus noch viel Luft nach oben ist. Inklusion wird auch in diesem Zusammenhang umstandslos an das Kriterium der Machbarkeit geknüpft. Die Ausgangsfrage – mit der das Kind schon in den Brunnen gefallen ist – heißt dann: »Ein Arbeitsmarkt für alle, ob mit oder ohne Behinderung, ist ein Leitbild der Inklusion. Aber wird man da allen gerecht?«[13] Dann geht es zwangsläufig um die Chancen und Risiken von Inklusion – Chancen und Risiken für den Einzelnen, der von dieser Form von Inklusion wahlweise profitiert oder unter ihr leidet – gleiches gilt für den Arbeitsmarkt, der von Inklusion im Sinne des Diversity Managements von Vielfalt mal profitiert, mal (unzumutbar) belastet wird. Auch die Frage der beruflichen Bildung von Menschen mit Behinderungen (Bertelsmann Stiftung 2014b) wird vornehmlich unter dem As-

---

13 Vgl. https://www.aktion-mensch.de/themen-informieren-und-diskutieren/arbeit/experten-im-interview (29.09.2015)

pekt der optimierbaren Verwertung ihrer Ressourcen betrachtet: »Viel zu selten können sie ihre Potenziale entfalten und viel zu häufig werden sie in Sonderwegen ausgebildet, oder in ungelernte Tätigkeit oder Arbeitslosigkeit abgeschoben« (BertelsmannStiftung 2015). Integration ist eine Frage der verbesserten Ressourcennutzung, insofern das Problem als ein quantitatives erscheint. Ein Zuviel an Sonderwegen hat gegebenenfalls zur Folge, dass die vorhandenen Potenziale suboptimal ausgeschöpft werden. Es geht um Umschichtung im Rahmen der vorhandenen Strukturen. Insofern ist etwa die berufliche Ausbildung von Menschen mit Behinderungen im Sinne der Bertelsmann Stiftung vornehmlich ein Problem der Aufklärung der Betroffenen über ihre Möglichkeiten (und Grenzen) der Integration und der Aufklärung der Unternehmen über den zu erwartenden betriebswirtschaftlichen Nutzen. Der Grenznutzen offenbart sich dabei schon an der Diagnose, dass wir es mit einem Zuviel an Sonderwegen zu tun haben, solange Menschen, die ›gebraucht werden‹ (können) dem ersten Arbeitsmarkt durch eben diese Strukturverhältnisse entzogen werden. Andererseits, wer nicht (mehr) gebraucht wird (oder sich als un-brauchbar erweist), der gerät in die Fangarme einer beschützenden und belagernden Fürsorge, aus der es kaum ein Entrinnen gibt.

Selbstredend hat dies nichts mit einer inklusiven – oder auch nur inklusionsorientierten – Ökonomie zu tun. Inklusivität und Marktförmigkeit sind nicht aufeinander beziehbar – was nicht als Argument gegen marktförmige Verhältnisse an sich verstanden werden soll. Sehr wohl aber ist es ein Argument gegen die Verfabelung einer Arbeitsmarkt und Ausbildungspolitik, die vorgibt, durch integrative Maßnahmen zur gesellschaftlichen Inklusion beizutragen und dabei den Nichtbetroffenen den alternativlosen Weg in die beschützte Werkstätte weist. Demgegenüber wären im Namen einer Inklusionsorientierung alternative Lebensführungsmodelle zum einzig legitimen Standard zu entwickeln, der individuelle Selbstbestimmung an das Vermögen bindet, aus eigener Kraft ökonomische Unabhängigkeit herstellen und garantieren zu können. Inklusionstheoretisch wäre also gerade nicht geboten, nach den schweren Fällen zu suchen, die letztinstanzlich beweisbar machen, dass beruflich nicht jede/r alles machen kann, sondern vielmehr wäre nach Alternativen zu suchen, die ein gelingendes gutes Leben – definiert über das uneingeschränkte Recht auf Teilhabe und Diskriminierungsfreiheit – ermöglichen, unabhängig von den jeweils investierbaren Ressourcen, die den Menschen in unterschiedlicher, wenn auch vielfältiger Weise zur Verfügung stehen. Notwendigerweise geriete ein solches Denken prinzipiell in Konflikt mit der herrschenden politischen und betriebswirtschaftlichen Praxis.

Uwe Becker (2015) schreibt in diesem Zusammenhang:

> »Die eigentliche Radikalität des Gedankens der vollumfänglichen, selbstbestimmten und uneingeschränkten Teilhabe am gesellschaftlichen Leben aller Menschen mit Behinderung verlangt aber nach mindestens zwei kardinalen Korrekturen jener Gesellschaft, die so intensiv einlädt, in ihr mitzumachen.

Die eine betrifft [...] die selbstgenügsame Tabuisierung der Normierungsfaktoren gesellschaftlicher Teilhabe inklusive all ihrer ausgrenzenden Tendenzen. Die Präparation für und in den Arbeitsmarkt wird zum dominanten kritikresistenten Inklusionsparameter, ohne die Auskunft von Menschen mit Behinderung über ihre Sichtweise eines gelingenden Lebens in gesellschaftlicher Einbindung abzufragen. Was, unter welchen Umständen und verbunden mit welchen Korrekturen an den Bedingungen gesellschaftlicher Sozialisation zu ändern wäre, damit alle Menschen mit Behinderung Teilhabe an der Gesellschaft auch als ihre je spezifische Teilhabe erleben, stellt die Hierarchie der geltenden Werte der Arbeitsgesellschaft möglicherweise erheblich auf den Kopf.
Die zweite Korrektur betrifft die Hinterfragung der ökonomischen Prozesse, die gegenwärtig unter den Stichworten der Konsolidierung, der Einsparung, der Schuldenbremse sowie der Beitragssatzstabilität der ›Lohnnebenkosten‹ als Sachzwänge einer alternativlosen Wirtschafts-, Finanz- und Arbeitsmarktpolitik wie die Regentschaft von Naturgesetzen in Szene gesetzt werden« (ebd., 172 f.).

Kritik als Leitlinie einer Inklusionsorientierung würde also nicht in der Forderung nach Auflösung etwa von Förderschulen, im selbstgenügsamen Blick auf steigende ›Inklusionsquoten‹ als Beleg für optimierte Integration, aufgehen, sondern Einwände erheben gegen den politisch abgeforderten »Reflexionsstopp vor den vorgefundenen ›marktwirtschaftlichen Bedingungen‹ und dem ökonomischen Rationalitätsverständnis« (Ulrich 1997, 103).

Nur noch etwa 50 % der Wahlberechtigten machen regelmäßig von ihrem Wahlrecht Gebrauch. Das gilt gemeinhin als Zeichen zunehmender Entpolitisierung. Die Entpolitisierung steckt aber auch ganz woanders. Zum Beispiel dort, wo wir Integrationserfolge schon als mehr oder weniger große Schritte auf einem als lang und steinig interpretierten Weg zur Inklusion feiern. Wo wir Inklusion als Utopie verklären. Wo wir Inklusionsfortschritte behaupten und mit Hilfe von Inklusionsquoten vermessen. Wo wir Inklusionsschulen begrüßen und I-Kinder statistisch ausweisen. Dort wird die Rede von der Inklusion nicht nur zu einer leeren Worthülse, sondern dort – und das ist das Gefährliche – verliert Inklusion jegliche kritische Sprengkraft, mithin ihr kritisches Potenzial.

»Zum Realitätstest des inklusiven Denkens gehört [...] seine theoretische Bestandskraft. Ohne eine kritische Analyse der gesellschaftlichen Mechanismen der Ausgrenzung arbeitet die Inklusionsdebatte den bestehenden ordnungspolitischen Kräften unkritisch und legitimatorisch zu. Man könnte auch sagen: Die Debatte um Inklusion ist politisch sehr willkommen, denn sie bietet der Politik die Möglichkeit, bestehende Ausgrenzungsdynamiken gesellschaftlicher Realität auszublenden« (Becker 2015, 14).

Literatur

Autorengruppe Bildungsberichterstattung (Hrsg.) (2014): Bildung in Deutschland 2014. Ein indikatorengestützter Bericht mit einer Analyse zur Bildung von Menschen mit Behinderungen. Der 5. Bildungsbericht 2014. Bielefeld. http://www.bildungsbericht.de/daten2014/bb_2014.pdf (29.09.2015).

Bayerisches Staatsministerium für Unterricht und Kultus (BayStMUK) (Hrsg.) (2013): Inklusion durch eine Vielfalt schulischer Angebote. Zur Umsetzung der UN-Behindertenrechtskonvention in Bayern hinsichtlich des Gesetzentwurfs zur Änderung des Bayerischen Gesetzes über das Erziehungs- und Unterrichtswesen – Umsetzung der UN-Behindertenrechtskonvention im bayerischen Schulwesen (Inklusion) [Drucksache 16/8100 vom 28.03.2011].

Bayerisches Staatsministerium für Arbeit und Soziales, Familie und Integration (BayStMAS) (Hrsg.) (2013): Aktionsplan Schwerpunkte der bayerischen Politik für Menschen mit Behinderung im Lichte der UN-BRK. München. http://www.stmas.bayern.de/imperia/md/content/stmas/stmas_internet/behinderung/unkonvention-ap-entw.pdf (29.09.2015).

Becker, Uwe (2015): Die Inklusionslüge. Behinderung im flexiblen Kapitalismus. Reihe Xtexte. Bielefeld.

Bertelsmann Stiftung (Hrsg.) (2014a): Update Inklusion – Datenreport zu den aktuellen Entwicklungen. Gütersloh. http://www.bertelsmann-stiftung.de/fileadmin/files/BSt/Publikationen/GrauePublikationen/Studie_IB_Update_Inklusion_2014.pdf (29.09.2015).

Bertelsmann Stiftung (Hrsg.) (2014b): Inklusion in der beruflichen Bildung. Daten, Fakten, offene Fragen. Gütersloh. https://www.unesco.de/fileadmin/medien/Dokumente/Bildung/140616_BST_Inklusion_Hintergrund_final_bf.pdf (29.09.2015).

Bertelsmann Stiftung (2015): Ausbildung von Menschen mit Behinderungen. Die Umsetzung von Inklusion in der Schule wird überall diskutiert, doch wie steht es um die Inklusion von Jugendlichen mit Behinderungen in der beruflichen Ausbildung? https://www.bertelsmann-stiftung.de/de/unsere-projekte/chance-ausbildung-jeder-wird-gebraucht/projektthemen/inklusion/ (10.12.2015).

Bundesamt für Migration und Flüchtlinge (Hrsg.) (2015): https://www.bamf.de/DE/Service/Left/Glossary/_function/glossar.html?lv3=1504416&lv2=1364198 (29.09.2015).

Bundesministerium für Arbeit und Soziales (Hrsg.) (2013): Teilhabebericht der Bundesregierung über die Lebenslagen von Menschen mit Beeinträchtigungen. Teilhabe – Beeinträchtigung – Behinderung. Bonn. http://www.bmas.de/SharedDocs/Downloads/DE/PDF-Publikationen/a125-13-teilhabebericht.pdf;jsessionid=1546785AF51D9E05950C37B01EC810B8?__blob=publicationFile&v=2 (29.09.2015).

Bundesverband mittelständischer Wirtschaft (BVMW) (2015): http://www.bvmw.de/fileadmin/download/Bilder/News/Container_Startseite/10-punkte-plan_fluechtlinge.pdf (29.09.2015).

Deutsches Institut für Menschenrechte: Menschenrechtsinstrumente. http://www.institut-fuer-menschenrechte.de/?id=467 (10.12.2015).

Die Bundesregierung (Hrsg.) (2015): Bulletin. Regierungserklärung von Bundeskanzlerin Dr. Angela Merkel zu den Ergebnissen des Informellen Treffens der Staats- und Regierungschefs der Europäischen Union am 23. September 2015 in Brüssel und zum UN-Gipfel für Nachhaltige Entwicklung vom 25. bis 27. September 2015 in New York vor dem deutschen Bundestag am 24. September 2015 in Berlin. http://www.bundesregierung.de/Content/DE/Bulletin/2015/09/117-1-bk-regerkl-bt.html (29.09.2015).

Hinz, Andreas (2013): Inklusion – von der Unkenntnis zur Unkenntlichkeit!? – Kritische Anmerkungen zu einem Jahrzehnt Diskurs über schulische Inklusion in Deutschland.

In: Inklusion-online.net. Zeitschrift für Inklusion. Ausgabe 1/2013. http://www.inklusion-online.net/index.php/inklusion-online/article/view/26/26 (29.09.2015).

Hirschberg, Marianne (2011): Behinderung: Neues Verständnis nach der Behindertenrechtskonvention, Positionen Nr. 4, hrsg. von der Monitoring-Stelle zur UN-Behindertenrechtskonvention. Berlin. http://www.institut-fuer-menschenrechte.de/fileadmin/_migrated/tx_commerce/positionen_nr_4_behinderung_neues_verstaendnis_nach_der_behindertenrechtskonvention_02.pdf (10.12.2015).

von Kardorff, Ernst/Ohlbrecht, Heike (2015): Zugang zum allgemeinen Arbeitsmarkt für Menschen mit Behinderungen – Ergebnisse einer Expertise im Auftrage der Antidiskriminierungsstelle des Bundes. http://www.reha-recht.de/fileadmin/user_upload/Diskussionsforen/Forum_D/2015/D16-2015_Zugang_zum_allgemeinen_Arbeitsmarkt_fuer_Menschen_mit_Behinderungen.pdf (29.09.2015).

Klassenleben (2004): Film von Hubert Siegert. http://www.klassenleben.de (10.12.2015).

News4teachers (2015): Inklusion und jetzt Flüchtlingskinder: Schulen kapitulieren unter der Aufgabenlast – 122 Brandbriefe allein in Hessen. In: News4teachers. Das Bildungsmagazin vom 21. September 2015 http://www.news4teachers.de/2015/09/inklusion-und-jetzt-fluechtlingskinder-immer-mehr-schulen-kapitulieren-unter-der-aufgabenlast-122-brandbriefe-allein-in-hessen/ (10.12.2015).

Süddeutsche Zeitung (SZ): Sinn oder Unsinn des Sitzenbleibens. Streit über schulische Ehrenrunde. 16. Februar 2013. http://www.sueddeutsche.de/bildung/streit-ueber-schulische-ehrenrunde-sinn-oder-unsinn-des-sitzenbleibens-1.1601819 (10.12.2015).

Ulrich, Peter (1997): Integrative Wirtschaftsethik. Grundlagen einer lebensdienlichen Ökonomie. Bern/Stuttgart/Wien.

Wagner, Michael (2013): Sind sie der Rest? Kinder und Jugendliche mit schwerer Behinderung in einem inklusiven Schulsystem. In: Zeitschrift für Heilpädagogik (ZfH) 12/2013, 496–501.

Waldschmidt, Anne (2003): Selbstbestimmung als behindertenpolitisches Paradigma – Perspektiven der Disability Studies. In: Aus Politik und Zeitgeschichte (APuZ) B08/2003. http://www.bpb.de/publikationen/QBYGJ5,0,0,Selbstbestimmung_als_behindertenpolitisches_Paradigma_Perspektiven_der_Disability_Studies.html (10.12.2015).

Waldschmidt, Anne (2012): Selbstbestimmung als Konstruktion. Alltagstheorien behinderter Frauen und Männer. 2., korrigierte Auflage. Wiesbaden.

Wissenschaftlicher Beirat »Inklusion« (Hrsg.) (2012): Profilbildung inklusive Schule – ein Leitfaden für die Praxis, herausgegeben vom Bayerischen Staatsministerium für Unterricht und Kultus. München. http://www.km.bayern.de/download/6335_leitfadena468seiter_250413_72dpi_es.pdf, 29. 09. 2015.

Wissenschaftlicher Beirat »Inklusion« (Hrsg.) (2014): Bericht zum 1. Beauftragungszeitraum des Wissenschaftlichen Beirats »Inklusion« (Fischer, Erhard/Heimlich, Ulrich/Kahlert, Joachim/Lelgemann, Reinhard), beauftragt durch den Bayerischen Landtag. München und Würzburg, im Januar 2014, veröffentlicht im Juli 2014. www.km.bayern.de/download/10156_berichtinkla428s_5_280114_es.pdf, bzw. http://www.edu.lmu.de/bis/aktuelles/bericht1wbi/berichtwbi2014.pdf, 07.02.2015

Wocken, Hans (2015): Inklusion im Nebel. Printfassung des Online-Magazins Auswege – Perspektiven für den Erziehungsalltag. Hamburg.

Wocken, Hans (2014a): Bayern integriert Inklusion. Über die schwierige Koexistenz widersprüchlicher Systeme. Hamburg.

Wocken, Hans (2014b): Im Haus der inklusiven Schule. Grundrisse – Räume – Fenster. Hamburg.

Wocken, Hans (2014c): Das Haus der inklusiven Schule (5. Auflage). Hamburg.

Wocken, Hans (2013): Vom Wohl und Wehe des Elternwahlrechts. Ein fast unlösbares Dilemma. In: Ders.: Zum Haus der inklusiven Schule. Ansichten – Zugänge – Wege. Hamburg, 60–72.

Wocken, Hans (2011): Restauration der Stigmatisierung! Kritik der »diagnosegeleiteten Integration«. In: Wocken, Hans: Das Haus der inklusiven Schule. Baustellen – Baupläne – Bausteine. Hamburg, 19–38.

Wocken, Hans (2010): Restauration der Stigmatisierung! Kritik der schwarz-grünen »Integrationsreform«. http://www.eine-schule-fuer-alle.info/fileadmin/dokumente/politikbereich/WockenRestauration.pdf (29.09.2015).

Tobias Bernasconi und Ursula Böing

Figuren einer nicht ausgrenzenden Pädagogik

1 Zur Differenz von Pädagogik und Heil- bzw. Sonderpädagogik

Die Allgemeine Pädagogik – verstanden als Regelpädagogik, die sich an normativen Normalitätskonzepten orientiert – kann, insbesondere mit Blick auf Menschen mit schwerer und mehrfacher Behinderung, von jeher als eine ausgrenzende Pädagogik bezeichnet werden (vgl. Feuser 2013). Aus ihr heraus waren und sind keine Anstrengungen erkennbar, die Lebenslage von Menschen mit schwerer und mehrfacher Behinderung wissenschaftlich zu betrachten, zu analysieren und – als Handlungswissenschaft – Möglichkeiten der Teilhabe an pädagogischen Prozessen zu realisieren.

Vielmehr zeigt sich, dass erziehungswissenschaftliche Erkenntnisse verschiedener Theorielinien bis in die jüngste Vergangenheit zu einer umfassenden Exklusion des betroffenen Personenkreises aus allen pädagogischen Handlungsfeldern geführt haben. Sowohl in der Tradition einer philosophisch orientierten, geisteswissenschaftlich-hermeneutischen Pädagogik, in der Bildung als Aufgabe eines sich selbstverwirklichenden, vernunftbegabten Subjekts betrachtet wird und ›Emanzipation‹ das erkenntnisleitende erziehungswissenschaftliche Interesse ist (vgl. Horn 2008), als auch in der Tradition einer empirischen, eher an naturwissenschaftlichen Paradigmen orientierten Pädagogik, bleibt die Frage der Erziehung und Bildung von Menschen, die schwer- oder mehrfachbehindert sind ein randständiges Thema. Im Bemühen, den disziplinären Gegenstand, seine grundlegenden Begriffe und Fragestellungen zu fassen, werden Grenzmarkierungen sichtbar, die für einen Personenkreis, dem – personenbezogen – defizitäre Merkmale zugeschrieben werden, einen Ausschluss kennzeichnen. Bestenfalls wird er der Verantwortung anderer wissenschaftlicher Disziplinen und institutionalisierter Handlungsfelder unterstellt, im Fall einer zugeschriebenen schweren und oder mehrfachen Behinderung beispielsweise der Heil- und Sonderpädagogik.

Diese Ausgrenzung ist dabei nicht nur für eine sich entwickelnde Allgemeine Pädagogik bzw. Erziehungswissenschaft kennzeichnend, sondern trifft in ähnlicher Weise für die Kulturgeschichte der Heil- bzw. Sonderpädagogik zu (vgl. Bernasconi/ Böing 2015, 22). In historischen Quellen, in denen die Entstehung der Heilpädagogik nachgezeichnet wird (vgl. Lindmeier/Lindmeier 2002; Möckel 2007) zeigt sich, dass der disziplinäre Gegenstand – die Identifikation von Kindern, Jugendlichen oder Erwachsenen als behindert – von Anfang an auch durch Grenzmarkierungen geschärft und genauer gefasst werden sollte.

So differenziert Johann Jacob Helferich, ein Pädagoge, um 1849 zwischen »dem kaum menschlich gestalteten Kinde, in welchem das Psychische in seiner Anlage erloschen scheint und das dem Selbsterhaltungstriebe nicht einmal entsprechen kann« und jenem Kind, welches fähig ist, »sich zur bürgerlichen Brauchbarkeit, zur geistigen Freiheit« zu erheben (Lindmeier/Lindmeier 2002, 29). Als Fazit dieser Unterscheidung folgt er: »Wir beschäftigen uns nur mit den letzteren, als solchen, die wirklich bildungsfähig sind« (ebd.). Als Anhaltspunkt und leitendes Kriterium für ›Bildungsfähigkeit‹ macht Helferich insbesondere die Fähigkeit zur Sprache aus und verweist alle anderen in die Obhut von Pflege (ebd.).

An diesem Beispiel zeigen sich bereits die impliziten Motive der Ausgrenzungsmechanismen, die in späteren Epochen sowohl für die Allgemeine Pädagogik als auch für die Frühphase der sich etablierenden Heil- und Sonderpädagogik in ähnlicher Weise gelten: bildungstheoretische Leitideen von Freiheit, Mündigkeit und Selbstbestimmung, denen Personen, die als geistig- oder schwer und mehrfachbehindert identifiziert werden, nicht zu entsprechen scheinen, oft gepaart mit sozioökonomischen Interessen und sozialdarwinistischen Überzeugungen. Bereits in den Schriften von Helferich (1847 zit. nach Lindmeier/Lindmeier 2002, 31) finden sich Hinweise auf sozioökonomische Zwänge. Er begründet den Ausschluss von schwer behinderten Menschen aus seinen Erziehungsbemühungen damit, dass »die wirkenden Kräfte bei der ohnehin so schwierigen Aufgabe mit gar zu vielen, entmutigenden [sic] Hindernissen und Mühseligkeiten einen unnützen Kampf zu kämpfen hätten« (ebd.) und die »hochwichtige, reinmenschliche Sache schief aufgefaßt und verkannt« (ebd.) werden könnte. Spätestens bei Arno Fuchs, dem Begründer der ersten Hilfsschulen um die Jahrhundertwende, werden die sozioökonomischen Interessen dann zu einem leitenden Motiv, um schulische Erziehung und Bildung, bzw. den Ausschluss von dieser, zu begründen (vgl. Störmer 2007, 291; Osten 2011). Diese Grenzmarkierungen, die gesellschaftliche und politische Interessen darstellen und in die Pädagogik hineingetragen und von dieser adaptiert worden sind, sind für die Unterteilung von Allgemeiner Pädagogik und Sonder- bzw. Heilpädagogik wegweisend. In der Folgezeit entwickelte sich eine Heil- und Sonderpädagogik, die sich an einem als »behindert« erkannten Individuum orientierte und diesem in seiner als *besonders* bezeichneten Erziehungsbedürftigkeit, *besondere* institutionelle und professionelle Strukturen bereitstellte. Die Differenzierung von normal/nicht normal, behindert/nicht behindert ist bis heute leitendes Kriterium für die disziplinäre Zuständigkeit.

Zusammenfassend lässt sich konstatieren, dass die erziehungswissenschaftlichen Teildisziplinen – die Allgemeine Pädagogik auf der einen und die Heil- bzw. Sonderpädagogik auf der anderen Seite – sich durch die Feststellung einer Differenz, die wiederum aufgrund sozialgesellschaftlicher und -politischer Motive für relevant gehalten und aufrecht erhalten werden, in Abgrenzung voneinander entwickelt haben. Von dieser Entwicklung betroffen sind Personen, denen diese Differenz als askriptives Merkmal zugeschrieben wird (vgl. Schumacher in diesem Band). In der Folge der disziplinären Ausdifferenzierung und ihrer Verlagerung in die Praxis werden pädagogisch hervorgebrachte Ungleichheits- und Teilhabeprobleme beobachtbar (Kuhn 2015, 243).

Hiervon sind in besonderer Weise Kinder, Jugendliche und Erwachsene mit schwerer und mehrfacher Behinderung betroffen. Ihnen wurden noch bis in die 1970er-Jahre hinein Dispositionen zugeschrieben, die sie einerseits für pädagogische Interventionen – und den dahinterliegenden Motiven – höchst unattraktiv machten. Zum Anderen führte diese Zuschreibung darüber hinaus dazu, dass den Personen sogar spezifische Eigenschaften der Gattung Mensch abgesprochen wurden und sie insofern lediglich eine sozial randständige, marginalisierte gesellschaftliche Stellung zugestanden bekamen (vgl. Bernasconi/Böing 2015, 40).

Erst Ende der 1970er-/Anfang der 1980er-Jahre erkannte man innerhalb der Heil- und Sonderpädagogik eine gewisse Erziehungsbedürftigkeit des Personenkreises an, freilich noch eng gebunden an die Ausbildung personenbezogener Fähigkeiten wie Wahrnehmung oder Motorik und gestand ihnen rudimentäre soziale und emotionale Bedürfnisse zu, die ebenfalls durch erzieherische Zuwendung unterstützt werden sollten (vgl. ebd., 41). Mit diesem Zeitpunkt beginnt die institutionalisierte Erziehung und Bildung von Kindern und Jugendlichen mit schwerer und mehrfacher Behinderung. Im Zuge einer wechselseitigen Beeinflussung von Handlungsnotwendigkeit und Erkenntnisinteresse etablierte sich in den 1980er-Jahren die Pädagogik bei schwerer und mehrfacher Behinderung als Teildisziplin der Sonderpädagogik. Grundlegendes Anliegen war der Nachweis einer Erziehungs- und Bildungsfähigkeit des Personenkreises als Legitimation für die institutionalisierte Bildung. Führende Vertreter(innen) – allen voran Andreas Fröhlich mit seinem Konzept der Basalen Stimulation – haben immer wieder unter Einbezug verschiedener theoretischer Fundierungen die Lernfähigkeit des Personenkreises unter Beweis gestellt und bildungstheoretische Grundlagen für eine Pädagogik bei schwerer und mehrfacher Behinderung gelegt (vgl. z. B. Fornefeld 1998; Stinkes 1999; Lamers/Heinen 2006). Sie entwickelte, unter Rückgriff auf verschiedene wissenschaftstheoretische Implikationen, wichtige grundlegende Erkenntnisse – allerdings wurde dabei die eigene problematische disziplinäre Begründung entlang einer auf Behinderung bezogenen Stellvertretung nur vereinzelt in Frage gestellt (vgl. z. B. Mürner 1993). Im allgemeinen erziehungswissenschaftlichen Diskurs wurde die Pädagogik bei schwerer und mehrfacher Behinderung kaum wahrgenommen. So lässt sich heute konstatieren, dass die Disziplinen sich in Abgrenzung voneinander entwickelt haben.

Betrachtet man aktuell die Bearbeitung von Ungleichheitsproblemen und Ausschlussmechanismen als relevante disziplinäre Herausforderung, so bedarf es eines disziplinären Diskurses, in dem bisherige Grenzmarkierungen in Frage gestellt und neue Legitimationsfiguren hervorgebracht werden.

Innerhalb der Pädagogik, respektive der Heil- und Sonderpädagogik gab und gibt es immer wieder Bemühungen, diese Fragen zu bearbeiten und die Idee einer nicht ausgrenzenden Pädagogik zu fundamentieren und durch theoretische Begründungszusammenhänge zu legitimieren. Dies insbesondere indem das pädagogische Feld und die disziplinär gültigen Axiome einer Reflexion und metatheoretischen Betrachtung unterzogen werden (vgl. Moser 2000; Kuhn 2015).

Darüber hinaus gibt es Bemühungen die disziplinären Fragen und Herausforderungen, die sich mit der Idee einer nicht ausgrenzenden Pädagogik verbinden, durch einen inter- und transdisziplinären Dialog zu erweitern. Insbesondere zwischen den Natur- und Geisteswissenschaften lässt sich in diesem Zusammenhang eine Verflüssigung disziplinärer Grenzmarkierungen beobachten, um aktuelle Herausforderungen zu bearbeiten[1]. So geht mit der Skizzierung einer »synthetischen Humanwissenschaft« (Jantzen 2007, 2010), in der der genuine Gegenstand »Mensch« nicht isoliert und als Gegenpol zu den umgebenden materiellen und ideellen Objekten, sondern in seiner relationalen und historisch-kulturellen Verschränkung mit diesen betrachtet wird, die Aufhebung eines dualistischen Verständnisses von Natur- und Geisteswissenschaft einher. Das »notwendige Begreifen der Einheit des Menschen in der Menschheit« (Jantzen 1990, 209) welches innerhalb der Sonderpädagogik und ihrer Legitimation entlang der Differenz Behinderung/Nicht-Behinderung zum Teil verloren gegangen ist, kann durch diesen interdisziplinären Diskurs rekonstruiert werden.

Auch in diesem Beitrag werden disziplinäre Herausforderungen und Fragestellungen von Ausgrenzung und Ungleichheit in einen inter- und transdisziplinären Horizont gestellt. Unter Rückgriff auf pädagogisch-anthropologische und sozialwissenschaftliche Grundlagen werden Grundfragen und -probleme einer nicht ausgrenzenden Pädagogik identifiziert.

2 Pädagogisch-anthropologische und sozialwissenschaftliche Grundlagen

Die Vorstellung von dem, was den Menschen wesenhaft auszeichnet und wozu er bestimmt ist, ist immer abhängig von gesellschaftlichen und kulturellen Überzeugungen. Das, was der Mensch ist, wofür er steht und was seine ›Bestimmung‹ ist, kann folglich nicht allgemein, sondern nur im Spiegel unterschiedlicher Epochen gesehen werden. Seit der Epoche der Aufklärung hat die pädagogische Anthropologie beschrieben, dass der Mensch als *homo educandus* erziehungsbedürftig und

---

1 Vgl. beispielsweise den Diskurs um den Begriff der Emergenz, um komplexe Strukturen und Systeme – sowohl innerhalb der Naturwissenschaften als auch in den Sozialwissenschaften zu analysieren (Greve/Schnabel 2011).

gleichsam als *homo educabilis* erziehungsfähig ist. In diesem Sinne wird er als ein unvollkommenes Wesen gesehen, welches durch Erziehung zu seiner ›Bestimmung‹ geführt werden kann. Diese frühe Begründungsfigur von Pädagogik ist insofern problematisch, da der Mensch hier als ein Mängelwesen beschrieben dargestellt wird, welches erst durch von außen angeleitete Erziehung in seine ›Form‹ gebracht werden muss (Zirfas 2012, 77). Diese Denkweise – oft auch als anthropologisches Defizitmodell bezeichnet – ist in jüngerer Vergangenheit vermehrt durch ein anthropologisches Aktivitätsmodell ersetzt worden. In diesem werden nicht länger Kompetenzen (wie beispielsweise Reflexionsfähigkeit, Autonomie, Kommunikation) beschrieben, die den ›vollkommenen‹ Menschen ausmachen, sondern es wird die Möglichkeit des Menschen sich zu entwickeln und zu verändern, grundsätzlich in den Fokus gestellt. Entsprechend ist nicht länger eine definierte Bestimmung Antrieb und Ziel menschlicher Entwicklung, sondern selbige vollzieht sich immer im Kontext des Menschseins. Anders gesagt bedeutet dies, dass der Mensch nicht durch Entwicklung zum Menschen *wird*, sondern seit jeher Mensch *ist* und lediglich sein Menschsein entwickelt« (Bernasconi/Böing 2015, 69). In der pädagogischen Anthropologie ist entsprechend eine Reformulierung vorgenommen worden, in der dann nicht länger einseitig der Erziehungsgedanke im Mittelpunkt steht, sondern zusätzlich der Bildungsgedanke betont wird. Pädagogisch-anthropologische Axiome sind beispielsweise bei Zirfas (2004) die Erziehungsfähigkeit und Erziehungsbedürftigkeit *sowie* die Bildungsfähigkeit und Bildungsbedürftigkeit. »Während der Terminus Erziehungsbedürftigkeit darauf abhebt, dass Menschen ohne Erziehung weder ihren individuellen Möglichkeiten noch den kulturellen Erfordernissen gerecht werden können, weist der Begriff der Bildungsbedürftigkeit darauf hin, dass Menschen, ein gelungenes Selbst- und Weltverhältnis nicht voraussetzen können, sondern selbsttätig entwickeln müssen« (Zirfas 2012, 77). Die Prozesse von Erziehung und Bildung werden darüber hinaus als unbestimmt und offen betrachtet. Dies bedeute jedoch nicht, dass menschliche Entwicklung ›von selbst‹ geschieht. Vielmehr verweist der Begriff der Bedürftigkeit darauf, dass Menschen grundsätzlich Unterstützung bei ihrer individuellen Entwicklung benötigen, jedoch unabhängig von personalen Eigenschaften. Ein derartiger anthropologischer Begründungsrahmen erscheint im Kontext einer nicht ausgrenzenden Pädagogik sinnvoll, da hier kategorisierende Darstellungen des Menschen vermieden werden und anstelle dessen Beschreibungen von menschenhaftem Sein treten. Diese sind Fundament für eine disziplinäre Bestimmung (und auch für pädagogisches Handeln), welche sich nicht an Beschreibungen von einzelnen Personengruppen orientiert, sondern zunächst die Vielfalt menschlicher Existenz sowie die Unterschiedlichkeit von Entwicklungsverläufen anerkennt. Menschen sind demnach grundsätzlich erziehbar, bildbar und zur gesellschaftlichen Teilhabe fähig (vgl. Dederich 2013). Zudem werden Erziehung und Bildung an das Subjekt gebunden, wobei Erziehung als Herausbildung von

Fähigkeiten und Bildung als die individuelle und selbstbestimmte Aneignung von Inhalten gesehen werden kann (vgl. Bernasconi/Böing 2015, 70). Das Selbstbestimmungsmoment ist also zugleich anthropologische Grundannahme und Ziel von Pädagogik und bedeutet nicht das Erreichen von komplexen (kognitiven oder emotionalen) Strukturen und Handlungen, sondern macht deutlich, dass »Menschen ihr Leben in einer spezifischen Weise verstehen, bewerten sowie praktizieren können und wollen« (Zirfas 2012, 80).

Ein anthropologisches Fundament, welches den Menschen allgemein als erziehungs- und bildungsbedürftig sowie erziehungs- und bildungsfähig bestimmt, erscheint zusammenfassend bedeutsam, weil so der Menschen der Verantwortung einer Allgemeinen Pädagogik unterstellt werden kann, ohne ihn durch bestimmte Zielvorstellungen zu determinieren. Pädagogik als Handlungswissenschaft bedarf dann einer ethischen Komponente, die norm- und wertgeleitetes Handeln unterstützt. Den Normen und Werten liegen jedoch weder die Vorstellung einer besonderen Bedürftigkeit zugrunde noch eine idealisierte Zielbestimmung des Menschen, sondern die »Unterstellung des Menschen als bestimmt unbestimmtes Wesen, der sein Leben durch und mit anderen entwickeln kann« (Bernasconi/Böing 2015, 72).

Neben der anthropologischen Bestimmung des Menschen können sozialwissenschaftliche Erkenntnisse die Konturen einer nicht ausgrenzenden Pädagogik skizzieren helfen. Mit dem Begriff der ›Behindertenpädagogik‹[2] verbindet sich eine ›Soziologie der Behinderung‹[3], die sowohl einen soziologischen Behinderungsbegriff entwickelt hat, Ungleichheits- und Machtverhältnisse in den Blick nimmt und die sozialen und gesellschaftlichen Implikationen untersucht, die mit Behinderung verbunden sind (vgl. Kronig 2010, 193 ff.).

Sie erscheinen relevant, um einer Pädagogik, die sich als nicht ausgrenzende Pädagogik versteht eine weitere Grundlage zu geben. In diesem Kontext wird u. a. die Theorie der Kulturhistorischen Schule rezipiert, auf die im Folgenden Bezug genommen wird. Hier wird die Entwicklung des Menschen im Kontext seiner sozialen und kulturellen Eingebundenheit betrachtet. Mensch sein – so lässt sich im Anschluss an die Idee einer synthetischen Humanwissenschaft (vgl. oben) formulieren – realisiert sich in der Einheit von Biologischem und Sozialen, von Natur und Kultur.

Wie in der Theorie der höheren psychischen Funktionen grundgelegt, zeigt sich die ontogenetische Entwicklung des Menschen nicht einfach als biologischer Wachstums- und Reifeprozess sondern als Enkulturationsprozess, initiiert durch den sozialen Austausch. Die soziale Umgebung wird als Quelle der Entwicklung betrachtet

---

2 Vgl. hierzu auch Jantzen (2010) und seine grundlegenden Ausführungen zur Konstitution und Systematik einer ›Allgemeinen Behindertenpädagogik‹
3 Vgl. hierzu auch Waldschmidt/Schneider (2007), die den Begriff mit dem Forschungsfeld der »Disability Studies« verbinden.

(Jantzen 2001, 235). Im Begriff der »bio-psycho-sozialen Einheit« (Jantzen 1987, 16 f.) verbirgt sich ein relationales Verständnis von ontogenetischer und kulturhistorisch-gesellschaftlicher Entwicklung. Menschliche Entwicklung zeigt sich demnach nicht entlang einer chronologischen, zeitlich nacheinander organisierten und durch innere Steuerungsmechanismen determinierten kognitiven Entwicklung, sondern als sich verschränkende und sich gegenseitig bedingende Entwicklung niederer und höherer psychischer Funktionen. Höhere psychische Funktionen, im Laufe der Phylogenese durch den Menschen hervorgebracht, insbesondere der Gebrauch von Werkzeugen und Zeichensystemen, begleiten das Kind in jeder Phase seiner ontogenetischen Entwicklung, vermittelt durch die Tätigkeit in der sozialen Situation. Niedere psychische Funktionen, die in der Lebenstätigkeit des Organismus angelegt sind (beispielsweise die Affekte oder Instinkte) werden im Lauf der Entwicklung nicht abgelöst und durch höhere psychische Funktionen ersetzt. Vielmehr sind die höheren psychischen Funktionen in jeder Lebensphase des Menschen unerlässliche Begleiter. Sie werden zunächst interpsychisch, in der sozialen Situation vermittelt, bevor sie dem Kind intrapsychisch als innere Repräsentation verfügbar sind.

Die hier skizzenhaften vorgetragenen sozialwissenschaftlichen Erkenntnisse erscheinen für eine nicht ausgrenzende Pädagogik relevant, da pädagogische Prozesse und Grundfragen sich damit nicht auf Behinderung bzw. entlang der Differenz behindert/nichtbehindert entwerfen lassen und so eine ›ausgrenzende‹ Pädagogik legitimieren. Vielmehr wird eine *einheitliche* Bestimmung des Menschen und seiner potenziell offenen Entwicklungsmöglichkeiten ausgedrückt, die sich durch die grundsätzliche Notwendigkeit der Partizipation, der Kooperation und des Dialogs in allen sozial-kulturell relevanten Feldern entfaltet und durch eine »Allgemeine Pädagogik« bearbeitbar wird (Jantzen 2010). Das Axiom ihrer disziplinären Bestimmung (und auch des pädagogischen Handelns) ist die bio-psycho-soziale Bestimmung des Menschen, welche in einem interdisziplinären Entwurf unter Aufhebung bisheriger natur- und geisteswissenschaftlicher Grenzen entwickelt wird. In dieser Argumentation beziehen sich pädagogische Prozesse auf den »sozialen Raum, der zu schaffen, zu erhalten und ggf. wiederherzustellen ist« (Jantzen 2007, 92) und von dort aus Ausgrenzungsprozesse identifiziert und pädagogische Möglichkeiten des Umgangs mit Ungleichheit und Verschiedenheit entwirft.

3 Figuren einer nicht ausgrenzenden Pädagogik

3.1 Ungewissheit

Mit dem Begriff der Ungewissheit wird zunächst allgemein ein Gewissheitsverlust beschrieben. Unter diesen Begriff lassen sich jene Situationen und Zustände fassen, die »mehrdeutig, komplex, unlösbar und/oder neu sind« (König 2003, 22 zit.

nach Tetens 2013, 72). In der Erziehungswissenschaft ist Ungewissheit als Herausforderung an pädagogisches Handeln u. a. durch die Systemtheorie und dem Begriff des ›Technologiedefizits‹ (Luhmann/Schorr 1979, zit. nach Keiner 2005, 156) bzw. durch die Strukturtheorie und der Erkenntnis von Erziehung als ›stellvertretender Krisenbewältigung unter Ungewissheit‹ (Oevermann 1996, zit. nach Tetens 2013, 10 ff.) bekannt geworden (vgl. Böing 2016). Mit Ungewissheit assoziiert sind weitere Begriffe, die teilweise synonym oder in Abgrenzung zueinander genutzt werden, so Unsicherheit, Unbestimmtheit, Risiko, Kontingenz, Ambiguität, Nicht-Wissen, Unvorhersehbarkeit (Tetens 2013, 69 ff.).

Im Kontext von Wissen und Nicht Wissen in der Erziehungswissenschaft markiert Ungewissheit die Möglichkeiten und Begrenzungen der Erkenntnisgewinnung und des Wissenserwerbs für pädagogisches Denken und Handeln. Angesichts einer Pluralisierung von Wissen, verschiedener, teils gegensätzlicher Theorien und Denkanstöße wird deutlich, dass das, was unter Pädagogik verstanden wird und wie, aus diesem Verständnis heraus, die Ausgestaltung einer pädagogischen Handlung folgt, nicht eindeutig bestimmbar ist und in einem diskursiven, kontingenten, d. h. offenen Prozess ausgehandelt werden muss (vgl. Koller 2006, 11).

Ungewissheit ergibt sich sowohl im Hinblick auf pädagogische Entscheidungsprozesse und deren mögliche intendierte als auch nicht-intendierte Folgen, als auch im Hinblick auf den Menschen, als genuinen Gegenstand der Pädagogik (Koller, 2006, 12; Wimmer, 2014, 117 ff.). Diese Ungewissheitsbestimmungen sind darüber hinaus in ihrer Verwobenheit mit komplexen sozial-gesellschaftlichen Strukturen zu analysieren, wodurch sich Ungewissheit weiter potenziert. Weil Erziehungs- und Bildungsprozesse keine planbaren ›Effekte‹ bei den beteiligten Akteurinnen und Akteuren hervorbringen, unterliegt pädagogisches Wissen und Handeln der grundsätzlichen Möglichkeit und dem Risiko einer Fehleinschätzung.

Es erscheint bedeutsam: Ungewissheit kann als konstitutives Moment der Pädagogik betrachtet und damit als Auftrag und Herausforderung einer nicht ausgrenzenden Pädagogik entwickelt werden, in der jeder Mensch in einer Grundbestimmung des Allgemeinen gedacht werden kann. Entlang der Kategorie Ungewissheit wird die dichotome disziplinäre Trennung von Pädagogik und Heil- bzw. Sonderpädagogik obsolet. Gleichzeitig erscheint an ihrem Horizont eine Pädagogik, in der Fragen der Ausgrenzung und Ungleichheit in den Blick geraten. Dies insofern, weil bisher gültige Verkettungen von Ursache und Wirkung und damit einhergehende Differenzsetzungen, die bisher für pädagogische Strukturen und Praktiken (beispielsweise der Trennung von Allgemeinen Schulen und Förderschulen) konstitutiv waren, angesichts der Ungewissheit pädagogischen Wissens zu hinterfragen und in ihrer fragilen Form anzuerkennen sind (vgl. Böing 2016). Aus der Anerkennung von Ungewissheit erwächst eine besondere Verantwortung, die den Einzelnen – im Sinne einer egalitären Differenz (vgl. Prengel 1993) – in seiner Verschiedenheit und Einzigartigkeit erkennt und ihm spezifische Unterstützungsstrukturen bereitstellt ohne ihn über diesen Unterschied zu hierarchisieren (vgl. Kron 2010). Eine besondere Verantwortung in der konkret pädagogischen Situation ergibt sich hier aus der Erkenntnis, dass diese von Nicht-Wissen geprägt ist und sich dies im pädagogischen Verhältnis spiegeln muss (vgl. Bernasconi/Böing 2015).

Eine nicht ausgrenzende Pädagogik, die Ungewissheit als ›Grund‹ pädagogischen Handelns anerkennt wird auf organisationaler und institutioneller Ebene bisherige Konstruktionen und Funktionen hinterfragen und Strukturen und Netzwerke schaffen, die der Idee einer egalitären Differenz entsprechen. Auf der Ebene der Interaktion geht mit der Anerkennung von Ungewissheit eine – organisatorisch abgesicherte – Aufwertung reflexiver und kooperativer Prozesse der pädagogisch Tätigen einher (vgl. Kade/Seitter 2005, 64 ff.; Böing 2016).

3.2 Imperfektibilität

In der Pädagogik findet sich Imperfektibilität als Gegensatz zu Perfektion in der pädagogischen Idee der Aufklärung. Hier fungiert die ›Un-Vollkommenheit‹ – die Imperfektion – des Menschen als Herausforderung und Legitimation für Erziehung und Bildung.

Mit Blick auf Menschen mit schwerer und mehrfacher Behinderung wurde oben gezeigt, dass die Beschreibung der Personengruppe seit jeher durch die Zuschreibung von Attributen des Imperfekten gekennzeichnet ist. Dabei liegen den Definitionsversuchen und Beschreibungen immer implizite Vorstellungen dessen zugrunde, was als »normal« gilt und in Abgrenzung dessen wird gleichsam das Imperfekte deutlich. Im Rahmen der Heil- und Sonderpädagogik haben insbesondere die Disability Studies das Verhältnis von Normalität und Abweichung und die Folgen für Kultur und Gesellschaft untersucht (vgl. Dederich 2007). Dabei wird immer wieder betont, dass Normalitätskonstrukte in konkreten gesellschaftlichen Zusammenhängen zum Ausschlussfaktor für Menschen werden, die die impliziten oder offenen Kriterien dessen, was als normal gilt, nicht erfüllen. Alle Eigenschaften, die nicht in eine Vorstellung von Normalität passen, werden sozusagen zu einer »problematischen Minusvariante« (Dederich 2002), die in der Folge an den Rändern des Allgemeinen herausfällt. Allerdings sind die Vorstellungen von einer wie auch immer gearteten Normalität seit jeher gesellschaftlich determiniert und stehen somit in Abhängigkeit von gesellschaftlichen, kulturellen und sozialen Entwicklungen. Die Pole Perfektion und Imperfektion bilden dabei flexible Grenz- bzw. Beschreibungspunkte, welche ihrerseits variabel sind. Problematisch ist jedoch die Beschreibung menschlicher Entwicklung mit allgemein formulierten Kriterien des Perfekten und Imperfekten, wenn dabei als Ziel Perfektion postuliert wird, da so zwangsläufig normative Ausschlusskriterien formuliert werden.

Vielmehr sollte die Perspektive sich darauf richten, dass menschliches Leben grundsätzlich durch Endlichkeit und auch durch Bedürftigkeit gekennzeichnet ist. Die »allgemeine Kontingenz des Menschseins: die Endlichkeit, die Angewiesenheit, die Abhängigkeit, die Begrenztheit und die Fehleranfälligkeit« (Mieth 2001, 63) führt die Idee von menschlicher Perfektion ins Utopische. Eine Fokussierung auf eine definierte ›Perfektion‹ rückt wesentliche Merkmale des Menschseins in den Hintergrund. Das Imperfekte ist es, welches auf die Vielfalt, die Unterschiedlichkeit und die allgemeine Unbestimmbarkeit menschlicher Entwicklung hinweist (vgl. Dederich 2002). Mit der Fokussierung auf eine Art *Recht auf Imperfektibilität* »wird zugleich die Anerkennung von Differenz eingeklagt, d. h. die Achtung aller Menschen gerade wegen ihrer Verschiedenheit und unabhängig von ihren geistigen und körperlichen Fähigkeiten« (Ackermann 2011b, 155).

Perfektion und Imperfektion müssen demnach als unbestimmte Eigenschaften des Menschen begriffen werden. Durch die Unbestimmtheit menschlichen Lebens wird jede allgemeingültige Vorstellung von Perfektion und Imperfektion unterlaufen. Mieth (2001, 67) formuliert in diesem Zusammenhang treffend: »Was der Mensch alles sein kann, ist er nicht erst, wenn er tatsächlich alles kann«.

Es wird demnach deutlich, dass Imperfektibilität keine grundsätzliche Eigenschaft ist, welche einen individuellen Mangel eines Menschen in Bezug auf eine geistige oder körperliche Funktion beschreibt, sondern vielmehr das Prozesshafte der menschlichen Entwicklung bezeichnet. Imperfektibilität wird damit zu einer flexiblen Variable anthropologischer Beschreibungen des Menschen.

Für eine nicht ausgrenzende Pädagogik kann die Figur der Imperfektibilität als Auftrag und Herausforderung gesehen werden. Sie beschreibt die Angewiesenheit des Menschen auf Erziehung, Bildung und Sozialisation, hat jedoch nicht das Ziel, Imperfektion im Sinne einer Umwandlung in etwas definiertes Perfektes zu überwinden. Vielmehr geht es darum, der Entwicklungsmöglichkeit individueller Fähigkeiten einen Raum zu geben. Im Gegensatz dazu ist – mit der Anerkennung von Imperfektibilität – die Vorstellung einer Pädagogik, welche (grenzenlose) Verbesserung des Menschen bzw. die Entwicklung zu einem von außen definierten ›Ziel‹ anstrebt, nicht haltbar. Entscheidend ist vielmehr die Akzeptanz von Differenz und Unterschiedlichkeit, welche konsequent gedacht dann die Vokabeln Perfektion und Imperfektion bzw. behindert/nicht behindert letztlich überflüssig macht.

3.3 Stellvertretung

Stellvertretung ist ein vieldeutiger Begriff, der in theologischen, juristischen, politischen, philosophischen und auch pädagogischen Kontexten verwendet wird. Je nach Intention und Deutung ist allein der Begriff semantisch vieldeutig aufgeladen. Grundsätzlich wird mit Stellvertretung ein Sachverhalt bezeichnet, in dem eine Person im Sinne einer anderen Person für sie handelt oder entscheidet (vgl. Dederich 2013, 196).

In der Pädagogik und speziell in der Heil- und Sonderpädagogik stellt der Begriff der Stellvertretung eine zentrale Begründungsfigur für die Bestimmung der Disziplin, aber auch für pädagogisch-praktisches Handeln dar. Insbesondere in der Sonderpädagogik kann die Stellvertreterfunktion, welche Professionelle in unterschiedlichen Kontexten (auch hier juristisch, politisch und eben pädagogisch) für Menschen mit Behinderung einnehmen, über lange Zeit als Begründungsfigur für die Disziplin und die Profession gesehen werden (vgl. Ackermann 2011a, 162). Im Spiegel aktueller heilpädagogischer Leitmotive wie Selbstbestimmung und Teilhabe ist das Motiv der Stellvertretung dagegen vermehrt in den Hintergrund gerückt, da zunehmend ethische Bedenken geäußert werden, wenn Menschen für andere Menschen sprechen, entscheiden oder handeln (vgl. Ackermann/Dederich 2011, 8). Die Kritik fokussiert zum einem mit Blick auf praktische Handlungsfelder, in denen Menschen mit Behinderung häufig einem fragwürden Paternalismus ausgesetzt waren und sind und nur über eingeschränkte Entscheidungsmöglichkeiten verfüg(t)en (vgl. Mürner 1993). Für die Disziplin wird kritisiert, dass Stellvertreterschaft als Begründung für die Sonderpädagogik nicht reflektiert, sondern vorausgesetzt wird (vgl. Moser 2000, 45).

Ackermann und Dederich (2011, 9 f.) machen deutlich, dass sich das Motiv der Stellvertretung innerhalb der Pädagogik in einem Spannungsverhältnis zwischen einer deutlichen Betonung des Selbstbestimmungs- und Teilhabegedankens und einer damit einhergehenden Ablehnung von Stellvertreterschaft befindet. Es kann jedoch gefragt werden, ob das Problematische an stellvertretenden Elementen sich an der Frage nach einer definierten Behinderung bricht, oder ob nicht die grundsätzliche Angewiesenheit des Menschen (vgl. Fornefeld 2009, 120) Momente von Stellvertretung unumgänglich macht. Die Legitimation von Stellvertretung verlagert sich dann dahingehend, dass nicht länger ein Verweis auf Behinderung oder eine besondere Art bzw. Schwere von Behinderung benötigt wird, sondern Stellvertretung einen grundlegenden pädagogischen bzw. zwischenmenschlichen Sachverhalt bezeichnet.

Für eine nicht-ausgrenzende Pädagogik kann der Figur der Stellvertretung damit eine wichtige Bedeutung beigemessen werden, welche jedoch nicht Begründungsfigur für *sonder*pädagogisches Handeln, sondern für *pädagogisches* Handeln ist. Zirfas formuliert in diesem Zusammenhang: »Kurz: Wann immer wir von Erziehung, Bildung oder Sozialisation sprechen, sprechen wir auch über Stellvertretungen« (Zirfas 2011, 92). Erst durch das Eingehen einer Verbindung zwischen Lehrperson und Schülerin oder Schüler, zwischen Erzieherin oder Erzieher und den Kindern, Jugendlichen oder Erwachsenen, die auch stellvertretende Elemente enthalten kann, eröffnen sich Potenziale zur Selbstentwicklung (vgl. Röhr 2002). Stellvertretende Handlungen sind damit Teil eines Prozesses einer Pädagogik, welche die Unbestimmbarkeit von voraussehender Entwicklung akzeptiert. Die Entwicklung »als Mensch zum Mensch« (Bernasconi/Böing 2016) ist immer auch auf andere Menschen und deren Entscheidungen oder Handlungen *für* andere Menschen in *deren* Sinne angewiesen.

Daraus ergibt sich auch, dass immer wieder die eigenen Motive stellvertretender Elemente reflektiert und im Spiegel konkreter Situationen überdacht werden müssen.

Für die Sonderpädagogik ergibt sich damit aber keine Notwendigkeit einer besonderen Anwaltschaft, da diese ja in jeder pädagogischen Handlung enthalten ist (vgl. Moser zit. nach Lindmeier 2013, 132).

Zusammenfassend kann Stellvertretung somit als grundsätzliches Moment einer nicht ausgrenzenden Pädagogik und weitere Anschlussmöglichkeit von Sonderpädagogik und Allgemeiner Pädagogik verstanden werden. Die Begründung für stellvertretende Elemente in der Pädagogik erfolgt aber nicht über individuelle Defizite einer bestimmten ›Gruppe‹ von Menschen, sondern über die anthropologische Beschaffenheit des Menschen, seine Angewiesenheit auf andere Menschen und Unterstützung und Fürsorge in unterschiedlichen Lebenskontexten (vgl. Zirfas 2011, 95). Die Anerkennung, dass jeder Mensch auf stellvertretende Handlungen im Laufe seines Lebens angewiesen ist, ermöglicht eine Pädagogik, die sich unter dem Motiv von individueller Autonomie auf disziplinärer Ebene konstituiert. Autonomie ist dabei als »Möglichkeit des Menschen zu sehen, in seinem individuellen Lebensumfeld eigene Entscheidungen treffen zu können« (Bernasconi/Böing 2015, 105), was erste Hinweise für die Gestaltung für pädagogisch-praktisches Handeln gibt.

3.4 Bildung

Neben Erziehung ist ›Bildung‹ der zentrale Begriff von Pädagogik, über den der Diskurs bis heute nicht abgeschlossen ist und der immer wieder Ausrichtung, Grundgedanken und Motive von Pädagogik bestimmt. Mit Blick auf Menschen mit schwerer und mehrfacher Behinderung besitzt der Bildungsbegriff eine historisch und gegenwärtig aufgeladene Bedeutung, die sich aus dem so resistenten und zeitlich überdauernden Dogma der sogenannten Erziehungs- und Bildungsunfähigkeit ergibt und für den Personenkreis auch in der jüngeren Vergangenheit immer wieder den Ausschluss aus dem pädagogischen Blick und die Verwehrung seines Bildungsrecht bedeutet (vgl. Feuser 2009, 234 ff.). Innerhalb der Pädagogik bei schwerer und mehrfacher Behinderung führte die Erkenntnis, »dass die bei Menschen mit geistiger Behinderung unverrückbar erscheinenden individuellen Grenzen der Bildung veränderbar [sind]« (Klauß/Lamers 2010, 305) letztlich zu theoretischen Neukonzeptionen des Bildungsbegriffes (vgl. z. B. Lamers/Heinen 2006; Klauß/Lamers 2010; Fornefeld 1998).

Im Anschluss an die skizzierten pädagogisch-anthropologischen Grundgedanken wird der Mensch unabhängig von seiner individuellen Verfasstheit als grundsätzlich erziehungs- und bildungsfähiges Wesen angesehen (vgl. Dederich 2013; Bernasconi/

Böing 2015, 106). Prozesse der Erziehung und Bildung sind als unbestimmt und kontingent anzusehen. Entsprechend kann der Bildungsprozess keine definierten Ziele bzw. das Erreichen von höheren kognitiven Strukturen beschreiben, sondern verweist darauf, dass »Menschen ihr Leben in einer spezifischen Weise verstehen, bewerten sowie praktizieren können und wollen« (Zirfas 2012, 80). Bildung stellt also zunächst allgemein eine »grundlegende Veränderung des Verhältnisses von Ich und Welt« (Koller 2012, 16) und insofern einen relationalen und transformatorischen Prozess dar.

Bildung als *relationaler Prozess* beschreibt die Wechselwirkung zwischen Welt und Mensch, wobei dieses Verhältnis nicht eine Subjekt-Objekt-Beziehung kennzeichnet, sondern sowohl der Mensch *als auch* die Welt verändert aus dem Bildungsgeschehen hervorgehen (Jantzen 1990, 220). Entsprechend eignet sich der Mensch weder lediglich die als objektiv gegebene Welt an, noch ist es nur das Subjekt, welches die Welt in einem Akt der Konstruktion erschafft. Bildung als relationalen Prozess zu begreifen bedeutet folglich, sie als etwas »unmöglich zu Initiierendes« (Stinkes 1999, 79) anzuerkennen.

Vielmehr wird davon ausgegangen, dass Bildungsprozesse *transformatorischer* Natur und damit gleichsam sprunghaft sind und nicht kausale Folge auf einem kontinuierlichen Weg (Koller 2012, 74). Bildung wird damit nicht mehr als ein sich natürlich vollziehender innerer Drang der Subjektes gesehen, sondern als eine (entwicklungs)logische Konsequenz auf krisenhafte Ereignisse (Bernasconi 2016). Kern des Bildungsgeschehen ist immer die Irritation bisheriger Wahrnehmungs-, Denk- und Handlungsweisen, aufgrund »*gesellschaftlich* bedingte[r] Problemlagen« oder »*individuelle*[r] Krisenerfahrungen«, welche Möglichkeiten zur Veränderung von Welt- und Selbstdeutungen bieten (Koller 2012, 72, H.i.O.). Das Erleben von derartigen Krisen, d. h. Momenten, in denen Menschen mit Unsicherheiten konfrontiert werden und (Lösungs)wege suchen bzw. ihr Verhältnis zur Welt neu bestimmen, ist demnach der Ort, »an dem sich das innere Erleben wandelt und Bildungsprozesse nachhaltig evoziert werden« (Bernasconi/Böing 2015, 112). Gleichzeitig ist zu beachten, dass Menschen immer in soziale und kulturelle Kontexte eingebunden werden, d. h. es sind die sich aus diesen Kontexten ergebenden Inhalte die das Bildungsgeschehen in Gang setzen. Die Existenz des Menschen innerhalb eines sozial-kulturellen ›Settings‹ unterstreicht so auch die grundsätzliche Bildungsfähigkeit des Menschen. Gleichzeitig verweist eine so zu bezeichnende variable ›kulturelle Klammer‹ auch auf die Bildungs*inhalte* im Sinne der Themen, Gefühle, Grundbedürfnisse und Motive, die innerhalb einer Kultur bestehen (vgl. Bernasconi 2016).

Bildung kann zusammenfassend als zentrales Element menschlichen Lebens beschrieben werden. Sie ist damit weder an ein bestimmtes Lebensalter, noch an eine wie auch immer definierte kognitive, soziale, kommunikative usw. Entwicklungsstufe gebunden. Ein relationaler und transformatorischer Bildungsbegriff bindet Bildung demnach nicht an feststehende Inhalte oder das Erlernen von bestimmten Fähigkeiten, sondern sieht in ihr primär den Prozess der Personagenese. In einer nicht ausgrenzenden Pädagogik unterscheidet sich Bildung als zentraler pädagogischer Auftrag folglich auch nicht für bestimmte identifizierte ›Gruppen‹ von Menschen. Vielmehr stellt sie den zentralen Antrieb von Pädagogik dar, indem Menschen die jeweils notwendige Unterstützung im Prozess der individuellen Selbst- und Welterschließung gegeben wird.

3.5 Zusammenfassung

Aus der Skizzierung der einzelnen Figuren ergibt sich, dass Bildung als zentraler pädagogischer Auftrag für eine nicht ausgrenzende Pädagogik leitend sein kann. Bildungsbedürftigkeit und -fähigkeit sind als anthropologische Merkmale bestimmt worden, welche sich durch Partizipation an gesellschaftlich-kulturell relevanten Feldern realisieren. Mit dem skizzierten Bildungsbegriff verbindet sich dann nicht mehr die organisationale und interaktionale Strukturen betreffende Frage nach den Bildungs*möglichkeiten* und damit nach seinen eigenen Grenzen; konkret also der Frage wer wann, wieviel und welche Bildungsangebote bekommt. Vielmehr muss gefragt werden, wie Bildungsprozesse innerhalb der verschiedenen Strukturen gestaltet werden müssen, damit sie entlang verschiedener Heterogenitätsdimensionen keine erneuten Ausschlüsse produzieren und für den Einzelnen wirksam werden können. So verstandene Bildung evoziert damit zentrale Grundfragen, die sich in den Figuren der Ungewissheit, der Stellvertretung und der Imperfektibilität beschreiben lassen. Diese Figuren lassen sich als Markierungspunkte einer nicht ausgrenzenden Pädagogik begreifen und fordern zugleich heraus, entlang dieser Markierungen Ungleichheit immer wieder neu zu reflektieren und die Pädagogik auf mögliche Ausschlüsse hin zu befragen. Die Kontingenz menschlicher Entwicklung drückt sich im Begriff der Ungewissheit aus, und beschreibt gleichsam, dass menschliche Entwicklung insbesondere in pädagogischen Prozessen nicht in einem definierten Sinne ›planbar‹ ist. Vielmehr entwickelt sich menschliches Leben immer zwischen den variablen Polen ›Perfektion‹ und ›Imperfektion‹, ohne dass einer der Pole jemals erreicht wird. Der auf ein soziales Gegenüber angewiesene Mensch fordert stellvertretende Handlungen und Entscheidungen heraus, um so sein individuelles Menschsein in unterschiedlichen Kontexten durch Selbst- und Weltbildung zu verwirklichen. Diese Prozesse finden vor einem historisch und gesellschaftlich-kulturell determinierten Horizont statt und sind mit ihm verwoben. Den Zusammenhang zwischen der einzelnen Figuren und Referenzdisziplinen stellt die folgenden Abbildung dar.

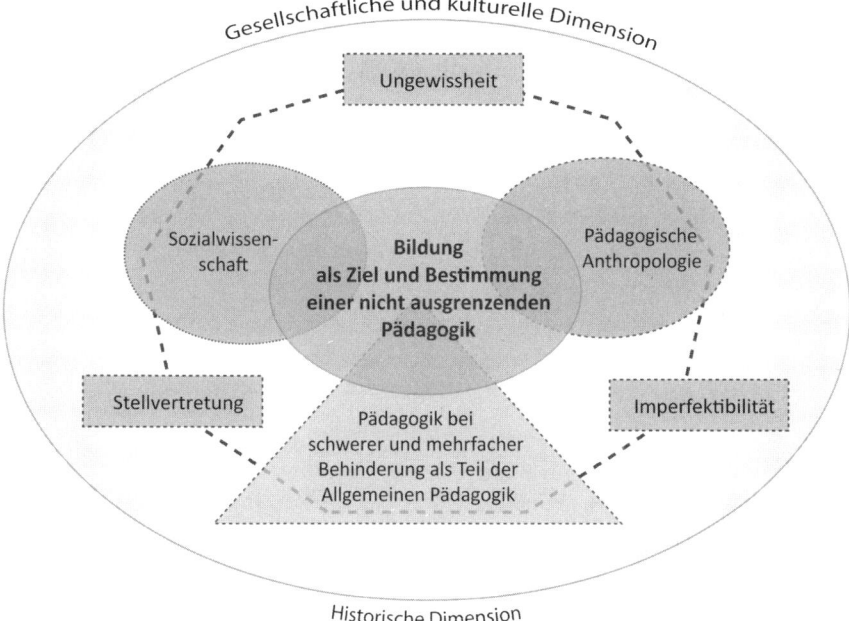

Abb 1: Figuren und Referenzdisziplinen einer nicht ausgrenzenden Pädagogik (vgl. Bernasconi/Böing 2015, 114)

Die hier skizzierten Figuren bieten Ansätze, historisch bedingte Grenzmarkierungen von Pädagogik und Heil- und Sonderpädagogik in Frage zu stellen. Auch das Bildungsrecht und der Bildungsanspruch von Menschen, die schwer und mehrfachbehindert sind, lässt sich unter Einbezug der beschriebenen Figuren als umfassend und gleichwertig beschreiben ohne sie zuvor als *besondere* menschliche Spezies beschreiben zu müssen.

Insgesamt lässt sich die Entwicklung einer nicht ausgrenzenden Pädagogik – so wie sie hier skizziert worden ist – nicht als linearer Prozess hin zu einem idealen Zustand beschreiben. Sie fordert vielmehr immer wieder erneut dazu heraus, ihre eigenen disziplinären Grenzen zu hinterfragen und in Bezug auf Ausschlussmechanismen hin zu überprüfen.

4 Schlussbemerkung

Es zeigt sich, dass anhand pädagogischer Grundfragen und -motive eine pädagogische Idee entwickelt werden kann, in der jeder Mensch in einer Grundbestimmung des Allgemein-Pädagogischen gedacht werden kann. Die beschriebenen Figuren bilden dabei einen Reflexions- und Begründungsrahmen, welcher auf disziplinärer

Ebene beitragen kann, ein nicht ausgrenzendes pädagogisches Fundament zu entwickeln. Durch dieses können Fragen der disziplinären Begründung und Bestimmung und die je spezifischen Bedarfe und individuellen Unterstützungsangebote jenseits vereinfachender binärer Konstruktionen legitimiert werden. Mit der Orientierung am Verbindenden wird das Ziel verfolgt, Exklusionsrisiken für Menschen mit schwerer und mehrfacher Behinderung zu minimieren. Die hier skizzierten Figuren eröffnen die Möglichkeit der Bearbeitung von Ungleichheitsproblemen und Ausschlussmechanismen, weil sie die Disziplin entlang allgemeiner pädagogischer Fragen und Herausforderungen entwickeln.

Es muss jedoch betont werden, dass der hier beschriebene Entwurf disziplinärer Fragen und Herausforderungen entlang der beschriebenen Figuren sich nicht durch grundsätzlich neue Erkenntnisse auszeichnet. Vielmehr werden bisherige anthropologische, sozialwissenschaftliche und bildungsphilosophische Studien aufgegriffen und unter der Perspektive des Allgemeinen verbunden. Die Analyse ist dabei nicht abgeschlossen, sondern als Einladung zur kritischen Weiterentwicklung einer nicht ausgrenzenden Pädagogik zu verstehen.

Literatur

Ackermann, Karl-Ernst/Dederich, Markus (2011): Einführung in das Thema. In: Ackermann, Karl-Ernst/Dederich, Markus (Hrsg.): An Stelle des Anderen. Ein interdisziplinärer Diskurs über Stellvertretung und Behinderung. Oberhausen, 7–22.

Ackermann, Karl-Ernst (2011a): »Stellvertretung« in der Geistigbehindertenpädagogik. In: Ackermann, Karl-Ernst/Dederich, Markus (Hrsg.): An Stelle des Anderen. Ein interdisziplinärer Diskurs über Stellvertretung und Behinderung. Oberhausen, 139–166.

Ackermann, Karl-Ernst (2011b): Pädagogische Impulse in der Schwerstbehindertenpädagogik. In: Fröhlich, Andreas/Heinen, Norbert/Klauß, Theo/Lamers, Wolfgang (Hrsg.): Schwere und mehrfache Behinderung interdisziplinär. 1. Aufl. Oberhausen. 143–158.

Bernasconi, Tobias/Böing, Ursula (2015): Pädagogik bei schwerer und mehrfacher Behinderung. Stuttgart.

Bernasconi, Tobias/Böing, Ursula: (2016, im Erscheinen): Schwere und mehrfache Behinderung und Inklusion?! Skizzen einer nicht ausgrenzenden Pädagogik. In: Behindertenpädagogik 55 (3).

Bernasconi, Tobias (2016, im Erscheinen): Bildung bei schwerer und mehrfacher Behinderung. In: Fröhlich, Andreas/Mohr, Lars/Zündel, Matthias (Hrsg.): Handbuch Basale Stimulation. Göttingen.

Böing, Ursula (2016, im Erscheinen): Ungewissheit. In: Ziemen, Kerstin (Hrsg.): Lexikon Inklusion. Göttingen.

Dederich, Markus (2013): Philosophie in der Heil- und Sonderpädagogik. Stuttgart.

Dederich, Markus (2002): Der imperfekte Mensch und das moderne Heilsdenken – Ambivalenzen moderner »Anthropotechniken« diskutiert aus behindertenpädagogischer Sicht. In: Schnell, Martin W. (Hrsg.): Pflegewissenschaften und Philosophie. Leiblichkeit, Verantwortung, Gerechtigkeit, Ethik. Interdisziplinäre Studien über den bedürftigen Menschen. Bern, 263–283.

Dederich, Markus (2007): Körper, Kultur und Behinderung. Eine Einführung in die Disability Studies. Bielefeld.

Feuser, Georg (2013): Gesellschafts-Politische und fachliche Perspektiven der Geistigbehindertenpädagogik. In: Ackermann, Karl-Ernst/Musenberg, Oliver/Riegert, Judith (Hrsg.): Geistigbehindertenpädagogik!? Disziplin – Profession – Inklusion. Oberhausen, 219–246.

Feuser, Georg (2009): Naturalistische Dogmen: Unerziehbarkeit, Unverständlichkeit, Bildungsunfähigkeit. In: Dederich, Markus/Jantzen, Wolfgang (Hrsg.): Behinderung, Bildung, Partizipation: Bd. 2. Behinderung und Anerkennung. Stuttgart, 233–239.

Fornefeld, Barbara (1998): Das schwerstbehinderte Kind und seine Erziehung. Beiträge zu einer Theorie der Erziehung. 2. Aufl. Heidelberg.

Fornefeld, Barbara (2009): Grundwissen Geistigbehindertenpädagogik. 4. Aufl. München/Basel.

Greve, Jens/Schnabel, Annette (Hrsg.) (2011): Emergenz. Zur Analyse und Erklärung komplexer Strukturen. Berlin.

Horn, Klaus-Peter (2008): Kapitel 1: Disziplingeschichte. In: Handbuch der Erziehungswissenschaft Band 1. Bad Heilbrunn.

Jantzen, Wolfgang (1987): Allgemeine Behindertenpädagogik. Sozialwissenschaftliche und psychologische Grundlagen. Bd. 1. Weinheim/Basel.

Jantzen, Wolfgang (1990): Allgemeine Behindertenpädagogik. Neurowissenschaftliche Grundlagen, Diagnostik, Pädagogik und Therapie. Bd. 2. Weinheim/Basel.

Jantzen, Wolfgang (2001): Vygotskij und das Problem der elementaren Einheit der psychischen Prozesse. In: Jantzen, Wolfgang (Hrsg.): Jeder Mensch kann lernen. Perspektiven einer kulturhistorischen (Behinderten-)Pädagogik. Neuwied, 221–243.

Jantzen, Wolfgang (2007): Kritisch-materialistische Behindertenpädagogik. In: Greving, Heinrich (Hrsg.): Kompendium der Heilpädagogik. Troisdorf, 86–95.

Jantzen, Wolfgang (2010): Allgemeine Behindertenpädagogik: Konstitution und Systematik. In: Horster, Detlef/Jantzen, Wolfgang (Hrsg.): Wissenschaftstheorie. Stuttgart, 15–45.

Kade, Jochen/Seitter, Wolfgang (2005): Jenseits des Goldstandards. In: Helsper, Werner/Hörster, Reinhard/Kade, Jochen (Hrsg.): Ungewissheit. Pädagogische Felder im Modernisierungsprozess. 2. Aufl. Weilerswist, 50–72.

Keiner, Edwin (2005): Stichwort: Unsicherheit – Ungewissheit – Entscheidungen. Zeitschrift für Erziehungswissenschaft, 8 (2), 155–172.

Klauß, Theo/Lamers, Wolfgang (2010): Bildung für Menschen mit geistiger Behinderung – ein unvollständig eingelöstes Menschenrecht. In: Musenberg, Oliver/Riegert, Judith (Hrsg.): Bildung und geistige Behinderung. Bildungstheoretische Reflexionen und aktuelle Fragestellungen. Oberhausen, 302–323.

Koller, Hans-Christoph (2006): Grundbegriffe, Theorien und Methoden der Erziehungswissenschaft. Stuttgart.

Kron, Michael (2010): Ausgangspunkt: *Heterogenität.* Weg und Ziel: Inklusion? Reflexionen zur Situation im Elementarbereich. Zeitschrift für Inklusion. Online.net. 3/2010. Verfügbar unter: http://www.inklusion-online.net/index.php/inklusiononline/article/view/120/120 [12.07.2015].

Kronig, Winfried (2010): Sozialwissenschaftliche Beiträge. In: Horster, Detlef/Jantzen, Wolfgang (Hrsg.): Wissenschaftstheorie. Stuttgart, 190–199.

Kuhn, Andreas (2015): Ungleichheit, Teilhabe, Exklusion. Systematische Anfänge der Sonderpädagogik als pädagogische Theorie und Praxis. Bad Heilbrunn.

Lamers, Wolfgang/Heinen, Norbert (2006): ›Bildung mit ForMat‹. Impulse für eine veränderte Unterrichtspraxis mit Schülerinnen und Schülern mit (schwerer) Behinderung. In:

Laubenstein, Dorothea/Lamers, Wolfgang/Heinen, Norbert (Hrsg.): Basale Stimulation. Kritisch – konstruktiv. Düsseldorf, 141–205.
Lindmeier, Christian (2013): Geschichte und Gegenwart der Sonderpädagogik als wissenschaftliche Disziplin. In: Ackermann, Karl-Ernst/Musenberg, Oliver/Riegert, Judith (Hrsg.): Geistigbehindertenpädagogik!? Disziplin – Profession – Inklusion. Oberhausen, 111–142
Lindmeier, Bettina/Lindmeier, Christian (2002): Geistigbehindertenpädagogik. Weinheim/Basel.
Mieth, Dietmar (2001): Vom Anfang und Ende des Lebens. In: Stiftung Deutsches Hygiene-Museum (Hrsg.): Der (im-)perfekte Mensch. Vom Recht auf Unvollkommenheit. Ostfildern-Ruit, 51–70.
Möckel, Andreas (2007): Geschichte der Heilpädagogik oder Macht und Ohnmacht der Erziehung. 2., völlig überarb. Neuauflage. Stuttgart.
Moser, Vera (2000): Sonderpädagogische Konstitutionsprobleme. In: Albrecht, Friedrich/Hinz, Andreas/Moser, Vera (Hrsg.): Perspektiven der Sonderpädagogik. Disziplin- und professionsbezogene Standortbestimmungen. Neuwied [u. a.], 45–57.
Mürner, Christian (1993): Im Namen der Normalität.,. In: Mürner, Christian/Schriber, Susanne (Hrsg.): Selbstkritik der Sonderpädagogik? Stellvertretung und Selbstbestimmung. Luzern, 57–74.
Osten, Philipp (2011): Zur Geschichte des Umgangs mit schwer und mehrfach behinderten Menschen in der ersten Hälfte des 20. Jahrhunderts. In: Fröhlich, Andreas/Heinen, Norbert/Klauß, Theo/Lamers, Wolfgang (Hrsg.): Schwere und mehrfache Behinderung – interdisziplinär. Oberhausen, 41–59.
Prengel, Annedore (1993): Pädagogik der Vielfalt. Verschiedenheit und Gleichberechtigung in Interkultureller, Feministischer und Integrativer Pädagogik. Opladen.
Röhr, Henning (2002): Stellvertretung. Überlegungen zu ihrer Bedeutung in pädagogischen Kontexten. In: Vierteljahrsschrift für wissenschaftliche Pädagogik 78 (4), 393–416.
Stinkes, Ursula (1999): Auf der Suche nach einem veränderten Bildungsbegriff. Behinderte in Familie, Schule und Gesellschaft, 22, 73–81.
Störmer, Norbert (2007): Geschichte der Heilpädagogik. In: Greving, Heinrich (Hrsg.): Kompendium der Heilpädagogik. Troisdorf, 287–296.
Waldschmidt, Anne/Schneider, Werner (2007) (Hrsg.): Disability Studies, Kultursoziologie und Soziologie der Behinderung. Erkundungen in einem neuen Forschungsfeld. Bielefeld.
Tetens, Jakob (2013): Ungewissheit im Lehrerhandeln. Eine theoretische und empirische Untersuchung am Beispiel des Umgangs mit Gewalt in der Schule. Göttingen.
Wimmer, Michael (2014): Pädagogik als Wissenschaft des Unmöglichen. Bildungsphilosophische Interventionen. Paderborn.
Zirfas, Jörg (2004): Pädagogik und Anthropologie. Eine Einführung. Stuttgart.
Zirfas, Jörg (2011): Angewiesenheit und Stellvertretung – Perspektiven einer pädagogischen Anthropologie und Ethik. In: Ackermann, Karl-Ernst/Dederich, Markus (Hrsg.): An Stelle des Anderen. Ein interdisziplinärer Diskurs über Stellvertretung und Behinderung. Oberhausen, 87–106.
Zirfas, Jörg (2012): Eine Pädagogische Anthropologie der Behinderung – Über Selbstbestimmung, Erziehungsbedürftigkeit und Bildungsfähigkeit. In: Moser, Vera/Horster, Detlef (Hrsg.): Ethik der Behindertenpädagogik. Stuttgart, 75–89.

Christian Lindmeier

Mit Menschen mit schweren und mehrfachen Beeinträchtigungen biografisch arbeiten – wie geht das?

Auf vielen Fortbildungen der vergangenen Jahre wurde immer wieder die Frage an mich herangetragen, ob man auch mit Menschen mit schweren und mehrfachen Beeinträchtigungen biografisch arbeiten könne und welche Methoden es hierfür gäbe. Diese Frage bringt die landläufige Auffassung zum Ausdruck, dass Biografiearbeit nur mit Menschen möglich ist, die sprechen können und dass sich die Biografiearbeit ausschließlich gesprächsorientierter Methoden bediente. Da dies nicht zutrifft, lautet meine Antwort auf diese Frage, dass beispielsweise an die Basale Stimulation angelehnte Körper- und Sinnesmethoden der Biografiearbeit aus der Alten- und Demenzkrankenpflege (vgl. Buchholz/Schürenberg 2009) prinzipiell auch bei diesem Adressatenkreis eingesetzt werden können, dass diese aber für Menschen mit schweren und mehrfachen Beeinträchtigungen adaptiert werden müssen. Außerdem empfehle ich Biografiearbeit unter Einbeziehung der Angehörigen oder langjährigen Betreuer(innen) schwer und mehrfach beeinträchtigter Kinder, Jugendlicher und Erwachsener durchzuführen. In diesem Zusammenhang ist gelegentlich von ›stellvertretender‹ Biografiearbeit die Rede – ein Begriff, der nur ein ›Hilfskonstrukt‹ sein kann, weil er häufig zu Missverständnissen führt. Ich spreche daher mittlerweile lieber von indirekter Biografiearbeit und unterscheide diese von der direkten Biografiearbeit mit beeinträchtigen Kindern, Jugendlichen und Erwachsenen.

Bei der Suche nach Möglichkeiten der direkten wie der indirekten Biografiearbeit sollten wir uns die Ausgangssituation – insb. in stationären Einrichtungen der Behindertenhilfe – vor Augen führen, die die Handreichung ›Biografiearbeit mit Menschen mit Behinderung‹ des Evangelischen Verbands der Behindertenhilfe e. V. sehr treffend beschreibt:

> »Jeder Mensch hat und braucht eine Vergangenheit – um sich seiner Wurzeln bewusst zu werden, um sich eingebunden zu fühlen in einen größeren familiären Kontext, um seine Identität ausbilden zu können oder auf der Grundlage gemachter Erfahrungen seine Persönlichkeit weiter zu entwickeln.
> Dieses ›Recht auf Vergangenheit‹ geht bei Menschen mit Behinderungen oft verloren. Betroffen sind in erster Linie diejenigen Menschen, die schon lange in Einrichtungen leben und von denen viele kaum noch Kontakt zu ihrer Herkunftsfamilie oder zu ihrem angestammten Sozialraum haben. Die Akten in den Institutionen sind kaum aussagekräftig, beschreiben sie doch eher die Defizite, Dinge, die die Person nicht kann oder wo Unterstützung gebraucht wird. Erlebnisse der Kindheit, Ressourcen, auf die zurückgegriffen werden kann oder auch einfach nur positive Erinnerungen gehen verloren. Bilder aus ver-

gangener Zeit sind kaum vorhanden. Der Mensch mit Behinderung ist in dieser Hinsicht amputiert, seiner eigenen Geschichte beraubt. Dabei speist sich doch das Hier und Jetzt im Wesentlichen aus Erinnerungen, die jeder Einzelne gemacht hat und aus Erlebnissen, die so oft prägend auf die Gesamtpersönlichkeit wirken« (2012, 4).

Allerdings möchte ich hinzufügen, dass es bei der Biografiearbeit nicht nur um die Vergangenheit, sondern gleichermaßen um die Gegenwart und Zukunft eines Menschen geht. Raabe definiert Biografiearbeit deshalb als »die gegenwärtige Gestaltung eines gesamten Lebens in der Reflexion der Vergangenheit zur Gestaltung der Zukunft« (2004, 4; vgl. auch Klingenberger 2003). Diese Erweiterung der Zeitperspektive von der Vergangenheit über die Gegenwart erscheint sinnvoll, »wird doch Biografiearbeit nicht um ihrer selbst (oder um der Betreuer(innen) willen, C. L.) gemacht, sondern es wird damit das Ziel verfolgt, das weitere Leben bewusster gestalten zu können« (Miethe 2011, 23).

Im Folgenden möchte ich kurz erläutern, was Biografiearbeit eigentlich ist. Dabei stehen das Setting der Biografiearbeit und die methodischen Aspekte – unter besonderer Berücksichtigung der Körper- und Sinnesmethoden – im Zentrum der Überlegungen. Anschließend setze ich mich kritisch mit dem Begriff der ›stellvertretenden‹ oder ›vikariellen‹ Biografiearbeit auseinander, und danach berichte ich über ein Pilotprojekt, in dem Biografiearbeit unter Einbezug von Eltern von Kindern mit schweren und mehrfachen Beeinträchtigungen erprobt wurde. Zum Schluss werden alle drei Abschnitte in einem kurzen Fazit zusammengeführt.

Was ist Biografiearbeit?

»Biografiearbeit ist eine strukturierte Methode in der pädagogischen und psychosozialen Arbeit, die Kindern, Jugendlichen, Erwachsenen und alten Menschen ermöglicht, frühere Erfahrungen, Fakten, Ereignisse des Lebens zusammen mit einer Person ihres Vertrauens zu erinnern, zu dokumentieren, zu bewältigen und zu bewahren. Dieser Prozess ermöglicht Menschen, ihre Geschichte zu verstehen, ihre Gegenwart bewusster zu erleben und ihre Zukunft zielsicherer zu planen« (Lattschar/Wiemann 2013, 13). Wissenschaftlich betrachtet kann Biografiearbeit als eine *strukturierte Form der Selbstreflexion in einem professionellen Setting* verstanden werden (vgl. Miethe 2011). Die durch Biografiearbeit angeleitete Reflexion der Vergangenheit dient dazu, Gegenwart zu verstehen und Zukunft zu gestalten. Dabei sollen durch eine Einbettung der individuellen Lebensgeschichte in den gesellschaftlichen Zusammenhang neue Perspektiven eröffnet und Handlungspotenziale erweitert werden.

Fokussiert man eher das Setting, in dem Biografiearbeit durchgeführt wird, dann bezeichnet der Begriff »den Ansatz der gezielten Arbeit an der persönlichen Entwicklung, die den individuellen Lebenslauf in den Mittelpunkt der Betrachtung rückt und in Einzel- oder Gruppenarbeit durchgeführt wird. Inhalt und Ziel solcher

Arbeit sind ein gründliches Betrachten, ein vertieftes Verstehen und ein bewusstes Gestalten des eigenen Lebensweges« (Lindmeier 2005, 10). Dieses professionelle Setting »beschreibt einen pädagogischen Rahmen, in dem die Arbeit durchgeführt wird und grenzt damit Biografiearbeit auf ein interaktives Miteinander (Leitung – Gruppe/Einzelne) und einen klaren Rahmen ein« (Miethe 2011, 23).

Zu einem professionellen Setting gehören neben den Sozialformen, in denen Biografiearbeit durchgeführt wird, auch die Methoden. Laut Miethe lassen sich mit Blick auf den Entstehungskontext drei Gruppen von Methoden der Biografiearbeit unterscheiden:

1. »Unspezifische Methoden
   Dabei handelt es sich um Methoden, die mit biografischen Elementen arbeiten, aber genauso in anderen Gruppensituationen zum Einsatz kommen, wie beispielsweise Übungen zum Kennenlernen. […]
2. Modifizierte Methoden
   Hierbei handelt es sich um Methoden, die auf der Modifikation von Verfahren basieren, die in anderen Wissenschafts- oder Arbeitsfeldern entwickelt wurden (z. B. Biografieforschung, Therapie). […]
3. Eigenständige Methoden
   Dies sind Methoden, die spezifisch im Zuge der Durchführung von Biografiearbeit entwickelt wurden (z. B. Erzählcafé, Lebensbücher, Erinnerungskoffer). Dabei wurden zwar durchaus Anleihen in anderen Traditionen genommen (z. B. bei der Oral History für die Erzählcafés), für die Biografiearbeit wurden aber so viele Modifikationen und Weiterentwicklungen vorgenommen, dass hier von eigenständigen Methoden gesprochen werden kann. […]« (2011, 41 f.).

Hinsichtlich des methodischen Arbeitens lassen sich folgende Gruppen bilden: narrative Methoden, autobiografische Schreibverfahren, kreative Methoden, Körper- und Sinnesmethoden, Einbezug von Medien, mediative und assoziative Verfahren, visualisierende Verfahren, Lernen am Modell, Würfel- und Kartenspiele sowie Rollenspiele und Aufstellungsarbeit (vgl. a.a.O., 42 ff.; weiterführend vgl. Gudjons/Wagner-Gudjons/Pieper 2008; Ruhe 2012).

Biografie der Sinne (Sensobiografie)

Insofern wir überhaupt schon von Praxiserfahrungen in der *direkten* Biografiearbeit mit Menschen mit schwereren und mehrfachen Beeinträchtigungen sprechen können[1], beschränken sich diese auf die Körper- und Sinnesmethoden. »Mit Kör-

---

1 Auch das Buch von Susanne Strumpf über Biografiearbeit im St. Elisabeth-Haus Lichtenrade hält diesbezüglich nicht, was der Titel ›Lebensgeschichte (be)greifbar machen. Biografiearbeit mit Menschen mit schwerer geistiger Behinderung‹ verspricht. Der Adressatenkreis wird in diesem Buch zwar als nicht sprechend beschrieben (ebd., 56), anderseits scheinen aber nur gesprächsorientierte

permethoden wird das Körpergedächtnis bewusst mit in den Erinnerungsprozess einbezogen. Hier werden gezielt körperliche Elemente (z. B. Bewegung im Raum, Tanz, Berührung, Aufstellungen, Geruch) genutzt. Grundgedanke ist, dass viele Erinnerungen weder erzählt, noch geschrieben werden können, sich aber in unserem Körpergedächtnis (z. B. Sensobiografie) eingeschrieben haben. Über Bewegungen, Gerüche oder Berührungen können diese Bewusstseinsinhalte dann wieder reaktiviert und bewusst gemacht werden« (Miethe 2011, 43).

Das Konzept der Biografie der Sinne (Sensobiografie) stammt aus der Alten- bzw. Demenzkrankenpflege und wurde durch die Basale Stimulation (Fröhlich) beeinflusst (vgl. Buchholz/Schürenberg 2005). Es geht davon aus, dass jeder Mensch über ein »Körpergedächtnis« verfügt. Anhand der Beantwortung sensobiografischer Fragen durch Familienmitglieder langjährige Betreuer(innen) können Alltagsrituale und Vorlieben/Abneigungen von Menschen erfasst und in der Pflege bzw. Pflegepädagogik aufgegriffen und weiterentwickelt werden. Sensobiografische Fragen beziehen sich auf alle Bereiche der Wahrnehmung (somatische, propriozeptive, vestibuläre, orale, gustatorische, auditive, olfaktorische, taktil-haptische, visuelle Wahrnehmung).

Die Bedeutung dieser Körper- und Sinnesmethoden wird allerdings unterschätzt, wenn sie – wie bei Miethe – auf die Funktion reduziert werden, die Reaktivierung von Bewusstseinsinhalten zu bewirken. In der sensobiografischen Arbeit geht es vielmehr in einem umfassenden Sinne um das physische, psychische und soziale Wohlbefinden der beteiligten Personen. Methoden der Sensobiografie tragen nämlich dazu bei, ritualisierte Bewegungsabläufe und vertraute Sinneserfahrungen aufzuspüren, um so einen Zugang zu den sinnlichen Gewohnheiten der betroffenen Menschen zu ermöglichen. Ihr Ziel ist es, das Wohlbefinden zu steigern und so im Alltag Kontinuität und Vertrautheit zwischenmenschlichen Interaktionen – auch mit den Fachkräften – zu erfahren.

Ein geringfügig überarbeiteter Fragenkatalog aus der Altenpflege (vgl. PPM 2015) verdeutlicht mögliche Fragen für die sensobiografische Informationssammlung, die sich entweder direkt oder in adaptierter Form auf Menschen mit schweren und mehrfachen Beeinträchtigungen übertragen lassen:

> Methoden bzw. auf aktivem Sprechen basierende Assoziationsmethoden zum Einsatz zu kommen. Neue Methoden, die v. a. für diesen Adressatenkreis geeignet sind, sind in diesem Buch leider nicht zu finden.

Hören	Welche Lieder hört der/die Bewohner(in) gern? Mag er/sie eher Chöre, einzelne (bestimmte) Interpreten, Instrumentalmusik, Schlager, Volksmusik oder Klassik? Welche Klänge mag er/sie (etwa Glockenspiele, Spieluhren)? Bei welchen Stimmen/Tonlagen zeigt er/sie Reaktionen des Wohlbefindens und wann eher ablehnende Reaktionen? Welche Geräusche erschrecken ihn/sie? Bei welchen Geräuschen zeigt er/sie Reaktionen, bleibt die Gesichtsmimik entspannt?
Sehen	Was sieht der/die Bewohner(in) gern? Schaut er/sie vielleicht gern aus dem Fenster? Sieht er/sie gern in die Natur oder Tieren zu? Sieht er/sie gern im Küchenbereich oder bei der Hausarbeit/dem Wäschesortieren etc. zu? Welche Farben oder auch Muster sieht der/die Bewohner(in) gern?
Fühlen	Fühlt der/die Bewohner(in) mit der Hand oder eher der Wange, dem Arm? Was nimmt sie/er gern in die Hand? Ist es, um etwas in der Hand zu haben oder fühlt sie/er hin? Sind es Gegenstände, bestimmte Kleidungsstücke? Mag sie/er lieber weiche, kalte oder warme Materialien? Nimmt sie/er gern Holz, Erde, einen Stein, bestimmte Erinnerungsstücke oder anderes in die Hand?
Schmecken	Was schmeckt der/die Bewohner(in) gern? Sind es dann bestimmte Essenssorten? Bestimmte Zubereitungen? Gibt es Familienrezepte? Mag er/sie Süßes, Salziges oder eher Saures?
Riechen	Was riecht der/die Bewohner/in gern, bezogen auf Pflegeprodukte (Cremes oder Seifen), auf das Essen, auf Gerüche in der Natur, auf Festgerüche wie zu Weihnachten, auf Parfüm etc.?

Fragekataloge dieser Art können natürlich lediglich erste Anhaltspunkte und Anregungen für eine sensobiografische Informationssuche bieten, die bei jeder Person anders ausfallen und zu unterschiedlichen Fragen führen muss. Insofern ist hier an erster Stelle professionelle Kreativität gefragt – was aber für eine ressourcenorientierte Biografiearbeit generell zu gelten hat (vgl. auch Hölzle/Jansen 2009; Lindmeier 2013; Lindmeier/Oermann 2014).

»Stellvertretende« Biografiearbeit – ein problematischer Begriff?!

Bei dem bekannten Psychotherapeuten Hilarion G. Petzold ist meines Wissens Ende des 20. Jahrhunderts zum ersten Mal von einer ›vikariellen‹ oder ›stellvertretenden‹ Biografiearbeit im Zusammenhang mit Menschen mit schweren und mehrfachen Beeinträchtigungen die Rede:

> »Unmittelbare Biografiearbeit mit hochdementen oder schwer geistig Behinderten ist ja praktisch nicht möglich, sondern es geschieht eine vikarielle Biografiearbeit. Wir als Helfer vollziehen diese Arbeit mit diesen Menschen und für diese Menschen. Und wenn man das gut macht, bezieht man ihre Familien ein, denn die Betroffenen haben ja Geschichte mit ihren Familienmitgliedern. Ein Stückchen der Rekonstruktion der individuellen Geschichte muß auch immer Rekonstruktion der kollektiven Geschichte und ihrer Diskurse sein« (Petzold 1999, 13).

Petzolds Hinweis auf die Verschränkung der Rekonstruktion individueller und kollektiver Geschichte wird vor dem Hintergrund verständlich, dass Biografien immer Allgemeines und Spezielles beinhalten und zugleich Teil der individuellen Geschichte und der damit verschränkten Zeitgeschichte sind (vgl. Miethe 2011). Das bedeutet konkret:

- dass Biografien zwar zum einen immer das individuelle und subjektive Erleben erfassen, zum anderen aber auch Auskunft über das gesellschaftliche Umfeld geben, in dem das Leben der Person stattfindet, sowie
- dass die Entwicklung einzelner Personen immer im Zusammenhang mit geschichtlichen Ereignissen zu betrachten ist.

Bei der Biografiearbeit mit Familienangehörigen spielt es beispielsweise eine nicht unwesentliche Rolle, welche zeitgeschichtlichen Auffassungen und welche gesellschaftliche Praxis der Heimunterbringung von Kindern und Jugendlichen mit schweren und mehrfachen Beeinträchtigungen vorherrschen. Diese Praxis bestand z. B. in den 1960er- und 1970er-Jahren (bzw. bis zur Heimenquete von 1975) noch im Wesentlichen darin, diese Kinder bereits in der frühen Kindheit in die Obhut einer stationären Einrichtung der Behindertenhilfe zu übergeben, was häufig anhaltende Schuldgefühle bei den Familienangehörigen auslöste. In den 1980er- und 1990er-Jahren wurde es dann immer üblicher, auch diese Kinder und Jugendlichen in der Herkunftsfamilie zu betreuen und dafür familienentlastende bzw. -unterstützende Dienste (FED, FUD) in Anspruch zu nehmen. In der Biografiearbeit mit Familienangehörigen müssen solche gesellschaftlichen Praxen bekannt sein und Berücksichtigung finden, um die Rekonstruktion der kollektiven Geschichte und ihrer Diskurse angemessen interpretieren zu können.

Aus dem nachfolgenden Zitat Petzolds geht hervor, dass es sich bei dem Begriff der ›stellvertretenden‹ oder ›vikariellen‹ Biografiearbeit um einen rein beschreibenden Begriff handelt, der die Funktion einer ›Hilfskonstruktion‹ hat:

»Bei schwerst geistig behinderten Menschen wird es wohl mehr eine Sache der Betreuer sein, deren Geschichte mit geistiger Behinderung zu dokumentieren, um sozusagen stellvertretend, Biografiearbeit zu leisten. Mit den Familien ist dies sowieso wichtig. Aber sehr oft sind wir in einer Situation, dass wir mit schwerstbehinderten Menschen wie auch mit langzeitig hospitalisierten Psychotikern nicht in der Lage sind, Biografiearbeit zu machen. Um diese Menschen aber anzunehmen und verstehen zu können, ist es für das Personal wichtig – das wird leider zu wenig gesehen –, dass wir ihre Geschichte, z. B. gemeinsam mit den Angehörigen, ansehen. Dabei wird leider meist auf Kindheit und Jugendzeit geschaut und nicht auf die Geschichte der Heimkarriere oder der Klinikkarriere. Das aber bedeutet, dass wir Helfer es vermeiden, uns selbst im Spiegel anzusehen oder uns den Spiegel unserer Profession oder unserer Institution vorzuhalten. Es ist leider so, dass das, was dort geschehen ist, Alltag war, über lange Jahre – nicht nur im Dritten Reich – menschenfeindlich war« (Petzold 1999, 13).

Ich halte es nur für legitim, in deskriptiver Weise von ›stellvertretender‹ Biografiearbeit zu sprechen, wenn dabei berücksichtigt wird, dass es sich bei der ›Innenperspektive‹ und bei der ›stellvertretenden‹ Perspektive letztlich um inkommensurable Perspektiven auf eine individuelle Lebensgeschichte handelt, die trotz der kollektiven Geschichte, die die beeinträchtigte Personen und die Familienangehörigen verbindet, unterschiedlich sind und bleiben werden.

Zwei Jahre nach Petzold veröffentlichte das Kuratorium Deutsche Altershilfe ein Handbuch mit dem Titel »Qualitätshandbuch Leben mit Demenz. Zugänge finden und erhalten in der Förderung, Pflege und Begleitung von Menschen mit Demenz und psychischen Veränderungen«, in dem erneut von »stellvertretender« Biografiearbeit die Rede ist. Er findet sich in dem Abschnitt über »Zielsetzungen der Biografiearbeit in der Altenhilfe und -pflege«, in dem davon ausgegangen wird, dass Biografiearbeit im Kontext der Hilfe und Pflege für alte Menschen folgende Funktionen erfüllt:
– Bedürfnisse und Wünsche werden schneller verstanden, wenn die Biografie bekannt ist. Die Möglichkeiten von Fehlinterpretationen werden so verringert und kritische Situationen besser gemeistert.
– Durch das Erfassen der Biografie wird ein Zugang geschaffen und die Beziehung zwischen den Professionellen und den alten Menschen verbessert.
– Der Blick wird auf die Ressourcen der Menschen gerichtet.
– Kenntnisse über die Lebensgeschichte helfen den Professionellen, den Respekt vor den alten Menschen zu bewahren und sie nicht nur auf elementare Lebensäußerungen zu reduzieren (z. B. ›Satt-und-Sauber‹-Versorgung bei hohem Pflegebedarf).
– Außerdem erweitert sich der eigene Horizont, wenn man sich auf das Leben anderer Menschen einlässt.
– Biografiearbeit dient als Kommunikationsmittel, durch das Außenkontakte erhalten bzw. hergestellt werden. Alte Menschen können sich so in eine größere soziale Gruppe oder ein soziales Netzwerk eingebunden fühlen.

- Sicherheit und Geborgenheit werden geschaffen, wenn alte Gewohnheiten beibehalten werden können.
- Die Identität der alten Menschen wird gestärkt; Reden über angenehme Erinnerungen kann Gereiztheit und Traurigkeit mindern, denn schöne, aktive Zeiten können auch schöne Erinnerungen und positive Gefühle wiedererwecken.

Des Weiteren weist das Kuratorium darauf hin, dass Biografiearbeit mit alten und dementen Menschen fest mit der Angehörigenarbeit verwoben ist, denn biografische Angaben können oft nur von den Angehörigen gemacht werden.

> »Angehörige helfen bei der Interpretation schwieriger Verhaltensweisen und ebenso bei der nonverbalen Kommunikation mit den Klienten. Sie geben Auskunft über Vorlieben und Abneigungen. Damit helfen die Angehörigen nicht nur ihrem Partner oder ihrem Elternteil, den professionellen und den ehrenamtlichen Mitarbeitern, sondern auch sich selber, weil sie damit gegen ihr schlechtes Gewissen angehen. Denn sie können mit ihren Informationen etwas für ihren Partner/Vater/ihre Mutter/ihr Geschwisterteil tun und sind an der Biografiearbeit maßgeblich beteiligt« (Maciejewski et al. 2001, 1/33).

Bei der ›stellvertretenden‹ Biografiearbeit mit Angehörigen dementer alter Menschen können sich aber laut Kuratorium auch Probleme ergeben:
- Konflikte zwischen den alten Menschen und ihren Angehörigen können deutlich werden.
- Die Angehörigen sehen das Leben ihrer Eltern oder ihres Partners aus ihrer eigenen Sicht, so dass ihre Erinnerungen ein verzerrtes Bild entstehen lassen.
- Je nachdem, welche Intensität die familiären Beziehungen haben, wissen die Angehörigen mehr oder weniger über Gefühle und Bedürfnisse der alten Menschen.

Miethe greift in ihrem Lehr- und Handbuch der Biografiearbeit den von Petzold eingeführten Begriff der ›stellvertretenden‹ oder ›vikariellen‹ Biografiearbeit dahingehend auf, »dass Angehörige stellvertretend Biografiearbeit leisten« (vgl. 2011, 120). Stellvertretende Biografiearbeit bedeutet, dass bei der Rekonstruktion lebensgeschichtlicher Sinnerfahrungen auf interpretierende und deutende Verfahren unter Einbeziehung Dritter zurückgegriffen werden muss. Es handelt sich also um eine indirekte Form methodischen Arbeitens.

Um die aufgezeigten begrifflichen Schwierigkeiten, die auch Miethe nicht zu auflösen vermag, zu vermeiden, spreche ich im Folgenden von Biografiearbeit unter Einbezug von Angehörigen oder langjährigen Betreuer(innen) beeinträchtigter Kinder, Jugendlicher und Erwachsener oder einfach nur von *indirekter* Biografiearbeit.

Wie wir auch aus der familienorientierten Frühförderung wissen, stellen die Perspektiven der Eltern bzw. Familienangehörigen, die sich immer auch von derjenigen der Fachleute unterscheiden, eine große Bereicherung dar, wenn es um ein möglichst umfassendes Verständnis der Bedürfnisse und (Zukunfts)Interessen eines Menschen mit schweren und mehrfachen Beeinträchtigungen geht (vgl. Weiß 1996). Diese Erkenntnis liegt auch der persönlichen Zukunftsplanung mit Unterstützerkreisen zugrunde, die eine multiperspektivische Sicht auf das die Vergangenheit, Gegenwart und Zukunft einer beeinträchtigten durch das Instrument der Unterstützerkreise (circles of support) gewährleisten möchte (vgl. Boban 2003; Meyer/Lindmeier 2005 sowie Benthien/Müller/Voss in diesem Band). Dabei werden bewusst auch die Perspektiven von Laien einbezogen, die die beeinträchtigte Person persönlich kennen und zu ihrem sozialen Nahraum gehören.

Biografiearbeit unter Einbezug von Eltern von Kindern mit schweren und mehrfachen Beeinträchtigungen – ein Pilotprojekt

Die Lebenssituation der Angehörigen von Menschen mit schweren und mehrfachen Beeinträchtigungen ist dahingehend mit den beschriebenen Verhältnissen der Demenzpflege vergleichbar, dass die Lebensgeschichte dieser Menschen häufig nur den Angehörigen oder langjährigen Betreuer(innen) in ihrem Verlauf und in Einzelheiten und bekannt ist. Und auch die Interpretation von Verhaltensweisen und die Kommunikation mit den Betroffenen machen in der Regel die genaue Kenntnis individueller Bedürfnisse und Eigenheiten erforderlich.

Da also vieles dafür spricht, auch mit den Angehörigen von Menschen mit schweren und mehrfachen Beeinträchtigungen nach der Methode der indirekten Biografiearbeit zusammenzuarbeiten, führten wir 2008/2009 an der Universität Koblenz-Landau, Campus Landau, ein Projekt zur stellvertretenden Biografiearbeit mit Eltern von Kleinkindern mit schwereren und mehrfachen Beeinträchtigungen durch. Ziel dieses Projektes war es, durch stellvertretende Biografiearbeit bei Eltern Lernprozesse der Aneignung der *gemeinsamen Lebensgeschichte* bzw. *Familienbiografie* mit dem Kind mit schweren und mehrfachen Beeinträchtigungen zu initiieren und dadurch Empowermentprozesse auszulösen, die die Eltern in ihrem Umgang mit Fachleuten stärken. Zudem sollte biografisches Wissen gesichert und dokumentiert werden. Dabei sollten folgende Annahmen überprüft werden (vgl. Hein 2010):

1. Indirekte Biografiearbeit eignet sich als unterstützendes Mittel, durch das sich die Eltern ihrer Expertenschaft in Bezug auf ihr Kind bewusst werden. Der Umgang mit Fachleuten kann durch die dadurch gewonnene Souveränität erleichtert werden.
2. Indirekte Biografiearbeit kann dazu beitragen, dass sich die Familie der Identität ihres Kindes mit Beeinträchtigung bewusster wird und dementsprechend agieren kann. Somit wird gleichzeitig auch die Identitätsbildung des Kindes gestärkt.
3. Indirekte Biografiearbeit reduziert die Brüche im Lebenslauf der Menschen mit Entwicklungsbeeinträchtigung, indem sich neues Fachpersonal über das bishe-

rige Leben und die Rituale des Menschen mit schweren und mehrfachen Beeinträchtigungen informieren kann.

Zunächst wurde in Anlehnung an diese Annahmen mit den Eltern darüber gesprochen, was mit der indirekten Biografiearbeit bezweckt werden soll. Da wir unsere Projektziele so anschaulich wie möglich vermitteln wollten, wurde den Eltern anhand eines »Ich- und Lebensbuchs« erläutert, wie das Arbeitsergebnis aussehen könnte. Dabei handelte es sich um Aufzeichnungen einer Mutter, die für die wechselnden Integrationshelfer ihrer mehrfach beeinträchtigten Tochter aufgezeichnet hat, worauf im Betreuungsalltag zu achten ist. Ausgehend von diesem Beispiel zeigten wir den Eltern Möglichkeiten auf, »Ich- oder Lebens-Bücher« aus der Perspektive ihrer Kinder zu erstellen, in denen insb. sensobiografisch relevante Alltagsrituale und Vorlieben und Abneigungen der Kinder vorgestellt werden.

Als weitere Methoden, die im Laufe der zehn gemeinsamen Sitzungen zur Anwendung kommen sollten, wurden das lebensgeschichtliche Erzählen, das Betrachten von Familienfotografien, der Austausch über die Tagebücher der Integrationshelfer und das Aufschreiben wichtiger biografischer Ereignisse angesprochen.

Alle Eltern entschieden sich – im Sinne der dokumentationsorientierten Biografiearbeit (vgl. Lindmeier 2013) – dafür, ein Ich- oder Lebensbuch als bleibendes Erinnerungsstück zu erarbeiten. Bei der Erarbeitung dieser Ich- und Lebensbücher orientierten wir uns thematisch an der Darstellung biografischer Alltagserfahrung und an der Einbeziehung sensobiografischer Informationen. Außerdem wurden die Literatur zur Methodik der Ich- und Lebensbücher gesichtet und adaptiert.[2] Ein dritter Bezugspunkt war die an englischen Konzepten orientierte Arbeit mit Lebensbüchern, die bei ›älteren Familien‹ mit erwachsenen Menschen mit kognitiven Beeinträchtigungen zum Einsatz kommen (vgl. Lindmeier/Oermann 2014).

Bei den in diesem Pilotprojekt entstandenen Arbeitsergebnissen handelt es sich um beeindruckende Zeugnisse dessen, wie die Eltern mit ihrer Lebenssituation umgehen und das Zusammenleben mit ihrem schwer und mehrfach beeinträchtigten Kind im Alltag erleben. Für Fachleute sind diese Zeugnisse deshalb unverzichtbar, weil sie die Elternperspektive und ›Alltagsexpertenschaft‹ der Eltern erfahrbar machen.

Der Verlauf der biografischen Einzelarbeit wurde in regelmäßigen Abständen in Rahmen eines Begleitseminars innerhalb der Projektgruppe reflektiert. Außerdem fertigten die Projektmitarbeiter(innen) schriftliche Reflexionen über jedes einzelne Zusammentreffen an. Diese Einzel- und Gruppenreflexionen zeigten sehr schnell, dass die indirekte Biografiearbeit von allen Eltern positiv aufgenommen wurde. El-

---

2 Ich- oder Lebensbücher kommen häufig in der direkten Biografiearbeit mit Kindern und Jugendlichen zum Einsatz (vgl. Ryan/Walker 2007; Lattschar/Wiemann 2013). Methodische Anregungen und Materialien bietet bspw. die Publikation ›Projekt Lebensbuch. Biografiearbeit mit Jugendlichen‹ (vgl. Morgenstern/Memory Biografie- und Schreibwerkstatt e. V. 2011), die in Berlin im Rahmen des Bundesprogramms ›VIELFALT TUT GUT‹ insb. in Zusammenarbeit mit Jugendlichen mit Migrationshintergrund erprobt wurde (vgl. Memory Biografie- und Schreibwerkstatt e. V. 2009).

tern, die uns am Anfang von größeren Schwierigkeiten in der Zusammenarbeit mit Fachleuten berichteten, brauchten zwar länger, um sich auf die Zusammenarbeit mit uns einzulassen. Sobald eine Vertrauensbasis zwischen ihnen und den Studierenden hergestellt war, nutzten aber insbesondere diese Eltern bzw. Mütter die indirekte Biografiearbeit als eine Möglichkeit, ihre Perspektive auf ihr Kind der Sicht von Fachleuten gegenüberzustellen (vgl. Weiß 1996).

In diesem Fall konnten die während der indirekten Biografiearbeit häufig auftretenden negativen Gefühle während des biografischen Schreibens in produktive Energie umgewandelt werden. In der indirekten Biografiearbeit mit derart belasteten Eltern geht es also in erster Linie darum, sie zu stärken, ihnen aufzuzeigen, dass sie in Bezug auf ihr Kind selbst Experten sind und dies den Fachleuten gegenüber auch vertreten sollen. Dabei kann es für die Eltern hilfreich sein, sich die gelingenden Alltagsrituale bewusst zu machen und ihre ganz individuelle Sicht auf ihr Kind und das Zusammenleben mit ihm so anschaulich wie möglich zu beschreiben.

Fazit

Es spricht also vieles dafür, auch mit den Angehörigen oder langjährigen Betreuer(innen) von schwer und mehrfach beeinträchtigten Kindern, Jugendlichen und Erwachsenen nach der Methode der indirekten Biografiearbeit zusammenzuarbeiten. Dabei gilt es
- leibliche Kommunikation als sensobiografische Kommunikation zu begreifen und zu gestalten (›Erinnerungspflege‹);
- sensobiografische Erfahrungen zu dokumentieren (Ich- und Lebensbücher);
- Angehörige/langjährige Betreuer(innen) zu ermutigen, Auskunft über Alltagsrituale und Vorlieben/Abneigungen der Menschen zu geben und sich aktiv an ihrer Weiterentwicklung (konstruktive Biografiearbeit) zu beteiligen;
- Angehörige/langjährige Betreuer(innen) dafür zu gewinnen, den neuen Mitarbeiter(innen) bei der Interpretation bei der nonverbalen Kommunikation/ herausfordernder Verhaltensweisen zu helfen.

Dabei werden die gleichen Ziele verfolgt wie bei der direkten Biografiearbeit mit Menschen mit schweren und mehrfachen Beeinträchtigungen:
- die biografischen Erfahrungen zu erhalten und den Verlust biografischer Erfahrungen verhindern;
- sich die eigene Biografie (wieder)anzueignen (insb. bei Menschen mit »Institutionenbiografien«);
- durch die angeleitete körperliche und sensorische Erinnerungsarbeit, die Kontinuität von Vergangenheit, Gegenwart und Zukunft zu erleben;
- die eigenen Handlungspotenziale durch die bewusste Gestaltung der individuellen Lebensgeschichte in Gegenwart und Zukunft zu erweitern;

– die individuelle Aneignung und Gestaltung der Lebensgeschichte in sozialräumliche Zusammenhänge (soziale Inklusion) einzubetten (s. das Beispiel ›Unterstützerkreise‹).

Die Umsetzung der indirekten Biografiearbeit mit Angehörigen oder langjährigen Betreuer(innen) sollte nach Möglichkeit im Setting der biografischen Einzelarbeit durchgeführt werden. Dies zeigen die Erfahrungen aus der Arbeit mit alten Menschen mit Demenz und die Erkenntnisse aus unserem Pilotprojekt mit den Angehörigen von Kleinkindern mit schweren und mehrfachen Beeinträchtigungen. Dies kann auch alltagsbegleitend geschehen, wenn entsprechende Personalressourcen zur Verfügung stehen.

In methodischer Hinsicht empfehlen sich neben der ›stellvertretenden‹ Gestaltung von Ich- und Lebensbüchern, die sich thematisch an der Darstellung biografischer Alltagserfahrung und an der Einbeziehung sensobiografischer Informationen orientieren sollte, natürlich auch narrative Methoden der Biografiearbeit. Dabei sollen mit Hilfe offener Erzählstimuli lebensgeschichtliche Erzählungen über gemeinsam Erlebtes oder Erlittenes aus der Perspektive der Angehörigen oder langjährigen Betreuer(innen) angeregt werden. Weitere methodische Möglichkeiten bestehen in der Einbeziehung von Medien (z. B. Familienfotos oder Filme) oder in der Visualisierung lebensgeschichtlicher Zusammenhänge aus der Familien- oder Institutionenbiografie (etwa Lebensstrahl oder Lebensuhr), durch die sich die indirekte Biografiearbeit – wie bei den Ich- und Lebensbüchern – dokumentationsorientiert gestalten lässt.

Ob man Angehörige oder langjährige Betreuer(innen) ermuntern sollte, ›Ich-oder Lebensbücher‹ stellvertretend für die Adressat(innen) mit schweren und mehrfachen Beeinträchtigungen zu verfassen, ist durchaus umstritten. Allerdings kommt der Wechsel in die ›Ich-Form‹ auch in therapeutischen Settings und Beratungssettings zur Anwendung, um den ›Perspektivenwechsel‹ einzuüben. Meines Erachtens ist die indirekte Form des biografischen Arbeitens alternativlos, denn ohne Einbeziehung der Erinnerungen von Angehörigen oder langjährigen Betreuer(innen) von Menschen mit schweren und mehrfachen Beeinträchtigungen lässt sich deren Lebensgeschichte nicht rekonstruieren.

Es ist deshalb ein dringendes Desiderat der Praxisforschung und Projektentwicklung, weitere Pilotprojekte zur indirekten Biografiearbeit mit den Angehörigen oder langjährigen Betreuer(innen) mit Menschen mit schweren und mehrfachen Beeinträchtigungen zu planen und durchzuführen, um das spärliche Methodenspektrum zu erweitern.

Gleichzeitig sollten die Körper- und Sinnesmethoden für die direkte Biografiearbeit mit Menschen mit schweren und mehrfachen Beeinträchtigungen erweitert und verfeinert werden, um die bei diesem Adressatenkreis bestehenden Barrieren des Erwerbs biografischer Kompetenz – im Sinne sequenziell aufgeschichteter Sinn- und Identitätserfahrungen – abzubauen.

Literatur

Boban, Ines (2003): Circles of Support and Person Centered Planning. Unterstützerkreise und Persönliche Zukunftsplanung. In: Feuser, Georg (Hrsg.): Integration heute – Perspektiven ihrer Weiterentwicklung in Theorie und Praxis. Frankfurt am Main, 287–297.

Buchholz, Thomas/Schürenberg, Ansgar (2009): Lebensbegleitung alter Menschen. Basale Stimulation in der Pflege alter Menschen. Unter wissenschaftlicher Begleitung von Prof. Dr. Andreas Fröhlich und Prof. Christel Bienstein. 3. überarbeitete und erweiterte Aufl. Bern/Göttingen/Toronto/Seattle.

Bundesverband evangelische Behindertenhilfe e. V. (Hrsg.) (2012): Biografiearbeit mit Menschen mit Behinderung. Eine Handreichung des Bundesverbands evangelische Behindertenhilfe. Berlin.

Gudjons, Herbert/Wagner-Gudjons, Birgit/Pieper, Marianne (2008): Auf meinen Spuren. Übungen zur Biografiearbeit. Völlig neu bearbeitete und aktualisierte Aufl. Bad Heilbrunn.

Hein, Mara (2010): Die Bedeutung der Lebensgeschichte. Analyse einer stellvertretenden Biografiearbeit. Landau (= unveröff. Diplomarbeit Univ. Koblenz-Landau).

Hölzle, Christina/Jansen, Irma (Hrsg.) (2009): Ressourcenorientierte Biografiearbeit: Grundlagen – Zielgruppen – Kreative Methoden. 2. Aufl. Wiesbaden.

Kuratorium Deutsche Altershilfe/Maciejewski, Britta et al. (Hrsg.) (2001): Qualitätshandbuch Leben mit Demenz. Zugänge finden und erhalten in der Förderung, Pflege und Begleitung von Menschen mit Demenz und psychischen Veränderungen. Köln.

Klingenberger, Hubert (2003): Lebensmutig. 1. Aufl. München.

Lattschar, Birgit/Wiemann, Irmela (2013): Mädchen und Jungen entdecken ihre Geschichte. Grundlagen und Praxis der Biografiearbeit. 4. Aufl. Weinheim.

Lindmeier, Christian (2005): Was soll und was kann Biografiearbeit leisten? – Impulse für die Arbeit mit geistig behinderten Menschen. Dokumentation der Fachtagung »Was soll und was kann pädagogische Biografiearbeit leisten? am 30.08.2005 in Berlin, hrsg. vom LfB, Berlin. http://www.lfb-lebensraeume.de (25.09.2015).

Lindmeier, Christian (2013): Biografiearbeit mit geistig behinderten Menschen. Ein Praxisbuch für Einzel- und Gruppenarbeit. 4. Aufl. Weinheim/München.

Lindmeier, Bettina/Oermann, Lisa (2014): Mein Lebensbuch. Was für mich und andere wichtig ist. Karlsruhe.

Memory Biografie- und Schreibwerkstatt e. V. (2009): Projekt Lebensbuch – Biografiearbeit mit Kindern und Jugendlichen an der Schule. Dokumentation gefördert im Rahmen des Bundesprogramms ›VIELFALT TUT GUT‹. Jugend für Vielfalt, Toleranz und Demokratie. Berlin.

Meyer, Dorothee/Lindmeier, Bettina (2005): Persönliche Zukunftsplanung mit Unterstützerkreisen. Stand der Umsetzung und Perspektiven für die Bundesrepublik Deutschland. In: Behinderte in Familie, Schule und Gesellschaft 1, 1–16 (Einhefter Heftmitte).

Miethe, Ingrid (2011): Biografiearbeit. Lehr- und Handbuch für Studium und Praxis. Weinheim/München.

Morgenstern, Isabel/Memory Biografie- und Schreibwerkstatt e. V. (2011): Projekt Lebensbuch. Biografiearbeit mit Jugendlichen. Mülheim a. d. Ruhr.

Petzold, Hilarion (1999): Lebensgeschichten verstehen lernen heißt sich selbst und andere verstehen lernen. Über Biografiearbeit, traumatische Belastungen und Neuorientierung. In: Behinderte in Familie, Schule und Gesellschaft 22, 41–55.

(PPM 2015): PRO PflegeManagment: Sensobiografie: Vertraute Sinnesreize im Demenz-Alltag nutzen. https://www.ppm-online.org/sensobiografie-vertraute-sinnesreize-im-alltag-nutzen/ (13.09.2015).

Raabe, Wolfgang (2004): Biografiearbeit in der Benachteiligtenförderung. Darmstadt.

Ruhe, Hans Georg (2012): Methoden der Biografiearbeit. Lebensspuren entdecken und verstehen. 5. Aufl. Weinheim.

Ryan, Tony/Walker, R. (2007): Wo gehöre ich hin? Biografiearbeit mit Kindern und Jugendlichen. Weinheim.

Strumpf, Susanne (2008): Lebensgeschichte (be)greifbar machen. Biografiearbeit mit Menschen mit schwerer geistiger Behinderung. Saarbrücken.

Weiß, Hans (1996): Eltern und Fachleute: zwei unterschiedliche Wirklichkeiten und ihre Bedeutung für die Zusammenarbeit in der Erziehung und Therapie behinderter Kinder. In: Gemeinsam leben 4, 4–9.

Erik Weber

»… und nicht verpflichtet sind, in besonderen Wohnformen zu leben«
Inklusive Perspektiven für Erwachsene mit hohem Unterstützungsbedarf in allen Lebensbereichen – Herausforderungen, Widerstände, Perspektiven

Den folgenden Ausführungen sollen zwei Zitate vorangestellt sein, die einerseits eindrucksvoll dokumentieren, dass die in diesem Beitrag beleuchtete Thematik keinesfalls neu ist und andererseits fast schon resignierend feststellen lassen, dass gewisse Negativszenarien der letzten zehn Jahre Fachdiskurs von der Realität eingeholt worden sind und sich längst durchgesetzt haben.

Das erste Zitat stammt aus dem Jahr 1986 (!) und ist einer Veröffentlichung der Deutschen Gesellschaft für Soziale Psychiatrie (DGSP), die zu dieser Zeit noch einen ›Arbeitskreis geistige Behinderung‹ unterhielt, entnommen.

»In den Anstalten sammeln sich in beängstigender Weise in immer stärkerem Umfang ein ›harter Kern‹ von Geistigbehinderten, insbesondere ältere, schwer und mehrfachbehinderte und verhaltensschwierige« (DGSP 1986, 21).

Das zweite Zitat ist nicht ganz so alt, zeugt aber von der rasanten Entwicklung der letzten zehn Jahre. Im Jahr 2003 mahnt Bradl in ähnlichem Kontext an, es dürfe nicht zu

1. »Billiglösungen im ambulanten Bereich im Sinne des Abbaus notwendiger Hilfen;
2. Reduzierung ambulant betreuter Wohnformen auf behinderte Menschen mit niedrigem Hilfebedarf [und]
3. einer weiteren Konzentrierung schwerst- und mehrfachbehinderter Menschen in Heimkomplexen« (Bradl 2003, 24) kommen.

Die folgenden Ausführungen gliedern sich in fünf größere Unterpunkte. Zunächst soll im Kontext des Themas inklusiver Perspektiven für Erwachsene mit hohem Unterstützungsbedarf in allen Lebensbereichen der Frage nachgegangen werden, wo wir in diesem Diskurs stehen und welche Veränderungsprozesse in der Behindertenpädagogik und -hilfe stattgefunden haben und noch stattfinden.

In einem kurzen Zwischenschritt soll der Personenkreis der Menschen, die im aktuellen Fachdiskurs als ›Menschen mit hohem Unterstützungsbedarf‹ bezeichnet werden, kurz skizziert werden. In den letzten Jahrzehnten sind vielfältige Definitionsversuche unternommen worden, diesen Personenkreis begrifflich zu »fassen«, weshalb eine Begriffsschärfung an dieser Stelle notwendig erscheint.

Der Beitrag widmet sich daran anschließend den Herausforderungen im Kontext inklusiver Perspektiven für Erwachsene mit hohem Unterstützungsbedarf in allen Lebensbereichen.

Nach der Benennung solcher Herausforderungen, soll die Aufmerksamkeit den Widerständen bei der Gestaltung inklusiver Perspektiven für Erwachsene mit hohem Unterstützungsbedarf in allen Lebensbereichen gelten. Diese Widerstände sind (noch) mannigfaltig und sollen von zwei Seiten her analysiert werden: Einerseits »von innen«, also von der Warte der Fachdisziplin aus, indem den sogenannten Mythologisierungen in der Heil- und Sonderpädagogik kritisch nachgegangen wird. Andererseits geschieht die Auseinandersetzung mit den Widerständen »von außen«, indem Barrieren bei der Entwicklung inklusiver Sozialräume erörtert werden.

Der Beitrag endet mit der Darlegung möglicher Perspektiven, die eine Weiterentwicklung in dem hier diskutierten Feld ermöglichen sollen und einem Epilog.

1 Wo stehen wir? – Veränderungsprozesse in der Behindertenpädagogik und -hilfe

Die Veränderungsprozesse im Kontext von Unterstützungsleistungen für Menschen mit Behinderungen sind in der folgenden Abbildung, die in Anlehnung an Fornefeld (vgl. ebd. 2008, 16) modifiziert wurde und die diese Veränderungen auf einer Zeitschiene skizziert, dargestellt:

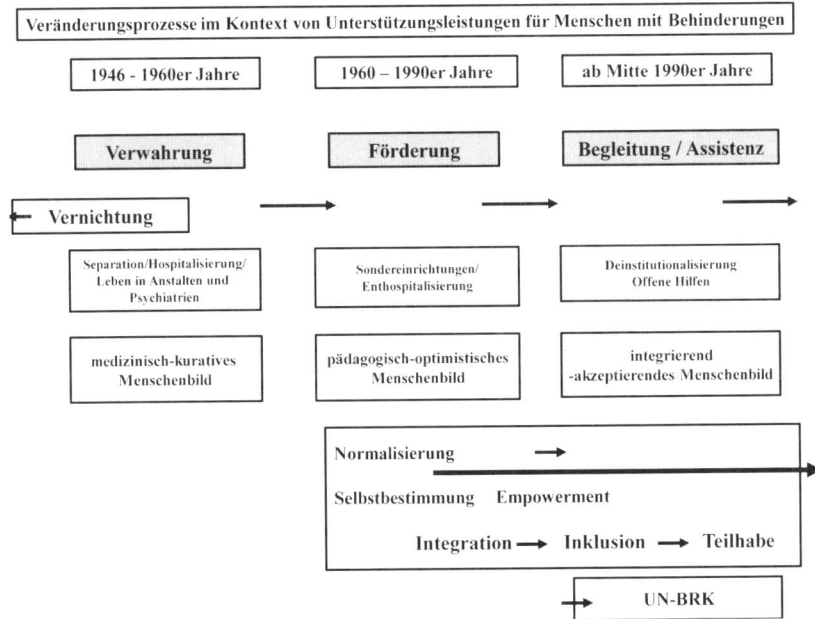

Abb. 1: Veränderungsprozesse im Kontext von Unterstützungsleistungen für Menschen mit Behinderungen

Aus der obigen Abbildung ist abzulesen, dass sich diese Veränderungen auf der Ebene institutioneller Hilfen, des Menschenbildes und auf der Ebene von Leitprinzipien vollziehen. Aktuelle Leitprinzipien sind Inklusion und Teilhabe. Die hier wiedergegebene Abbildung kann aber nur einen Ausschnitt darstellen: Ergänzt werden muss die historische Phase vor der »Verwahrung«, nämlich die der Vernichtung von Menschen mit Behinderungen im Nationalsozialismus. Was die Abbildung auch nicht leisten kann, ist die Tatsache herauszustellen, dass aktuelle Unterstützungssysteme (noch) nicht durchweg am Paradigma der Assistenz orientiert arbeiten, der Schwerpunkt (noch) nicht auf Offenen Hilfen liegt oder ein »integrierend-akzeptierendes Menschenbild« noch immer nicht vorherrscht. Ein inklusives Gemeinwesen (vgl. Rohrmann/Schädler 2009) ist kein bereits erreichter Zustand, sondern ist als ein in der Zukunft verorteter zu verstehen. Doch in der breiten und bisweilen unübersichtlichen Landschaft der Unterstützungssysteme ringen alle Akteurinnen und Akteure noch immer mit den Nachwirkungen längst überwunden geglaubter institutioneller Hilfen, Menschenbilder und Leitprinzipien. Mit der UN-Behindertenrechtskonvention (vgl. Beauftragter der Bundesregierung für die Belange behinderter Menschen 2009) liegt aber eine neue Orientierungsgröße vor, die die oben in der Abbildung genannten Begriffe und Leitlinien aufgreift und sie in einen menschenrechtlichen Kontext stellt (vgl. hierzu auch Lanwer 2013).

Der in diesem Beitrag im Fokus stehende Personenkreis der Erwachsenen mit hohem Unterstützungsbedarf ist zwar in oben skizzierte Veränderungsprozesse immer einbezogen gewesen, jedoch tut sich hier ein erhebliches Spannungsfeld auf, wenn es um die praktische Ausgestaltung der o. g. Paradigmata bspw. in Bezug auf wohnbezogene Unterstützungsleistungen für diesen Personenkreis geht.

2 Menschen mit hohem Unterstützungsbedarf

Es sind in der Fachdiskussion bereits sehr viele Versuche unternommen worden, den Personenkreis, der im Fokus dieses Beitrages steht, zu beschreiben. Bevor dies auch hier skizzenhaft geschieht, sei eine damit verbundene Grundproblematik beleuchtet:

Menschliches Leben kann nur verstanden werden als Ergebnis des Einzelnen in seinen sozialen Bezügen und seiner Historizität, wie es beispielsweise in der kulturhistorischen Schule (vgl. bspw. Vygotskij 1992) und der materialistischen Behindertenpädagogik (vgl. Jantzen 1987, 1990a) grundgelegt worden ist.

In Bezug auf menschliches Leben, das als ›beeinträchtigt‹ bezeichnet wird, kann das bedeuten, dass Behinderung nur erklärbar sein kann, indem das Individuum in seinem veränderten Verhältnis zur Welt und zu den Menschen (vgl. – in Anlehnung an Vygotskij – u. a. Jantzen 1999; 2001a) erkannt wird, der Einfluss der umweltbedingten sozialen Größen und Bezüge entschlüsselt und es in seiner Geschichtlichkeit gesehen wird. Dabei darf kein Unterschied gemacht werden, wie schwer diese

Beeinträchtigung wahrgenommen wird, sondern dies gilt für jegliches menschliches Leben. Dieser zentrale Gedanke war und ist in der fachlichen Auseinandersetzung bezüglich inklusiver Perspektiven für Erwachsene mit hohem Unterstützungsbedarf in allen Lebensbereichen der vergangenen Jahrzehnte nicht der leitende Gedanke gewesen.

Die Entschlüsselung des sog. ›harten Kerns‹ als Mythos (vgl. Jantzen 1990b; Weber 2010) oder die Aussage, »Es gibt keinen Rest« nebst der Analyse, warum dies so ist (vgl. Feuser 1995; Rödler et al. 2001), ging immer einher mit dem Versuch, den Menschen als bio-psycho-soziale Einheit zu denken – ein Kosmos, in dem es Pathologie nicht geben kann, sondern nur Variation des im Kern immer Gleichen. Dieses Denken, welches die »Einheit des Menschen in der Menschheit« (vgl. Séguin 1912) konstitutiv voraussetzt, kann sogenannte harte Kerne oder Restgruppen als Mythen entlarven bzw. durch ein wissenschaftstheoretisch begründetes Gebäude nachweisen, dass es sich verbietet, eine Grenze »nach unten« zu ziehen, um einer Gruppe von Menschen wesentliche Menschenrechte zu verweigern, nur weil es leichter ist, dieser Gruppe fundamentale menschliche Eigenschaften abzusprechen, als dass versucht wird nachzuweisen, dass sie diese Eigenschaften ebenso besitzen wie alle anderen. Ein Verstehen dieser Formen menschlichen Daseins ist also möglich (vgl. u. a. Jantzen 1987, 1990a, 2001b).

Dennoch werde im Folgenden zwei Beschreibungsversuche des Personenkreises der Menschen mit hohem Unterstützungsbedarf herangezogen, um besser nachvollziehen zu können, welchen subjektiven Lebenslagen Menschen, die zu diesem Personenkreis gezählt werden, ausgesetzt sind.

Der erste Beschreibungsversuch entstammt dem sog. PMLD Network, wobei die Abkürzung für den sich im internationalen Kontext durchsetzenden Begriff der ›People with profound and multiple learning disabilities‹ steht.

Das PMLD Network schreibt:

»People with profound and multiple learning disabilities:
- have more than one disability;
- have a profound learning disability;
- have great difficulty communicating;
- need high levels of support;
- may have additional sensory or physical disabilities;
- complex health needs or mental health difficulties;
- may have behaviours that challenge us«
(vgl. PMLD Network, o. J.).

Fornefeld (2008), die zudem den Begriff der Komplexen Behinderung in den Fachdiskurs eingebracht hat, beschreibt den Personenkreis wie folgt:
- Sie bringen ihre eigenen Vorstellungen, Wünsche und Bedürfnisse wie ihre Ansprüche unzureichend zum Ausdruck.
- Sie verfügen meist über keine ausreichende Verbalsprache.

- Sie sind in besonderem Maße von der Zuwendung der Bezugspersonen abhängig.
- Sie sind in Einrichtungen häufig mit unqualifiziertem Personal und unprofessionellem Verhalten konfrontiert.
- Sie zeigen abweichendes, aggressives oder selbstverletzendes Verhalten, was zum Ausschlusskriterium wird.
- Ihnen wird die Rolle des »Störers« zugewiesen, die die eigene Identität beeinflusst.
- Sie machen im Laufe ihres Lebens verstärkt Erfahrungen des »Scheiterns« sowie des Abbruchs sozialer Beziehungen.
- Sie sind häufig wechselnden und nicht koordinierten medizinisch-therapeutischen und pädagogisch-psychologischen Interventionen ausgesetzt.
- Sie sind in besonderem Maße der Gefahr ausgesetzt, als Pflegefälle abgestempelt und aus der Behindertenhilfe (Eingliederungshilfe) ausgeschlossen zu werden.
- Sie sind in Einrichtungen häufig Gewalterfahrungen ausgesetzt.
- Sie bilden eine heterogene Gruppe mit gleichen Exklusionserfahrungen (vgl. Fornefeld 2008, 58).

Es dürfte deutlich geworden sein, dass die Lebensrealität der Menschen, die als Menschen mit hohem Unterstützungsbedarf beschrieben werden können, eine komplexe ist. Welche Herausforderungen sich daraus im Sinne der Gestaltung inklusiver Perspektiven in allen Lebensbereichen ergeben, soll im Folgenden beleuchtet werden.

3 Herausforderungen für inklusive Perspektiven für Erwachsene mit hohem Unterstützungsbedarf in allen Lebensbereichen

Herausforderung I: Der Auftrag der UN-Konvention für die Rechte von Menschen mit Behinderungen

Die derzeit wohl größte Herausforderung im Kontext der Gestaltung inklusiver Perspektiven für Erwachsene mit hohem Unterstützungsbedarf in allen Lebensbereichen ist in der UN-Behindertenrechtskonvention grundgelegt (vgl. das Gesamtdokument: Beauftragter der Bundesregierung für die Belange behinderter Menschen 2009 und Degener/Diehl 2015).

In Artikel 19 der UN-BRK, mit der Überschrift ›Selbstbestimmt Leben und Einbeziehung in die Gemeinschaft‹ heißt es:

»Die Vertragsstaaten dieses Übereinkommens anerkennen das gleichberechtigte Recht aller behinderter Menschen mit gleichen Wahlmöglichkeiten wie die anderen Menschen in der Gemeinschaft zu leben, und treffen wirksame und geeignete Maßnahmen, um behinderten Menschen den vollen Genuss dieses Rechts und ihre volle Teilhabe und Teilnahme an der Gemeinschaft zu erleichtern, in dem sie insbesondere dafür sorgen, dass

a) behinderte Menschen gleichberechtigt die Möglichkeit haben, ihren Wohnsitz zu wählen und zu entscheiden, wo und mit wem sie leben, und nicht verpflichtet sind, in besonderen Wohnformen zu leben;
b) behinderte Menschen Zugang zu einer Reihe von häuslichen, institutionellen und anderen gemeindenahen Unterstützungsdiensten haben, einschließlich der persönlichen Assistenz die zur Unterstützung des Lebens und in der Teilhabe an der Gemeinschaft sowie zur Verhütung von Isolation und Absonderung von der Gemeinschaft notwendig ist; […]« (vgl. Beauftragter der Bundesregierung für die Belange von Menschen mit Behinderungen 2009, 30).

Die Umsetzung und Ausgestaltung des hier Geforderten birgt erhebliche Herausforderungen in sich, insbesondere, wenn man an die Unterstützungsbedarfe des hier im Fokus stehenden Personenkreises denkt. In Bezug auf die Situation in Deutschland, kann die Ansicht vertreten werden, dass viele Leistungen der Eingliederungshilfe ihr ursprüngliches Ziel verfehlen (vgl. auch den folgenden Abschnitt). Die Monitoring-Stelle des Deutschen Instituts für Menschenrechte umschreibt diesen Sachverhalt in ihrem Parallelbericht an den UN-Fachausschuss für die Rechte von Menschen mit Behinderungen anlässlich der Prüfung des ersten Staatenberichts Deutschlands gemäß Artikel 35 der UN-BRK wie folgt:

»Um das gesetzliche Ziel, die gesellschaftliche Teilhabe von Menschen mit einer ›wesentlichen‹ Behinderung zu unterstützen, setzt der Vertragsstaat für die Eingliederungshilfe immense Summen frei […]. Besonders auffällig ist allerdings, dass der Löwenanteil in Einrichtungen verwendet wird. Lediglich 2,5 Milliarden Euro werden außerhalb von Einrichtungen eingesetzt« (Deutsches Institut für Menschenrechte 2015a, 25).

Diskutiert werden kann in diesem Zusammenhang eine mögliche Novellierung von § 13 Abs. 1 Satz 3 des SGB XII. Dort wird der sogenannte »Mehrkostenvorbehalt« formuliert:

»Der Vorrang der ambulanten Leistung gilt nicht, wenn eine Leistung für eine geeignete stationäre Einrichtung zumutbar und eine ambulante Leistung mit unverhältnismäßigen Mehrkosten verbunden ist« (SBG XII, § 13, Abs. 1, Satz 3).

Die Problematik, die mit dem sogenannten Mehrkostenvorbehalt einhergeht, ist bereits in der Vergangenheit vielfach diskutiert worden. Aktueller Handlungsbedarf ergibt sich nun aber durch die abschließenden Bemerkungen über den ersten Staatenbericht Deutschlands des UN-Ausschusses für die Rechte von Menschen mit Behinderungen. Die im Rahmen der dreizehnten Tagung des Ausschusses vom 25. März bis 17. April 2015 verfassten abschließenden Bemerkungen enthalten in Bezug auf die Umsetzung der in Artikel 19 der UN-BRK geforderten Maßnahmen für den Vertragsstaat Deutschland folgende Besorgnis:

»Der Ausschuss ist besorgt über den hohen Grad der Institutionalisierung und den Mangel an alternativen Wohnformen beziehungsweise einer geeigneten Infrastruktur, durch den für Menschen mit Behinderungen zusätzliche finanzielle Barrieren entstehen. […]« (Deutsches Institut für Menschenrechte 2015b, 7).

Aus diesem Sachverhalt heraus formuliert der Ausschuss die folgenden Empfehlungen:

»Der Ausschuss empfiehlt dem Vertragsstaat,
(a) Schritte zur Novellierung von § 13 Abs. 1 Satz 3 des Zwölften Buchs des Sozialgesetzbuchs zu unternehmen, um durch erhöhte soziale Assistenzleistungen, Inklusion, Selbstbestimmung und die Entscheidung, in der Gemeinschaft zu leben, zu ermöglichen;
(b) ausreichende Finanzmittel verfügbar zu machen, um die Deinstitutionalisierung zu erleichtern und die unabhängige Lebensführung zu fördern, einschließlich höherer Finanzmittel für die Bereitstellung gemeindenaher ambulanter Dienste, die Menschen mit geistigen oder psychosozialen Behinderungen auf der Grundlage der freien und informierten Einwilligung der/des Betroffenen im gesamten Land die erforderliche Unterstützung gewähren;
(c) den Zugang zu Programmen und Leistungen zu vergrößern, die das Leben in der Gemeinschaft unterstützen und behinderungsbedingte Aufwendungen decken« (ebd., 8).

Um die Aktualität und gleichzeitig auch die Dringlichkeit der bisher gemachten Aussagen besser einordnen zu können, soll an dieser Stelle ein kurzer Blick auf die Ergebnisse der wissenschaftlichen Begleitung des Ambulantisierungsprozesses in Hamburg (vgl. Franz/Beck 2015) erfolgen. Denn hier lässt sich gut beobachten, dass der immer noch vorherrschende Dualismus zwischen ambulanten und stationären Strukturen in der Eingliederungshilfe zu bedenklichen und zu dem bisher Dargestellten gegenläufigen Entwicklungen beiträgt – insbesondere in Bezug auf Menschen mit hohem Unterstützungsbedarf.

Die Evaluation des Ambulantisierungsprogramms in Hamburg hat zunächst viele positive Entwicklungen dargestellt, insbesondere, dass es möglich ist, den oft statisch wahrgenommenen Dualismus ambulant oder stationär aufzubrechen. Für Hamburg konnte aufgezeigt werden, dass auch viele Unterstützungsformen in einem breiten Feld zwischen ambulant und stationär möglich sein können. Aufgezeigt wurde aber auch, dass Menschen mit hohen Unterstützungsbedarfen deutlich weniger bzw. kaum in solche Prozesse einbezogen wurden, was in Bezug auf diesen Personenkreis ein eher ernüchterndes Ergebnis darstellt. Besonders bedenklich muss die Bewertung stimmen, damit habe sich der tendenziell ausgrenzende Charakter des Hilfesystems noch einmal verstärkt (vgl. ebd., 20).

In diesem Zusammenhang wurde in der Evaluation auch die große Sorge der Rückwirkung der Ambulantisierung auf die stationären Einrichtungen insofern berechtigt formuliert, dass sich deren Entwicklung zu reinen Schwerstbehindertenzentren nochmals verstärkt, mit erheblich negativen Auswirkungen auf die dortige Lebensqualität und die Qualität der Betreuung, insbesondere in Verbindung mit der oben bereits diskutierten ambivalenten finanziellen Ausstattung der Eingliederungshilfe (ebd.). Es gibt bislang keine weiteren empirische Studien, die dies auf andere Regionen Deutschlands übertragen ließen. Es kann aber dennoch angenommen werden, dass dies ein deutschlandweit bestehendes Problem darstellt. Dies ist vor allem deswegen hoch problematisch, weil es die eingangs dargestellten Überlegungen zu einem veränderten Behinderungsverständnis und die aus diesem veränderten Verständnis abzuleitenden sozialrechtlichen Konsequenzen, konterkariert.

Herausforderung II: Kennzahlenvergleich der überörtlichen Träger der Sozialhilfe und Ergebnisse der Eingliederungshilfestatistik

Um die oben angedeuteten sozialrechtlichen Probleme zu vertiefen und sie in Bezug auf inklusive Perspektiven für Erwachsene mit hohem Unterstützungsbedarf in allen Lebensbereichen zu beziehen, sei an dieser Stelle ein kurzer Blick auf Rahmendaten der Eingliederungshilfe gerichtet. Dazu werden zwei Dokumente herangezogen: Erstens der sogenannte Kennzahlenvergleich der überörtlichen Träger der Sozialhilfe aus dem Jahr 2013 (vgl. BAGüS 2015) und Ergebnisse der Eingliederungshilfestatistik aus dem Jahr 2012 (vgl. Statistisches Bundesamt 2015).

In Bezug auf die Gruppe der leistungsberechtigten Menschen mit einer sog. geistigen Behinderung, die stationäre Wohnunterstützung erhalten, stellt die BAGüS (2015) beispielsweise fest:

> »64 Prozent der Menschen mit stationärer Wohnunterstützung gehören zur Gruppe der Leistungsberechtigten mit geistiger Behinderung (2003: 64,6 Prozent). Im ambulant betreuten Wohnen stellen Menschen mit einer seelischen Behinderung (psychische Behinderung oder Suchterkrankung) mit 70,6 Prozent die größte Gruppe dar (2003: 71,1 Prozent). Die einzelnen Anteile haben sich im bundesweiten Schnitt innerhalb der letzten zehn Jahre nicht nennenswert verändert« (vgl. BAGüS 2015, 15).

Und folgt:

> »Stationär betreut leben vorwiegend Menschen mit geistiger, ambulant betreut mehrheitlich Menschen mit seelischer Behinderung« (ebd.).

Dies ist eine Feststellung, die eine große Herausforderung darstellt und die darüber hinaus, in Bezug auf die Erfordernisse der UN-BRK, einen großen Handlungsbedarf mit sich zieht.

Wirft man einen Blick auf die Einzelleistungen der Eingliederungshilfe im Jahr 2012, ist festzustellen, dass es sich hier überwiegend um Leistungen zur Teilhabe am Leben in der Gemeinschaft im Sinne des 7. Kapitels SGB IX (Neuntes Buch Sozialgesetzbuch ›Rehabilitation und Teilhabe behinderter Menschen‹) handelt. Das Statistische Bundesamt (2015) hält fest:

> »Hierzu zählen unter anderem die Hilfen zum selbstbestimmten Leben in betreuten Wohnmöglichkeiten (35 %) […]« (Statistisches Bundesamt 2015, 11).

Der Begriff der ›betreuten Wahlmöglichkeiten‹ umfasst in der Sprache dieser Statistik sowohl stationäres, als auch ambulant betreutes Wohnen – eine Differenzierung, die sich dann wie folgt abbilden lässt:

> »Von den 374 000 Personen, die Leistungen zum betreuten Wohnen erhielten, lebten 210 000 Personen in einer Wohneinrichtung, 153 000 Personen ambulant betreut in

einer eigenen Wohnung und rund 19 000 Personen in einer ambulant betreuten Wohngemeinschaft« (ebd.).

Interessant sind darüber hinaus auch die Angaben der Eingliederungshilfestatistik in Bezug auf die Altersverteilung der Leistungsberechtigten. Hier macht sich der demografische Wandel inzwischen sehr bemerkbar (vgl. BAGüS 2015, 21) und die Bedeutung des Themas der älter werdenden Menschen mit hohem Unterstützungsbedarf kann hier nur angedeutet werden.

Lohnenswert ist darüber hinaus ein Blick auf die Wohnsituation der WfbM Mitarbeiter(innen), was erkennen lässt, dass die Familien hier nach wie vor eine hohe Relevanz haben und es weitreichende regionale Unterschiede gibt:

»Gut die Hälfte aller WfbM-Besucher/innen lebt ohne eine Unterstützung zum Wohnen durch die Eingliederungshilfe. Klassischerweise handelt es sich hier um das Wohnen im eigenen Familienverbund, z. B. bei den Eltern. Dieser Anteil variiert zwischen 43 Prozent in Mittelfranken und 65 Prozent in Niederbayern. Im Durchschnitt leben lediglich 16 Prozent der Werkstattbeschäftigten in der eigenen Wohnung mit einer ambulanten Betreuung (zwischen 6 Prozent in Niederbayern und 21 Prozent in Schleswig-Holstein)« (BAGüS 2015, 37).

Die Zahl der Empfänger(innen) von Eingliederungshilfe für behinderte Menschen lag im Jahr 2012 »[…] bei gut 821 000 Personen, was einer Steigerung um 153 % gegenüber 1991 entspricht« (Statistisches Bundesamt 2015, 6). Hinter diesen Zahlen verbirgt sich eine weitere Problematik, die fiskalischer Natur ist. In Bezug auf die Bruttoausgaben der Eingliederungshilfe hält das Statistische Bundesamt (a.a.O.) überdies fest:

»Seit der deutschen Vereinigung haben sich die Bruttoausgaben für die Eingliederungshilfe für behinderte Menschen von rund 4,1 Milliarden Euro im Jahr 1991 auf rund 15,1 Milliarden Euro im Jahr 2012 mit einem Zuwachs von 272 % mehr als verdreifacht« (Statistisches Bundesamt 2015, 7).

Dieses Phänomen sei hier nur benannt und nicht analysiert. Was aber in diesem Kontext bemerkenswert ist, ist die Tatsache, dass die Eingliederungshilfe insgesamt große Probleme zu haben scheint, ihr eigentliches Ziel zu verfolgen. Dies wird deutlich, wenn überdies folgende Zahlen herangezogen werden:

»Von den 15,1 Milliarden Euro Bruttoausgaben der Eingliederungshilfe für behinderte Menschen entfielen mit 9,6 Milliarden Euro gut drei Fünftel (64 %) auf Leistungen zur Teilhabe am Leben in der Gemeinschaft. Mit 7,6 Milliarden Euro und einem Anteil von der Hälfte (50 %) der Bruttoausgaben der Eingliederungshilfe waren hierunter insbesondere die Hilfen zu selbstbestimmtem Leben in betreuten Wohnmöglichkeiten relevant (Heimkosten beziehungsweise Kosten für ambulant betreutes Wohnen)« (ebd., 14).

Dieser Sachverhalt ist in Bezug auf die Erfordernisse der UN-BRK weiter oben bereits kritisch diskutiert worden. Dennoch muss diese Analyse des Statistische Bundesamtes insgesamt als eine Warnung wahrgenommen werden, wonach die »[…] Eingliederungshilfe […] 2012 an 54 % der Leistungsberechtigten ausschließlich in

Einrichtungen gewährt [wurde], 36 % der Empfänger erhielten die Hilfe ausschließlich außerhalb von Einrichtungen« (Statistisches Bundesamt 2015, 7). Dass dies nicht ›naturgegeben‹ ist, zeigen auch die Unterschiede in den Bundesländern – es scheint, als habe es für Menschen, die auf Eingliederungshilfeleistungen angewiesen sind, eine hohe Bedeutung, in welchem Bundesland sie wohnen (vgl. ebd., 16 f.).

Nachdem vorausgehend einige zentrale Herausforderungen im Kontext der Gestaltung inklusiver Perspektiven für Erwachsene mit hohem Unterstützungsbedarf in allen Lebensbereichen dargestellt wurden, soll im Folgenden das Augenmerk auf Widerstände, die diesen Gestaltungsprozess zusätzlich erschweren, gelenkt werden. Dies geschieht auf zwei Ebenen: Einerseits werden zunächst mögliche Widerstände »von innen«, d. h. Widerstände, die sich im Feld der Behindertenpädagogik und -hilfe verifizieren lassen, erörtert. Dies geschieht mit einem Blick auf auszumachende Gewaltverhältnisse in der Behindertenpädagogik und -hilfe. Daran anschließend werden zum anderen Widerstände gegen inklusive Perspektiven für Erwachsene mit hohem Unterstützungsbedarf »von außen«, im Sinne des Aufdeckens von Barrieren bei der Entwicklung inklusiver Sozialräume benannt.

4 Widerstände im Kontext der Gestaltung inklusiver Perspektiven für Erwachsene mit hohem Unterstützungsbedarf

Widerstände »von innen« – Gewaltverhältnisse in der Behindertenpädagogik und -hilfe

Was mit Gewaltverhältnissen konkret gemeint sein kann, hat beispielsweise Michel Kennedy, ein Autor mit einer Beeinträchtigung, im Jahre 2004 folgendermaßen beschrieben – er wählte dazu das Bild der sog. ›Behinderungsdecke‹ (»the disability blanket«), die, gut gemeint, erdrücken kann:

> »I feel as though I've dealt with that blanket all my life. In your home, you choose when and how often you want to use your blankets and what you want to use them for. However, if you're a person with a disability, it's like the service system already has the blanket set out for you. This might not be the one you want or need, especially because you didn't choose it« (Kennedy 2004, 231)[1].

Dies klingt in dieser Sicht- und Schreibweise noch verhältnismäßig harmlos, wohingegen eine schon vor längerer Zeit getätigte, frappierende Analyse Feusers (1995),

---

1 »Ich habe das Gefühl, dass ich es mit dieser Decke mein Leben lang zu tun hatte. Zu Hause wählst Du selbst aus wann, wie oft und wofür Du Deine Decken benutzen möchtest. Wenn Du aber eine Person mit einer Behinderung bist, ist es so, als ob das Hilfesystem die Decke bereits für Dich bereithalten würde. Das muss nicht diejenige sein, die Du willst oder brauchst, besonders aus dem Grund, weil Du sie nicht ausgewählt hast« (Kennedy, a.a.O.; Übersetzung durch den Autor).

dies in pointierter und provokativ zugespitzter Art und Weise erweitern kann. Feuser beleuchtet die Hintergründe, warum es zu den von Kennedy beschriebenen Mechanismen überhaupt erst kommen kann. Er hält der Fachdisziplin gewissermaßen einen Spiegel vor und skizziert die ›Dogmen der Heil- und Sonderpädagogik‹, die seiner Ansicht nach immer noch Welt- und Menschenbilder prägen:

»1. Das Dogma der ›Endogenität‹;
2. Das Dogma der ›Chronizität‹ und der ›Therapieresistenz‹;
3. Das Dogma der ›Uneinfühlbarkeit‹ und der ›Unverstehbarkeit‹;
4. Das Dogma der ›Lern- und Bildungsunfähigkeit‹;
5. Das Dogma der ›Irreversibilität‹;
6. Das Dogma der ›Krankheits- bzw. Behinderungsspezifität‹;
7. Das Dogma der ›Normalität‹« (vgl. Feuser 1995, 47 ff.).

In einem Übersetzungs- und Erklärungsversuch der Dogmen könnten sie folgendermaßen gelesen werden:
– Behinderung liegt in der Person selbst begründet;
– Behinderung ist letztlich nicht veränderbar;
– In Behinderte kann man sich nicht einfühlen oder sie verstehen;
– Behinderte können nichts lernen;
– Einmal behindert, immer behindert;
– Verhalten von Behinderten liegt in der Behinderung begründet;
– Behinderte haben »normal« zu werden.

Die mit Hilfe dieser zugegebenermaßen starken Zuspitzung beschriebenen Prozesse haben in der Geschichte Heil- und Sonderpädagogik dazu geführt, das Phänomen insbesondere der sog. schweren und/oder schwersten Behinderung zu naturalisieren, zu dogmatisieren, zu ideologisieren und den Menschen, die unter diese Bezeichnung fielen und fallen, ein reduziertes Angebot an gesellschaftlicher Teilhabe zu überlassen. Dies traf und trifft in besonderem Maße für Menschen zu, die traditionell als geistig behindert bezeichnet werden und die in Komplexeinrichtungen leben. Und dies trifft in noch höherem Maße für den Personenkreis, dem hoher Unterstützungsbedarf attestiert wird, zu. Hier liegt der »Mythos vom harten Kern« begründet, ein Mythos, so Jantzen, »dem die Zukunft fehlt. Er ist der Gedanke der Herrschenden, der zum herrschenden Gedanken geworden ist« (Jantzen 1993b, 53).

Was das Dasein als Ausgeschlossener, als gesellschaftlich Gebrandmarkter in erster Linie auszeichnet, ist die attestierte »›Nichtgemeinschaftsfähigkeit‹, eine diagnostische Kategorie, die im Übrigen heute noch für Aufnahmeentscheidungen in Schulen und Werkstatten für Behinderte von Bedeutung ist« (Jantzen 1993a, 47).

Daneben ist es meist »das Abbrechen weiter Bereiche des sozialen Verkehrs« (ebd., 49), was die Lebenssituation und Lebenswirklichkeit von Menschen, denen eine Zugehörigkeit zum »harten Kern« attestiert wird, auszeichnet. Dass daraus resultierende isolierende Bedingungen (Weiter-)Entwicklungsprozesse verhindern können, ist allgemein anerkannt, führt aber oft genug nicht zu den erforderlichen Schritten, isolierende Bedingungen solcherart aufzulösen. Ein Beispiel aus einem selbst durchgeführten Projekt in einer Großeinrichtung der Behindertenhilfe soll dies verdeutlichen:

In einer Wohneinrichtung der Behindertenhilfe wird eine neue Konzeption vorgestellt. Die beteiligten Heilpädagoginnen und Heilpädagogen führen die Gäste durch die Wohngruppe. Einige Bewohner, darunter auch einige, deren Verhalten als herausfordernd gilt, sind anwesend, beispielsweise ein junger Mann, der auf dem Boden sitzt und sich hin und her wiegt. Ein weiterer Heilpädagoge arbeitet parallel mit einer jungen Frau mit Down-Syndrom an einem Bastelobjekt. Die junge Frau zeigt erkennbares Interesse an dem Besuch. Weder dem jungen Mann auf dem Boden, noch der jungen Frau wird der Besuch angekündigt, vorgestellt oder in irgendeiner Weise kommunikativ begleitet. Die Menschen mit Behinderung sind quasi überhaupt nicht anwesend in dem Raum, sie werden komplett negiert. … (eigene Beobachtung in einer Wohneinrichtung).

Es gibt zudem mittlerweile einen empirischen Nachweis für die Nachwirkungen dieser Dogmen, die in den Elementen des »Syndroms Gruppenbezogene Menschenfeindlichkeit« (vgl. u. a. Heitmeyer 2011) zu finden sind. Die seit dem Jahre 2002 bis zum Jahr 2012 betriebene Langzeitstudie zur »Gruppenbezogenen Menschenfeindlichkeit«, in der über einen Zeitraum von 10 Jahren hinweg jährlich 2.000 repräsentativ ausgewählte Personen in Deutschland interviewt wurden, fragt nach der humanen Qualität einer Gesellschaft. Eine Ausgangsthese der Studie war, dass die humane Qualität einer Gesellschaft am Umgang mit schwachen Gruppen erkannt werden könne. Es ging daher in der Studie zur gruppenbezogenen Menschenfeindlichkeit um die Frage, wie Menschen unterschiedlicher sozialer, religiöser und ethnischer Herkunft mit ihren verschiedenen Lebensstilen in dieser Gesellschaft leben, Anerkennung erfahren oder aber sich feindseligen Mentalitäten ausgesetzt sehen. Die Studie war ein Projekt des Instituts für interdisziplinäre Konflikt- und Gewaltforschung (IKG) der Universität Bielefeld, unter Federführung von Wilhelm Heitmeyer.

Heitmeyer (2011) beschreibt eine Ausgangslage, die durch eine ›Ungleichzeitigkeit‹ charakterisiert sei und die direkte Bezüge zur Diskussion um Inklusion und Teilhabe in der Behindertenhilfe aufweist: Auf der einen Seite würden von der Politik durchaus Anstrengungen etwa zur rechtlichen Gleichstellung bzw. Anti-Diskriminierung unternommen, auf der anderen Seite seien deren Effekte offenkundig nicht hinreichend für eine deutliche Veränderung von Einstellungen in der Bevölkerung und für ein besseres Zusammenleben von Gruppen. Die Ergebnisse der Studie gewinnen aktuell wieder an hoher Bedeutung. Die Elemente des so benannten ›Syndroms Gruppenbezogene Menschenfeindlichkeit‹ waren folgende:

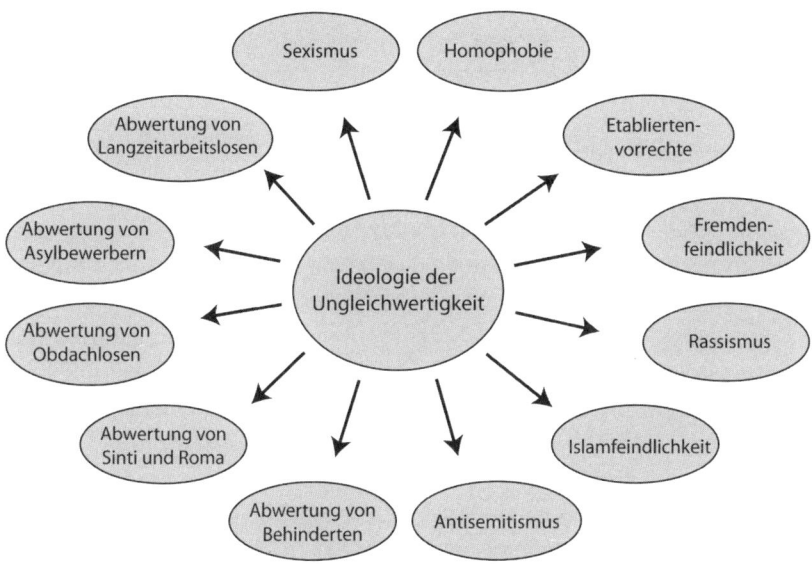

Abb. 2: Elemente des so benannten ›Syndroms Gruppenbezogene Menschenfeindlichkeit‹ (vgl. Universität Bielefeld o. J.; a).

In Bezug auf die sogenannte Abwertung von Menschen mit Behinderung, fassen die Autoren der Studie zusammen (Abwertung von Behinderten meint hier: feindselige Einstellungen, die sich gegen die »Normalitätsabweichung« und den daraus angeblich abgeleiteten Unterstützungsforderungen ergeben):

> »Gegenüber behinderten Menschen ist die Abwertung mit Blick auf alle Aussagen nahezu stagnierend, mit leicht abfallender Tendenz. In 2010 betrachten knapp 9 % viele Forderungen von Behinderten als ›überzogen‹; in 2005 (davor nicht erfasst) waren es noch 15 %. 7 % der Befragten meinen, für Behinderte würde in Deutschland zu viel Aufwand betrieben (2005: 8 %). 6 % (2005: 7,5 %) sind der Meinung, Behinderte erhielten zu viele Vergünstigungen« (vgl. Universität Bielefeld o. J.; b).

Die Autoren der Studie erklären solchermaßen feindselige Einstellungen mit sog. sozialen Desintegrationsängsten und -erwartungen, gefühlter politischer Einflusslosigkeit bzw. Orientierungslosigkeit und schlussfolgern:

> »Unsere Analysen lassen erwarten, dass eine Zunahme menschenfeindlicher Einstellungen und Verhaltensweisen davon abhängt, wie viele Menschen künftig in unsichere Arbeits- und Lebensverhältnisse geraten, politische Ohnmachtsgefühle empfinden und instabile emotionale Situationen erfahren, kurz: prekären Anerkennungsverhältnissen ausgesetzt sind« (vgl. Universität Bielefeld o. J.; c).

Diesen, im behindertenpädagogischen Kontext nur marginalisiert wahrgenommenen Befund gesellschaftlicher Realitäten, gilt es zentral zu bedenken, wenn über eine menschenrechtsbasierte Forderung nach Inklusion und Teilhabe von Menschen mit Beeinträchtigungen und über inklusive Perspektiven für Erwachsene mit hohem Unterstützungsbedarf in allen Lebensbereichen gesprochen wird.

Widerstände »von außen« – Barrieren bei der Entwicklung inklusiver Sozialräume

Die Autoren Rohrmann und Schädler (2009) gehen davon aus, dass sich im Kontext der Forderungen nach den zu Beginn dieses Beitrages beschriebenen Veränderungsprozessen im Wesentlichen drei Szenarien unterscheiden ließen (ebd., 69). Das letzte von Rohrmann und Schädler (ebd.) benannte Szenario nennen die Autoren ›inklusives Gemeinwesen‹, welches sich durch folgende Aspekte kennzeichne:
- Der Blick müsse über eine Leistungserbringung im Rahmen der Eingliederungshilfe hinaus auf staatliche und zivilgesellschaftliche Anstrengungen hin zur Eliminierung von institutioneller Ausgrenzung und Förderung von Teilhabe gehen;
- es habe eine Orientierung an Art. 19 der UN-BRK ›Unabhängiges Leben und Teilhabe an der Gemeinschaft‹ zu erfolgen;
- es gehe um die Gestaltung einer örtlichen und individuellen Teilhabeplanung;
- es gehe vorrangig um die Gestaltung von Barrierefreiheit, dann (u. U. nachrangig) um die (Weiter-)Entwicklung der Dienste der Behindertenhilfe (ohne diese überflüssig zu machen) (vgl. ebd., 71 f.).

Als Folgen des Szenarios ›inklusives Gemeinwesen‹ werden genannt (ebd., 72 f.):
- Das Szenario bedinge eine starke Rechtsposition von Menschen mit Behinderung und Schutz vor Diskriminierung;
- der Hilfeplanungsprozess müsse den konkreten Unterstützungsbedarf im Mittelpunkt haben;
- Leistungsansprüche seien u. U. durch das persönliche Budget zu realisieren;
- daraus ergebe sich die Notwendigkeit von Beratung, Information und Erwachsenenbildung für Menschen mit Behinderung und ihren Angehörigen;
- an Politik und Sozialleistungsträger gehe ein Gestaltungsauftrag (der nicht an freie Träger der Behindertenhilfe delegiert werden könne) (vgl. ebd., 73): »Der Gestaltungsauftrag verbindet die Entwicklung eines bedarfsgerechten Angebots an personenbezogenen sozialen Dienstleistungen im Rahmen der örtlichen Daseinsvorsorge mit allgemeiner Gemeinwesenentwicklung, die Teilhabemöglichkeiten systematisch erweitert« (ebd.);
- die Hilfebedarfsermittlung müsse entsprechend der sektoralen Reform geschehen, allerdings verbunden mit der Disability-Mainstreaming-Perspektive, was bedeute, dass die Berücksichtigung von spezifischen Interessen behinderter Menschen in allen gesellschaftlichen Bereichen institutionalisiert werden solle;
- es gehe um die Überwindung von stationären Angeboten zugunsten von offenen Hilfen;

- es gehe um die notwendige Überprüfung von SGB V, XI, XII und der Heimgesetzgebung auf die entsprechenden Ziele;
- das inklusive Gemeinwesen sei eine Querschnittsaufgabe, die allerdings ebenso Spezialisten benötige;
- das Szenario benötige die Finanzierung von Dienstleistungen und Strukturentwicklungsmaßnahmen (ebd.).

Das Szenario des ›inklusiven Gemeinwesens‹, so resümieren die Autoren, habe das größte Potenzial für Innovation und die Qualität eines Paradigmenwechsels. Die Installierung eines Monitoring-Mechanismus wäre überdies wichtig (ebd.). Damit wäre ein zukünftiges Szenario umschrieben, ohne bisher ausdrücklich eine sozialräumliche Orientierung erwähnt zu haben. Woran sich ein solches »inklusives Gemeinwesen« auszurichten habe, beschreiben Beck/Greving (2011) wie folgt:

»… [eine Ausrichtung] an den konkreten Lebenslagen und dem sozialen Umfeld, in dem sich das Alltagsleben vollzieht;
eine möglichst wohnortnahe und offene Angebotsstruktur und konsequente Förderung von Selbsthilfe, sozialer Integration und Partizipation« (ebd., 9).

Das Zukunftsszenario ›inklusives Gemeinwesen‹ zu denken, fällt in unseren Tagen nicht immer leicht. Das von Rohrmann und Schädler beschriebene Szenario ist eine Orientierungsgröße, die jedoch aktuell immer noch mit größten Widerständen konfrontiert ist. Einige wurden bereits beschrieben. Im Kontext der Überwindung von Barrieren bei der Entwicklung inklusiver Sozialräume und der Gestaltung inklusiver Perspektiven für Erwachsene mit hohem Unterstützungsbedarf in allen Lebensbereichen sind folgende Widerstände zu konstatieren (die weiter oben bereits ausführlicher diskutiert wurden und die hier nur stichwortartig wiedergegeben werden):
- Der Mehrkostenvorbehalt im Sozialgesetzbuch;
- die vorherrschende Hartnäckigkeit der Annahme, dass es für bestimmte Menschen einen ›stationären Hilfebedarf‹ gebe;
- die Tatsache, dass sich Unterstützungsleistungen meist noch an der funktionalen Organisation von Leistungen im Rahmen einer stationären Versorgung orientieren;
- die ›Nachwirkungen‹ des medizinischen Modells von Behinderung;
- und letztlich die Tatsache, dass eine ambulante Versorgung von Menschen mit Beeinträchtigungen bei der kommunalen Planung zu wenig im Blick ist (vgl. Rohrmann/Weber 2015, 228).

5 (Inklusive) Perspektiven für Erwachsene mit hohem Unterstützungsbedarf in allen Lebensbereichen

Was ist all dem perspektivisch entgegenzusetzen? Es sind nicht mehr, aber auch nicht weniger die Grundsätze der UN-BRK, das Postulat der Person(en)zentrierung bei der Ausgestaltung von Unterstützungsleistungen und es ist das aktive Angehen der Herausforderungen, die sich in diesem Kontext für Einrichtungen und Dienste (auch für Mitarbeitende in ihrer professionellen Ausrichtung) stellen.

Perspektive I: Grundsätze (gemäß Art. 3 der UN-BRK)

Die Grundsätze der UN-BRK sollen an dieser Stelle nochmals genannt sein, weil sich die auszugestaltenden Perspektiven eben an diesen Grundsätzen zu orientieren hätten:
- Achtung der Menschenwürde, der Autonomie, einschließlich der Freiheit, eigene Entscheidungen zu treffen und der Unabhängigkeit;
- Nichtdiskriminierung;
- die volle und wirksame Teilhabe (participation) an der Gesellschaft und Einbeziehung (inclusion) in die Gesellschaft;
- die Achtung vor der Unterschiedlichkeit von Menschen mit Behinderungen und Akzeptanz als Teil der menschlichen Vielfalt;
- Chancengleichheit;
- Zugänglichkeit;
- Gleichberechtigung der Geschlechter;
- Achtung vor den sich entwickelnden Fähigkeiten von Kindern mit Behinderung und Achtung ihres Rechts auf Wahrung ihrer Identität.

Diese Grundsätze sind unteilbar und gelten somit auch für Menschen, die hohe Unterstützungsbedarfe haben.

Perspektive II: Person(en)zentrierung

Es kann an dieser Stelle kein ausführlicher Diskurs über das Postulat der personenzentrierten Hilfen erfolgen. Da dies aber im Kontext der hier dargelegten inklusiven Perspektiven für Menschen mit hohem Unterstützungsbedarf eine große Rolle spielt, sei das Konzept der Person(en)zentrierung hier kurz skizziert:

> »Personenzentrierung geht aus von dem einzelnen leistungsberechtigten Menschen mit Behinderung, von seinen Wünschen und Zielen zur Teilhabe am Leben in der Gesellschaft. Sie beginnt mit einer umfassenden Bedarfsermittlung in einem standardisierten und partizipativ gestalteten, verbindlichen Bedarfsfeststellungsverfahren nach bundeseinheitlichen Kriterien, die sich an den ICF orientieren.
> Es muss alle Lebens- und Unterstützungsbereiche einbeziehen und die individuellen Kontextfaktoren berücksichtigen. Zu erfassen sind insbesondere der Bedarf an Leistungen zur Teilhabe am Leben in der Gesellschaft und am Arbeitsleben, an Leistungen zu Lebensun-

terhalt und Unterkunft, der hauswirtschaftliche Bedarf und der Pflegebedarf« (Kontaktgesprächsverbände 2010, 15 f.).

Das, was hier von den Kontaktgesprächsverbänden zusammenfassend beschrieben wird, ist gleichsam der ›Idealfall‹ der Personenzentrierung und es dürfte deutlich geworden sein, dass auch hier noch erheblicher Handlungsbedarf besteht. Wünsche und Ziele des hier im Fokus stehenden Personenkreises zu identifizieren, erfordert eine hohe Fachlichkeit seitens derer, die dies mit den Personen zusammen oder stellvertretend für sie durchführen. Ebenso verhält es sich mit einer angemessenen Bedarfsfeststellung, dem Einbezug aller Lebens- und Unterstützungsbereiche sowie den individuellen Kontextfaktoren.

Perspektive III: Herausforderungen, für Einrichtungen und Dienste (auch für Mitarbeitende in ihrer professionellen Ausrichtung)

Im Kontext der sog. Berliner Kundenstudie fasst Seifert (2010) folgende Handlungsbedarfe in folgenden Feldern zusammen:
- Angebotsentwicklung;
- Erschließen der Ressourcen des Stadt/Ortsteils für Menschen mit (sog. geistiger) Behinderung;
- Interessenvertretung;
- Engagement für das Gemeinwesen;
- Kooperation und Vernetzung;
- lokale Teilhabeplanung (vgl. Seifert 2010, 375).

Auch hier muss darauf verwiesen werden, dass diese Handlungsbedarfe im Kontext der Gestaltung inklusiver Perspektiven für Menschen mit hohem Unterstützungsbedarf eine hohe Professionalität erfordern, ihre Umsetzung aber nicht unmöglich ist. Zudem müssen solche Prozesse einhergehen mit der Schaffung weiterer Aktionspläne. Dies ist nicht nur auf einer Landes- oder kommunalen Ebene zu denken, sondern ganz pragmatisch auch in Bezug auf die noch großen Komplexeinrichtungen, in denen sich Menschen mit hohen Unterstützungsbedarfen hauptsächlich aufhalten:

> »Für jede einzelne stationäre Einrichtung muss ein Aktionsplan entwickelt werden, wie diese aufgelöst oder so umgestaltet werden kann, dass die Wohnmöglichkeiten dort der Logik des privaten Wohnens folgen und damit dem Anspruch auf ein selbstbestimmtes Leben entsprechen« (Rohrmann/Weber 2015, 233).

Auf die Tatsache, dass dies nicht nur in Bezug auf wohnbezogene Hilfen ein zentrales Thema ist, kann hier nur verwiesen werden. Positive Beispiele, wie im Lebensbereich Arbeit innovative Konzepte für Menschen mit hohen Unterstützungsbedarfen auszusehen hätten, können im Kontext der Kampagne »Arbeit möglich machen – arbeitswelt-bezogene Angebote für Menschen mit hohem Unterstützungsbedarf/ schwerer mehrfacher Behinderung« aufgezeigt werden (vgl. Aktion Mensch o. J.).

Es kommt demnach letztlich auf die Ausgestaltung der jeweiligen Inklusionsbedingungen und Teilhaberegulierungen an, wenn es um die Konkretisierung von inklusiven Perspektiven für Menschen mit hohem Unterstützungsbedarf geht:

> »Ob und in welcher Weise im Vollzug von Inklusion tatsächlich Teilhabe entsteht oder Behinderung und Ausgrenzung erzeugt werden, hängt erstens von den Inklusionsbedingungen und Teilhaberegulierungen der einzelnen Gesellschaftssysteme und zweitens von den individuellen Voraussetzungen seitens einzelner Personen ab« (Wansing 2012, 384).

6 Epilog

Die hier diskutierten Sachverhalte haben eine lange Diskurstradition im Feld der Heil-, Sonder- oder Behindertenpädagogik. Es ist abschließend wichtig, nochmals festzuhalten, dass hinter den hier getätigten Ausführungen die Überzeugung steckt, dass die Gestaltung inklusiver Perspektiven ein Prozess ist, der unteilbar ist und keine Personengruppen ausschließen kann. Dass Menschen mit hohem Unterstützungsbedarf kein *nicht-inkludierbarer* Rest (was für eine schreckliche Wortschöpfung!) sind, ist in den vorangegangenen Ausführungen dargelegt worden. Es verhält sich vielmehr so, wie es bereits 1989 (!) der italienische Psychiatriereformer Toresini dargelegt hat:

> »Wir haben entdeckt, daß der ›harte Kern‹ der ›andersartigen‹, ausgeschlossenen, institutionalisierten Teile der Bevölkerung, der nach einer geduldigen Integrationsarbeit ›übrigbleibt‹, kein homogenes Ganzes ist, mit dem man sich nicht auseinandersetzen kann. Er besteht vielmehr aus vielen individuellen Einzelfällen, die sehr wohl im Sinn von Rehabilitation und Integration zu behandeln sind. Die Situation läßt sich mit dem Bild des Karfiols [der Artischocke, Anmerk. des Autors] vergleichen. Auch bei ihm erscheint nach Entfernung der grünen Außenblätter das, was man für den ›Kern‹, für das ›Herz‹ hält und letztlich nichts anderes ist als eine Ansammlung von noch zarteren, fragileren, kleineren schwachen Blättchen« (Toresini 1989, o. S.).

Wenn es richtig ist, dass das »[…] was die Sozialwelt hervorgebracht hat, […] die Sozialwelt mit einem solchen Wissen gerüstet auch wieder abschaffen [kann]« (Bourdieu 2005, 429), dann ist mit dem Vorhandensein der UN-BRK dieser Prozess wahrscheinlich bereits unaufhaltsam und unteilbar im Gange.

Literatur

Aktion Mensch (Hrsg.) (o. J.): Kampagne »Arbeit möglich machen – arbeitswelt-bezogene Angebote für Menschen mit hohem Unterstützungsbedarf/schwerer mehrfacher Behinderung«, https://www.aktion-mensch.de/themen-informieren-und-diskutieren/arbeit/arbeit-moeglich-machen-filme.html (11.09.2015).

Bundesarbeitsgemeinschaft der überörtlichen Träger der Sozialhilfe (BAGüS) (2015): Kennzahlenvergleich Eingliederungshilfe der überörtlichen Träger der Sozialhilfe. Bericht 2013, http://www.lwl.org/spur-download/bag/kennzahlenvergleich2013.pdf (22.09.2015).

Beauftragter der Bundesregierung für die Belange behinderter Menschen (Hrsg.) (2009): alle inklusive! Die neue UN-Konvention. Übereinkommen über die Rechte von Menschen mit Behinderungen. Bundesministerium für Arbeit und Soziales. Berlin.

Beck, Iris/Greving, Heinrich (Hrsg.) (2011): Gemeindeorientierte pädagogische Dienstleistungen. Bd. 6 des enzyklopädischen Handbuches der Behindertenpädagogik. Behinderung, Bildung, Partizipation. Stuttgart.

Bourdieu, Pierre (2005): Das Elend der Welt. Stuttgart.

Bradl, Christian (2003): Leben ohne Institution? Perspektiven für das Wohnen geistig behinderter Menschen mit hohem Hilfebedarf. In: HEP-Informationen 4, 21–27.

Degener, Theresia/Diehl, Elke (Hrsg.) (2015): Handbuch Behindertenrechtskonvention. Teilhabe als Menschenrecht – Inklusion als gesellschaftliche Aufgabe. Bundeszentrale für politische Bildung (Band 1506). Bonn.

Deutsches Institut für Menschenrechte (2015a): Parallelbericht an den UN-Fachausschuss für die Rechte von Menschen mit Behinderungen anlässlich der Prüfung des ersten Staatenberichts Deutschlands gemäß Artikel 35 der UN-Behindertenrechtskonvention. Monitoring-Stelle zur UN-Behindertenrechtskonvention. Berlin (22.09.2015).

Deutsches Institut für Menschenrechte (Hrsg.) (2015b): Abschließende Bemerkungen über den ersten Staatenbericht Deutschlands (von der Monitoring-Stelle zur UN-Behindertenrechtskonvention beauftragte und geprüfte Übersetzung; es handelt sich um keine amtliche Übersetzung der Vereinten Nationen), Berlin 2015b, http://www.institut-fuer-menschenrechte.de/fileadmin/user_upload/PDF-Dateien/UN-Dokumente/CRPD_Abschliessende_Bemerkungen_ueber_den_ersten_Staatenbericht_Deutschlands_ENTWURF.pdf (22.09.2015).

DGSP (Deutsche Gesellschaft für Soziale Psychiatrie), Ausschuss Geistigbehinderte (1986): Wege aus der Isolation. In: DGSP-Rundbrief Nr. 33, 20–24.

Feuser, Georg (1995): Behinderte Kinder und Jugendliche zwischen Aussonderung und Integration. Darmstadt.

Fornefeld, Barbara (Hrsg.) (2008): Menschen mit Komplexer Behinderung. Selbstverständnis und Aufgaben der Behindertenpädagogik. München/Basel.

Franz, Daniel/Beck, Iris (2015): Evaluation des Ambulantisierungsprogramms in Hamburg. Hamburg.

Heitmeyer, Wilhelm (Hrsg.) (2011): Deutsche Zustände, Folge 10. Frankfurt am Main.

Jantzen, Wolfgang (1987): Allgemeine Behindertenpädagogik Bd. I: Sozialwissenschaftliche und psychologische Grundlagen. Weinheim.

Jantzen, Wolfgang (1990a): Allgemeine Behindertenpädagogik Bd. II: Neurowissenschaftliche Grundlagen, Diagnostik, Pädagogik und Therapie. Weinheim.

Jantzen, Wolfgang (1990b): Der ›harte Kern‹-Mythos und Realität in der Psychiatrie. In: Behindertenpädagogik, 29(2), 214–220.

Jantzen, Wolfgang (1993a): Der ›harte Kern‹-Mythos und Realität in der Psychiatrie. In: Jantzen, Wolfgang: Das Ganze muss verändert werden. Zum Verhältnis von Behinderung, Ethik und Gewalt. Berlin, 45–50.

Jantzen, Wolfgang (1993b): Der Mythos von der segregierenden Erziehung. In: Jantzen, Wolfgang: Das Ganze muss verändert werden. Zum Verhältnis von Behinderung, Ethik und Gewalt. Berlin, 51–67.

Jantzen, Wolfgang (1999): Geistige Behinderung ist ein sozialer Tatbestand – Bemerkungen zu der Frage, an welchen anthropologischen Maßstäben sich die Eingliederung geistig behinderter Menschen zu orientieren hätte. In: Jantzen, Wolfgang/Lanwer-Koppelin, Willehad/Schulz, Kerstin (Hrsg.): Qualitätssicherung und Deinstitutionalisierung. Niemand darf wegen seiner Behinderung benachteiligt werden. Berlin, 197–215.

Jantzen, Wolfgang (2001a): Schwerste Beeinträchtigung und die ›Zone der nächsten Entwicklung‹. In: Rödler, Peter/Berger, Ernst/Jantzen, Wolfgang (Hrsg.): Es gibt keinen Rest! – Basale Pädagogik für Menschen mit schwersten Beeinträchtigungen. Neuwied, 102–126.

Jantzen, Wolfgang (Hrsg.) (2001b): Jeder Mensch kann lernen – Perspektiven einer kulturhistorischen (Behinderten-)Pädagogik. Neuwied.

Jantzen, Wolfgang (2004): Geistige Behinderung und strukturelle Gewalt. In: Ernst Wüllenweber (Hrsg.): Soziale Probleme von Menschen mit geistiger Behinderung. Fremdbestimmung, Benachteiligung, Ausgrenzung und soziale Abwertung. Stuttgart, 148–169.

Kennedy, Michael (2004): Living Outside the System: The Ups and Downs of Getting on With Our Lives. In: Mental Retardation 42(3), 229–231.

Kontaktgesprächsverbände (2010): Person(en)zentrierte Hilfen – Die neue Perspektive für die Reform der Eingliederungshilfe für behinderte Menschen auf der Grundlage des Übereinkommens der Vereinten Nationen über die Rechte von Menschen mit Behinderungen. Dokumentation der Fachtagung der Kontaktgesprächsverbände für Führungs- und Leitungskräfte der Behindertenhilfe am 30. September und 1. Oktober 2010 im Tagungszentrum der Katholischen Akademie in Berlin. Berlin. http://www.cbp.caritas.de/aspe_shared/form/download.asp?form_typ=370&ag_id=1123&nr=297030 (11.09.2015).

Lanwer, Willehad (2013): Menschenrechtserklärungen sind keine Gleichgültigkeitserklärungen – Anmerkungen zur normativen Begründung von Inklusion. In: Behindertenpädagogik 52(2), 176–186.

PMLD Network (o. J.): Who are we campaigning for? In: http://www.pmldnetwork.org/what_do_we_want/who_are_we_campaigning_for.htm (22.09.2015).

Rödler, Peter/Berger, Ernst/Jantzen, Wolfgang (Hrsg.) (2001): Es gibt keinen Rest! – Basale Pädagogik für Menschen mit schwersten Beeinträchtigungen. Neuwied.

Rohrmann, Albrecht/Schädler, Johannes (2009): Szenarien zur Modernisierung in der Behindertenhilfe. In: Teilhabe 2/09, 68–75.

Rohrmann, Albrecht/Weber, Erik (2015): Selbstbestimmt Leben. In: Degener, Theresia/Diehl, Elke (Hrsg.): Handbuch Behindertenrechtskonvention. Teilhabe als Menschenrecht – Inklusion als gesellschaftliche Aufgabe. Bundeszentrale für politische Bildung (Band 1506). Bonn, 226–240.

Séguin, Édouard (1912): Die Idiotie und ihre Behandlung nach physiologischer Methode. Bearbeitet und herausgegeben von S. Krenberger. Wien.

Seifert, Monika (2010): Kundenstudie. Bedarf an Dienstleistungen zur Unterstützung des Wohnens von Menschen mit Behinderung. Berlin.

Statistisches Bundesamt (2015): Statistik der Sozialhilfe. Eingliederungshilfe für behinderte Menschen 2012. https://www.destatis.de/DE/Publikationen/Thematisch/Soziales/

Sozialhilfe/Eingliederungshilfe_Behinderte5221301127004.pdf?__blob=publicationFile (22.09.2015).

Toresini, Lorenzo (1989): Der Mythos vom harten Kern. In: TAFIE (Hrsg.): Pädagogik und Therapie ohne Aussonderung. 5. Gesamtösterreichisches Symposium 1989, 113–120. http://bidok.uibk.ac.at/library/toresini-kern.html (22.09.2015).

Universität Bielefeld (o. J.; a): Was ist Gruppenbezogenen Menschenfeindlichkeit. In: http://www.uni-bielefeld.de/ikg/projekte/GMF/WasIstGMF.html (11.09.2015).

Universität Bielefeld (o. J.; b): Behinderung. In: http://www.uni-bielefeld.de/ikg/projekte/GMF/Behinderung.html (11.09.2015).

Universität Bielefeld (o. J.; c): Gesamtziele. In: http://www.uni-bielefeld.de/ikg/projekte/GMF/GesZiele.html (11.09.2015).

Vygotskij; Lev Semënovi (1992): Geschichte der höheren psychischen Funktionen. Münster/Hamburg.

Wansing, Gudrun (2012): Inklusion in einer exklusiven Gesellschaft. Oder: Wie der Arbeitsmarkt Teilhabe behindert. In: Behindertenpädagogik 51(4), 381–396.

Weber, Erik (2010): Der Mythos vom harten Kern – Reflexionen nach 20 Jahren »Entmythologisierung«. In: Deutsche Heilpädagogische Gesellschaft (Hrsg.): ausgrenzen?- begrenzen?- entgrenzen? – Teilhabechancen von behinderten Menschen mit schwerwiegend herausforderndem Verhalten. Tagungsbericht. Heidelberg/Düren, 82–87.

Jens Boenisch

Verständigung ermöglichen
Neue Ansätze zur Sprachförderung von Menschen mit schwerer und mehrfacher Behinderung

1 Gescheiterte Kommunikation und neue Herangehensweisen

Kinder, Jugendliche und Erwachsene mit schwerer und mehrfacher Behinderung haben einen umfassenden Unterstützungsbedarf in allen Lebensbereichen. Dies ist nichts Neues. Der Fokus der täglichen Unterstützung liegt vor allem auf der Befriedigung der basalen und vitalen Bedürfnisse dieser Menschen. Aufgrund der motorisch und/oder kognitiv bedingten Unfähigkeit, verständlich zu sprechen, reduzieren sich die Kommunikationsanlässe häufig vor allem auf Versorgungssituationen. Aufgrund der kommunikativen Passivität und Ausdruckserschwernisse wird bei diesem Personenkreis der Wunsch nach Kommunikation und Verständigung, nach Aufbau und Aufrechterhaltung sozialer Beziehungen nicht immer erkannt. Die Beziehungsgestaltung und -intensität wird vor allem von den Begleitpersonen gesteuert; die Kommunikations- und Beziehungsqualität ist asymmetrisch, was durch die ungleichen Machtverhältnisse unvermeidbar ist. Dieser Personenkreis steht wie kein anderer in dauerhafter Abhängigkeit zu seinen Bezugspersonen, um Zugang zu Hilfen zu bekommen, die eine Verständigung ermöglichen. Selbst gute körpereigene kommunikative Möglichkeiten reichen nicht aus, Bedürfnisse, Wünsche, Zustimmung oder Ablehnung in der Weise auszudrücken, dass sie von den Bezugspersonen auch zweifelsfrei verstanden werden. Körpereigene Kommunikation wie Gestik, Mimik, Blickbewegungen oder Vokalisationen, wie viele Menschen mit schwerer und mehrfacher Behinderung sie nutzen, ermöglicht maximal eine Kommunikation über räumlich sichtbare Bezugspunkte und Aspekte im Hier und Jetzt. Eine Verständigung über vergangene oder zukünftige Ereignisse sowie über Geschehnisse außerhalb des Raumes sind kaum möglich (z. B. die Information, dass sich die Eltern scheiden lassen wollen; der Wunsch, auch mal eine Zigarette probieren zu wollen; dass die Schwester auf der Beerdigung der Oma so geweint hat; dass Papa mich nicht mit in den Urlaub nehmen will). Selbst wenn als Förderziel die Erweiterung der kommunikativen Möglichkeiten der Menschen mit komplexen Behinderungen formuliert wird, steht diese nicht automatisch im Mittelpunkt der pädagogischen Handlung. Vielmehr wird sie häufig von der notwendigen Pflege, Einnahme von Mahlzeiten und physiotherapeutischer bzw. taktil-kinästhetischer Behandlung überlagert, ohne dabei zu beachten, dass das eine das andere gar nicht ausschließen sollte. Kommunikation findet auch und gerade in Pflege-, Essens- und Therapiesituationen statt. Bernasconi und Böing (2015, 23) verweisen darauf, dass bei den Kommunikationspartnern vor allem der Wunsch nach Verstehen des Gegenübers besteht. Vielfach begnügt man sich mit dem Verstehen, denn das Interpretieren der uneindeutigen körpereigenen Äußerungen macht schon genug Mühe im pädagogischen Alltag.

> »Die Notwendigkeit der Interpretation von Verhalten birgt jedoch immer die Möglichkeit einer Fehldeutung. Die Zielgruppe selbst kann die Interpretation oftmals nicht zweifelsfrei bestätigen oder falsifizieren. So scheint die alltägliche Frage, ›Habe ich Dich richtig verstanden?‹ oft ohne Antwort zu bleiben, was die pädagogische Arbeit und die alltägliche Kommunikation erschweren kann« (Bernasconi/Böing 2015, 23 f.).

Durch das wiederholte Erleben, missverstanden zu werden, verstärkt und verstetigt sich für Menschen mit schweren Behinderungen die Abhängigkeit von ihren Interpretationspartnern. Die Kommunikationspartner erleben ebenfalls Unsicherheit durch unklare Interaktionsmuster. Vermeidungsverhalten auf beiden Seiten sowie kommunikativer Rückzug, Frustration, ggf. sogar Depression auf Seiten der Menschen mit schwerer Behinderung können Folgen jahrelanger Missverständnisse und Fehlinterpretationen sein. Desinteresse am sozialen Geschehen, sogar Apathie sind keine seltenen Verhaltensbeobachtungen oder Zuschreibungen für diesen Personenkreis.

Boenisch (2009) konnte in seiner bundesweiten Untersuchung an den Schulen mit dem Förderschwerpunkt körperliche und motorische Entwicklung bei der Hälfte aller körper- und/oder mehrfachbehinderten Kinder, die nicht lautsprachlich kommunizieren konnten, selbst innerhalb ihrer eigenen Klasse eine umfassende soziale Isolation feststellen.

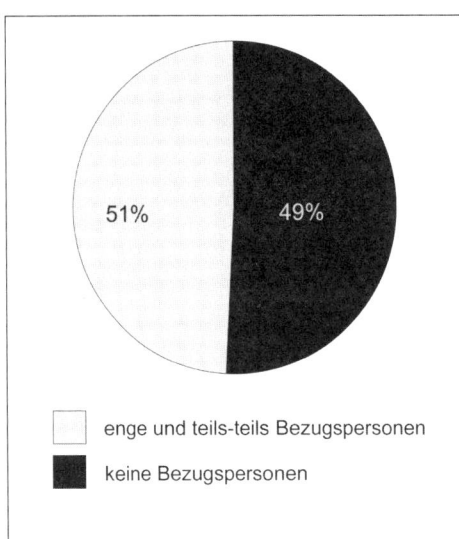

Abb. 1: Bezugspersonen von Kindern und Jugendlichen ohne Lautsprache (N = 1.651, Quelle: Boenisch 2009)

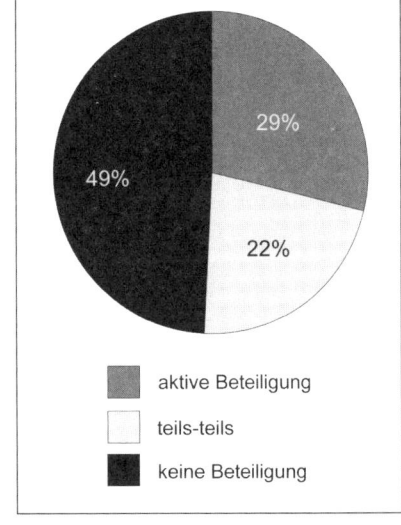

Abb. 2: Anteil der Kinder und Jugendlichen ohne Lautsprache, die sich aktiv am Unterricht beteiligen (N = 1.651, Quelle: Boenisch 2009)

Ähnlich sieht die aktive Teilnahme am Unterricht aus. Die Hälfte der Schüler(innen) ohne Lautsprache beteiligt sich nicht am Unterricht (vgl. Abb. 2).

Dieses Ergebnis bezieht sich nicht nur auf Kinder mit schwerer und mehrfacher Behinderung, sondern auf alle Kinder ohne Lautsprache in den Schulen mit dem Förderschwerpunkt körperliche und motorische Entwicklung. Die begrenzten Möglichkeiten der Verständigung, der Beteiligung, des Mitredens bei fehlender Lautsprache wird durch die folgende Grafik deutlich. Die Hauptverständigungsmethode der Schüler(innen) ohne Lautsprache sind die körpereigenen Ausdrucksformen. Ergänzende Hilfen wie Kommunikationstafeln oder elektronische Kommunikationshilfen werden kaum eingesetzt (vgl. Abb. 3).

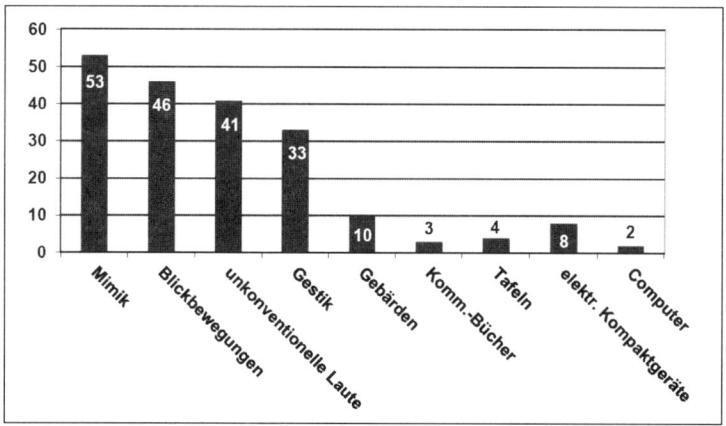

Abb. 3: Prozentualer Anteil der Kommunikationsformen, mit denen sich die Kinder und Jugendlichen ohne Lautsprache an Förderschulen mit dem Förderschwerpunkt körperliche/motorische Entwicklung meistens/immer verständigen (Mehrfachnennungen, N = 1.651; Quelle: Boenisch 2009)

In einer Replikationsstudie von Erdélyi und Thümmel an niedersächsischen Schulen mit dem Förderschwerpunkt Geistige Entwicklung wurden diese Ergebnisse weitgehend bestätigt (Thümmel 2011; N = 1.003). Es handelt sich folglich nicht um ein Problem einer bestimmten Förderschulart, sondern um ein generelles Problem im Umgang und in der Förderung von schwerkörper- und mehrfachbehinderten Kindern und Jugendlichen, die sich nicht über Lautsprache verständigen können.

Zwei Drittel (65 %) der erfassten körper- und mehrfachbehinderten Kinder und Jugendlichen ohne Lautsprache (N = 1.651; Boenisch 2009) können noch nicht einmal ihre Wünsche eigenaktiv äußern. Unter diesen Voraussetzungen ist auch für engagierte Pädagogen der Versuch, den Schüler richtig zu verstehen, eine ständige Herausforderung. Unterrichtliche und soziale Teilhabe sind bei einer Reduktion auf körpereigene Kommunikationsmodi kaum möglich.

Das Ausmaß des kommunikativen Dilemmas potenziert sich angesichts der Tatsache, dass eine frühe Sprachförderung als Motor für die kognitive Entwicklung wirkt (Weinert 2000; Szagun 2006, 131 ff.). Dies gilt insbesondere für Kinder, die aufgrund geistiger, Körper- oder Mehrfachbehinderung in ihrer Gesamtentwicklung erheblich beeinträchtigt sind und zusätzlich nicht über Lautsprache kommunizieren können. In der Unterstützten Kommunikation (UK) sind in den letzten Jahren forschungsbasierte Konzepte entwickelt worden, die gerade Menschen mit schwerer und mehrfacher Behinderung im Fokus haben, um deren Sprachentwicklung zu unterstützen und ihnen mehr Möglichkeiten der Kommunikation im Alltag, des Äußerns von Wünschen und Bedürfnissen, der aktiven Teilnahme am Unterricht sowie der Mitteilung von spontanen Kommentaren und Reaktionen zu eröffnen. Hier sind vor allem das ›Modeling‹ und das ›Fokuswörter-Konzept‹ zu nennen, die beide das Ziel der systematischen Sprachförderung durch Anwendung ergänzender Kommunikationshilfen (Kommunikationstafeln, -ordner, elektronische Hilfen) haben, damit die betroffenen Menschen im Alltag flexibel und spontan »mitreden« können (Sachse/Boenisch 2009; Sachse/Willke 2011; Sachse 2013; Willke 2013). Diese Konzepte sind auf der Basis der deutschen Kernvokabularforschungen entstanden und werden im dritten Teil dieses Beitrages als Sprachförderbeispiele bei Menschen mit schwerer und mehrfacher Behinderung vorgestellt. Zunächst werden die Voraussetzungen für diese neue pädagogisch-therapeutische Herangehensweise erläutert, da die Ergebnisse der Kernvokabularforschung sowie die didaktischen Umsetzungen und Sprachfördermaterialien einen grundlegenden Wandel in der Sprachförderung von Menschen ohne Lautsprache bewirkt haben.

Aufgrund komplexer (motorischer, visueller, kognitiver) Behinderungen sind die meisten der unterstützt kommunizierenden (u. k.) Menschen auf Kommunikationshilfen mit gut erkennbaren Symbolfeldern angewiesen. D. h. die Anzahl der Kommunikationsfelder ist begrenzt – somit auch der Wortschatz. Es stellt sich daher die Frage, wie Kommunikationshilfen gestaltet sein müssten, um damit erfolgreich kommunizieren zu können. Die Menschen mit schwerer Behinderung können wir nicht fragen. Die bisherigen, von engagierten Pädagog(inn)en, Therapeut(inn)en und Techniker(inne)n entwickelten Kommunikationstafeln und elektronische Hilfen haben zu keinem erkennbaren Erfolg in der Alltagspraxis geführt (s. Abb. 3). Ein Grund hierfür liegt vermutlich in der Erwachsenenperspektive, in dem scheinbaren Wissen, was das Kind oder der Jugendliche ohne Lautsprache für seine Kommunikation benötigt und welche Wörter wichtig sind. Welches Vokabular nutzen Kinder und Jugendliche in ihrem Alltag jedoch tatsächlich häufig, welches selten? Und gibt es Unterschiede im Alltagswortschatz von Kindern und Jugendlichen mit und ohne geistige Behinderung? Die Beantwortung dieser beiden Fragen bildet das Fundament für die Gestaltung von neuen Kommunikationshilfen und neuen Konzepten zur systematischen Sprachförderung.

2 Kern- und Randvokabular

Die Frage nach dem Vokabular, das im Alltag häufig genutzt wird und von daher auf Kommunikationshilfen unerlässlich ist, kann aufgrund diverser internationaler und erster nationaler Forschungen zum sogenannten Kernvokabular inzwischen gut beantwortet werden. Im Folgenden werden ausgewählte Ergebnisse aus der deutschen Wortschatzuntersuchung von Boenisch (2014) vorgestellt, im Anschluss exemplarisch Konsequenzen für die Gestaltung von Kommunikationsoberflächen abgeleitet sowie erste didaktische Hinweise für die Förderung aufgezeigt.

Der Begriff *Kernvokabular* ist die deutsche Übersetzung des englischen Terminus core vocabulary. Er hat sich inzwischen als Fachbegriff für die 200–300 am häufigsten gesprochenen Wörter etabliert (Baker et al. 2000; Beukelman et al. 1989; Banajee et al. 2003; Trembath et al. 2007; Clendon/Erickson 2008). Die folgende Definition unterteilt den Terminus in Kernvokabular im engeren und Kernvokabular im weiteren Sinne. Kernvokabular *im engeren Sinne* wird wie folgt definiert:

Kernvokabular bezeichnet die am häufigsten verwendeten Wörter einer Sprache. Das Kernvokabular macht 80 % des Gesprochenen aus und wird unabhängig von der individuellen Lebenssituation und vom Thema flexibel eingesetzt. Es sind vor allem situationsunspezifische Funktionswörter (Pronomen, Hilfsverben, Adverbien, Präpositionen, Artikel, Konjunktionen), die durch einzelne Inhaltswörter (Nomen, Verben, Adjektive) ergänzt werden.

Kernvokabular *im weiteren Sinne* bezieht sich unabhängig der 80%-Marke auf die 200–300 am häufigsten gesprochenen Wörter einer Personengruppe (Vorschulkinder, Schulalter, körper-/geistig behinderte Kinder, Kinder im Zweitspracherwerb, Erwachsene etc.). Für die Zuordnung von Wörtern als Kernvokabular ist die 80%-Marke eine relativ leicht zu identifizierende Größe in der Analyse von Wortschätzen und kann alters- und sprachenübergreifend angewandt werden. Damit wird Pädagogen und Therapeuten in unterschiedlichen Arbeitsfeldern die Möglichkeit eröffnet, mit Hilfe von Häufigkeitswortlisten gesprochener (deutscher und nicht-deutscher) Sprache schnell und zuverlässig das Kernvokabular der Bezugsgruppe (Kleinkinder, Vorschule, Schule, Werkstatt für Menschen mit Behinderung, Alten-/Pflegeheim etc.) zu identifizieren.

In der Alltagssprache nutzen wir zu ca. 80 % Kernvokabular, das vor allem aus Funktionswörtern (Personal- und Fragepronomen, Hilfsverben, Adverbien, Präpositionen, Konjunktionen, Interjektionen) sowie in geringem Umfang aus Inhaltswörtern (Nomen, Verben, Adjektive) besteht. Bei einem aktiven Wortschatz eines Jugendlichen oder jungen Erwachsenen von ca. 20.000 Wörtern werden somit die 200–300 am häufigsten gesprochenen Wörter ständig gesprochen und wiederholt,

19.700–19.800 Wörter hingegen werden nur hin und wieder genutzt (Randvokabular). Besonders häufig werden Wörter wie *ich, du, wir, sein (ist/bin/sind/war/ ...), haben, möchten, wollen, können, machen, das, der, die, und, ja, nicht, noch, mal, auch, mehr, was, wie, mir, mein, dein, doch, aber, mit, auf* ... gesagt. Und dies gilt situations- und altersübergreifend. Banajee et al. (2003, 68) fassen hierzu zusammen: »Core vocabularies are small in size and do not change across environments or between individuals.«

Auch wenn das Randvokabular (vor allem themengebundene Wörter) den Großteil unseres Wortschatzes ausmacht, werden die Einzelwörter vergleichsweise selten gesprochen. Dennoch kann es in einer Kommunikation eine wichtige Rolle spielen, da es Inhalte, thematische Schwerpunktsetzungen oder einen Wendepunkt eines Gesprächs bestimmen kann. Mit Kernvokabular allein lassen sich Inhalte nur schwer konkretisieren. Kernvokabular zeichnet sich aber durch eine hohe Flexibilität und kommunikative Funktion in Alltagsgesprächen aus.

2.1 Fragestellung, Forschungsmethode und Studienverlauf

Bisherige Studien zum Kernvokabular beziehen sich vor allem auf den vorschulischen Bereich. Inwiefern das Kernvokabular abhängig ist von Alter, Lebenssituation, kognitiver Entwicklung und Behinderung ist bisher noch weitgehend ungeklärt. Die im Folgenden skizzierte Studie, die im Anschluss an die erste deutsche Kernvokabularstudie mit 72 Kindern im Alter von 3–7 Jahren (Boenisch/Sachse 2007) durchgeführt wurde, gibt hierzu erste Antworten. Ziel dieser zweiten deutschen Kernvokabularstudie war es, im Vergleich zur ersten Studie, Gemeinsamkeiten und mögliche Unterschiede im Wortschatzgebrauch von Kindern und Jugendlichen mit und ohne geistige Behinderungen zu analysieren, um darauf aufbauend Konsequenzen für die Gestaltung von UK-Förderung und UK-Materialien ableiten zu können.

Im Forschungs- und Beratungszentrum für Unterstützte Kommunikation der Universität zu Köln (FBZ-UK) wurden in den Jahren 2010 bis 2013 Wortschatzstudien mit 56 Kindern aus dem Grund- und Hauptschulbereich (Kl. 2–8) und dem Gymnasium (Kl. 6) sowie 44 Kindern aus Förderschulen mit dem Förderschwerpunkt geistige Entwicklung (Kl. 2–10) durchgeführt.

Studienverlauf

Die Wortschatzerfassung erfolgte während der Schulzeit der Kinder und Jugendlichen mit Hilfe von mobilen Audioaufnahmegeräten, die die Schüler(innen) in ihren Taschen trugen. Über ein am Kragen befestigtes Mikrofon wurde die Sprache im Tagesablauf aufgenommen.

Von den Audioaufnahmen wurde nur die Sprache des jeweiligen Kindes in anonymisierter Form, nicht die Umgebungsgeräusche oder die Sprache der anderen Kinder und Erwachsenen transkribiert. Die Sprachaufnahmen entstanden während der Schulzeit in ganz unterschiedlichen Kontexten (Unterricht, Pause, Offene Ganztagsschule/Hort, Ausflug, Essenssituationen). Ziel der Aufnahmen war es, ein möglichst breites Spektrum an kommunikativen Situationen im Schulalltag zu erfassen.

Die Transkripte wurden mit der linguistischen Software LingoFox© ausgewertet und bei Bedarf manuell nachbearbeitet. Die Auswertung mehrdeutiger oder unbekannter Wörter erfolgte im Anschluss mit der Software TextSTAT©, um identische Wortformen auflisten zu können.

Die transkribierten Wörter wurden, soweit möglich und notwendig, in ihre Grundform umgewandelt (habe, hab, hatte, gehabt, hatten → haben; laufen, lief, gelaufen, lauf → laufen, schnell, schneller, am schnellsten → schnell; etc.). Nach Bereinigung, Vereinheitlichung und Zuordnung aller mehrdeutigen, konjugier- oder deklinierbaren Wörter erfolgte die Auflistung der Wörter nach Häufigkeit (Ranking). Die Häufigkeitsanalysen differenzieren sich dabei nach unterschiedlichen Kriterien. So wurden zunächst die Gruppen einzeln gelistet (Grundschulklasse 2, Grundschulklasse 4, Klasse 6 Hauptschule, Klasse 6 Gymnasium etc.), bei Bedarf zusammengeführt (z. B. alle Grundschüler, alle geistig behinderten Schüler) und miteinander verglichen, so dass am Ende differenzierte und aussagekräftige Ergebnisse vorgelegt werden konnten.

2.2 Ergebnisdarstellung

Von den 102 Schüler(inne)n wurden insgesamt ca. 260.000 Wörter erfasst und analysiert. Die Ergebnisse der Wortschatzanalysen der 56 nicht beeinträchtigten Kinder und Jugendlichen aus den Allgemeinen Schulen (133.453 Wörter) wurden mit den Ergebnissen der Sprachanalysen der 44 Schüler(innen) mit geistiger Behinderung verglichen (125.454 Wörter). Hier einige zentrale Ergebnisse:

Kernvokabular im Vergleich

Bezogen auf das Kernvokabular (80%-Marke) kann festgehalten werden, dass es zwischen den Schüler(inne)n mit und ohne geistige Behinderung kaum Unterschiede gibt. Dies gilt sowohl für den Verlauf der Häufigkeiten (absolute Häufigkeiten) einzelner Wörter in der Liste der 200 am häufigsten gesprochenen Wörter (Top 200) als auch in der Auswahl der am häufigsten gesprochenen Wörter (Wortschatz). Abb. 4 verdeutlicht die Übereinstimmung in der Häufigkeitsverteilung der TOP 500 Wörter zwischen den beiden Vergleichsgruppen (der Korpus der nicht-behinderten Kinder wurde hierzu um einige Sprachaufnahmen reduziert, um auf eine vergleichbare Wortschatzgröße von ca. 125.000 Wörtern zurückgreifen zu können).

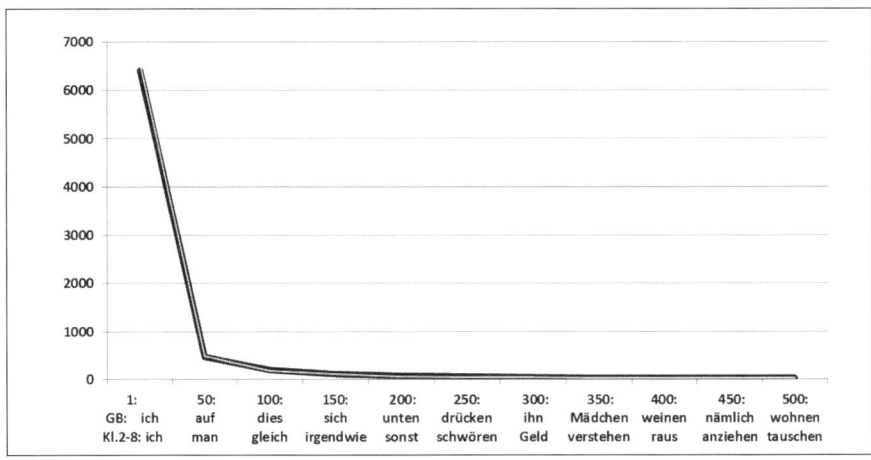

Abb. 4: Absolute Häufigkeiten der TOP 500 Wörter der Schüler(innen) aus der Förderschule Geistige Entwicklung (Schulbesuchsjahr 2–10, n = 125.454 Wörter; schwarze Kurve) und der nicht behinderten Schüler(innen) aus Klasse 2–8 (n = 125.607 Wörter, graue Kurve; Quelle: Boenisch 2014)

Das Wort *Ich* steht in beiden Ranglisten auf Platz 1. Von den nicht behinderten Schüler(inne)n wird *Ich* insgesamt 6.549mal gesprochen. *Gleich* steht auf Platz 100 und konnte nur noch 192mal gezählt werden. Auf dem Rangplatz 300 stehen insgesamt drei Wörter (*trotzdem, Geld, mal*). Diese Wörter wurden nur noch 43 Mal verwendet. Bei der Schülergruppe aus der Förderschule Geistige Entwicklung ist der Verlauf identisch: *Ich* wurde 6.409mal gesprochen, *dies* steht auf Platz 100 und wurde 194mal geäußert. Dem Platz 300 konnten sieben Begriffe zugeordnet werden, die in den Transkripten insgesamt je 45mal aufgetreten sind (*Bruder, egal, elf, hoch, ihn, kaufen, suchen*).

Resümierend kann festgehalten werden, dass trotz der großen kognitiven Unterschiede und der vielfach diagnostizierten Sprachentwicklungsstörungen zwischen geistig behinderten und nicht behinderten Kindern und Jugendlichen in der Verlaufskurve der am häufigsten gesprochenen Wörter keine Abweichungen festzustellen sind. Die besondere Bedeutung der Top 100 Wörter, die ganz wesentlich unsere Alltagssprache charakterisieren, wird durch folgendes Ergebnis bekräftigt: Die 32 am häufigsten gesprochenen Wörter der Kinder mit geistiger Behinderung machen in dieser Erhebung bereits 50 % des Gesamtkorpus aus. Bei den nicht behinderten Kindern liegt die 50%-Marke mit 34 Wörtern nur geringfügig höher. Die 100 am häufigsten gesprochenen Wörter machen in beiden Gruppen 70 % des insgesamt erfassten Wortschatzes aus. Von über 125.000 gesprochenen Wörtern treten die Wörter jenseits der Top 200 seltener als 80 Mal, jenseits der Top 300 seltener als 50 Mal und jenseits der Top 500 seltener als 25 Mal auf. Anders formuliert bedeutet dies, dass die Wahrscheinlichkeit des Auftretens der Wörter zwischen den Top 200 und den Top 500 bei nur noch 0,061 %–0,020 % liegt.

Gemeinsamkeiten und Unterschiede in den Rangfolgen

Wie gering die Unterschiede im Alltagssprachgebrauch zwischen geistig behinderten und nicht behinderten Kindern sind, zeigen die folgenden Abbildungen. Das Kernvokabular der Kinder aus Klasse 2 (hier ist der Spracherwerb abgeschlossen und die Kinder verfügen bereits über explizites Sprachwissen, Grimm/Weinert 2002, 534 f.) zeigt kaum Unterschiede auf zum Kernvokabular der Kinder mit geistiger Behinderung.

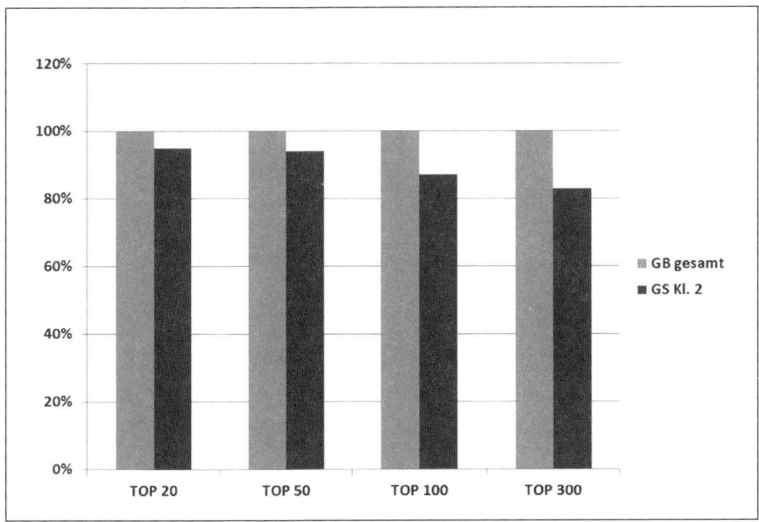

Abb. 5: Prozentualer Anteil der gemeinsamen Wörter in den Häufigkeitslisten der Schüler(innen) mit geistiger Behinderung (GB gesamt) im Vergleich zu den Schüler(inne)n der Klasse 2 (GS Kl. 2; Quelle: Boenisch 2014).

Bis auf das Wort *auch* fehlt kein Wort in der Top 20 Liste der Klasse 2. *Auch* findet sich allerdings bereits auf Platz 21 der Kernvokabularliste der geistig behinderten Kinder wieder. In der Top 50 Liste fehlen die drei Begriffe *zu, denn* und *Hallo*, die wiederum in der Top 100 Liste der Klasse 2 auftauchen. Die 13 fehlenden Begriffe in der Top 100 Liste tauchen in der Top 300 Liste der Klasse 2 auf. Größere Abweichungen in den Wortlisten sind erst nach den 200 am häufigsten genutzten Wörtern erkennbar.

Auch der Vergleich der Wortarten zeigt, dass es hier keine bedeutungsvollen Unterschiede zwischen der Alltagssprache der Kinder ohne Behinderung und der mit geistiger Behinderung gibt. D. h. auch Kinder mit geistiger Behinderung nutzen die Wortarten genauso häufig wie nichtbehinderte Kinder (vgl. Abb. 6).

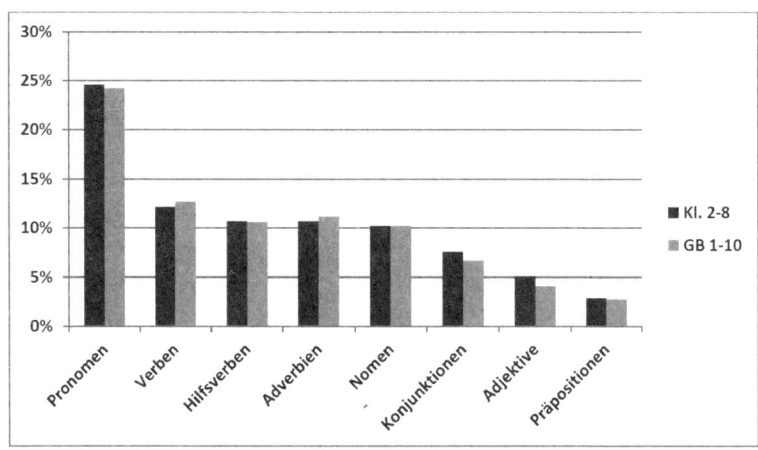

Abb. 6: Prozentualer Anteil der Wortarten gesprochener Sprache von Schüler(inne)n der Klassen 2, 4, 6 und 8 (Grundschule, Hauptschule, Gymnasium; n = 133.453 Wörter) im Vergleich zur Gruppe der Schüler(inne)n mit geistiger Behinderung (2.–10. Schulbesuchsjahr, n = 125.454 Wörter; Quelle: Boenisch 2014)

Ein Vergleich der Ergebnisse zur ersten Kernvokabularstudie bei 2–7-jährigen Kindern mit und ohne Körperbehinderung (Boenisch/Sachse 2007) bestätigt, dass das weitgehend gleiche Kernvokabular unabhängig von Alter und Bildungsstand eingesetzt wird und eine lebens-, situations- und behinderungsübergreifende Funktion in der Alltagssprache einnimmt. (Hinweis: Die Liste der Top 100 Wörter der Schüler(innen) aus dem Förderschwerpunkt Geistige Entwicklung ist publiziert in Boenisch 2014, der Vorschulkinder mit Körperbehinderung in Boenisch/Sachse 2007. Weitere Infos zu Wortlisten siehe www.fbz-uk.uni-koeln.de.)

Fazit: Kernvokabular ist weder alters- noch bildungsgangabhängig. Die geschlossenen Wortarten Pronomen, Hilfsverben und Adverbien bilden das zentrale Fundament des Kernvokabulars. Deutliche Differenzen im Ranking treten vor allem jenseits der Top 200 Wörter auf. Das Verhältnis von Funktionswörtern und Inhaltswörtern verschiebt sich im Laufe der Rangfolge zu Gunsten der Inhaltswörter. Auch dieses Resultat ist unabhängig von Alter und Bildungsgang der Schüler(innen) (ausführliche Ergebnisdarstellung siehe Boenisch 2014).

3 Pädagogisch-therapeutische Konsequenzen

Vokabularorganisation

Die Herausforderung in der Sprachförderung von Menschen ohne Lautsprache besteht nun darin, aufgrund des begrenzten Platzes auf Kommunikationstafeln, elektronischen Kommunikationshilfen oder bei der Vermittlung von Gebärden eine angemessene Mischung von Kern- und Randvokabular zu entwickeln. Gerade bei Kindern, Jugendlichen oder Erwachsenen mit schwerer und mehrfacher Behinderung, die noch auf basalem Niveau kommunizieren, ermöglicht der Einsatz von Kernvokabular das Erleben von Sprache. Auf diesem Sprachentwicklungsniveau geht es weder um spezifische Gegenstandsbenennungen noch um Abläufe außerhalb des Raumes oder der Gegenwart. Die Handlungsgegenstände befinden sich in der Regel im unmittelbaren Umfeld der u. k. Person bzw. die Person wird zu den Orten der Handlung gebracht (Spielplatz, Wald, Küche, Wohnraum etc.). Objekte und Handlungen werden gezielt ins Sichtfeld der Person geführt, um mit ihnen zu spielen und durch sprachliche Begleitung der Handlungen so die Begriffsbildung zu unterstützen (Schaukel, Kreisel, Sand, Milch, Joghurt, Müsli, Nudeln, Ball, Auto, spielen, werfen, schaukeln, matschen, klebrig, nass, glatt, kratzig, …). Diese Gegenstände und Gegenstandsbeschreibungen wechseln jedoch zu häufig, als dass man diese Begriffe als erste Lernwörter in den Mittelpunkt der Förderung stellen sollte (oft reicht es aus, auf die Dinge zu zeigen, um sie auszuwählen). Um die Kraft der Sprache zu verstehen, bieten sich vielmehr Wörter aus der Top 100 Wortliste an wie *ich, du, das, auch, noch, mal, nicht, haben, wollen, ja, nein, was, …*, da sie mit einer sehr hohen Frequenz im Alltag zum Einsatz kommen. Der Lern- bzw. Therapieeffekt ist durch die natürlich hohe Wiederholungsfrequenz dieser Begriffe in der Alltagssprache besonders hoch. Allerdings bedarf es hierzu häufig eines Umdenkens in der Gestaltung von Therapie- und Fördersettings, da bisher weder die pädagogisch-therapeutisch Professionellen noch das soziale Umfeld u. k. Menschen darin geschult sind, Förder- und Alltagssituationen zu gestalten, die die bewusste Nutzung von Kernvokabular zum Ziel haben. So können z. B. Kommunikationstafeln mit einem umfassenden Kernvokabular (als fester Rahmen) und angemessenem Randvokabular (als wechselnde Inhaltsseiten) im Sinne einer Zieltafel erstellt werden, die man im Laufe der nächsten zwei Jahre mit dem Kind erarbeiten möchte (siehe Abb. 7, weitere Beispiele unter www.fbz-uk.uni-koeln.de).

Um den Nutzer nicht zu überfordern, können im Anschluss einzelne Felder wieder gelöscht werden, um die Komplexität der Tafel zu reduzieren oder eine reduzierte Tafel mit größeren Feldern (Abb. 8), aber weitgehend gleicher Platzierung der Symbole eingesetzt werden. Von Anfang an steht der Platz für jedes Symbol fest. So haben die Nutzer eine realistische Chance, selbst bei noch fehlendem Symbolverständnis über den festen Ort des Symbols bzw. die motorische Automatisierung der Bewegung (wie beim Schreibmaschinenschreiben) die Bedeutung des Symbols zu erfassen und es sinnentsprechend einzusetzen. Das *Prinzip der motorischen Automatisierung* durch einen festen Kernvokabularrahmen und der Reduktion von Komplexität durch das Ausblenden einzelner Wörter/Symbole ist ein grundlegendes Prinzip in der systematischen Förderung und im Wortschatzaufbau. Dadurch wird ein ständiger Platzwechsel der Symbole auf den Kommunikationshilfen vermieden

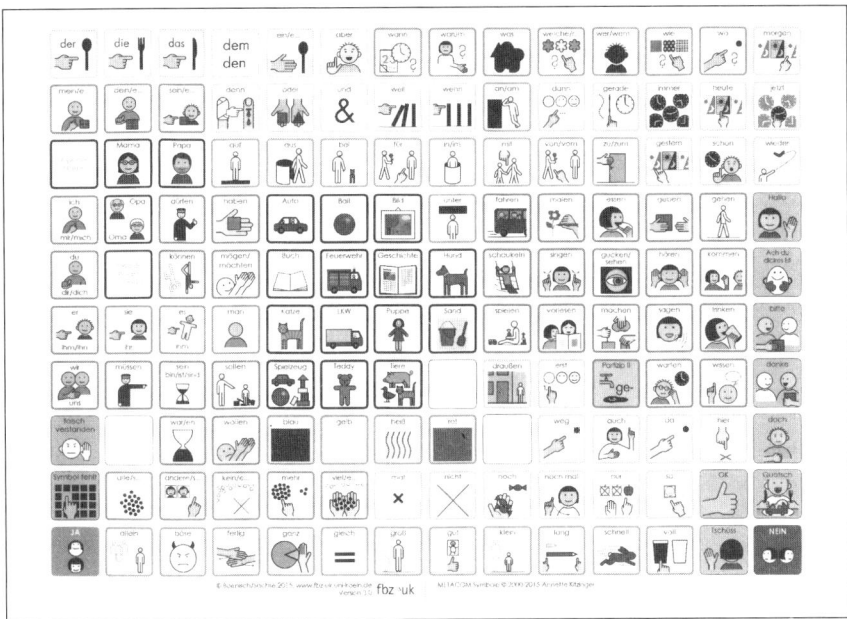

Abb. 7: Zieltafel mit 140 Feldern mit Metacom Symbolen (Kölner Kommunikationstafel; © Boenisch/Sachse)

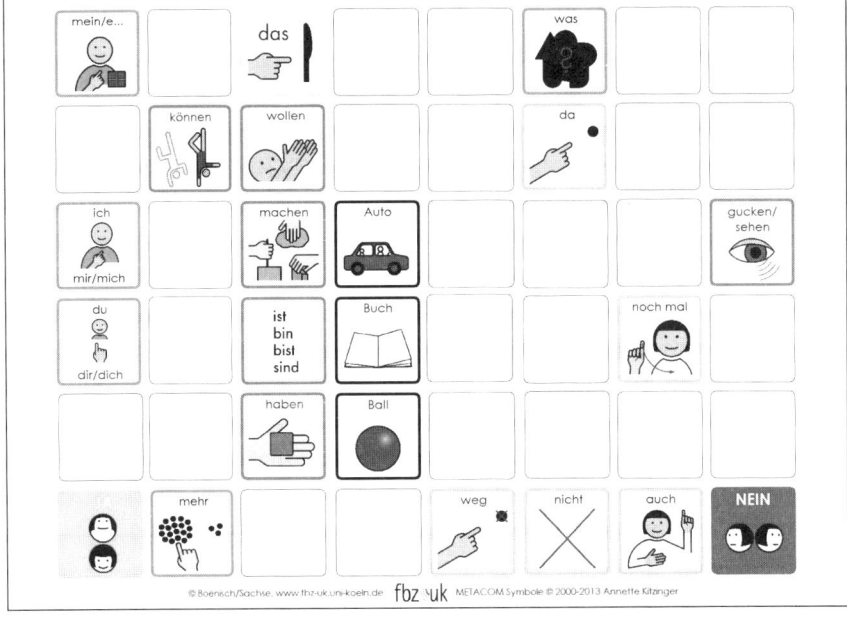

Abb. 8: Reduzierte Kölner Kommunikationstafel mit größeren Feldern (© Boenisch/Sachse)

und die Orientierung auch bei vielen Symbolen erleichtert. (Das Prinzip kann z. B. auch auf dem GoTalk mit fühlbaren Feldern mit Knopf-, Reis-, Feder-, Kronkorken-Oberfläche etc. für blinde Kinder übertragen werden, wenn das Kernvokabular auf allen Ebenen gleich bleibt.) Dieses Prinzip wurde auch bei der neu entwickelten elektronischen Kommunikationshilfe MyCore berücksichtigt, die mit der Vokabularanordnung auf den Kölner Kommunikationsmaterialien weitgehend identisch ist. Dadurch ist ein Übergang von nichtelektronischen zur elektronischen Hilfe oder die parallele Nutzung (z. B. zu Hause überwiegend Kommunikationstafel, sonst MyCore) deutlich erleichtert (vgl. Boenisch/Sachse 2016).

Die Entwicklung einer Zieltafel bzw. -oberfläche mit Kern- und Randvokabular als Orientierung für die langfristige Förderung ist ein zentrales didaktisches Prinzip und Grundlage für einen Fördererfolg – insbesondere bei Kindern mit Problemen in der räumlichen Orientierung, in der Wiedererkennung grafischer Zeichen bzw. in der Symbolerkennung. Ein Symbolverständnis ist nicht Voraussetzung für die Nutzung solcher Kommunikationshilfen. Vielmehr wird die Entwicklung eines Symbolverständnisses durch die Nutzung unterstützt.

Modeling und Fokuswörter

Wie kann das Kind oder der Jugendliche mit schwerer und mehrfacher Behinderung nun aber den Einsatz von Kommunikationshilfen lernen, die überwiegend mit abstrakten Symbolen versehen sind? Für die Gestaltung von Fördersettings ist es hilfreich, davon auszugehen, dass das Lernen einer Kommunikationshilfe vergleichbar dem Lernen einer Fremdsprache ist. Sie erklärt sich nicht von selbst. Für die u. k. Person gibt es in der Regel kaum Vorbilder, die solche Hilfen auch nutzen. Diese sind jedoch wichtig für die Nutzung im Alltag, was am Beispiel des Fremdsprachlernens deutlich wird. Ein Vokabeltraining zum Erlernen von Englisch reicht nicht aus, Englisch zu lernen. Erst der aktive Gebrauch in einer englischsprachenden Umgebung (Vorbild, Feedback, Korrektur) vermittelt ein Gefühl für die Sprache, die Grammatik und die richtige Anwendung einzelner Wörter, Sätze und Phrasen (Lexik/Semantik, Syntax, Pragmatik).

Über das Prinzip des *Modelings* kann den u. k. Kindern und Jugendlichen gezeigt werden, wie man die Tafel bzw. die elektronische Hilfe (»Talker«) nutzen kann. D. h. die Pädagog(inn)en, Therapeut(inn)en und Angehörigen nutzen begleitend zum Sprechen ebenfalls die Kommunikationshilfe und sind somit Vorbild im Sinne des Modellernens (Sachse/Boenisch 2009). Dies kann durch Zeigen auf der Tafel erfolgen, auf Wandpostern mit abnehmbaren Klettsymbolen (Abb. 9) oder auf elektronischen Hilfen.

Abb. 9: Kölner Kommunikationstafel als Wandposter mit abnehmbaren Klettsymbolen (© Boenisch/Sachse)

Die gleiche Anordnung der Symbole auf dem Wandposter, der Tafel und/oder elektronischen Hilfen ermöglicht ein grobmotorisches Lernen sowie das Erkennen, dass man durch das Aneinanderreihen unterschiedlicher Symbole eine Aussage tätigen kann. Die Praxis zeigt, dass insbesondere das Wandposter mit den Symbolstickern auch sprechende Kinder und Jugendliche mit geistiger Behinderung anspricht und diese durch die Nutzung des Wandposters unwillkürlich zum Vorbild der u. k. Mitschüler(innen) werden (Heel-Beckmann et al. 2013). Zudem wird beim Zusammenstellen von kleinen Aussagen implizit Grammatik gelernt. Bereits mit der Bildung von Zweiwortsätzen beginnt die Grammatikentwicklung. Durch die visuelle Unterscheidung der Wortarten auf den Kölner Materialien nach dem Montessori-Sprachförderkonzept (roter Rahmen für Verben, schwarzer Rahmen für Nomen, grüner Rahmen für Präpositionen etc.) können zum späteren Zeitpunkt auch grammatikalische Übungen stattfinden oder Hinweise gegeben werden, dass »gute« Aussagen immer aus verschiedenen Farben bestehen. Bei erfolgreicher Entwicklung und Anwendung kann auf einen Kommunikationsordner mit deutlich mehr Vokabular oder auf komplexere Seiten der elektronischen Kommunikationshilfe (z. B. Kölner Kommunikationsordner, MyCore Vollversion) umgestiegen werden, wodurch sich die kommunikativen Ausdrucksmöglichkeiten noch einmal enorm vergrößern.

Eine weitere Lernhilfe zum systematischen Wortschatzaufbau ist die Auswahl von Lernwörtern, die in den nächsten Wochen im Fokus stehen sollen. Diese sogenannten *Fokuswörter* helfen der u. k. Person und dessen Umfeld, sich zunächst auf wenige Symbole (Wörter) zu konzentrieren, um die Kraft der Sprache zu entdecken. Sachse/Willke (2011), Sachse (2013) und Willke (2013) haben mit ihrem Fokuswörterkonzept hierzu erste Vorschläge für die Praxis entwickelt. Sie empfehlen für den Beginn der Sprachförderung, eine Wortliste der zu lernenden Wörter zu erstellen, die aus 70 % Kernvokabular und 30 % Randvokabular bestehen. Nach der Auswahl der Fokuswörter (z. B. NOCH MAL, FERTIG, NICHT, WOLLEN, GUCKEN) werden diverse Einsatzmöglichkeiten entwickelt, in denen diese Wörter provoziert werden. So kann man beispielsweise mit dem Kind auf dem Spielplatz wippen und diese Aktion plötzlich unterbrechen, dem Kind das NOCH MAL Symbol anbieten und ihm sprachlich wie visuell begleitet verdeutlichen, dass man mit diesem Symbol die Wiederholung der letzten Aktion hervorrufen kann. Dieser Vorgang wird viele Male beim Wippen, beim Schaukeln, beim Kreiselspiel, aber auch z. B. im Bällchenbad, beim Frühstücken, beim Mittagessen, in der Pflege wiederholt. Als zweites Symbol wird FERTIG (oder STOPP) eingeführt, um die Handlungen abzubrechen oder abzuschließen. Sukzessive werden die anderen Fokuswörter eingeführt (z. B. für das gemeinsame Buchlesen ANGUCKEN). Die Begleitpersonen sprechen dabei mehr Wörter, als sie zeigen, um weitere sprachliche Angebote zu machen. (»Ich WILL jetzt NICHT NOCH MAL. Ich bin jetzt FERTIG« – »Oh, du WILLST NOCH MAL schaukeln? Na gut, NOCH MAL schaukeln.«). Zunächst nutzt die Begleitperson parallel zur Lautsprache ausgewählte Symbolkarten, die Kommunikationstafel oder die elektronische Hilfe und zeigt die Fokuswörter. Diese sind mit einem dickeren Rahmen oder mit Textmarker hervorgehoben, so dass sie sowohl von dem u. k. Kind als auch von den verschiedenen Begleitpersonen unter den anderen Symbolen schnell identifiziert werden können. (Die Markierung von Fokuswörtern durch Hervorheben der farbigen Rahmen ist auch auf der elektronischen Kommunikationshilfe MyCore möglich.) Von Anfang an bietet die Begleitperson der u. k. Person die entsprechenden Symbolkarten bzw. die Kommunikationshilfe an, diese mit zu benutzen. Durch viele Wiederholungen schleifen sich die motorischen Bewegungsabläufe auf der Kommunikationsoberfläche ein (motorische Automatisierung) und die abstrakten Symbole gewinnen eine inhaltliche Bedeutung. Spezifische Kernvokabularspielesammlungen wie »Kleine Wörter Grosse Wirkung« (Band I: Der Elefant, Band II: Das Krokodil; von A. Holenstein-Wyrsch 2013, 2015) erweitern das didaktische Repertoire, über Fokuswörter neues Vokabular zu lernen und die Kraft der Sprache im Alltag zu entdecken. Tabelle 1 zeigt Beispiele für erste Fokuswörterreihen in Anlehnung an Sachse/Willke (2013).

Tab 1: Beispiel für Planung, Einsatz und Dokumentation von Fokuswörterreihen (FWR) im Alltag unter Berücksichtigung der systematisch geplanten Gesprächssituationen (hier als Erweiterung von Sachse/Willke 2011, 386)

Name: Pauline E.		Alter: 8;7	Team: Frau Meier, Frau Albrecht, Frau Bonheur		
FWR	Fokuswörter (70) & Funktion	Ergänztes Randvokabular (30)	Mögliche Situationen	Durchgeführte Übungen/Situationen	Datum
1	noch mal, fertig, nicht, wollen *Umfeld beeinflussen; erstes Steuern von Aktivitäten*	(an)gucken	Spielplatz (Wippen/Kreisel/Rutschen etc.), Frühstück, Mittagessen, Bad, Buch lesen	Rutschen, Schaukeln, beim Mittagessen auf Nachfrage nur etwas Lieblingsjoghurt angeboten, Grüffelo und Bauer Beck gelesen	18.5.
2	ich, auch, mehr, haben, das *um eine Handlung/einen Gegenstand bitten*		Spielplatz, Essen/Trinken, zu wenig Schokolade/Pudding etc. verteilen, Buch/KiKA sehen	Rutschen, Schaukeln, zu wenig Nudeln angeboten, Nachtisch für Pia »vergessen«, im KiKA Sandmännchen gesehen; Grüffelo und Bauer Beck gelesen, Schlacht im Bällchenbad	3.6.
3	du, machen, was, wir *siehe 2*	lesen, Jelly (Lieblingspuppe)	Bücher lesen (auswählen lassen), gezielt Fragen provozieren/Frage-Antwort-Spiel: Ich backe eine Pizza (greift eine Bildkarte) ... und was machst du?, abwechselnd Spiele aussuchen: Was willst du machen? Ich will das machen! (auf Spiel zeigen), Jelly anziehen	Grüffelo, Bauer Beck, Maulwurf gelesen (was macht der Grüffelo/Bauer Beck/der Maulwurf); Was will der Grüffelo/... machen?, Pizza belegen Spiel, Rücken & Arme massieren, im Bällchenbad Raketenspiel gespielt, Bilder ausgemalt; Jelly macht (so); Jelly liest ein Buch, Jelly macht das nicht mehr	17.6.

Name: Pauline E.		Alter: 8;7	Team: Frau Meier, Frau Albrecht, Frau Bonheur		
FWR	Fokuswörter (70) & Funktion	Ergänztes Randvokabular (30)	Mögliche Situationen	Durchgeführte Übungen/Situationen	Datum
4	wer, möchten, andere/s, jetzt *auswählen*	Bauklötze, Rollbrett, schreiben	Auswahl an Spielaktivitäten anbieten (mit Bauklötzchen bauen, Einkaufen spielen, Rollbrett fahren, im Sand spielen, …), Gruppenbildung spielen (Wer möchte was mit mir lesen? Wer macht was mit Pia? …), Bilderbücher selber machen, »beschriften« und lesen	»Jetzt noch mal«, »Jetzt nicht« & »Nicht mehr« bzw. »Ich möchte jetzt nicht mehr« provoziert beim Essen und beim Kämpfen im Bällchenbad; Stopp & Go Bewegungsspiel, Wer möchte was (vor-)machen? & Was ist das? im Pantomimespiel, Pauline fährt Rollbrett von Rampe runter (Abbruchversuche provoziert »noch mal« bzw. »ich will jetzt noch mal, »Was anderes lesen« abends im Bett, am Strand & in Leseecke; eigene Bücher machen (malen, schreiben, (an-) gucken, …)	24.6.

Schmidt/Wagter (2013) konnten aufzeigen, wie umfassend sich die sprachlichen Kompetenzen bei Kindern mit schwerer und mehrfacher Behinderung entwickeln können, wenn sie in sich konsistente, auf Kernvokabular basierende Sprachfördermaterialien erhalten und in deren Anwendung unterstützt werden. Im Gegensatz zu körpereigenen Kommunikationsformen haben die Nutzer sehr schnell die Möglichkeit, über das Hier und Jetzt hinaus zu kommunizieren und sich so mehr und mehr aktiv beteiligen zu können.

Nicht nur aus der Arbeit mit geistig- und mehrfachbehinderten Kindern und Jugendlichen an Förderschulen, sondern auch aus sprachtherapeutischen Praxen liegen inzwischen vielfältige Erfahrungen zur kernvokabularbasierten Sprachentwicklung nichtsprechender (und sprechender!) Kinder vor. Diese Berichte bestätigen nicht nur den bereits eingesetzten Paradigmenwechsel in der Sprachförderung u. k. Kinder, sondern zeigen auch auf, dass sich auch geistig behinderte Kinder bei fester Anordnung der Symbole und entsprechendem didaktischen Material auf sehr komplexen Kommunikationsoberflächen schnell orientieren können (u. a. Heel-Beckmann et al. 2013). Die Kraft der Sprache entdecken, mit Sprache spielen, sich sprachlich ausprobieren können und dadurch Wortschatz und Grammatik erweitern sowie die kognitive Entwicklung aktiv unterstützen, kann gelingen, wenn wir den Kindern, Jugendlichen oder Erwachsenen mit schwerer oder mehrfacher Behinderung mit entsprechenden Hilfen die Möglichkeit dazu geben und sie nicht auf wenige Ausdrucksmöglichkeiten reduzieren. Sie selbst können keine fehlenden Wörter einfordern. Gerade das Kernvokabular mit seiner hohen kommunikativen Funktion bietet hier die Chance, auch bei noch geringem Wortschatz sich dennoch in unterschiedlichen Situationen flexibel mitteilen zu können. Themenbezogene Inhaltswörter ergänzen sukzessive die Sprachfördermaterialien und den Wortschatz. Eine vielfältig einsetzbare Kommunikationshilfe als Alternative zur Lautsprache für sich zu entdecken, ermöglicht nicht nur mehr soziale Teilhabe und Kommunikation, sondern unterstützt letztlich auch die kognitive Entwicklung.

Literatur

Baker, Bruce/Hill, Katya/Devylder, Richard (2000): Core Vocabulary is the same across environments. Verfügbar unter: California State University at Northridge (CSUN) Conference, Los Angeles, California 2000. Online: http://www.minspeak.com/students/documents/2000CSUN.pdf (14.09.2015).

Banajee, Meher/Dicarlo, Cynthia/Buras Stricklin Sarintha (2003): Core Vocabulary Determination for Toddlers. In: Augmentative and Alternative Communication 2, 67–73.

Bernasconi, Tobias/Böing, Ursula (2015): Skizzen zur Kommunikation von Menschen mit schwerer und mehrfacher Behinderung. In: Antener, Gabriela/Blechschmidt, Anja/Ling, Karen (Hrsg.): UK wird erwachsen. Initiativen in der Unterstützten Kommunikation. Karlsruhe, 21–32.

Beukelman, David/Jones, R./Rowan, M. (1989): Frequency of word usage by nondisabled peers in integrated preschool classrooms. In: Augmentative and Alternative Communication 4, 243–248.

Boenisch, Jens (2009). Kinder ohne Lautsprache. Karlsruhe.

Boenisch, Jens (2014): Kernvokabular im Kindes- und Jugendalter: Vergleichsstudie zum Sprachgebrauch von Schülerinnen und Schülern mit und ohne geistige Behinderung und Konsequenzen für die UK. In: uk & forschung 3, 4–23 (Sonderbeilage Unterstützte Kommunikation 1/2014).

Boenisch, Jens/Sachse, Stefanie (2007): Sprachförderung von Anfang an. In: Unterstützte Kommunikation 3, 12–20.

Boenisch, Jens/Sachse, Stefanie K. (2016): Alltagskommunikation ermöglichen und Sprachentwicklung fördern am Beispiel der elektronischen Kommunikationshilfe MyCore. In: von Loeper/ISAAC (Hrsg.): Handbuch der Unterstützten Kommunikation. Kap. 4: Elektronische Hilfen. Karlsruhe.

Clendon, Sally/Erickson, Karen A. (2008): The Vocabulary of Beginning Writers: Implications for Children with Complex Communication Needs. In: Augmentative and Alternative Communication, 4, 281–293.

Grimm, Hannelore/Weinert, Sabine (2002): Sprachentwicklung. In: Oerter, Rolf/Montada, Leo (Hrsg.): Entwicklungspsychologie. 5. Aufl. Weinheim, 517–550.

Heel-Beckmann, Claudia/Bünk, Marion/Kohnen, Miriam/Schmidt, Christine (2013): Kreativer Umgang mit der Wortschatztafel im Unterricht. In: Hallbauer, Angela/Hallbauer, Thomas/Hüning-Meier, Monika (Hrsg.): UK kreativ. Wege in der Unterstützten Kommunikation. Karlsruhe, 71–85.

Holenstein-Wyrsch, Ana (2013): Ich will mitspielen – und ich auch ... Kernwortschatz kreativ und praktisch. In: Hallbauer, Angela/Hallbauer, Thomas/Hüning-Meier, Monika (Hrsg.): UK kreativ. Karlsruhe, 86–98.

Sachse, Stefanie/Boenisch, Jens (2009): Kern- und Randvokabular in der Unterstützten Kommunikation: Grundlagen und Anwendung. In: von Loeper/ISAAC (Hrsg.): Handbuch der Unterstützten Kommunikation. Karlsruhe, 01.026.30–01.026.040.

Sachse, Stefanie/Willke, Melanie (2011): Fokuswörter in der Unterstützten Kommunikation. In: Bollmeier, Henriette et al. (Hrsg.): UK inklusive. Teilhabe durch Unterstützte Kommunikation. Karlsruhe, 375–394.

Sachse, Stefanie K. (2013): Fokuswörter in der Praxis: Grundlagen. In: Unterstützte Kommunikation 1, 14–18.

Schmidt, Lena/Wagter, Jacqueline (2013): Jetzt rede ich! In: Hallbauer, Angela/Hallbauer, Thomas/Hüning-Meier, Monika (Hrsg.): UK kreativ. Karlsruhe, 54–70.

Szagun, Giesela (2006): Sprachentwicklung beim Kind. Weinheim.

Thümmel, Ingeborg (2011): Kommunikationsförderung durch Unterstützte Kommunikation (UK) bei kaum- und nichtsprechenden Schüler(inne)n im Förderschwerpunkt Geistige Entwicklung – Ergebnisse einer landesweiten Studie zu Bedarf und Ressourcen an niedersächsischen Bildungseinrichtungen sowie Effekten der Förderung durch UK. In: Heilpädagogische Forschung, Bd. XXXVII, 3, 160–172.

Trembarth, David/Balandin, Susan/Togher, Leanne (2007): Vocabulary selection for Australian children who use augmentative and alternative communication. In: Journal of Intellectual & Developmental Disability 4, 291–301.

Weinert, Sabine (2000): Beziehungen zwischen Sprach- und Denkentwicklung. In: Grimm, H. (Hrsg.): Sprachentwicklung. Enzyklopädie der Psychologie (hrsg. von Birbaumer, Niels et al.): Teil C/III: Sprache, Band 3. Göttingen, 311–361.

Willke, Melanie (2013): Fokuswörter in der Praxis: Die Interventionsplanung. In: Unterstützte Kommunikation 1, 20–22.

Barbara Ortland

Realisierungs(un)möglichkeiten sexueller Selbstbestimmung bei Menschen mit Komplexer Behinderung

1 Vorüberlegungen zur Personengruppe

Grundlage des nachfolgenden Beitrags ist die Darstellung der Personengruppe der Menschen mit Komplexer Behinderung, wie sie Fornefeld (2008) vorgenommen hat.

Fornefeld (2008) betont in ihrer Diskussion um die angemessene Bezeichnung dieser äußerst heterogenen Personengruppe, dass sich bei ihnen vor allem der »Grad der Abhängigkeit von Bedeutungs- und Deutungszuschreibungen« (ebd., 76) im Vergleich zur Gruppe von Menschen mit weniger Komplexen Behinderungen verstärkt.

Gerade der Lebensbereich der sexuellen Entwicklung und damit auch sexuellen Selbstbestimmung ist ein Bereich, in dem Zuschreibungen und Deutungen von anderen eine besondere Relevanz haben und die Entwicklung maßgeblich beeinflussen. So ist z. B. das Selbsterleben als Mann oder Frau davon abhängig, ob und wie andere, vor allem individuell bedeutsame Menschen, die eigene Person als männlich oder weiblich bewerten und dies äußern. Die (sexuellen) Deutungen in Bezug auf Erwachsene mit Komplexer Behinderung zeigen sich z. B. darin, dass ihnen selten Sexualität zugesprochen wird und sie eher als sexuell neutral (als »ewige Kinder«) bewertet werden (vgl. Herrath 2013, 31). Auf dieser Bewertungsgrundlage sind als (scheinbar) logische Konsequenz Realisierungsnotwendigkeiten und -möglichkeiten sexueller Selbstbestimmung für Menschen mit Komplexer Behinderung kaum bei den begleitenden Menschen, Fachkräften oder Angehörigen, im Blick.

Wenn Sexualität von Fachkräften doch in den Blick genommen wird, so sind diese Männer und Frauen durch die eigene Biografie häufig von einem gesellschaftlich beeinflussten, engen Verständnis sexueller Selbstbestimmung, genitale Sexualität fokussierend, geprägt. Dieses enge Verständnis von Sexualität wirkt nochmals erschwerend, wenn über sexuelle Selbstbestimmung von Menschen mit Komplexer Behinderung nachgedacht wird und Erfahrungsmöglichkeiten eröffnet werden sollen. Genitales sexuelles Erleben scheint in einem noch deutlicheren Widerspruch zu dem oft hohen Unterstützungsbedarf dieser Personengruppe zu stehen. Was nicht denkbar scheint, kann nicht in den Blick genommen werden oder wie Fornefeld (2008, 74) es formuliert: »Die Erfahrungshorizonte der Fachkräfte beeinflussen das, was sie am Menschen mit Behinderung wahrnehmen und wie sie ihren Umgang mit ihm gestalten.« Eigene sexuelle Erfahrungshorizonte, die individuelle sexuelle Biografie, sowie die eigenen Bilder (Deutungen) von Menschen mit Komplexer Behinderung eröffnen oder verhindern Erfahrungs- und Lebensmöglichkeiten. Damit sind sexuelle Selbstbestimmung und deren Realisierungs(un)möglichkeiten vor allem ein Thema der begleitenden Menschen.

Auf diesen Vorüberlegungen aufbauend wird als Anregung zur eigenen Reflexion zunächst der Blick auf die Vielfältigkeit sexueller Selbstbestimmung allgemein und dann speziell für Menschen mit Komplexer Behinderung gelegt. So können ggf. neue Ideen und Offenheit für (andere) individuelle Bedeutungszuschreibungen entstehen. Daran anschließend werden aktuelle konzeptionelle Überlegungen zur Erweiterung sexueller Selbstbestimmung in Wohneinrichtungen der Eingliederungshilfe überblickshaft und exemplarisch erläutert.

2   Sexuelle Selbstbestimmung

Bitte überlegen Sie zunächst:
- Was bedeutet der Begriff der sexuellen Selbstbestimmung für Sie persönlich?
- Wie realisiert sich sexuelle Selbstbestimmung in Ihrem Leben?
- Wie würden Sie Ihre Möglichkeiten der sexuellen Selbstbestimmung einschätzen?

Das Grundgesetz sichert in Artikel 2 allen Menschen in Deutschland Folgendes zu: »Jeder hat das Recht auf freie Entfaltung seiner Persönlichkeit, soweit er nicht die Rechte anderer verletzt und nicht gegen die verfassungsmäßige Ordnung oder das Sittengesetz verstößt.« Zu diesem Schutz der engeren persönlichen Lebenssphäre gehören der Schutz des Sexualbereiches und der sexuellen Selbstbestimmung (vgl. Sauer/Hamm 2015, 23). Jeder Mensch hat ein Recht auf individuelle sexuelle Selbstbestimmung, das seine Grenze immer in den Rechten der Anderen und der Gesellschaft findet.

Doch was kann das Recht auf sexuelle Selbstbestimmung individuell konkret bedeuten? Um die Bandbreite des Gemeinten zu verdeutlichen, folgen einige Beispiele zum Verständnis sexueller Selbstbestimmung, denen ein weiter Begriff von Sexualität zugrunde liegt. Der Begriff der Sexualität (und demgemäß der sexuellen Selbstbestimmung – diese Begriffe werden im Folgenden synonym verwendet) umfasst neben genitalem, oralem oder analem Verkehr z. B. ebenso die Entwicklung und Ausgestaltung einer individuellen Geschlechtsidentität als Mann, Frau oder Trans* (vgl. zum Begriff Trans* Sauer/Hamm 2015, 22), ein Gefühl für die eigene Körperlichkeit, Erotik und Lust oder die Entwicklung von Scham und Intimität und eigenen Grenzen. Sexualität ist ein Teil der Persönlichkeit eines Menschen, der auf der Grundlage von Lern- und Erfahrungsprozessen der individuellen Ausgestaltung bedarf, um zu einer subjektiv befriedigenden Sexualität zu werden. Diese kann z. B. auch den bewussten Verzicht auf genitale Sexualität bedeuten.

»Sexuelles Erleben, sexuelle Erregung und sexuelle Lust sind in starkem Maße subjektiv und beeinflusst durch biologische, psychologische und soziokulturelle Faktoren« (Strauß et al. 2010, 13).

Sexuelle Selbstbestimmung kann exemplarisch vor diesem Hintergrund in der Konkretisierung bedeuten:
- sich als Jugendliche nicht von der Peergroup zu bestimmten sexuellen Erfahrungen drängen zu lassen und den Mut zu eigenen Grenzsetzungen zu haben,
- sich auf vielfältige sexuelle Erfahrungen emotional einlassen zu wollen und die dafür notwendigen Bedingungen zu erleben oder zu schaffen,
- sich als Frau oder Mann, intersexueller oder trans* Mensch mit individueller Sexualität anzuerkennen,
- in der Partnerschaft sexuelle Wünsche zu äußern und nicht gegen den eigenen Willen oder das eigene Bedürfnis sexuelle Wünsche des Partners oder der Partnerin zu erfüllen,
- als homo- oder bisexuelle oder trans* Menschen die sexuelle Identität ohne Stigmatisierungen und Diskriminierungen leben zu dürfen,
- Masturbation als eine Form von Sexualität an individuell und sozial geeigneten Orten auszuleben,
- Fähigkeiten zur individuellen Körpererkundung nach Wunsch zu realisieren,
- die Dienste einer Prostituierten auf eigenen Wunsch zu nutzen,
- körperliche Zärtlichkeiten zu genießen oder abzuwehren, wenn diese nicht gewollt sind,
- die eigene Intimsphäre aktiv wahren zu können,
- beschämende (in Bezug auf Körperscham, vgl. dazu Bohn 2015) Situationen aktiv vermeiden zu können, indem man z. B. ungewollte Situationen der Nacktheit verhindern kann,
- sexuelle Hilfsmittel auf eigenen Wunsch erstehen und nutzen können,
- sich nach eigenen Vorlieben, z. B. betont weiblich oder männlich, kleiden, frisieren und schminken zu können,
- Einfluss auf die Art, Häufigkeit und Intensität zu haben, in der man am Körper berührt wird,
- usw.

Es ließen sich noch unzählige weitere Beispiele für sexuelle Selbstbestimmung finden. Sexualität ist ein lebenslanger Lern- und Entwicklungsprozess, so dass sich die Art der Realisierung sexueller Selbstbestimmung sowie die subjektive Zufriedenheit je nach Alter und Lebenssituation immer wieder verändern (vgl. Ortland 2015).

Die hohe Individualität sexueller Selbstbestimmung wird an den Beispielen ebenso deutlich wie die Verallgemeinerbarkeit der dafür notwendigen strukturellen und sozialen Kontextbedingungen. Menschen ohne Behinderung haben häufig die Möglichkeit, sexuell selbstbestimmt zu leben, sich für sie notwendige Rahmenbedingungen zu schaffen und so ihre Sexualität aktiv, individuell und oft auch subjektiv befriedigend in ihrem Leben zu gestalten. Aber auch sie erleben Kontextbedingungen, die das erschweren oder auch verhindern können, denn ohne eine Beeinträchtigung zu leben ist bei weitem keine »Garantie« für sexuelle Selbstbestimmung. Die Einflussfaktoren auf sexuelle Selbstbestbestimmung sind viel komplexer und nicht an intakte körperliche Voraussetzungen gebunden. So sind es für Menschen mit Komplexer Behinderung auch weniger die eigenen körperlichen Voraussetzungen, die sexuelle Selbstbestimmung erschweren als die entsprechend ungünstigen behindernden Kontextbedingungen.

Erwachsene mit Komplexer Behinderung leben in vielfältigen und intensiven Macht- und Abhängigkeitsverhältnissen, vor allem, wenn sie institutionell geprägte Lebensbedingungen haben. Durch diese Abhängigkeit brauchen Sie häufig Menschen,

- die die Realisierung sexueller Selbstbestimmung als Teil des eigenen professionellen Auftrages sehen und ernst nehmen,
- die ihre Sexualität anerkennen und sie als Mann, Frau, intersexuelle oder trans* Menschen mit sexuellen Wünschen sehen,
- die ihr Bedürfnis nach Nähe, Zärtlichkeit und liebevollem Körperkontakt erkennen und Wege finden wollen, hier angemessene Angebote zu machen,
- die unterstützen bei der Entwicklung von Schamgefühl und Intimität durch z. B. entsprechende Gestaltung von Pflegesituationen,
- die die Bedeutsamkeit von Körpererfahrungen als Teil der sexuellen Entwicklung und Selbstbestimmung sehen und dazu Möglichkeiten schaffen,
- die unterstützen bei der Entwicklung der Geschlechtsidentität durch z. B. Kleidung, Frisur, Zimmergestaltung und Schminken,
- die behutsam auf Kommunikationssignale achten, offen und kreativ in deren Deutung sind und die Angemessenheit der Körperkontakte individuell einschätzen und umsetzen,
- die reflektieren, ob sie die angemessene Bezugsperson sind und eine Ablehnung ihrer Person nicht als persönliche Kränkung bewerten,
- usw.

Die Realisierung von individuellen Wünschen und Bedarfen im Bereich der sexuellen Selbstbestimmung und deren Validierungsnotwendigkeit in der dialogischen Begegnung mit den Erwachsenen mit Komplexer Behinderung benötigt hohe Kompetenzen in den Bereichen Reflexion, Wissen und Können bei den begleitenden Fachkräften. Ist dies nicht durchgehend der Fall, wird die Möglichkeit zu sexueller Selbstbestimmung für Menschen mit Komplexer Behinderung durch den Zufall der anwesenden Fachkräfte bestimmt werden. Sexuelle Selbstbestimmung wird zur »Glückssache«.

Eine schriftliche quantitative Befragung (N = 640) von Mitarbeitenden in Wohneinrichtungen der Eingliederungshilfe ergab deutliche Hinweise auf den Unterstützungsbedarf der Fachkräfte in diesem Bereich (vgl. Ortland 2015, 2015a). Für den Personenkreis der Menschen mit Komplexer Behinderung geben vor allem die Hinweise aus den Ergebnissen zu denken, die zeigen, dass die Schwere der Behinderung der Bewohner(innen) eher zu der Annahme behinderungsbedingter Gründe für sexuelle Verhaltensweisen und zu einer weniger positiven Konnotation der Sexualität durch die Mitarbeitenden führt. D. h., dass von den Befragten für Menschen mit Komplexer Behinderung eher angenommen wird, dass sexuelle Verhaltensweisen (z. B. Reiben am Genital) weniger durch eine subjektive sexuelle Motivation erklärbar sind (und somit Hinweise auf sexuelle Bedarfe geben) sondern eher durch die Behinderung bedingte, kaum beeinflussbare Verhaltensbesonderheiten sind.

Beide möglichen Deutungen (sexueller) Verhaltensweisen (individueller sexueller Bedarf oder behinderungsbedingte Verhaltensbesonderheit) sind jeweils für sich genommen einseitig und eng. Da gerade bei Menschen mit Komplexer Behinderung das Verstehen durch andere erschwert ist, brauchen sie in der Begegnung eine Haltung der dialogischen Offenheit, die Anerkennung und das Aushalten der »pädagogischen Ungewissheit« (vgl. Bernasconi/Böing in diesem Band) und damit einen Weg, der über vielfältige mögliche Deutungen geht. Dies soll im Folgenden weiter ausgeführt und zunächst in einen notwendigen konzeptionellen Rahmen exemplarisch für Wohneinrichtungen der Eingliederungshilfe gesetzt werden.

3 Zielperspektive: gelingende sexuelle Selbstbestimmung

Diese hier nur angedeuteten Befragungsergebnisse (vgl. Ortland 2015) sowie die Ergebnisse der repräsentativen Befragung von Frauen mit Behinderung bzw. Beeinträchtigung zu ihrer Lebenssituation in Deutschland (BMFSFJ 2012) sind Grundlage für ein Forschungsprojekt, das die Erweiterung der sexuellen Selbstbestimmung für erwachsene Menschen mit Behinderung in Wohneinrichtungen der Eingliederungshilfe in den Fokus setzt und von der Bundeszentrale für gesundheitliche Aufklärung gefördert wird. In diesem Forschungsprojekt mit dem Titel »Reflexion, Wissen, Können – Qualifizierung von Mitarbeitenden und Bewohner(innen) zur Erweiterung der sexuellen Selbstbestimmung für erwachsene Menschen mit Behinderung in Wohneinrichtungen« (ReWiKs) wurden zehn *Leitlinien gelingender sexueller Selbstbestimmung* als notwendige normative Zielperspektive weiter entwickelt und mit Mitarbeitenden aus Einrichtungen der Eingliederungshilfe diskutiert und optimiert. Prof. Dr. Kathrin Römisch (EFH Bochum) sowie Prof. Dr. Sven Jennessen (Universität Koblenz-Landau) leiten das Projekt gemeinsam mit der Autorin.

Eine formulierte Zielperspektive (z. B. auf der Grundlage der Leitlinien), deren Diskussion in den Einrichtungen sowie die organisationale Entwicklung eines tragfähigen Konsenses hilft Mitarbeitenden bei der Klärung und Übernahme ihres professionellen Auftrags im Bereich der sexuellen Selbstbestimmung. Ebenso bietet sie den Erwachsenen mit Behinderung die Möglichkeit, eigene Rechte deutlicher zu erkennen, zu formulieren und dafür einzutreten. Für Menschen mit Komplexer Behinderung kann diesbezüglich angenommen werden, dass sie hier von beiden Gruppen (Mitarbeitenden und Mitbewohner(inne)n) stellvertretende Unterstützung benötigen.

Einige dieser Leitlinien sollen nachfolgend exemplarisch für eine zu realisierende Zielperspektive personeller, struktureller und organisationaler Entwicklungsprozesse aufgeführt werden. Alle zehn Leitlinien finden sich u. a. in Ortland (2015).

3.1 Auszug aus den »Leitlinien gelingender sexueller Selbstbestimmung in Wohneinrichtungen der Eingliederungshilfe«

3.1.1 Erwachsene Menschen mit Behinderung leben ihre Sexualität selbstbestimmt und werden dabei bedarfsorientiert, alters- und entwicklungsgemäß begleitet. Sie sind Expert(inn)en für sämtliche Belange ihrer Sexualität.

Alle Menschen haben das Recht auf sexuelle Selbstbestimmung. Wohneinrichtungen schaffen unter Beteiligung der Bewohner(innen) und Mitarbeitenden die für die Umsetzung dieses Rechts notwendigen Bedingungen. Mögliche Begleitungen der Bewohner(innen) erfolgen individuell abgestimmt auf die von ihnen benannten oder ggf. bei eingeschränkter Mitteilungsfähigkeit bei ihnen vermuteten Bedarfe. Leitend sind die Wünsche der Bewohner(innen). Sexuelle Selbstbestimmung ist begrenzt durch das Recht auf Unversehrtheit anderer.

3.1.2 Bewohner(innen) vertreten ihr Recht auf sexuelle Selbstbestimmung gegenüber Dritten, wie z. B. Mitarbeitenden der Einrichtungen, Angehörigen und gesetzlichen Betreuer(inne)n. Bei Bedarf werden sie dabei unterstützt.

Bewohner(innen) realisieren ihr Recht auf sexuelle Selbstbestimmung. Nicht alle Bewohner(innen) sind in der Lage, ihre Wünsche und Bedarfe in Bezug auf die individuelle sexuelle Selbstbestimmung gegenüber Dritten (z. B. Mitarbeitenden und Einrichtungsleitung der Wohneinrichtung, Kostenträgern, Angehörigen, gesetzlichen Betreuer(inne)n) zu vertreten. In diesen Fällen handeln Mitarbeitende im

Auftrag sowie gemäß der Wünsche der Bewohner(innen) und unterstützen diese dabei – wenn nötig auch gegenüber ihren Kolleg(inn)en in der Wohneinrichtung. Im Einverständnis der Bewohner(innen) stärken bzw. vertreten Mitarbeitende deren Position auch dann, wenn deren Angehörige/gesetzliche Betreuer(innen) Schwierigkeiten haben, die Sexualität der Bewohner(innen) anzuerkennen oder in deren Realisierung zu unterstützen. Sie suchen aktiv das Gespräch mit den Angehörigen und gesetzlichen Betreuer(inne)n und setzen sich mit ihnen auch über unterschiedliche Vorstellungen auseinander.

3.1.3 Sexuelle Selbstbestimmung ist ein selbstverständlicher Bestandteil der Einrichtungskultur.

Alle Bewohner(innen) und Mitarbeitenden auf allen Hierarchieebenen tragen dazu bei, dass eine positive und reflektierte Grundhaltung in Bezug auf sexuelle Selbstbestimmung die Arbeit und das Leben in der Wohneinrichtung trägt. Alle Akteure(innen) fühlen sich verantwortlich für die Realisierung von Möglichkeiten der sexuellen Selbstbestimmung und deren Schutz. Sie entwickeln eine offene Gesprächskultur und nehmen sich in angemessener Weise Zeit für den Austausch über sexuelle Fragen. Sie verstehen das Thema auch als einen Teil der Öffentlichkeitsarbeit und definieren es als ihre politische Aufgabe.

3.1.4 Einrichtungen der Eingliederungshilfe verfügen über strukturelle und personelle Rahmenbedingungen, die die sexuelle Selbstbestimmung sowie eine geschlechtersensible Begleitung und Pflege der Bewohner(innen) sicherstellen.

In den Einrichtungen besteht Konsens, dass die Realisierung sexueller Selbstbestimmung eine gendersensible und Intimität wahrende Haltung sowie deren praktische Umsetzung in der Begleitung und Pflege der Bewohner(innen) beinhaltet. Auf allen Hierarchieebenen sind die Mitarbeitenden dafür verantwortlich, die Personalsituation so zu gestalten, dass dies realisiert werden kann. Bewohner(innen) sind für das Einbringen ihrer Wünsche verantwortlich. Zudem werden strukturelle Bedingungen realisiert, die zur Wahrung der Privat- und Intimsphäre beitragen (z. B. durch die Gestaltung adäquater Räumlichkeiten).

3.1.5 Bewohner(innen) können in den Einrichtungen das bedarfsorientierte Angebot individuell ausgestalteter Begleitungen nutzen, um sexuell selbstbestimmt leben zu können.

Bewohner(innen) entscheiden über ihren individuellen Begleitungsbedarf. Mitarbeitende sind fachlich in der Lage, zwischen den verschiedenen Bedarfen in der Begleitung der Bewohner(innen) zu differenzieren und demgemäß zu handeln: Menschen mit schwerster Behinderung und eingeschränkten Kommunikationsmöglichkeiten sind häufiger als andere auf Unterstützer(innen) angewiesen, die sie gut/lange kennen und ihre Ausdrucksformen zuverlässig entschlüsseln können. Während andere Bewohner(innen) vertraute Mitarbeitende brauchen, mit denen sie über private und intime Themen sprechen können. Wiederum andere Bewohner(innen) wünschen sich den Austausch mit weniger bekannten Personen (z. B. aus Beratungsstellen), um Themen der sexuellen Selbstbestimmung zu kommunizieren. Die Mitarbeitenden haben die Verschiedenheit der Bedarfe im Blick und bieten individuelle Begleitung an.

3.2 Realisierung sexueller Selbstbestimmung als Auftrag an Organisationen, Mitarbeitende und Bewohner(innen)

Aus den aufgeführten Leitlinien wird deutlich, dass die Realisierung sexueller Selbstbestimmung sowohl hoch individuell in Bezug auf den/die einzelne(n) Bewohner(in), die einzelnen Wohngruppen sowie die Mitarbeitenden und ihre jeweiligen professionellen Beziehungen zueinander zugeschnitten sein muss als auch einer Gesamtentwicklung der Organisationen bedarf. Alle Akteur(inn)e(n) sind für einen gemeinsamen Entwicklungsprozess verantwortlich, wenngleich Mitarbeitenden auf den verschiedenen Hierachieebenen mehr Macht und Ressourcen dafür zur Verfügung stehen.

So mag es beim Blick auf den hohen Unterstützungsbedarf und die starken Macht- und Abhängigkeitsverhältnisse von Menschen mit Komplexer Behinderung fast blasphemisch erscheinen, auch ihre Verantwortung in diesem Prozess zu fordern und ihnen zuzumuten. Der Blick auf potenzielle Möglichkeiten von Menschen mit Komplexer Behinderung und das Zutrauen in Formen der Verantwortungsübernahme für ihre subjektive sexuelle Selbstbestimmung in der Wohngruppe, im Wohnbereich oder der Institution ist trotzdem hoch bedeutsam, um auch hier Deutungsmuster offen zu halten und kreative Wege für individuelle Mitwirkungsmöglichkeiten zu finden. Nur mit der Annahme der Möglichkeit (der Zumutung und dem Zutrauen) der Verantwortungsübernahme durch den Personenkreis, kann diese auch eröffnet werden. Die individuellen Möglichkeiten sind in der Regel vorrangig in einer dialogischen Beziehung zwischen Bewohner(in) und Mitarbeitendem zu erkunden. Deshalb sollen zunächst notwendige Maßnahmen im Rahmen der konzeptionellen Weiterentwicklung für Mitarbeitende erläutert werden.

3.2.1 Maßnahmen für Mitarbeitende

Die nachfolgend aufgeführten Maßnahmen können wiederum nur überblickshaft erläutert werden. Sie gliedern sich in die Bereiche Reflexion, Wissen und Können.

Alle Mitarbeitenden bringen neben ihrer beruflichen Biografie auch ihre persönliche Biografie in die Arbeit mit den Menschen mit Komplexer Behinderung mit ein. Die Einflussnahme der persönlichen (sexuellen) Biografie auf das professionelle Handeln kann den Bereich der sexuellen Selbstbestimmung sehr deutlich (und in der Regel unbewusst) bestimmen. Eigene Vorstellungen von Frau- oder Mann-Sein, die Bedeutung von Körperlichkeit und Berührungen, eigenen Schamgrenzen oder auch Werten und Normen in Bezug auf Sexualität sind Beispiele, in denen die Lebensgeschichte und die individuellen sexuellen Erfahrungen die eigene Haltung und damit die Begegnung mit den Bewohner(inne)n beeinflussen können. Je deutlicher diese biografischen Anteile reflektiert und damit bewusst werden, umso klarer kann deren Einfluss erkannt und damit minimiert werden. Diese Reflexion sollte aber nicht bei der eigenen sexuellen Biografie stehen bleiben sondern erfordert bspw. auch einen Austausch im Team über Normen und Werte und weitere Einflussgrößen auf die sexuelle Selbstbestimmung der Bewohner(innen) der Wohngruppe.

Weiterhin sollte auch die Einstellung gegenüber Menschen mit Komplexer Behinderung und vor allem die eigenen Deutungsmuster in Bezug auf deren Lern- und Entwicklungsmöglichkeiten individuell reflektiert und dann zum gemeinsamen Thema im Team gemacht werden. Dabei sollte die Suche nach dem einen »richtigen« Weg zur Begleitung von Menschen mit Komplexer Behinderung und deren sexueller Selbstbestimmung vermieden werden. Das führt in der Regel nur zu unfruchtbaren Auseinandersetzungen. Zielführend ist die Anerkennung der Ungewissheit verbunden mit einem offenen Austausch über die verschiedenen Deutungsmuster der einzelnen Akteur(inn)e(n), um so gemeinsam zu noch mehr dialogischer Offenheit gegenüber den Bewohner(inne)n mit Komplexer Behinderung zu gelangen. Die Güte deren Begleitung liegt letztlich in der Bereitschaft, sich immer wieder in Frage stellen zu lassen, offen für Entwicklungen und den Dialog zu bleiben und mit positiven Unterstellungen dem anderen gegenüber zu arbeiten. Wege der Begleitung können für deren Erprobung für einen bestimmten Zeitabschnitt konsensuell abgestimmt werden, um dann die Erfahrungen damit immer wieder zu reflektieren und Handlungen ggf. zu modifizieren. Eine Kultur der Offenheit und Fehlerfreundlichkeit ist dafür hilfreich.

Die individuelle und gemeinsame (z. B. im Team) Reflexions- und Dialogarbeit (für die die Arbeitgeber(innen) entsprechende zeitliche und ggf. personelle (z. B. supervisorische) Ressourcen zur Verfügung stellen sollten) verhilft ebenso zu einer Klärung des eigenen professionellen Auftrags in Bezug auf die sexuelle Selbstbestimmung der Frauen und Männer mit Komplexer Behinderung.

Der beschriebene Prozess kann und sollte ebenso dazu führen, dass den Mitarbeitenden eigene Bedarfe im Bereich der Wissenserweiterung bewusst werden. Diese können verschiedene (hier exemplarisch aufgeführte) Themen betreffen: Wissen über die sexuelle Entwicklung von Menschen allgemein und speziell unter der Lebensbedingung Komplexer Behinderung, über verschiedene diagnostische Materialien, um z. B. den Stand der emotionalen Entwicklung und damit auch mögliche Bedarfe besser einschätzen zu können (vgl. Došen 2010), über verschiedene sexuelle Hilfsmittel, deren Einsatz ggf. als angenehm empfunden werden kann oder über vielfältige

Möglichkeiten der Unterstützten Kommunikation (vgl. Weid-Goldschmidt 2013), so dass mit entsprechender kommunikativer Unterstützung Bedarfe und Wünsche klarer kommuniziert werden können usw.

Wissenserwerb allein führt nicht unbedingt zu Handlungskompetenz, dem Bereich des Könnens. Erworbenes Wissen sollte in der Praxis erprobt und die Erfahrungen wiederum reflektiert und gemeinsam im Team besprochen werden. Diesbezüglich erscheint die Bereitschaft zur Veränderung zentral. Gewohnte Arbeitsabläufe und Erklärungsmodelle/Deutungsmuster in Frage zu stellen oder stellen zu lassen und Neues zu erproben ist zunächst mit Verunsicherung und auch nicht immer mit schnellen Erfolgen oder Arbeitserleichterungen verbunden. Hier gilt es wiederum zu reflektieren, was sich Einzelne oder das Team zutrauen, wie viel Veränderung und Neues verkraftet werden kann. Für Menschen mit Komplexer Behinderung scheint ein behutsames Vorgehen äußerst bedeutsam und ihrer Lebenssituation in den meisten Fällen angemessen.

3.2.2 Maßnahmen in der Organisation

Die Realisierung sexueller Selbstbestimmung in Wohneinrichtungen erfordert parallel Entwicklungen auf weiteren Ebenen. So ist es notwendig, ein umfassendes Konzept sexueller Selbstbestimmung in der Organisation zu entwickeln oder zu nutzen (vgl. Ortland 2015), das fachlich einen aktuellen Standard hat und auf die Voraussetzungen der Organisation (z. B. historisch, personell, finanziell) zugeschnitten ist bzw. entsprechend modifiziert werden kann. Neben dieser fachlich notwendigen Grundlage braucht es weiterhin einen Analyse- und Weiterentwicklungsprozess der Organisation. D. h., dass im günstigsten Fall eine allgemeine und fachlich fokussierte Analyse der Organisation der Konzeptimplementierung vorausgeht, die nach Blindenbacher (1997) drei Aspekte enthalten sollte: die Wirksamkeitsanalyse, die Situationsanalyse sowie die Strukturprognose. Auf dieser Grundlage ist die Chance einer erfolgreichen Konzeptimplementierung und langfristigen Realisierung gelingender sexueller Selbstbestimmung deutlich erhöht.

Gerade für den Bereich der sexuellen Selbstbestimmung braucht es zusätzlich die Analyse und inhaltliche Berücksichtigung der Organisationskultur, die nach Schein (2006, 27) drei Bereiche umfasst: die Basisannahmen, die Normen und Standards sowie die Symbole und Zeichen. Zu den (oft unbewussten, da selten reflektierten) Basisannahmen werden z. B. als ein Grundthema die Annahmen über die Natur des Menschen gezählt. In Bezug auf sexuelle Selbstbestimmung sind diesbezüglich Reflexionen über z. B. die Tragweite des Einflusses der individuellen sexuellen Biografie auf das Handeln der Mitarbeitenden oder Erklärungsmodelle über sexuelle Handlungsmotive (z. B. triebgesteuert oder erlernt) bedeutsam. Für die Personengruppe der Menschen mit Komplexer Behinderung sind dies ebenso die bereits zu Beginn des Beitrags dargestellten Deutungsmuster der Asexualität oder sexuellen

Neutralität. Normen und Standards spiegeln sich in offiziellen Konzepten oder Orientierungshilfen der Organisation genauso wieder wie in ungeschriebenen Verhaltensrichtlinien (z. B. »Sexuelle Selbstbestimmung gehört nicht zu unseren Aufgaben – dafür braucht es Sexualbegleiter(innen).«). Wird für Menschen mit Komplexer Behinderung sexuelle Neutralität angenommen (Basisannahme), kann sich dies z. B. in Pflegesituationen widerspiegeln, in denen mehrere Menschen gleichzeitig gepflegt werden, gleichgeschlechtliche Pflege keine Rolle spielt und Intimität und Scham des Einzelnen keine Beachtung finden (Normen und Standards). Über Symbole und Zeichen werden die beiden genannten Ebenen (soweit sie bewusst sind) kommuniziert. Diese können sich z. B. in unangemessenen Bezeichnungen der Personengruppe (»die Schwebis«) oder einzelner Bewohner(innen) (»unser Schätzchen«) zeigen.

Das komplexe Thema der Weiterentwicklung von Organisationen konnte hier nur angedeutet werden. Deutlich wird allerdings, dass die Realisierung sexueller Selbstbestimmung durch die Implementierung entsprechender Konzeptionen allein nicht ausreichend ist – sei das Konzept auch noch so gut. Die gewinnbringende Umsetzung einer Konzeption zur sexuellen Selbstbestimmung in einer Wohneinrichtung hängt viel wesentlicher von diesen aufgezeigten organisationalen Rahmenbedingungen und Analyseprozessen ab.

3.2.3 Maßnahmen für Bewohner(innen)

Die Weiterentwicklung einer Wohneinrichtung für Erwachsene mit Behinderung im Bereich der sexuellen Selbstbestimmung benötigt ebenso Maßnahmen mit und für die Bewohner(innen). Diese basieren auf einer Haltung des Empowerments und gliedern sich wie bei den Mitarbeitenden in die Bereiche der Reflexion, des Wissens und des Könnens.

Im Bereich der Reflexion sollten die Erwachsenen die Möglichkeit haben, über ihre eigene (sexuelle) Biografie und ihre aktuelle Lebenssituation nachzudenken. Dies muss sicherlich geübt werden, da sie eher selten zu solchen Prozessen angeregt und dabei begleitet werden. Methodische Anregungen können z. B. aus der Biografiearbeit (vgl. Lindmeier 2004 und in diesem Band) oder der persönlichen Zukunftsplanung (vgl. Doose 2013 und Benthien et al. in diesem Band) abgeleitet werden. Auf dieser Grundlage können dann leichter eigene sexuelle Wünsche und Bedarfe erkannt und über verschiedene Kommunikationswege mitgeteilt werden. Ebenso kann gemeinsam erlernt werden, die Wohnsituation zu bewerten und eigene Änderungswünsche zu erkennen.

Durch verschiedene Medien können die Prozesse unterstützt werden. Filme zum Thema Liebe und Partnerschaft (z. B. »Liebe und so Sachen« von Pro Familia) können hier ebenso genutzt werden wie Informationsbroschüren verschiedener Anbieter in Leichter Sprache (z. B. von Pro Familia oder donum vitae). Letztlich bieten viele Alltagssituationen schon die Gelegenheit, sich über sexuelle Themen (z. B. Frau-/

Mann-Sein bei der Auswahl der Kleidung, des Duschgels oder Deodorants) auszutauschen oder Erfahrungsräume anzubieten. So kann der Bereich der Wissenserweiterung zum einen konkret im Alltag und mit vielen, oft notwendigen Wiederholungen stattfinden oder zum anderen in Bildungsangeboten für die Bewohner(innen). Je nachdem wie diese organisiert sind (in der Institution, institutionsübergreifend oder bei anderen Anbietern) bieten sich hier Möglichkeiten andere Menschen in vergleichbaren Lebenssituation kennen zu lernen, sich auszutauschen oder auch potenzielle Partner(innen) zu finden.

Neue (sexuelle) Erfahrungen zu machen und Kompetenzen zu erproben (z. B. im Bereich des Flirtens) braucht oft Mut und eine verstehende unterstützende Begleitung, die Sicherheit vermittelt und Freiräume anbietet. Hier schließt sich der Kreis zu der notwendigen Weiterentwicklung der Mitarbeitenden und der Institution. Nicht nur die Erwachsenen mit Behinderung benötigen das Gefühl der Sicherheit und den Freiraum für die Entwicklung sexueller Selbstbestimmung. Auch die Mitarbeitenden benötigen institutionelle Sicherheit sowie den Rückhalt auf den verschiedenen Leitungsebenen, um ihren professionellen Auftrag in der Begleitung der Bewohner(innen) zu klären und auszuführen. So wird deutlich, dass die Realisierung sexueller Selbstbestimmung Bewegungen auf allen Ebenen erfordert, um zu einem für alle befriedigenden Entwicklungsprozess zu gelangen.

4   Abschluss

Jede Akteurin und jeder Akteur in Wohneinrichtungen der Eingliederungshilfe (und nicht nur dort) ist letztlich aufgefordert vielfältige Reflexionsprozesse zu durchlaufen, so den eigenen Standpunkt zu finden und die individuellen Möglichkeiten zur Weiterentwicklung zu prüfen. So kann jede(r) einen Beitrag zur Realisierung sexueller Selbstbestimmung bei Menschen mit Komplexer Behinderung leisten. Diese beginnt mit der positiven Unterstellung, dass jeder Mensch, egal wie schwer dessen Behinderung ist, ein Mensch mit Sexualität und dem Recht auf sexuelle Selbstbestimmung ist. Damit verbunden ist die Anerkennung des enormen und noch viel zu oft negativen Einflusses von strukturellen und sozialen Kontextbedingungen in den Institutionen auf die sexuelle Selbstbestimmung der Männer und Frauen mit Komplexer Behinderung. Es ist ein Weg, auf dem sich die Beteiligten ihrer Ungewissheit des eigenen Wissens bewusst sind und die Ungewissheit in der einzigartigen Begegnung mit einzigartigen Menschen und deren Ausgang als produktiv und notwendig bewerten (vgl. Bernasconi/Böing in diesem Band).

Es ist ein Weg, der Mut, Offenheit und Energie braucht sowie die Erkenntnis, dass alle Strukturen von Menschen gemacht und damit von Menschen veränderbar sind. Dazu kann jede(r) etwas beitragen.

Literatur

Blindenbacher, Raoul J. (1997): Organisationsstrukturen sozialer Einrichtungen – ein Strukturierungsprogramm zur Steigerung der Wirksamkeit sozialer Arbeit. Bern/Stuttgart/Wien.

Bohn, Carolin (2015): Macht und Scham in der Pflege. Beschämende Situationen erkennen und sensibel damit umgehen. München/Basel.

Bundesministerium für Familie, Senioren, Frauen und Jugend (Hrsg.) (2012): Lebenssituation und Belastungen von Frauen mit Beeinträchtigungen und Behinderungen in Deutschland. Kurzfassung. Meckenheim.

Doose, Stefan (2013): »I want my dream!« Persönliche Zukunftsplanung. 10. Auflage. Neu-Ulm.

Došen, Anton (2010): Psychische Störungen, Verhaltensprobleme und intellektuelle Behinderung. Ein integrativer Ansatz für Kinder und Erwachsene. Göttingen.

Fornefeld, Barbara (Hrsg.) (2008): Menschen mit Komplexer Behinderung. Selbstverständnis und Aufgaben der Behindertenpädagogik. München.

Herrath, Frank (2013): Menschenrecht trifft Lebenswirklichkeit: Was behindert Sexualität? In: Clausen, Jens/Herrath, Frank (Hrsg.): Sexualität leben ohne Behinderung. Das Menschenrecht auf sexuelle Selbstbestimmung. Stuttgart.

Lindmeier, Christian (2004): Biografiearbeit mit geistig behinderten Menschen. Ein Praxisbuch für Einzel- und Gruppenarbeit. Weinheim/München.

Ortland, Barbara (2008): Behinderung und Sexualität. Grundlagen einer behinderungsspezifischen Sexualpädagogik. Stuttgart.

Ortland, Barbara (2015): Sexuelle Selbstbestimmung von Menschen mit Behinderung. Stuttgart.

Ortland, Barbara (2015a): Sexuelle Vielfalt als Herausforderung – aktuelle Ergebnisse einer Befragung von Mitarbeitenden in Wohneinrichtungen der Eingliederungshilfe. In: Teilhabe Heft 1, Jg. 54, 10–17.

Sauer, Arn/Hamm, Jonas (2015): Selbstbestimmung von und neue Sichtweisen auf Trans* – wer hat Angst vorm Perspektivwechsel? In: BZgA (Hrsg.): Forum Sexualaufklärung und Familienplanung: Geschlechtsidentität und sexuelle Orientierungen. Heft 1, 22–27.

Schein, Edgar (2006): Organisationskultur. 2. Aufl. Bergisch Gladbach.

Strauß, Bernhard/Kirchmann, Helmut/Schwark, Barbara/Thomas, Andrea (2010): Bindung, Sexualität und Persönlichkeitsentwicklung. Zum Verständnis sexueller Störungen aus der Sicht interpersonaler Theorien. Stuttgart.

Weid-Goldschmidt, Bärbel (2013): Zielgruppen unterstützter Kommunikation. Fähigkeiten einschätzen – Unterstützung gestalten. Karlsruhe.

Irmgard Merkt

»das klinget so herrlich, das klinget so schön« Teilhabe von Menschen mit komplexen Beeinträchtigungen an der Musikkultur

1   Einleitung

Musik gehört in vieler Hinsicht zum Alltag und auch zum Sonntag von Menschen mit komplexen Beeinträchtigungen. Eltern von Kindern oder Jugendlichen mit komplexen Beeinträchtigungen berichten immer wieder von positiven Reaktionen auf Musik: »Nur eines macht ihn offenbar ein wenig glücklich: Musik. Wenn er Musik hört, klopft er mit der Hand auf seinen Ball, wie auf eine Trommel.« (Fournier 2009, 22) Musik erklingt bei pflegerischen Tätigkeiten oder bei der Ergotherapie im Hintergrund, Musik ist Hintergrundkulisse im Wohnheim, Musikhören ist eine immer wieder genannte Freizeitbeschäftigung (Doose 2009), Musik ist Unterrichts- und Erlebnisgegenstand in der Förderschule (Theilen 2004) und Thema der Musiktherapie (Meyer 2010; Thoms 2013).

Das Mosaik der Konzepte, Ideen und Erfahrungsberichte im Kontext musikorientierter Aktivitäten mit Menschen mit komplexen Beeinträchtigungen aller Altersstufen ist bunt und vielfältig. Wozu also noch einmal die Thematik? Anlass ist erneut die UN-Behindertenrechtskonvention (Gesetz zu dem Übereinkommen der Vereinten Nationen vom 13. Dezember 2006 über die Rechte von Menschen mit Behinderungen sowie zu dem Fakultativprotokoll vom 13. Dezember 2006 zum Übereinkommen der Vereinten Nationen über die Rechte von Menschen mit Behinderungen (2008), abgekürzt oft als UN-BRK, z. B. auch durch die Beauftragte der Bundesregierung für die Belange behinderter Menschen). Dieses in vieler Hinsicht innovative Gesetzeswerk verlangt einen neuen Blick auf Teilhabegerechtigkeit im Kontext von Kultur. Teilhabe am kulturellen Leben wird in der UN-BRK erstmals explizit unter zwei Aspekten gesehen, unter den Aspekten *Rezeption* und *Produktion*. Unter *Rezeption* wird Teilnahme in Form des Zugangs zu Medien aller Arten, Informationen, Orten und Veranstaltungen verstanden. *Rezeption* meint also da sein, dabei sein, wahrnehmen, erfahren, reflektieren usw. Hierzu Artikel 30 Abs. 1 der UN-BRK:

> »(1) Die Vertragsstaaten anerkennen das Recht von Menschen mit Behinderungen, gleichberechtigt mit anderen am kulturellen Leben teilzunehmen, und treffen alle geeigneten Maßnahmen, um sicherzustellen, dass Menschen mit Behinderungen
> a) Zugang zu kulturellem Material in zugänglichen Formaten haben;
> b) Zugang zu Fernsehprogrammen, Filmen, Theatervorstellungen und anderen kulturellen Aktivitäten in zugänglichen Formaten haben;

c) Zugang zu Orten kultureller Darbietungen oder Dienstleistungen, wie Theatern, Museen, Kinos, Bibliotheken und Tourismusdiensten, sowie, so weit wie möglich, zu Denkmälern und Stätten von nationaler kultureller Bedeutung haben (Art. 30 Abs. 1).«

Produktion meint künstlerische Tätigkeit, meint gestalten von Materialien, meint aber auch darstellerische Tätigkeit als Sänger(in), Schauspieler(in), meint das Spielen von Instrumenten usw. Erstmals wird Menschen mit Behinderung in einem Text mit Gesetzescharakter dieses aktive künstlerisch-kreative Potenzial zugeschrieben. Die UN-BRK formuliert:

»(2) Die Vertragsstaaten treffen geeignete Maßnahmen, um Menschen mit Behinderungen die Möglichkeit zu geben, ihr kreatives, künstlerisches und intellektuelles Potenzial zu entfalten und zu nutzen, nicht nur für sich selbst, sondern auch zur Bereicherung der Gesellschaft (Art. 30 Abs. 2).«

Wie kann nun Artikel 30 der UN-BRK im Kontext von Menschen mit komplexen Beeinträchtigungen gelesen werden? Wie können die enthaltenen Zuschreibungen verstanden werden? Welches sind geeignete Maßnahmen?

Die *eine* Antwort auf diese Fragen gibt es nicht. Es kann sie auch nicht geben, denn die Sichtweisen, Gefühle, künstlerischen Interessen und Rahmenbedingungen der Pädagog(inn)en und all derer, die kulturvermittelnd tätig sind, sind ebenso verschieden wie die der Menschen mit komplexen Beeinträchtigungen aller Altersstufen. Wo also beginnen? Im Folgenden wird eine Position entwickelt, die sich an den Grundprinzipien des Lebens orientiert und auf dieser Basis das Hineinwachsen in das Leben und in kulturelle Aktivitäten begleitet und fördert. Ausgehend von dem Ansatz der *Lebenspartitur* entwickelt sich eine Folge von Ideen für kulturelle Teilhabe von Menschen mit komplexen Beeinträchtigungen. Kulturelle Teilhabe meint Teilhabe an allen Ausdrucksformen der Kultur; im Bereich der Musik meint dies die Teilhabe an der gesamten Bandbreite der Musikkultur. Es gibt keine Musik, die zu *schwer* oder zu *fremd* für Menschen mit komplexen Beeinträchtigungen ist, es gibt nur Musik, die Interesse weckt oder nicht, die stimuliert oder entspannt, die gefällt oder nicht. Um herauszufinden, welche Musik welche Reaktionen auslöst, muss zunächst die Bandbreite der Musikkulturen im Angebot sein – nur dann kann ausgewählt werden. Die Möglichkeit, wählen zu können, ist einer der zentralen Aspekte von Teilhabegerechtigkeit.

2 Die Lebenspartitur

Vor 100 Jahren war man der Überzeugung, das Neugeborene komme als in jeder Hinsicht unerfahrenes Lebewesen auf die Welt. Heute weiß man es besser. Alle Untersuchungen zeigen, dass Neugeborene über akustische Erfahrungsmuster verfügen und deutliche Vorlieben für Klänge und Stimmen aufweisen. In dem Film »Das Wunder des Lebens – Faszination Liebe« von Lennart Nilsson (1991) über Zeugung und Wachstum des menschlichen Embryo ist die Bewegung der Samen hin zur Eizelle zu sehen und als eine Art hoher Summton zu hören: Hierauf weist Nilsson ausdrücklich hin. In der Folge bleibt es nicht beim Summton: Der mütterliche Organismus ist eine ununterbrochene Quelle unwillkürlich entstehender Geräusche: Atemgeräusche, Verdauungsgeräusche, das Rauschen des Blutes, das Geräusch des Herzschlags. Mitten in dieser recht lauten Welt von 80–95 Dezibel wächst der Embryo heran. Gelegentlich erfährt er auch Überraschendes und Besonderes: Das Geräusch eines Motors, eines Liedes, Musik.

Das Ohr selbst ist zur Halbzeit der Schwangerschaft ausgebildet. Dass Schallinformationen von diesem Zeitpunkt an zum Gehirn weitergeleitet und dort Gedächtnisspuren gelegt werden, die nach der Geburt wirksam sind – um die Anerkennung dieser Erkenntnis hat der französische Arzt Alfred Tomatis lange gekämpft. Tomatis hat vor mehr als vierzig Jahren über die psychische Bedeutung dieser Gedächtnisspuren zu sprechen begonnen (Tomatis 1987, 35 f.). Damals war das Pionierarbeit. Die Fallbeispiele zeigen, dass durchaus bekannt ist, wovon manche Dichter geschrieben haben, wie etwa Adalbert Stifter:

»Weit zurück in dem leeren Nichts ist etwas wie Wonne und Entzücken, das gewaltig fassend, fast vernichtend in mein Wesen drang und dem nichts mehr in meinem künftigen Leben glich. Die Merkmale, die festgehalten wurden, sind: Es war Glanz, es war Gewühl, es war unten. Dies muß sehr früh gewesen sein, denn mir ist, als liege eine hohe, weite Finsternis des Nichts um das Ding herum.
Dann war etwas anderes, das sanft und lindernd durch mein Inneres ging. Das Merkmal ist: Es waren Klänge.
Dann schwamm ich in etwas Fächelndem, ich schwamm hin und wieder, es wurde immer weicher und weicher in mir, dann wurde ich wie trunken, dann war nichts mehr« (Janus 1997, 35).

Ludwig Janus, Vertreter der Pränatalen Psychologie in Deutschland, verweist wie Tomatis auf das Kontinuum der Erfahrung der akustischen Phänomene: »Das vorgeburtlich Gehörte wird nachgeburtlich wiedererkannt und schlägt damit eine Brücke zwischen den Welten. Dieses Identitätsband der Töne führt durch die Fährnisse der Geburt, wie es symbolisch in Mozarts ›Zauberflöte‹ ausgedrückt ist. Aus der Musik gewinnen Tamino und Pamina die Kraft, die geburtssymbolische Initiation durchzustehen: ›Wir wandeln durch des Tones Macht froh durch des Todes düst're Nacht!‹« (Janus 1997, 209) Hier begegnen wir zum ersten Mal der Zauberflöte.

Die Lebenspartitur, in die wir alle hineingewachsen sind, lässt sich in grafischer Notation in sechs Zeilen darstellen; sie ist von unten nach oben zu lesen.

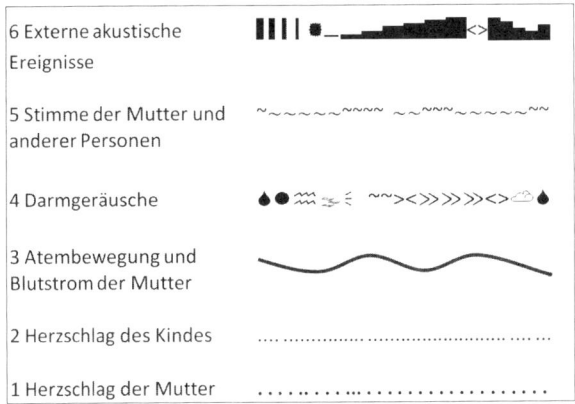

Abb. 1: Lebenspartitur 1, © Merkt

Die pränatale Schwingungswelt ist eine prämusikalische Welt. Der Herzschlag der Mutter ist der erste Puls, gleichsam der Ur-Puls des Lebens. Manchmal ist er regelmäßig, manchmal nicht. Die erste Zeile der Lebenspartitur wird später zum Rhythmus, der manchmal regelmäßig ist, manchmal *stolpert*, so wie das Herz. Zum Ur-Puls hinzu kommt als zweite Zeile der Lebenspartitur der Herzschlag des Kindes, der bereits zwischen der dritten und vierten Schwangerschaftswoche im Ultraschall als Pulsieren sichtbar wird. Wenn sich das Leben selbst in überlagernden Rhythmen entfaltet, ist es nicht überraschend, dass sich überlagernde Rhythmen später im Leben wiederfinden – in der Musik. Die dritte Zeile der Lebenspartitur ist die beständige Atembewegung der Mutter. Der Körper weitet und verengt sich, manchmal gibt es auch die Pause zwischen den Atemzügen. Die Atembewegung ist die Basis von Stimme und Melodie. Die ersten drei Zeilen der Lebenspartitur sind für den Fortgang des Lebens unentbehrlich: Das Leben ist zu Ende, wenn Atem und Herzschlag nicht weitergehen. Rhythmus und Melodie sind, wenn man so will, aus den Grundlagen des Lebens selbst geboren.

Die Darmgeräusche sind sozusagen nah am Ohr und überraschen immer wieder: Wer einmal am Bauch eines Menschen gehorcht hat, ist über die Vielfalt dessen erstaunt, was da zu hören ist. Pfeifen, Gurgeln, Gluckern, Zischen, mal nah, mal fern – es ist ein sehr räumliches Erlebnis. Diese vierte Zeile der Lebenspartitur bereitet uns – wie auch die weiteren Zeilen – auf akustische Überraschungen vor. Darauf, dass man manchmal etwas hört, manchmal nicht, und darauf, dass das, was man hört und spürt, sehr unterschiedlich sein kann. Die fünfte Zeile der Lebenspartitur stellt hier die Stimme der Mutter dar, die mit jemandem spricht. Auch wenn sich das *Unterwasserhören* im Uterus sehr anders anhört als später das *Überwasserhören* – das Kind bevorzugt vom ersten Tag an die Stimme, die es am besten kennt, die ihm im wahrsten Sinne des Wortes immer am nächsten ist. Dass Stimmen abwechselnd oder auch gleichzeitig erklingen – auch das überrascht das Kind später nicht. Es ist grundsätzlich mit der Fähigkeit zu selektivem Hören ausgestattet und kann die Aufmerksamkeit auf eine von mehreren erklingenden Stimmen richten. Die sechste Zeile der Lebenspartitur meint die externen Klänge und Geräusche, denen sich das Kind – wie auch den anderen akustischen Phänomenen – nicht entziehen kann. Ein leiser werdender Motor, eine zugeknallte Tür, ein lauter werdendes Geräusch mit kurzem Nachklang. Die Mütter berichten, dass das Kind im Bauch mit Bewegung auf äußere Klänge und Geräusche, auch auf Musik reagiert. Die zunächst reflexhafte, später auch die bewusste Reaktion des Körpers auf Gehörtes in Form von Bewegung gehört zur Grundausstattung des Seins.

Die Wahrnehmung der pulsierenden und geräuschhaften Welt ist untrennbar mit der Gefühlswelt verbunden. Das Kind erfährt und erlebt die Reaktionen der Mutter auf Ereignisse, es entspannt sich oder erschrickt, es krampft sich zusammen oder hält still. Die akustischen Ereignisse werden unmittelbar mit der dazugehörigen Gefühlswelt der Mutter gleichsam aufgeladen – und so erfährt das Kind, wie man sich in den verschiedenen Kontexten eben fühlt. Die akustische Welt ist von Beginn des Lebens an immer auch Gefühlswelt – und so ist es nicht überraschend, dass im weiteren Verlauf des Lebens die akustische Welt, sprich die Musik, gleichzeitig Gefühlswelt ist.

3 Lauthülle – Lautspiegel – Lautgestaltung

Der Mutterleib ist Leib- Hülle – und *Lauthülle*. Wenn das Kind die Hülle verlässt und geboren wird, kann es, wie bereits erwähnt, auf eine Vielzahl von Hörerfahrungen in Verbindung mit Gefühlserfahrungen zurückgreifen. Mit der physischen Geburt geschieht dann auch eine akustische Geburt: Das Hören unter Wasser wird allmählich zum Hören in der Luft. Etwa 10 Tage nach der Geburt verschwindet das Fruchtwasser aus dem Mittelohr und die Welt der Klänge und Geräusche verändert sich. Das Kind kann die neuen Klangwelten in bekannte Strukturen einordnen – zum Glück, denn sonst wären die vielen neuen Erfahrungen schwer zu bewältigen.

Die große neue Erfahrung ist die, dass sich das Kind allmählich als Erzeuger von akustischen Ereignissen erleben kann. Zunächst produziert es unwillkürlich eine Fülle von Geräuschen und Lauten. Geräusche bei der Nahrungsaufnahme, beim Niesen oder Husten, bei der Verdauung, zufällige Laute bei der Atmung. Sehr schnell wird die Stimme zum Instrument der Kontaktaufnahme. Schon drei Wochen alte Säuglinge verfügen über vier Arten von Schreien: den Hungerschrei, den Wutschrei, den Schmerzschrei und den Frustrationsschrei. Innerhalb kurzer Zeit lernt die Mutter, diese Schreie zu verstehen – und zu beantworten.

Das Kind bedarf dieser Beantwortung, es bedarf der Resonanz: Kinder, denen diese akustische Resonanz vorenthalten wird, entwickeln schwere Störungen, wie die Hospitalismusforschung gezeigt hat (Spitz 1967). Das Kind braucht die Resonanz, braucht den *Lautspiegel*.

»Noch bevor der Blick und das Lächeln der nährenden und pflegenden Mutter dem Kind
ein visuell wahrnehmbares Bild von sich selbst widerspiegelt, das es zur Verstärkung seines
Selbst und zur Entstehung seines Ichs internalisiert, stellt ihm das melodische Bad (die
mütterliche Stimme, ihre Lieder, die Musik, die sie das Kind hören läßt) einen ersten
Spiegel von Klängen zur Verfügung, den es zum eigenen Gebrauch übernimmt, zuerst
durch sein Schreien (auf das hin die Mutter ihn beruhigt), dann durch sein Lallen und
schließlich durch seine phonematischen Spiele« (Anzieu 1996, 221).

Die Erwachsenen, die das Kind versorgen, gestalten in der Regel die natürliche Alltagssituation als kommunikative Situation in *intuitiver elterlicher Didaktik* (Papoušek 1994, 31). Wie die Geschichte der Entstehung der Melodie lesen sich die Untersuchungsergebnisse von Papoušek, die die mütterliche Sprechmelodik, die melodische Geste amerikanischer, deutscher und chinesischer Mütter untersucht hat.

»Mütter wählen dem Kuckucksruf vergleichbare Rufkonturen, wenn sie sich um Blickkontakt mit dem Kind bemühen. Sie benutzen bevorzugt steigende Melodien, wenn sie die
Aufmerksamkeit oder einen Beitrag zum Dialog anzuregen suchen. Sie benutzen niederfrequente, langsam fallende Melodien, um einen übererregten oder verdrießlichen Säugling zu beruhigen. Sie belohnen ein Lächeln, angenehme Laute oder andere erwünschte
Verhaltensformen mit kontingenten fallenden oder steigend-fallenden Melodien« (ebd., 132).

Die Laute der Kinder werden allerdings nicht nur gespiegelt, d. h. unmittelbar imitiert, sie werden variiert und akustisch erweitert: Nur so kann das Kind auch sein Repertoire vergrößern. Es imitiert, greift auf, variiert und experimentiert – und so entwickelt sich die immer eigenständigere *Lautgestaltung*. Aus der Reaktion wird die Aktion. Im weiteren Sinn ist Lautgestaltung auch das Erzeugen von Klängen und Geräuschen durch die Bewegung von Händen und Füßen. Lautgestaltung, das sind Hände, die mit einem Gegenstand auf einen anderen Gegenstand klopfen, Füße, die auf den Boden stampfen. Das Kind erfährt auch über die akustischen Ereignisse das Gesetz von Ursache und Wirkung und vergrößert seine Reichweite mit Hilfe von Stimme und *Werkzeug*.

Warum diese Gedankenkette, warum dieser Dreischritt im Kontext Teilhabegerechtigkeit bei Kindern, Jugendlichen und auch Erwachsenen mit komplexen Beeinträchtigungen? Teilhabegerechtigkeit meint nicht, dass alle das Gleiche bekommen, sondern dass alle bekommen, was sie in ihrer jeweiligen Situation nehmen können, um sich weiter zu entwickeln. Zur Teilhabegerechtigkeit gehört, wie die UN-BRK sagt, die Zuschreibung von Potenzial, von Entwicklungspotenzial. Damit sich Potenzial entfalten kann, braucht es nicht immer, aber manchmal den Rückgriff auf den hier beschriebenen Dreischritt Lauthülle, Lautspiegel, Lautgestaltung. In der pädagogischen Umsetzung und Förderung werden aus dem Dreischritt dann im Handeln die Aktionen Lauthülle schaffen, Lautspiegelung geben, Lautgestaltung ermöglichen (Merkt 2000, 17 ff.).

Lauthülle schaffen

Lauthülle ist Höhle, Schutz, Geborgenheit, Entspannung, Da-Sein. Mancher Erwachsene kennt und genießt die Situation: Man ist gemütlich irgendwo für sich und genießt die Stimmgeräusche aus der Umgebung. Ein Teil des Genusses ist, nicht reagieren zu müssen. Man fühlt, man ist unter Menschen – man ist dabei und braucht nichts zu tun. Das ist das Wohlgefühl im akustischen Uterus, das gleichzeitig entspannt und Energie gibt.

Es gibt viele Situationen, in denen es angemessen ist, die Lauthülle für Menschen mit komplexen Beeinträchtigungen zu schaffen. Ein Beispiel: Ein taubblindes Kind wird im Arm gewiegt, der Betreuer singt im entspannten Wiegenlied-Modus – aber tagsüber keineswegs ein Wiegenlied. Wiegenlied-Modus heißt: Langsames Tempo, keine großen Tonsprünge, viele Wiederholungen. Warum nicht die Zauberflöte: »Das klinget so herrlich, das klinget so schön, la la la …« Jede Melodie, die dem Angenehm-Modus der Singenden und der Hörenden entspricht, ist geeignet, um den akustischen Uterus entstehen zu lassen. Selber Singen hat viele Vorteile: Man kann das Tempo ändern, man kann leiser und lauter werden, man kann Stellen wiederholen. Summen oder der Gebrauch von Silben wie »na na na« ist ebenso angenehm zu hören wie ein Lied. Ein weiteres Beispiel: Ein Mann mit Autismus-Syndrom möchte nicht angefasst werden, hört aber gern den Klang einer tiefen Stimme in Verbindung mit dem Klang eines Monochords. Eine entspannte Stimmimprovisation über dem Grundton des Monochords erzeugt einen meditativen Klangstrom, den man auch einfach nur genießen darf. Ein drittes Beispiel: In einer Jeki-Klasse – die Kenntnis des Großprojekts ›Jedem Kind ein Instrument‹ wird als bekannt vorausgesetzt – an der Christy-Brown-Schule in Herten wird das Spiel von Instrumenten erprobt. In der Runde sitzt auch eine Betreuerin, die ein etwa 9-jähriges Kind im Arm hat. Das Kind ist wegen epileptischer Anfälle sehr sediert, es hängt mit schlaffem Körpertonus in den Armen der Betreuerin, der Kopf fällt zur Seite. Es ist nicht erkennbar, welche Impulse wahrgenommen werden können. Dennoch: Das Kind ist dabei. Die Betreuerin klopft sachte einen Rhythmus auf den Oberschenkel, streichelt dann die Arme. Es gibt keine erkennbare Reaktion. Niemand kann sagen, was das Kind erlebt.

Kulturell gedacht: Auch in einer solchen Situation gibt es keine falsche Musik. Jede Melodie aus jeder Musikkultur ist geeignet – vorausgesetzt, sie verläuft im Modus der Entspannung und Beruhigung für das Kind. Solche Melodien gibt es in allen Kulturen. Teilhabegerechtigkeit heißt, dass beim Anbieten der Lauthülle eine altersgemäße und kulturell angemessene Auswahl getroffen wird. Erwachsene Menschen mit Musik zu beglücken, die für Kinder gemacht ist, das ist allerdings in der Regel unangemessen und, um es hart zu sagen, ein unwürdiges Angebot.

In den vergangenen Jahren hat sich das Ideenspektrum im Zusammenhang mit akustisch-vibratorischen Erfahrungsangeboten sehr erweitert. Es reicht von der Nutzung des Didgeridoo und des Cajon über die Klangschalen bis zur Entwicklung neuer Instrumente wie Klanginsel, Klangstuhl, Klangliege und Körpertambura. Alle diese Entwicklungen schaffen Hülle – und sie gehen, nicht zu vergessen, auf Klangwelten und Instrumente aus der nicht-europäischen Musikkultur zurück.

Lautspiegelung geben

Die Lautspiegelung ist Antwort, Bestätigung und bedarf der Erweiterung. Welche Laute die Kinder auch von sich geben – Juchzer, Brummen, Lachen oder auch Worte – die Laute werden unterstützend wiederholt, beantwortet, weiterentfaltet und, das ist wichtig, durch die stimmliche oder akustische Resonanz im guten Fall mit Freude gleichsam aufgetankt. In der Weiterentwicklung werden die Laute mit einer sich wiederholenden Bewegung verbunden, in ein bekanntes Lied oder in ein selbsterfundenes Spontanlied eingebaut. Teilhabegerechtigkeit bedeutet auch hier Altersangemessenheit. Altersangemessenheit bezieht im Übrigen Humor mit ein: Wortspiele, Sprachwitze, Silbenspiele, das Spiel mit Überraschungen, mit Bejahung und Verneinung, mit Pausen, die Reaktionen provozieren, Spiele mit Gesten – alles ist möglich. Es ist grundsätzlich hilfreich, wenn die Lautspiegelung auch den Spiegelnden Spaß macht. Erinnern Sie sich an die intellektuelle und gefühlte Freude, die es macht, mit Kindern Sprachquatsch und Unsinn zu machen? Silbenketten zu wiederholen und abzuwandeln? Etwas von dieser elementaren Freude in die musikorientierte Arbeit mit Menschen mit komplexen Beeinträchtigungen einzubringen, ist hilfreich für alle Beteiligten. Wahrscheinlich haben Menschen mit komplexen Beeinträchtigungen mehr Sinn für Humor als wir vermuten.

Lautgestaltung ermöglichen

Lautgestaltung ermöglichen, das ist Handlung, Experiment, Erfahrung und schließlich Produktion. Kinder, Jugendliche und auch Erwachsene lernen immer wieder durch Nachahmung und durch erforschendes Ausprobieren. Je mehr das Ausprobieren unterstützt wird, desto intensiver wird die Phase des Forschens und Experimentierens. Der Weg, Kinder, Jugendliche und auch Erwachsene mit komplexen Beeinträchtigungen darin zu unterstützen, ihre Neugier zu leben und ihren Erfahrungshorizont zu erweitern, ist in jedem Fall ein körperlicher Weg. Der musikalische Weg ist per se ein ganzkörperlicher Weg: Die Schwingungsempfindung ist ganzkörperlich, die Bewegungsreaktion erfasst den ganzen Körper. Aus der Vibrationswahrnehmung, aus der Stimulation wird die körperliche Aktion.

Aus einer unwillkürlichen Körperaktion entsteht ebenso Musik wie aus der willkürlichen – vorausgesetzt, es gibt die richtigen Bedingungen. Ein Instrument, das aus beidem, aus der unwillkürlichen und der willkürlichen Aktion Musik werden lässt, ist die sogenannte *Variable Klangwiege*. Das für therapeutische Zwecke entwickelte Instrument – es dient natürlich ebenso auch der Klangerfahrung und pädagogischen Zwecken – ist ein hölzernes Halbrund von etwa zwei Metern Länge, in das man sich hineinlegt. An der Längsseite der Grundkonstruktion können nun verschiedene Klangelemente angebracht werden, die sowohl von der Person in der Klangwiege zum Klingen gebracht werden kann, als auch von neben der Klangwiege Sitzenden gespielt werden. Ein anderes Großinstrument ist die sechseckige *Klanginsel*, auf die man sich legt. Sie nutzt als Multifunktionsinstrument auch moderne Elektronik. An verschiedenen Stellen ist sie mit Tonabnehmern ausgestattet. Wird zum Beispiel an einer Stelle auf der Klanginsel ein Fuß bewegt, gibt es einen Klang, wird an einer anderen Stelle die Hand bewegt, gibt es einen anderen. Die Tonabnehmer unter der Liegefläche können mit zahlreichen Klängen belegt werden, so dass sich nach Vorlieben und Interessen ein *Körperorchester* zusammenstellen lässt.

Ein Instrument, auf das man sich setzt, ist das Cajon: Eine Holzkiste mit metallischem Innenleben, das mitklingt, wenn die Vorderfläche mit den Handflächen geschlagen wird. Die Big Bom, eine Schlitztrommel, die so groß ist, dass man sich darauf legen kann, ist leider aus dem Sortiment der ehemaligen Herstellerfirma Schlagwerk Klangobjekte genommen, es gibt allerdings noch kleinere Schlitztrommeln, die man auf den Schoß legen oder in den Arm nehmen kann. Das elementarste Erleben des Musikmachens ist die Klang- oder Ton-Erzeugung mit dem Schlag der Hand oder durch die Bewegung der Finger – das Gesetz von Ursache und Wirkung wird körperlich erfahren.

Die willkürliche, die bewusste körperliche Aktivität mit dem Ziel der Produktion von Klängen oder Geräuschen – dies ist das Erleben des Gesetzes von Ursache und Wirkung. Es ist Ziel jeder Pädagogik, dieses Gesetz erfahrbar zu machen und eine möglichst große Bandbreite der Gestaltungsmöglichkeiten innerhalb dieses Gesetzes zu vermitteln.

So kann der Weg sein: *Von der Lauthülle zum Lautspiegel zur Lautgestaltung.* Welche Facetten dieser drei Erfahrungs- und Gestaltungsbereiche der Mensch in seiner Lebenszeit angesichts seiner persönlichen Bedingungen braucht oder bevorzugt, welche Facetten musikorientierten oder auch musikalischen Handelns er gestaltet – das bleibt zunächst offen. Es gibt immer ein Hin und Her zwischen den drei Bereichen. Musikhören ist immer Lauthülle – das trifft für alle Menschen zu. Lernen durch Nachahmung und Variation – auch das trifft für alle Menschen zu – ebenso wie alle Menschen über das Potenzial verfügen, aus Lauten und Klängen akustische Abfolgen oder auch musikalische Abfolgen zu machen.

4 Mehr als das Elementare

Der Begriff des Elementaren war insbesondere in der Musikpädagogik lange geprägt von einem Zitat von Carl Orff. Orff, der in der musikpädagogischen Welt als Begründer des Orff-Schulwerks gilt, obwohl Gunhild Keetman in gleicher Weise am Entstehen des Schulwerks beteiligt war, schreibt im Jahrbuch des Orff-Instituts

1963: »Elementare Musik ist nie Musik allein, sie ist mit Bewegung, Tanz und Sprache verbunden, sie ist eine Musik, die man selbst tun muss, in die man nicht als Hörer, sondern als Mitspieler einbezogen ist. Sie ist vorgeistig, kennt keine große Form, keine Architektonik, sie bringt kleine Reihenformen, Ostinati und kleine Rondoformen. Elementare Musik ist erdnah, naturhaft, körperlich, für jeden erlern- und erlebbar, dem Kinde gemäß« (Orff 1964, 16). Das Zitat zeigt in seiner Zeitgebundenheit ein sehr dezidiertes und aus heutiger Sicht enges Verständnis von Musik. Man kann Orff auch so lesen: Die elementare Musik ist eine zwar durchaus eigenwertige, aber dennoch letztlich nur notwendige Vorstufe zur eigentlichen Musik: Die eigentliche Musik ist geistig, kennt die große Form, die Architektonik, überwindet das Erdnahe, Naturhafte. In Werken abendländischer Musikkultur gesprochen wäre die eigentliche Musik dann die Symphonie, das Oratorium, die Oper. Der Weg ist also der von der elementaren Musik hin zum Kunstwerk. Dass Orff als Komponist, der er in erster Linie war, so denkt, ist nicht verwunderlich. Was aber von diesem Denken bleibt, ein bestimmtes oder eher unbestimmtes Gefühl von der Existenz eines *Nicht* oder eines *Noch-Nicht* oder sogar eines *Nie* im Zusammenhang mit dem Begriff des Elementaren. Das Verbleiben im Elementaren wäre nach diesem Verständnis auf jeden Fall ein Defizit. Die Vorstellung eines *Noch-Nicht* ist nun in der Arbeit mit Menschen mit komplexen Beeinträchtigungen wenig hilfreich, denn sie würde alle Aktivitäten und Lebensäußerungen immer im Bereich des Uneigentlichen oder eben des *Noch-Nicht* ansiedeln. Deshalb wird im Folgenden ein anderes, ein neues Verständnis elementarer Musik vorgeschlagen, das den Aspekt des *Noch-Nicht* überwindet und die Idee eines gemeinsamen Seins in einer befriedigenden (musikbetonten) Gegenwart propagiert.

Das Elementare ist das Ganze: Musikmachen und Musikhören

Das Konzept *Elementare Musik*, wie es hier skizziert wird, bezieht sich auf die beiden grundlegenden Aktivitäten des Musikmachens und des Musikhörens in Verbindung mit den Zeilen und Elementen der Lebenspartitur. Die Trennung des Elementaren vom Elaborierten, des Einfachen vom Komplexen wird in dem hier vorgeschlagenen Konzept aufgehoben. Diese Trennung stellt im Umgang mit den Künsten generell eine Barriere für das Denken und auch für das Handeln dar. Nur zu oft werden Zuschreibungen von Potenzialen, ausgerichtet an Lebensaltern oder Entwicklungsaltern zu Hindernissen: Ausdifferenzierte und sogenannte anspruchsvolle Musik wird gerade auch Menschen mit komplexen Beeinträchtigungen nicht angeboten oder vermittelt, weil man denkt, die Hörenden könnten diese oder jene Musik nicht adäquat hören. Aber: Was ist adäquates Hören, was ist adäquates Wahrnehmen von Musik, was ist adäquates Machen von Musik? Natürlich gibt es unterschiedliche Arten, Musik zu hören oder auch Musik zu machen: Adäquates Hören ist die individuelle Resonanz, das individuelle Berührtsein von Musik – und in diesem Sinne kann es kein inadäquates Hören oder Machen von Musik geben. Mozart hat es geliebt, wenn die Leute auf der Straße seine Melodien gepfiffen haben – er fand dies offenbar eine angemessene Rezeption seiner musikalischen Ideen und in diesem Sinne eine adäquate Reaktion. Adäquates Musikmachen ist das Musikmachen, das genau das Potenzial deutlich werden lässt, das im gegenwärtigen Moment zur Verfügung steht. Adäquat – das kann der eine Ton sein, der mit der Handchime angeschlagen wird und es kann die virtuose Arie sein.

Aktivierendes Musikmachen

Die Aktivität des Musikmachens ist die Umsetzung der Lebenspartitur in eine musikalische Partitur. Die Lebenspartitur wird zur musikalischen Partitur, sie wird in gestaltete Klänge übersetzt. Dabei gibt es zunächst keine bestimmte klangliche Welt: Zur Umsetzung können alle erdenklichen Klang- und Geräuscherzeuger genutzt werden – alle Gegenstände, alle Instrumente einschließlich des Körpers. Die Lebenspartitur wird bei jeder Gestaltung oder Aufführung anders klingen, je nach Auswahl der Instrumente, der Gestaltung der Tempi usw. Die akustisch gestaltete Lebenspartitur ist ein Thema mit Variationen – wie das Leben selbst. Ein Beispiel für eine Version mit Alltagsgegenständen, Körper und Stimme zeigt die Lebenspartitur 2.

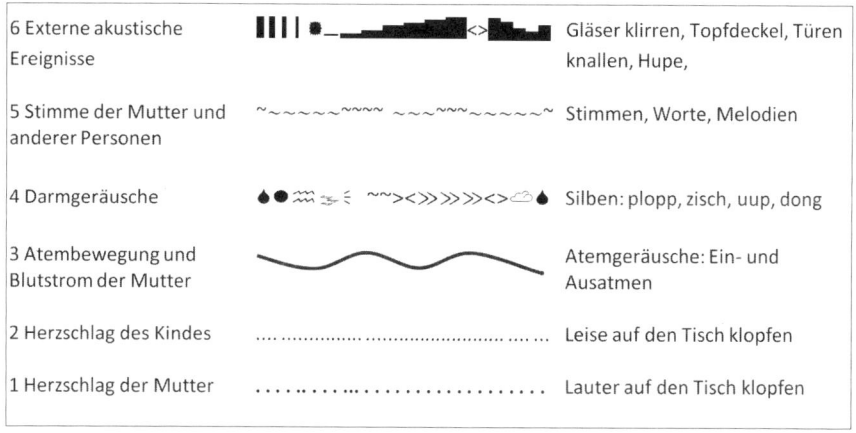

Abb. 2: Lebenspartitur 2, © Merkt

Werden die Zeilen von einer einzelnen Person nacheinander in Folge gespielt – erst Zeile 1, dann zwei, dann drei usw., entsteht ein überwiegend leises und feines Musikstück, das die Umsetzung einer grafischen Partitur ist. Steht eine Gruppe zur Verfügung kann die Partitur auch aufeinander aufbauend musiziert werden. Zunächst Zeile 1, dann Zeile 1 plus Zeile 2, dann die Zeilen 1, 2 und 3 usw. Zeile 1 erklingt also am längsten – sie ist die Basis des ganzen Stücks – wie der Rhythmus die Basis des Lebens ist. Das musikalische Ergebnis klingt ein wenig nach Neuer Musik, benutzt man Alltagsgegenstände, Stimme und Körper. Wird die Partitur nur mit Stimmen oder mit traditionellen Instrumenten gestaltet, ergeben sich auch Stücke a capella oder Stücke mit dem Charakter klassischer Musik. Die Atembewegungen und die Stimmen werden zur Melodie, alle anderen Zeilen der Partitur werden rhythmische Elemente, die mit verschiedenen Instrumenten auch auf Tonhöhen gespielt werden können.

Spürendes Musikhören

Das gestaltete Musikhören oder besser gesagt, das spürende Musikhören kommt in Anwendung bei Menschen, die selbst nicht über ein Bewegungsrepertoire zu Musik verfügen: Ihr Körper empfängt dann die Impulse durch Berührung von außen. Der Herzschlag wird auf die Handinnenfläche geklopft, die Arme spüren beim Auf und Ab der Melodie eine streichelnde Berührung, das Hoch und Tief der Melodie wird auf den Handflächen nachgezeichnet, die Arme oder auch die Beine werden zur Musik bewegt. Vielleicht ist auch die Übernahme von Bewegungen aus den Kommunikationssystemen für Taubblinde wie dem Lormen oder dem Taktilen Gebärden (Sabel 2004) oder auch aus der Gebärdensprache (Weber-Guskar 2008) denkbar? Voraussetzung für die Anwendung des spürenden Hörens ist ein gutes und sicheres Gefühl dafür, ob die Berührung als angenehm empfunden wird oder nicht. Nichts ist so unangenehm wie eine ungewollte Berührung – dies gilt für alle Menschen und gerade auch für Menschen mit komplexen Beeinträchtigungen. Eine angenehme Berührung führt aber auch zu vertiefter Körperwahrnehmung und Körperbewusstsein.

Das Hören und Erleben von Musikstücken im Sinne des *Spürenden Hörens* ist nicht auf bestimmte Musik eingegrenzt: Kein Musikstück, keine Musikkultur ist ausgeschlossen. Alle Musikstücke der Welt bestehen aus den Elementen und Strukturen der Lebenspartitur. Kleiner Hinweis: In Partituren der Kantaten von Johann Sebastian Bach wie generell in der Musik der Barockzeit werden die Strukturen der Lebenspartitur besonders deutlich. Der Basso Continuo ist das rhythmische Gerüst, sprich der Herzschlag, darüber entfalten sich die Klänge der verschiedenen Instrumente und Stimmen.

Mitspielendes Hören

Der gehörten Musik, Klänge und Geräusche hinzuzufügen, ist eine pädagogische Methode, die als *Mitmachmusik* schon lange bekannt ist: Von einem Tonträger wird Musik gespielt, und zum gehörten Musikstück werden Instrumente gespielt. Die Schwierigkeitsgrade sind dabei recht unterschiedlich: Vom einfachen Mitklatschen bis zum differenzierten Einsatz von Instrumenten ist alles möglich.

Ein Beispiel, das hier etwas ausführlicher dargestellt werden soll ist das Duett zwischen Papageno und Pamina »Das klinget so herrlich« aus der Oper *Die Zauber-*

flöte von Wolfgang Amadeus Mozart. Die Situation: Papageno und Pamina wollen aus der Gefangenschaft des Monostatos entfliehen, der wiederum für Sarastro, den Herrscher des Weisheitstempels, arbeitet. Die Flucht wird entdeckt und Monostatos und die Sklaven umringen die Flüchtenden. Papageno erinnert sich gerade noch rechtzeitig an das Zaubermittel, das ihm von seiner Herrin, der Königin der Nacht, gegeben wurde – an das Glockenspiel. »Wer viel wagt, gewinnt oft viel! Komm, du schönes Glockenspiel, lass die Glöckchen klingen, klingen, dass die Ohren ihnen klingen!« Das Glockenspiel erklingt und verzaubert die Verfolger sofort, sie beginnen zu tanzen und vergessen die Verfolgung der Flüchtenden: »Das klinget so herrlich, das klinget so schön, lara la la la larala, la la, rala. Nie hab ich so etwas gehört und gesehen, larala la la larala, lala la rala.« (Mozart, Wolfgang Amadeus; Soldan, Kurt (1960, 76). Diese volkstümlich gehaltene Melodie kann sofort mitgesungen werden, sie findet sich im Übrigen wieder in dem Kinderlied »In meinem kleinen Apfel, da sieht es lustig aus, es sind darin fünf Stübchen, grad wie in einem Haus […]« (Weber-Kellermann 2011, 109).

Abb. 3: »das klinget so herrlich«, © Merkt

Eine Mitspielmusik entsteht, wenn die Grundtöne der Dreiklänge mitgespielt werden, auf denen die Melodie aufgebaut ist. Zum Text passende Instrumente sind in diesem Fall Glocken oder glockenähnliche Instrumente. Es gibt auf dem Instrumentenmarkt für die Musikpädagogik gestimmte Glocken: Montessori-Glocken, die auf einem Brett montiert sind und angeschlagen werden oder farbige Glocken (in einem Satz von 8 Glocken), die geschüttelt und so zum Klingen gebracht werden. Schön und lang nachhallend klingen die sogenannten Handchimes: Gestimmte Metallstäbe mit darauf befestigten Schlegeln, die sich bei Bewegung selbst zum Klingen bringen.

Das unmittelbare Mitspielen zu einer Tonaufnahme dieser 17. Szene der Zauberflöte ist wenig empfehlenswert, weil das Tempo der Aufnahme hoch ist und in der Regel nicht reguliert werden kann. In langsamerem Tempo gesungen entfaltet sich der freundliche Zauber diese Melodie ohnehin besser. In der Einzelarbeit oder auch in der Gruppe wird die Melodie mit Text gesungen – für Nichtgeübte ein wenig tiefer als im Original. Drei Glockentöne oder drei Handchimes braucht man zur Begleitung. Steht die Melodie wie im Tonbeispiel in D-Dur, braucht man die Töne d, a und g.

Jeder Musik ist das Elementare inne. Den Weg der Entwicklung mit Hilfe der Musik und den Weg der Musik mit Kindern mit komplexen Beeinträchtigungen möglichst weit und möglichst intensiv gehen zu können – darin unterstützen viele, die die Musik lieben, diejenigen, die das musikalische Angebot gebrauchen und auch nehmen können. Schön ist es, wenn es gelingt, die Sinne dazu zu verführen, gerne tätig zu sein. Am schönsten ist es, wenn es im Musikunterricht und in der Förderung durch Musik gelingt, der Zustimmung zum Leben Ausdruck zu verleihen.

Vielleicht liegt auch darin die Macht der Musik: Sie erinnert uns immer an die frühesten Phasen des Eintritts in das Leben. Musik hat dieselbe Anmutungsqualität wie die ersten Lebenserfahrungen selbst. Musik hat mit Schwingung und Puls immer auch pränatale Qualitäten. Musikhören und Musikmachen schließen auf dem Weg über das Körpergedächtnis an diese Erfahrungen an und ermöglichen ein Weitergehen in die Welt der Erfahrung und Entfaltung. Gleichzeitig verweist das verfließende Medium Musik auch immer auf den Fortgang der Zeit und darauf, dass es nichts zu erleben gilt als die Teilhabe am gegenwärtigen Moment.

Literatur

Anzieu, Didier (1996): Das Haut-Ich. Frankfurt am Main.
Beauftragte der Bundesregierung für die Belange behinderter Menschen (http://www.behindertenbeauftragte.de/DE/Koordinierungsstelle/UNKonvention/UNKonvention.html) (28.12.2015).
Doose, Stefan (2009): Unterstützte Beschäftigung: Berufliche Integration auf lange Sicht. Zusammenfassung der Ergebnisse der Verbleibs- und Verlaufsstudie. In: Zeitschrift für Inklusion, 01.02.2009 http://inklusion-online.net/index.php/inklusion-online/article/view/179/179 (12.11.2015).
Fournier, Jean Louis (2009): Wo fahren wir hin, Papa? Deutscher Taschenbuch Verlag.
Gesetz zu dem Übereinkommen der Vereinten Nationen vom 13. Dezember 2006 über die Rechte von Menschen mit Behinderungen. In: Bundesgesetzblatt Jahrgang 2008 Teil II Nr. 35, ausgegeben zu Bonn am 31. Dezember 2008. http://www.un.org/Depts/german/uebereinkommen/ar61106-dbgbl.pdf (12.11.2015).

Janus, Ludwig (1997) (Hrsg.): Wie die Seele entsteht: unser psychisches Leben vor und nach der Geburt. Heidelberg.

Merkt, Irmgard (2000): Ein Lied für Christina. In: Merkt, Irmgard (Hrsg.): Ein Lied für Christina. Regensburg, 15–23.

Meyer, Hansjörg (2010): Komponisten mit schwerer Behinderung: Fallgeschichten aus der Musiktherapie. Freiburg im Breisgau.

Mozart, Wolfgang Amadeus/Soldan, Kurt (1960) Die Zauberflöte. Oper in 2 Aufz. Klavierausz. Nach d. in d. Preußischen Staatsbibl. In Berlin befindlichen Autogr. Leipzig.

Nilsson, Lennart (1991): Das Wunder des Lebens – Faszination Liebe. DVD Universum-Film GmbH.

Papoušek, Mechthild (1994): Vom ersten Schrei zum ersten Wort: Anfänge der Sprachentwicklung in der vorsprachlichen Kommunikation. Bern.

Sabel, Stephania (2004): Der taubblindengerechte Gottesdienst für und mit erwachsenen Menschen mit Taubblindheit und geistiger Behinderung. Hamburg.

Spitz, René (1967): Vom Säugling zum Kleinkind. Stuttgart.

Theilen, Ulrike (2004): Mach Musik! Rhythmische und musikalische Angebote für Menschen mit schweren Behinderungen. München.

Thoms, Karin (2013):»Die Schwere der Behinderung ist nur scheinbar ein Hindernis ...« Schnurkonstruktionen und Hilfsmittel zum Instrumentalspiel in der Arbeit mit schwerst mehrfachbehinderten Kindern und Jugendlichen. In: Musiktherapeutische Umschau, 34(3), 274–286.

Tomatis, Alfred (1987): Der Klang des Lebens. Vorgeburtliche Kommunikation – die Anfänge der seelischen Entwicklung. Hamburg.

Orff, Carl (1964): Das Schulwerk – Rückblick und Ausblick. In: Orff-Institut Jahrbuch 1963 Mainz, 16–21.

Weber-Guskar, Johanna (2008): Musik und Gebärdensprache. Wien. http://othes.univie.ac.at/3436/1/2008-12-15_0071026.pdf (12.11.2015).

Weber-Kellermann, Ingeborg (2011): Das Buch der Kinderlieder. 235 alte und neue Lieder; Kulturgeschichte- – Noten – Texte. Mit Klavier- und Gitarrenbegleitung. Mainz.

Internetquellen

Cajon: http://www.schlagwerk.de/ (12.11.2015)

Klanginsel: http://www.klanginsel.de/klanginsel.html (12.11.2015)

Klangstuhl: http://www.deutz-klangwerkstatt.de/ (12.11.2015)

Körpertambura: http://www.deutz-klangwerkstatt.de/ (12.11.2015)

Variable Klangliege: http://www.harfenklang.de/Klangwiege1/Klangwiege1.html (12.11.2015)

Volker Benthien, Céline Müller und Nadine Voß

Veränderungen im Leben gestalten – Persönliche Zukunftsplanung auch für Menschen mit hohem Unterstützungsbedarf

Davon ausgehend, dass jeder Mensch eine Zukunft hat und somit die Möglichkeiten bekommen sollte, diese nach seinen eigenen Vorstellungen und Vorlieben zu planen, wird in diesem Beitrag dargestellt, wie Persönliche Zukunftsplanung auch für Menschen mit hohem Unterstützungsbedarf gestaltet werden kann. Bestimmte Elemente der »großen« und »kleinen« Methoden der Persönlichen Zukunftsplanung bekommen in diesem Kontext eine besondere und größere Bedeutung. Mit der Umsetzung von Persönlicher Zukunftsplanung bietet sich die Möglichkeit, das Recht auf Teilhabe und eine gute Lebensqualität für diesen Personenkreis besser umzusetzen.

In diesen Beitrag fließen unsere mehrjährigen Erfahrungen als Moderator(inn)en für Persönliche Zukunftsplanung ein. Gerade die Persönliche Zukunftsplanung für Menschen mit hohem Unterstützungsbedarf ist den Autor(inn)en aufgrund ihrer bisherigen Tätigkeit in diesen Arbeitsfeldern ein besonderes Anliegen. Die Planung individueller, passgenauer Unterstützung und Angebote stellt alle Beteiligte oft vor große Herausforderungen und ist dabei vor allem für diesen Personenkreis sehr bedeutsam.

1   Persönliche Zukunftsplanung

»Jeder Mensch hat das Recht auf eine Zukunft zu blicken, die er oder sie gerne erleben möchte.« (Mikšanek 2015, 246)

Persönliche Zukunftsplanung ermöglicht Menschen mit und ohne Behinderung über die eigene Zukunft nachdenken und sie nach eigenen Wünschen und Vorstellungen zu gestalten. Die Persönliche Zukunftsplanung richtet sich an alle Menschen, die etwas in ihrem Leben bewegen wollen. Jede Person kann eine Persönliche Zukunftsplanung für sich machen, egal welchen Alters und auch unabhängig von ihren kognitiven Fähigkeiten.

Insbesondere unterstützt die Persönliche Zukunftsplanung den Menschen dabei, sich seiner eigenen Stärken und Fähigkeiten bewusst zu werden, Träume und Wünsche zu beschreiben, Vorlieben zu entdecken und eine Vorstellung von einer guten Zukunft zu entwickeln. Im weiteren Verlauf der Persönlichen Zukunftsplanung gelingt es, die planende Person mit ihren Stärken und Wünschen und auch ihrem Willen in den Mittelpunkt zu stellen, mithilfe eines »bunten« Unterstützerkreises

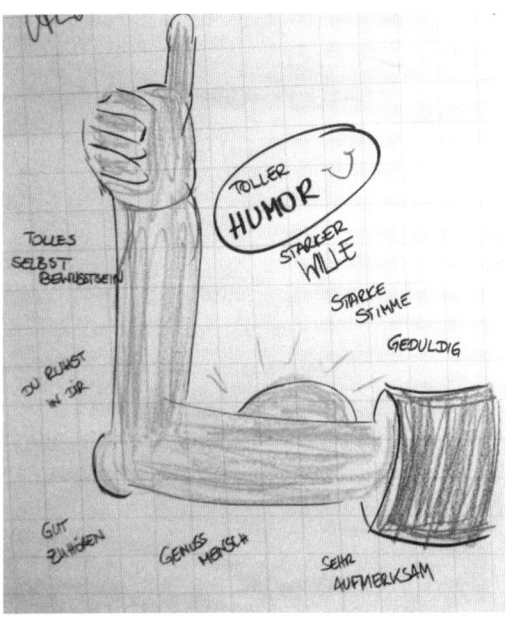

Abb. 1

neue Wege aufzuzeigen und den Mut und die Zuversicht zu vermitteln, diese neuen Wege auch zu gehen (vgl. Müller/Benthien 2014, 149). Sie ist damit auf das Potenzial eines jeden Menschen und ihres Umfelds ausgerichtet und lenkt den Blick auf das, was für den Menschen nötig ist, damit die Umsetzung der Planungen gelingen kann (Abb. 1).

Für viele Menschen mit Behinderung waren und sind die Wege in die Zukunft vorgegeben. Ihr Alltag und die herkömmliche Hilfeplanung ist meist geprägt von der Zuschreibung von Defiziten, einem entmutigenden Blick auf die Person und von der wohlmeinenden Fürsorge anderer, die, in der Annahme das Beste zu wollen, über den Menschen hinweg entscheiden. Persönliche Zukunftsplanung und die damit verbundenen Methoden und Herangehensweisen haben sich als eine Möglichkeit entwickelt, diese Muster aufzubrechen. Sie schaffen Raum, in dem Träume, Wünsche und die Visionen der planenden Person im Mittelpunkt stehen und Ergänzung finden durch die Träume und Ideen der Menschen, die sie bei der Zukunftsplanung begleiten und unterstützen. Es werden die Stärken und Fähigkeiten der planenden Person in den Mittelpunkt gerückt und in einem wertschätzenden Umgang miteinander und einer zugewandten Atmosphäre der Blick in eine gewünschte Zukunft geworfen. Die personenzentrierte Haltung des Moderators und die vielen methodischen Planungsansätze der Persönlichen Zukunftsplanung initiieren positive Veränderungen im Sinne der planenden Personen, die für eine Steigerung der subjektiven Lebensqualität sorgen und die Möglichkeiten der Teilhabe verbessern können. Ein Veränderungsprozess wird in Gang gesetzt, der die Person bestärkt und sie ermutigt, neue Wege zu gehen und Dinge auszuprobieren, und ein stärkeres Selbstbewusstsein vermittelt. Persönliche Zukunftsplanung ist »[…] kein Soforthilfeprogramm für Schwierigkeiten von Menschen […]« (O'Brien/Lovett 2015, 29), sondern fördert die Eigenständigkeit und ermächtigt die Person eigene Wege zu gehen.

Damit die beschriebenen Veränderungen initiiert werden können, ist es wichtig, die Grundprinzipien zu nennen, die bedeutsam und charakteristisch für Persönliche Zukunftsplanung sind:

»[…] Freiwilligkeit als Grundvoraussetzung jedes Planungsprozesses,
– konsequent personenzentriertes Denken und Handeln,
– Erkunden von Stärken, Fähigkeiten und Gaben,
– Träume als Ausgangspunkt des Prozesses, […]
– Denken in und Suche nach Möglichkeiten, insbesondere auch über vorgegebene (institutionelle) Rahmenbedingungen hinaus,
– Verbesserung der Lebensqualität der planenden Person,
– Suche nach Teilhabemöglichkeiten im Gemeinwesen und
– Suche nach den für die planende Person passenden Orte« (Emrich/Göbel 2015, 96).

2 Persönliche Zukunftsplanung und ihr Ursprung

Diese Grundprinzipien machen den Ursprung der Persönlichen Zukunftsplanung deutlich. Sie entstand in Nordamerika in den 1970er-Jahren, als die Independent-Living-Bewegung und People-First-Initiativen massive Kritik an der Institutionalisierung übten und im Zuge der Bürgerrechtsbewegung für mehr Selbstbestimmung und gleichberechtigte Teilhabe für Menschen mit Behinderungen eintraten. Aus dieser Bewegung heraus entwickelten sich unterschiedliche Ansätze, die versuchten »[…] Menschen mit Beeinträchtigungen eine bessere Rolle in der Gesellschaft zu ermöglichen […]« (Hinz/Kruschel 2015, 36). Aus den USA und England brachten u. a. Stefan Doose, Susanne Göbel, Ines Boban und Andreas Hinz die Gedanken und Thematik mit nach Deutschland und vernetzten sich hier vor Ort. Seitdem wird das Thema auf Tagungen, Seminaren und Konferenzen bekannt gemacht. Es fanden bundesweit, so auch in Hamburg, mehrere inklusive Weiterbildungskurse für Moderator(inn)en statt. Parallel dazu wurden fortwährend ganz konkrete Persönliche Zukunftsplanungen und Zukunftsfeste durchgeführt und so viele Erfahrungen mit den unterschiedlichsten planenden Personen und ihrem jeweiligen Umfeld gesammelt. Das europäische Leonardo-Projekt »New Paths to Inclusion« (2010) war gemeinsam mit dem Inklusionsprojekt des Landes Schleswig-Holstein »Neue Wege zur Inklusion – Zukunftsplanung in Ostholstein« (2009) Impulsgeber für die weitere Entwicklung von Persönlicher Zukunftsplanung und Personenzentrierung (vgl. Doose 2013, 6). Die Projekte vernetzten die Akteur(inn)e(n) im deutschsprachigen und europäischen Raum und förderten so die Weiterentwicklung. Bei der Fachkonferenz »Zukunftsplanung bewegt Menschen, Organisationen, Regionen« in Hamburg (2013) gründete sich das »Deutschsprachige Netzwerk Persönliche Zukunftsplanung«. Es befördert weiterhin den Austausch aller aktiven Menschen mit und ohne Behinderung, die Weiterentwicklung von Materialien und die Initiierung von neuen Durchgängen der Weiterbildung. Wichtige Impulse kommen auch von der

Fortführung des ersten europäischen Leonardo Projektes »New Paths to Inclusion Network« (2013–2015).

3 Methodenvielfalt

Persönliche Zukunftsplanung kann auf vielfältige Methoden zurückgreifen, die alle die eingangs erwähnte Grundhaltung innehaben. Einige von ihnen lassen sich gut im Alltag und bei Einzelgesprächen umsetzen, andere sind intensiver und bedürfen eines größeren Settings. *MAP (Making Action Plans)* und *PATH (Planning Alternative Tomorrows with Hope)* gehören zu den intensiveren Methoden und stellen zwei bedeutsame Planungsansätze dar, die jeder für sich oder zusammen dazu geeignet sind, positive Veränderungen herbeizuführen. Bei den sogenannten ›Zukunftsfesten‹ (der Begriff stammt von einer planenden Person, der ›Konferenz‹ und ›Planung‹ zu amtlich war (vgl. Hinz/Kruschel 2015, 37)) werden sie miteinander verbunden, um das Potenzial beider Formate zu nutzen. »MAP eignet sich […] für Situationen, in denen die Reflexion der Situation und die Stärken der Hauptperson im Blick sind, PATH eher für Situationen, in denen die konkrete Planung von Perspektiven im Vordergrund steht« (Hinz/Kruschel 2015, 37).

MAP lässt eine Schatzkarte der planenden Person entstehen. Die an der Planung Beteiligten halten inne und schildern aus ihrer Perspektive die Stärken und Fähigkeiten der planenden Person. Den Teilnehmer(inne)n wird es ermöglicht, die planende Person sehr differenziert und mit all ihren Facetten wahrzunehmen. Zu Beginn stellt sich jede(r) Unterstützer(in) mit einer kleinen Geschichte oder einem schönen Erlebnis vor, das er mit der planenden Person erlebt hat, und ergänzt damit das Bild, das jeder von der planenden Person in sich trägt. »Gleichzeitig vernetzen sich alle Beteiligten miteinander, indem sie im Verlauf in einen intensiven Austausch gehen, der von positiven Aspekten geprägt ist« (Müller/Benthien 2014, 149). Den Sorgen und Befürchtungen wird ebenfalls Raum gegeben. Sie zu leugnen würde der planenden Person und dem Umfeld nicht gerecht, aber wichtig ist, dass das Hauptaugenmerk sich auf die Stärken und eine kreative Zukunftsvision für die Hauptperson richtet.

PATH lässt alle Beteiligten eine phantasievolle Zeitreise unternehmen. Der erste Schritt beschäftigt sich mit dem Nordstern, der der planenden Person als Orientierung dienen soll. Hier wird beschrieben, was sie benötigt, um jeden Tag glücklich zu sein, was wichtig und für sie bedeutsam ist (vgl. Hinz/Kruschel 2013, 121). Als Nächstes wird eine imaginäre Reise in die Zukunft unternommen, die den zeitlichen Rahmen für die weitere Planung festlegt. Diese positiv und realistisch beschriebene Zukunft wird der gegenwärtigen Situation und Lebenslage gegenüber gestellt. In weiteren Schritten wird dann geschaut, welche Bündnispartner(innen) und sogenannte ›Kraftquellen‹ notwendig sind, um diesen Weg hin zur Zukunft zu gehen. Die einzelnen Schritte zum Ziel werden so kleinschrittig formuliert und festgehalten, dass sie für die planende Person und ihre Unterstützer(innen) umsetzbar sind, und es werden sehr konkrete Verabredungen für ›den nächsten Tag‹ getroffen. MAP und PATH »[…] setzen auf das Potenzial der möglichst vielfältig Anwesenden, bauen stark auf die Visualisierung auf Postern und beziehen sonst wenig Materialien ein« (Hinz/Kruschel 2015, 37).

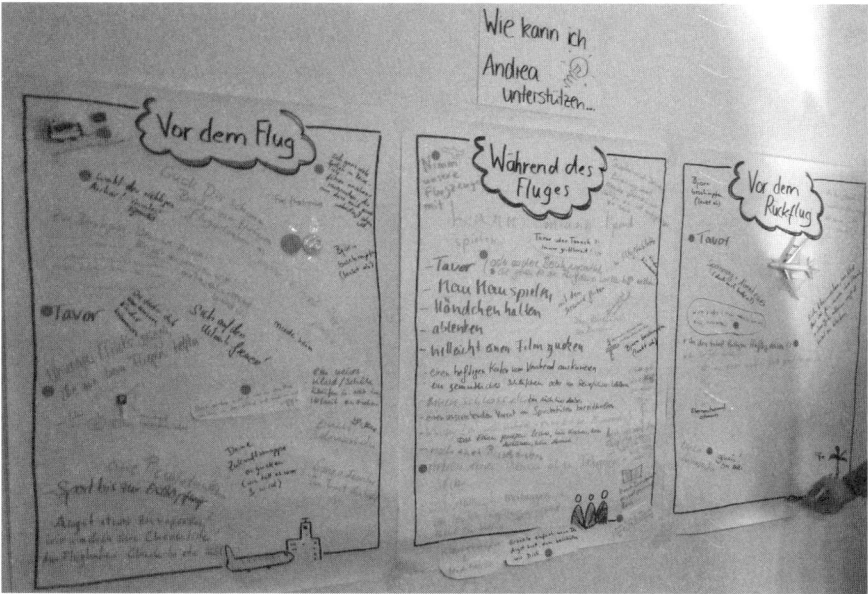

> **Eine konkrete Fragestellung – Methoden der Zukunftsplanung**
>
> Frau V. würde gern eine Reise antreten, das Ziel ist weit entfernt, so dass eine Auto- oder Bahnfahrt nicht in Frage kommt. Also denkt sie gemeinsam mit ihrem Mann über einen Flug nach. Da wird ihr mulmig und die Vorfreude auf die Urlaubsreise schwindet ganz erheblich. Wir können nicht von einer Flugangst sprechen, aber in den Flieger zu setzen, kann sie sich nicht vorstellen. Das Ehepaar hört von den Möglichkeiten einer Persönlichen Zukunftsplanung und entscheidet sich, mit vielen Gästen eine sogenannte Lagebesprechung durchzuführen. Tatsächlich kommen viele Freunde, Verwandte und Kolleg(inn)en – Jung und Alt – an dem Tag zusammen, um gemeinsam darüber nachzudenken, wie man dem Gedanken an eine bevorstehende Flugreise das Quälende nehmen und durch eine positive Erwartungshaltung ersetzen kann. Um den richtigen Weg im Interesse von Frau V. einschlagen zu können, war es wichtig, sie möglichst gut kennenzulernen. Also hat jeder erzählt, warum er eingeladen worden ist, und viele haben auch eine gemeinsam erlebte Geschichte erzählt. Frau V. erklärt ihre Bedenken und erzählt von ihren Ängsten und die Unterstützer fragen sich, »wie kann ich Frau V. vor und während des Fluges unterstützen?« Es herrscht eine freie phantasievolle Atmosphäre, jeder Beitrag ist wichtig und findet Gehör. So kommt eine Vielzahl von Vorschlägen zusammen und schließlich werden einige davon in einen Aktionsplan übernommen.

Abb. 2

4 Übergänge im Leben – der Zeitpunkt

Eine Persönliche Zukunftsplanung eignet sich besonders an den sogenannten Übergängen im Leben oder Situationen, die einen Umbruch für die Person darstellen. Das kann u. a. sein

– der Auszug aus dem Elternhaus oder in eine andere Wohnform,
– der Einstieg oder Wiedereinstieg ins Arbeitsleben,
– der Beginn bzw. das Ende einer Partnerschaft,
– der Eintritt ins Rentenalter.

In diesem Zusammenhang spricht man gern von großen Fragen, die in diesen Lebensphasen aufgeworfen werfen. Dass Persönliche Zukunftsplanung jedoch nur bei ›großen‹ Fragen geeignet ist, impliziert, dass es jemanden gibt, der die Größe der Frage bewertet. Hier sollte es, ganz im Sinne der Personenzentrierung, dem Menschen überlassen sein, die Größe seines Anliegens zu bewerten. Ob es eines großen Planungstreffen hierfür bedarf oder ob kleine Methoden der Personenzentrierung, wie z. B. die Lebensstilkarten, die ›Seite über mich‹, ›Das läuft gut – Das läuft nicht gut‹ zu einem guten Ergebnis für die Person führen können, wird im Vorwege der bzw. die Moderator(in) mit der planenden Person und ggf. mit ihren Unterstützer(inne)n geklärt.

5 Der Unterstützerkreis

Zum Planungstreffen lädt die planende Person ihren Unterstützerkreis (*circle of friends*) ein. Sie ist somit Gastgeberin ihres Zukunftsfestes, ihrer Zukunftsplanung. Eine besondere Rolle, die für manche Menschen ungewöhnlich ist und bereits im Vorfeld zu einer Stärkung der Person führt. Als Teilnehmer(innen) kommen Menschen aus den verschiedensten Lebensbereichen in Frage, die die planende Person unterstützen können und wollen. Gemeinsam mit der planenden Person schaut der Moderator, wer im Leben der planenden Person eine wichtige Rolle spielt, wem sie vertraut oder wem sie regelmäßig begegnet. Die Qualität des Kontakts ist dabei entscheidend. Ein Unterstützerkreis kann aus 15 Personen bestehen oder auch nur aus drei. Die Entscheidung, wer und wie viele Menschen eingeladen werden, obliegt der planenden Person und ihren Möglichkeiten. Die Anzahl ist kein wichtiges Kriterium, sondern vielmehr die Kraft, die von ihr ausgeht. Die Idee des Unterstützerkreises setzt auf das Potenzial der möglichst vielfältigen Anwesenden, auf ihre Ideen und Perspektiven. »Die Unterstützer*innen fühlen sich gemeinsam verantwortlich und geben Rückhalt im (Veränderungs-)Prozess, was von der planenden Person und/oder ihrem (familiären) Umfeld häufig als große Entlastung empfunden wird.« (Emrich/Göbel 2015, 90) Die verschiedenen Unterstützer(innen) der Persönlichen Zukunftsplanung bekommen die Möglichkeit, sich und ihre Erfahrungen im Umgang mit der planenden Person kennenzulernen. Dies vernetzt die Akteur(inn)e(n) untereinander und

> **Große Fragen, kleine Fragen**
> **oder**
> **Bedeutsame Fragen der (planenden) Person**
>
> Mark W. lebt in einer Wohngruppe in Hamburg und arbeitet in einer Tages(förder)stätte in seinem Stadtteil. Seine Eltern besuchen ihn regelmäßig und unternehmen viel mit ihm. Er ist sehr gesellig und genießt die Gesellschaft vieler Menschen. Ein besonders wichtiger Mensch in seinem Leben ist seine Freundin F., mit der er gern einmal verreisen möchte. Seine Freundin, die Eltern und seine »Bezugsbetreuer(innen)« verstehen ihn gut. Sie wissen, dass ein »nein« nicht immer »nein« bedeutet, manchmal versteckt sich darunter auch eine verhaltene Zustimmung manchmal heißt es aber auch »das habe ich noch nicht verstanden«.
> Mark sitzt meist in seinem Rollstuhl und würde gern regelmäßig zum Schwimmen gehen. Aber das ist schwierig, weil er warmes Wasser benötigt, damit seine Muskeln weich und geschmeidig werden, er braucht eine Vorrichtung, die ihm ins Wasser hilft und er muss dorthin gefahren und begleitet werden. Eine Unternehmung, die in seinem Alltag bisher noch keinen festen Platz gefunden hat. Er würde gern mehr unterwegs sein, immer wenn ein Ausflug mit den Eltern bevorsteht ist er sehr aufgeregt und freut sich darauf.
> Es passte gut, dass Mutter W. in ihrem Kollegenkreis von den Möglichkeiten einer Zukunftsplanung hörte. In ersten Vortreffen wurde deutlich, dass der Rahmen der Zukunftsplanung Vertrauen und Sicherheit vermitteln sollte, damit Mark sich in der Gesellschaft vieler Menschen wohlfühlt. Also kam als Raum das Wohnzimmer der Eltern in Frage und gemeinsam sollte gesungen werden, darauf legt Mark Wert. Es wurden viele Menschen aus seinem Umfeld eingeladen: die Eltern, die Schwester, Mitarbeiter(innen) aus Tagesstätte und Wohngruppe, Nachbarn der Eltern, die Freundin und andere. Die familiäre Umgebung, die vielen Menschen und auch das gemeinsame Singen ließen diese Zusammenkunft zu einem Fest werden, ähnlich einer Familienfeier. Man kam sich Nahe, an einigen Stellen flossen Tränen aber vor allem wurde viel gelacht, viele Geschichten kamen zusammen und gemeinsam entwickelten sich Träume von und für Mark. Und im Mittelpunkt Mark an der Seite seiner Freundin. Nach einem gemeinsamen Mittagessen wurde es konkret und aus den Träumen ergaben sich erste Verabredungen und Zuständigkeiten, um Mark bei der Umsetzung zu unterstützen.
> Was bleibt? Die Eltern haben den Eindruck, dass Mark in seiner Persönlichkeit ein Stück »gewachsen« ist. Die Mitarbeiter(innen) aus Tagesstätte und Wohngruppe pflegen einen intensiveren Austausch (ein BigMac als Kommunikationshilfe wird eingesetzt), das Schwimmen ist im Alltag integriert und als Zuschauer zum Fußballspiel geht Mark jetzt in Begleitung eines Nachbarn, ein Bauernhofbesuch hat stattgefunden nur die gemeinsame Reise mit seiner Freundin F. musste auf das nächste Jahr verschoben werden. Und vielleicht gibt es in absehbarer Zeit wieder ein Fest, bei dem die Zukunft von Mark erneut im Mittelpunkt steht.

Abb. 3

entlastet sie, wenn Handlungsweisen, die auf Vermutungen basieren, auch von anderen Menschen so eingeschätzt werden. Es ist möglich, einen prüfenden Blick darauf zu werfen, was *der Person* selbst wichtig ist und was *für die Person* wichtig ist, mit dem Ziel, ein gutes Gleichgewicht zwischen den beiden Anliegen zu schaffen, basierend auf der wertschätzenden Haltung, »dass diese beiden Anliegen einander nicht widersprechen, sondern verbunden und ausbalanciert werden können« (Mikšanek 2015, 247). Die Logik hinter dem Unterstützerkreis ist die unmittelbare Teilnahme am gemeinsamen Denk- und Entwicklungsprozess und den dort gemachten Erfahrungen (vgl. Benthien/Boban 2015, 102). Daraus folgen gemeinsam erarbeitete Positionen und Planungen, die kraftvoll in die Umsetzung gehen können.

6 Die Moderator(inn)en

Das Planungstreffen selbst sowie die Vorbereitung werden von einem/einer ausgebildeten Moderator(in) für Persönliche Zukunftsplanung begleitet und durchgeführt. Gemeinsam mit der planenden Person schaut diese(r) nicht nur, wer bei dem Planungstreffen dabei sein soll und eingeladen wird, sondern auch, was eine gute Tageszeit ist und wo die Persönliche Zukunftsplanung stattfinden soll, damit es der planenden Person gut geht. Um die Planung angemessen zu begleiten, bildet der/die Moderator(in) mit dem/der Ko-Moderator(in) ein gut funktionierendes Tandem bzw. ein Moderationsteam. Der bzw. die Ko-Moderator(in) hält bei dem Planungstreffen die Ergebnisse auf einem großen Plakat fest. Am Ende des Treffens entsteht so ein buntes großes Bild. Das Visualisieren enthält mehrere wichtige Aspekte. Jeder kennt den Ausspruch ›ein Bild sagt mehr als 1000 Worte‹. So ist es auch bei der Visualisierung von Zukunftsplanungen. Das Festhalten in Bildern, die nicht künstlerisch wertvoll sein müssen, sondern vielmehr Assoziationen bei der planenden Person wecken sollen, ermöglicht es Menschen, die nicht lesen können, ihre eigene Planung nachzuvollziehen und Dritten davon zu berichten. Oft wird sie als Erinnerung im Zimmer aufgehängt. Da das Zeichnen mehr Zeit in Anspruch nimmt als das Schreiben, verlangsamt und entschleunigt es den Prozess und lädt zum Innehalten ein. Dies gibt auch zurückhaltenden Menschen die Möglichkeit und den Raum, ihre Gedanken laut auszusprechen. Auch können komplexe Zusammenhänge nur schwer zeichnerisch dargestellt werden. Durch Nachfrage bei der planenden Person und den Unterstützern kann sich dem genähert werden, was genau gemeint ist. So kann z. B. die Idee »Theater« Vieles implizieren: Theater spielen, Theater besuchen, hinter die Bühne gucken, Kostüme, die Licht- und Tontechnik etc. – jeder verbindet etwas anderes mit diesem Begriff und der Idee. Auch dieses ist ein wesentlicher Aspekt von Persönlicher Zukunftsplanung. Sie schafft Raum, genau hinzuhören und zu beobachten, was sich hinter Ideen verbirgt, und miteinander abzugleichen. Ideen, die manchmal verrückt und abwegig erscheinen und deren Umsetzung auf dem ersten Blick nicht realisierbar ist, dürfen genannt werden, denn es soll Raum sein für kreative Ideen.

Abb. 4

Damit die Entwicklung neuer Ideen, um individuell passende Unterstützungsmöglichkeiten zu finden, nicht an den bewussten und unbewussten Grenzen des Unterstützungssystems stößt und scheitert, wird eine externe Moderation für die Persönliche Zukunftsplanung gesucht. Es besteht ansonsten die Gefahr, dass der bzw. die Moderator(in) durch Vorerfahrungen mit der planenden Person geprägt ist und seine Rolle im Planungsprozess verlässt und Teil des Unterstützerkreises wird (vgl. Kruschel/Hinz 2013, 44). Dies ist aus vielfältigen Gründen nicht immer umsetzbar. Zumindest sollte aber das Ziel darin bestehen, Moderator(inn)en mit dieser Aufgabe zu betrauen, die nicht aus dem alltäglichen Umfeld der planenden Person kommen.

7 Persönliche Zukunftsplanung für Menschen mit hohem Unterstützungsbedarf

Von der Grundannahme ausgehend, dass jeder Mensch eine Zukunft hat und eine Bewertung der kognitiven Fähigkeiten für eine Persönliche Zukunftsplanung nicht erfolgt, ist es nur konsequent und uns ein Anliegen, sich auch dem Personenkreis der Menschen mit hohem Unterstützungsbedarf im Rahmen von Persönlicher Zukunftsplanung zu widmen und an der Verbesserung von deren Lebensqualität, an Teilhabe und Inklusion mitzuwirken. Die Umsetzung von Persönlicher Zukunftsplanung für diesen Personenkreis bedeutet, dass bestimmte Elemente der Methoden eine besondere Rolle bekommen.

Die bei der Methode *MAPS* erstellte Schatzkarte der Fähigkeiten und Stärken einer Person stellt bei Personen mit hohem Unterstützungsbedarf, die oftmals nicht verbal kommunizieren können, nicht nur einen Schatz für die Person selbst dar, sondern auch für die verschiedenen Unterstützer(innen). Sie bekommen die Gelegenheit, die planende Person mit all ihren Facetten kennenzulernen, auch mit den Fähigkeiten und Stärken, die diese vielleicht nur in anderen Zusammenhängen zeigt und einsetzt. Diese Phase der Planung ist sehr intensiv und baut Verbindungen unter den verschiedenen Unterstützer(inne)n auf, die die planende Person in den verschiedenen Zusammenhängen begleiten. Zum anderen tragen die Unterstützer(innen) durch ihre Beschreibungen der planenden Person und die Schilderungen gemeinsamer Erlebnisse wichtige biografische Bausteine zusammen, auf deren Basis sich Träume und Planungen für die Zukunft stellen lassen. Bei der Ermittlung des Unterstützerkreises empfiehlt es sich daher, sich viel Zeit zu nehmen und mit vielen der Person vertrauten Menschen in den verschiedenen Lebenszusammenhängen zu sprechen. Dabei können wertvolle Unterstützer(innen) identifiziert und zum Planungstreffen eingeladen werden. Unsere Erfahrungen zeigen, dass die Einladung zu einem Zukunftsfest selten ausgeschlagen, sondern eher neugierig und als eine Ehre wahrgenommen wird.

Abb. 5

Das Visualisieren der Ergebnisse ist für diesen Personenkreis ebenfalls ein wichtiger Bestandteil. Ist doch ein buntes Poster als Ergebnis eines Treffens eine gute Erinnerung im Gegensatz zu einem getippten Protokoll. Die Verlangsamung des Planungsprozesses ist für Menschen mit hohem Unterstützungsbedarfs ebenso wichtig wie für andere Menschen. Der oder die Ko-Moderator(in) kann die Unterstützer(innen) auch auffordern, ihre Träume oder die Stärken der Hauptperson in einer Phase der Besinnung auf z. B. vorgefertigte Wolken, Schmetterlinge oder Herzen zu notieren. Diese Beiträge werden der Hauptperson vorgelesen und ihr überreicht.

Anschließend klebt das Moderatorenteam u. U. diese Schmetterlinge auf das Plakat und findet Symbole für das Geschriebene. Neben der Geste des Überreichens stellt diese Art des Sammelns von Träumen auch eine gute Möglichkeit dar, andere Menschen mit Behinderung, die zur Zukunftsplanung eingeladen worden sind und zum Unterstützerkreis der planenden Person gehören, miteinzubeziehen. Alle Teilnehmer(innen) sind so aufgefordert, etwas beizutragen. In der Vorbereitung und bei der Persönlichen Zukunftsplanung selbst empfiehlt es sich, eine(n) Fürsprecher(in), eine Vertrauensperson, für die planende Person mit einzubeziehen. Jemand, der der Person nahe steht, sie versteht und sich gemeinsam mit ihr die von den Unterstützer(inne)n formulierten Träume und Vorstellungen anschaut und eine Einschätzung vornimmt, welche Träume umgesetzt werden sollen. Dies kann gut in einer Pause für den restlichen Unterstützerkreis geschehen und das Ergebnis anschließend den Unterstützer(inne)n vorgestellt werden.

Manchen Menschen fällt es schwer zu formulieren, was ihnen wichtig ist und welche Ideen und Pläne sie für ihre Zukunft haben, da ihr Leben im »Hier und Jetzt« stattfindet. Nicht selten ist es auch ungewohnt, nach Wünschen und Vorstellungen gefragt zu werden. War es doch bisher immer klar, welcher Weg überhaupt nur möglich war. Bei Menschen, die sich nicht unmittelbar mitteilen können ist es schwierig herauszufinden, welche Träume und Wünsche die Wichtigen und Richtigen sind. Aktives und passives Verhalten haben ebenso Mitteilungscharakter wie ein verbales Kommunizieren und zählen immer zur Kommunikation einer Person. Es gilt für den bzw. die Moderator(in) der Persönlichen Zukunftsplanung, kreativ nach Möglichkeiten zu schauen, um die Vorbereitungen und Methoden und damit die Zukunftsplanung der planenden Person entsprechend zu gestalten.

Die Frage nach dem Initiator einer Persönlichen Zukunftsplanung wird von vielen Moderator(inn)en und Akteur(inn)en diskutiert. Wer hat das »Recht« eine Persönliche Zukunftsplanung anzuregen und in die Wege zu leiten? Ist es wohlmeinende Fürsorge, stellvertretendes Handeln oder übergriffiges Agieren eine Persönliche Zukunftsplanung für Menschen mit hohem Unterstützungsbedarf zu initiieren? Oder ist es gar so, wie auch zu hören ist, dass Personen die sich nicht aktiv für eine Zukunftsplanung entscheiden können, auch keine erhalten sollten? Nach unseren Erfahrungen ist es notwendig, auf die Haltung und Intention, die sich hinter dem »Auftrag« verbirgt, zu achten und darauf, wie die wertschätzende Einbeziehung der planenden Person erfolgen kann. Jedoch werden sich die Bedenken, die Widersprüche und das eventuelle Unwohlsein nicht gänzlich ausräumen lassen. Nach Aussage eines Unterstützers einer Zukunftsplanung ist es jedoch gemessen an den Möglichkeiten, die durch die Durchführung einer Persönliche Zukunftsplanung entstehen, auf jeden Fall besser als »gar nichts zu tun« und alles beim Alten zu belassen sonst »[…] wird ein nicht unerheblicher Personenkreis keine Chance dazu erhalten – Menschen, die ganz in der Gegenwart leben, die nicht über den Moment hinaus planen können […].« (Benthien/Boban 2015, 101)

8 Persönliche Zukunftsplanung in Organisationen

Die bisherige Hilfeplanung für Menschen mit Behinderung hat eher die Interessen einer Person mit der verfügbaren Angebotsstruktur abgeglichen, statt andere Unterstützungsmöglichkeiten und -ressourcen mit einzubeziehen (vgl. Doose 2015, 343). Persönliche Zukunftsplanung ermöglicht, passende individuelle Unterstützung zu formulieren. Die authentische Umsetzung dieser Ansätze und ihrer Ergebnisse fordert die bisherige Praxis und Kultur sozialer Dienste heraus (vgl. O'Brien/Lovett 2015, 23). Das bisherige Selbstverständnis von Institutionen und Mitarbeiter(inne)n verändert sich bzw. muss sich verändern, wenn personenzentriertes Denken und Handeln im Alltag wirklich gelebt werden soll. Dieser Organisationsentwicklungsprozess ist eine Folgewirkung von Persönlicher Zukunftsplanung und der logische Schritt auf dem Weg zu mehr Personenzentrierung und letztendlich zur Umsetzung der UN Konventionen für die Rechte behinderter Menschen. Es besteht jedoch die berechtigte Sorge, dass »[…] ein System, das eher an Moden als an grundlegenden Veränderungen interessiert ist, personenzentrierte Planung vereinnahmen könnte« (O'Brien/Lovett 2015, 31). Anstatt sich als lernende Organisation zu begreifen und sich den Anforderungen zu stellen, besteht das Risiko, dass Träger von Diensten der Meinung sind, dass ihre bisherige Praxis und ihre Grundsätze personenzentriert sind und allen positiven Potenzialen ihrer Betreuten voll und ganz entsprechen (O'Brien/Lovett 2015, 32).

9 Ausblick

Persönliche Zukunftsplanung stellt einen phantasiereichen Beginn eines kreativen Veränderungsprozesses von Menschen dar, die etwas in ihrem Leben verändern möchten oder bei denen unklar ist, welche Ziele und Vorstellungen sie für ihre eigene Zukunft haben oder welche Art von Unterstützung für die Umsetzung notwendig ist bzw. welche Personen dafür wichtig sind. Wichtig bei der Persönlichen Zukunftsplanung ist, dass es nicht um das schnelle Erreichen von Zielen geht, sondern vielmehr um das Eröffnen von Möglichkeiten und das Gehen neuer Wege (vgl. Hinz/Kruschel 2015, 50).

Unsere Erfahrungen bei der Moderation von und bei der Teilnahme an Unterstützerkreisen von Persönlichen Zukunftsplanungen zeigen, dass es für die planende Person und seine Unterstützer(innen) eine stärkende Erfahrung ist, den Blick auf die Stärken und Fähigkeiten der planenden Person zu lenken, sie konsequent in den Mittelpunkt zu stellen und positiv nach Möglichkeiten zu suchen. Die Praxis zeigt ebenfalls, dass Persönliche Zukunftsplanung auch für Menschen mit hohem Unterstützungsbedarf eine Möglichkeit darstellt, gemeinsam zu träumen und Vorstellungen von einer guten Zukunft zu entwickeln und somit eine Verbesserung der Lebensqualität und Teilhabe umzusetzen. Grundlegend ist die personenzentrierte Haltung aller Akteur(inn)e(n), aber vor allem der Moderator(inn)en. »Personenzentriertes Denken bildet die Grundlage, auf der Persönliche Zukunftsplanung authentisch umgesetzt werden kann« (Müller/Benthien 2014, 149). Personenzentriertes Denken ist ein wichtiger Ausgangspunkt, es bedarf allerdings auch eines ausgeprägten sozialräumlichen Denkens. »Die Gaben einer Person benötigen Orte im Gemeinwesen, an denen sie willkommen sind und gegeben werden können« (Doose 2015, 354).

Literatur

Benthien, Volker/Boban, Ines: Zukunftsplanung ohne die Hauptperson? Über heilige Kühe und schwere Verstöße. In: Kruschel, Robert/Hinz, Andreas (Hrsg.): Zukunftsplanung als Schlüsselelement von Inklusion. Praxis und Theorie personenzentrierter Planung. Bad Heilbrunn, 98–105.

Doose, Stefan (2013): »I want my dream!« Persönliche Zukunftsplanung. Neue Perspektiven und Methoden einer personenzentrierten Planung mit Menschen mit und ohne Beeinträchtigungen. 10. Aufl. Neu-Ulm.

Doose, Stefan (2015): Partizipation im Rahmen von Prozessen der Hilfe- und Zukunftsplanung. In: Düber, Myriam/Rohrmann, Albrecht/Windisch, Markus (Hrsg.): Barrierefreie Partizipation. Entwicklungen, Herausforderungen und Lösungsansätze auf dem Weg zu einer neuen Kultur der Beteiligung. Weinheim/Basel, 342–355.

Emrich, Carolin/Göbel, Susanne (2015): Der Zukunft entgegen! Auch mit k(l)einem Unterstützer*innenkreis?! In: Kruschel, Robert/Hinz, Andreas (Hrsg.): Zukunftsplanung als Schlüsselelement von Inklusion. Praxis und Theorie personenzentrierter Planung. Bad Heilbrunn, 89–97.

Hinz, Andreas/Kruschel, Robert (2013): Bürgerzentrierte Planungsprozesse in Unterstützerkreisen. Praxishandbuch Zukunftsfeste. Düsseldorf.

Hinz, Andreas/Kruschel, Robert (2015): Geschichte und aktueller Stand von Zukunftsplanung. In: Kruschel, Robert/Hinz, Andreas (Hrsg.): Zukunftsplanung als Schlüsselelement von Inklusion. Praxis und Theorie personenzentrierter Planung. Bad Heilbrunn, 35–52.

Mikšanek, Stefanie (2015): Widerstände in Unterstützer*innenkreisen. In: Kruschel, Robert/Hinz, Andreas (Hrsg.): Zukunftsplanung als Schlüsselelement von Inklusion. Praxis und Theorie personenzentrierter Planung. Bad Heilbrunn, 246–255.

Müller, Céline/Benthien, Volker (2014): Wunsch und Wille – Mit Persönlicher Zukunftsplanung (PZP) die Zukunft nach eigenen Wünschen gestalten. In: Btprax, 4/2014, 149–150.

O'Brien, John/Lovett, Herbert (2015): Auf dem Weg zum Alltagsleben – der Beitrag personenzentrierter Planung. In: Kruschel, Robert/Hinz, Andreas (Hrsg.): Zukunftsplanung als Schlüsselelement von Inklusion. Praxis und Theorie personenzentrierter Planung. Bad Heilbrunn, 19–34.

Christian Bühler

Barrierefreiheit und Assistive Technologie als Voraussetzung und Hilfe zur Inklusion

Einleitung

Inklusion ist eine Chance, die Teilhabe von Menschen mit Behinderungen in allen Lebensbereichen wieder neu zu denken. Die konsequente Vermeidung von Exklusion stellt dabei neue Herausforderungen an die Gesellschaft, sollte aber nicht in einer Umkehrung, z. B. durch Bedingungen oder Anforderungen an Personen mit Behinderung selbst, zum ausgrenzenden Faktor werden. Vielmehr müssen ›Förderfaktoren‹ (WHO 2001) geschaffen werden, die nicht exkludieren und segregieren, sondern das Teilhabepotenzial voll entwickeln.

Die UN-Behindertenrechtskonvention ›UN-BRK‹ (UN 2006, BMAS 2010) sieht den Einsatz von (assistiver) Technologie, Barrierefreiheit und universellem Design als Grundvoraussetzung für eine solche Entwicklung. Erst durch eine geeignete Kombination der drei genannten Herangehensweisen erschließt sich eine Lösung, die dem Anspruch ansatzweise gerecht werden kann. Der Anwendungsbereich der UN-BRK bezieht sich, ähnlich wie in der deutschen Gesetzgebung etwa im Sozialgesetzbuch (BMJ) und BBGG (BMAS 2002), auf alle vom Menschen gemachten Infrastrukturen, Produkte und Dienstleistungen sowie alle verfügbaren (alten und neuen) Technologien. Durch ein ›Design für alle‹ sollen Produkte und Dienstleistungen so gestaltet werden, dass sie ohne Anpassung von möglichst vielen und mit Adaption sowie assistiven Technologien von allen genutzt werden können. Barrierefreier Zugang zu allen Infrastrukturen wie Gebäuden, Verkehrsmitteln und neuen Medien bildet dabei die Grundlage. Da alle und damit jede(r) Einzelne erreicht werden sollen, sind nach wie vor auch gezielt gefertigte und angepasste Komponenten von individuellen Hilfsmitteln und assistiven Technologien erforderlich. Technische und mediale Innovationen bringen ein großes Potenzial zur Überwindung von Exklusion mit sich. Leistungsfähige, mobile Komponenten, die vernetzt arbeiten, sind im allgemeinen Markt verfügbar und bieten vielfältige und neue Lösungen. Grenzen liegen hier in der technischen Machbarkeit, der Finanzierung, aber auch der Komplexität solcher Lösungen, die ins Leere laufen, wenn die Verständlichkeit und Bedienbarkeit zu große Anforderungen an die Benutzer(innen) und ihre Umgebung stellen. Die Lösung muss angenommen und akzeptiert werden, um das gewünschte Ziel zu erreichen. Im Einzelfall sind daher auch Assistenzkonzepte erforderlich und einzusetzen.

Hier entsteht die Aufgabe, die Probleme zu identifizieren und generische oder individuelle Lösungen zu finden oder zu entwickeln. Die mögliche Attraktivität neuer Lösungen kann dazu beitragen, Inklusion positiv zu befördern. Dann müssen die Lösungen aber funktional zweckerfüllend sein und gleichzeitig nicht negativ stigmatisierend, sondern dem kindlichen und jugendlichen Zeitgeist entsprechend ›angesagt‹ sein. Aber auch das Lehrpersonal, die Eltern und Betreuer(innen) müssen mit den Lösungen soweit vertraut sein, dass sie akzeptiert und optimal eingesetzt werden können.

In diesem Artikel werden vor dem Hintergrund der UN-BRK technische Lösungsansätze und Herausforderungen für den Personenkreis der Menschen mit verschiedenen Behinderungen bzw. Mehrfachbehinderung dargestellt.

1 Hintergrund

Die ›UN-BRK‹ (UN 2006, 4) gibt den Unterzeichnerstaaten, zu denen auch Deutschland gehört, eine gesetzliche Grundlage mit dem Zweck, »[…] den vollen und gleichberechtigten Genuss der Menschenrechte und Grundfreiheiten durch alle Menschen mit Behinderungen zu fördern, zu schützen und zu gewährleisten und die Achtung der ihnen innewohnenden Würde zu fördern.« Sie formuliert acht allgemeine Grundsätze ›general principles‹, darunter »[…] c) die volle und wirksame Teilhabe an der Gesellschaft [›effective participation‹] und Einbeziehung [›inclusion‹] in die Gesellschaft; [… und] f) die Zugänglichkeit [›accessibility‹]; […]« (UN 2006, 5). Die Begriffe ›Partizipation‹ und ›Inklusion‹ werden in der Konvention zwar nicht definiert, jedoch in zahlreichen Artikeln weiter ausgeführt. Gerade die Ausführungen im Zusammenhang mit Schule, die in Artikel 24 formuliert sind, haben eine hohe Aufmerksamkeit erreicht und ihre Umsetzung wird kontrovers diskutiert. Hier wird insbesondere darum gerungen, was »[…] in Übereinstimmung mit dem Ziel der vollständigen Integration [›inclusion‹] wirksame individuell angepasste Unterstützungsmaßnahmen in einem Umfeld, das die bestmögliche schulische und soziale Entwicklung gestattet […]« sind (BMAS 2010, 19). Klar macht die Konvention dabei, dass »[…] Menschen mit Behinderungen nicht aufgrund von Behinderung vom allgemeinen Bildungssystem ausgeschlossen werden [… und] Menschen mit Behinderungen gleichberechtigt mit anderen in der Gemeinschaft, in der sie leben, Zugang zu einem integrativen [›inklusiven‹], hochwertigen und unentgeltlichen Unterricht an Grundschulen und weiterführenden Schulen haben; […]« (UN 2006, 19). Das Prinzip der Zugänglichkeit wird ebenfalls nicht definiert, aber in einem eigenen Artikel – Artikel 9 – weiter ausgeführt. Obwohl in der offiziellen Übersetzung der Konvention der Begriff ›Barrierefreiheit‹, der in der deutschen Gesetzgebung gebräuchlich ist (z. B. BMAS 2002), nicht verwendet wird, kann man im deutschen Sprachgebrauch davon ausgehen, dass Zugänglichkeit und Barrierefreiheit in diesem Kontext synonym zu verwenden sind.

2 Technologie in der UN-BRK

Vorstellung der Konzepte

Die UN-Konvention nennt drei technische Konzepte zur Unterstützung der formulierten Ziele: Assistive Technologie, Barrierefreiheit und Universelles Design. Alle drei Konzepte werden als Voraussetzung und Unterstützung zur Erreichung der wirksamen Partizipation und Inklusion sowie Nichtdiskriminierung angesehen.

Assistive Technologie

Assistive Technologie umfasst im Sinne der UN-BRK »[…] Hilfsmittel für bestimmte Gruppen von Menschen mit Behinderungen« (BMAS 2010, 5) und damit alle Hilfsmittel von den einfachen Hilfen bis zu den komplexen elektronischen Hilfsmitteln neuester Generation. Wendet man die Definition der internationalen Norm (DIN EN ISO 9999:2011-10) an, so ergibt sich ein breites Verständnis von

»Hilfsmittel[n als] jegliches Produkt (einschließlich Vorrichtungen, Ausrüstung, Instrumenten und Software), sei es Sonderanfertigung oder allgemeines Gebrauchsgut, das von oder für Menschen mit Behinderung verwendet wird, um am öffentlichen Leben teilzuhaben; um Körperfunktionen/-strukturen und Aktivitäten zu schützen, zu unterstützen, zu ertüchtigen, zu messen oder zu ersetzen; oder um Schädigungen, Beeinträchtigungen der Aktivität und Einschränkungen der Teilhabe zu verhindern.«

Die Vielfalt der Produkte kann man in der Datenbank REHADAT (Rehadat) nachvollziehen, die im ›Portal Hilfsmittel‹ ca. 20.000 Produkte und viele zusätzliche Informationen zur Verfügung stellt.

Barrierefreiheit

Das Konzept der Barrierefreiheit hat in die deutsche Gesetzgebung schon vor der UN-BRK an vielen Stellen Eingang gefunden. So definiert § 4 des BBGG (BMAS 2002):

»Barrierefrei sind bauliche und sonstige Anlagen, Verkehrsmittel, technische Gebrauchsgegenstände, Systeme der Informationsverarbeitung, akustische und visuelle Informationsquellen und Kommunikationseinrichtungen, sowie andere gestaltete Lebensbereiche, wenn sie für behinderte Menschen in der allgemein üblichen Weise, ohne besondere Erschwernis und grundsätzlich ohne fremde Hilfe zugänglich und nutzbar sind.«

Diese nutzer(innen)orientierte funktionale Definition zählt die Anwendungsbereiche auf, verzichtet aber auf Nennung von Mindestanforderungen in Form von Kennzahlen, Maßen usw. Solche müssen für die konkrete Umsetzung in technischen Regelwerken, Normen oder Verordnungen spezifiziert werden. Die Aufzählung umfasst, vergleichbar zu Artikel 9 der UN-BRK, alle gestalteten Lebensbereiche, einschließlich der modernen Kommunikations- und Informationstechnik. Bei den Definitionen der Barrierefreiheit in den deutschen Gesetzen wird zusätzlich zur Zugänglichkeit auch die Nutzbarkeit gefordert, in einzelnen Bundesländern z. B. BGG-

NRW (NRW 2004) auch die Auffindbarkeit. Für das richtige Verständnis der Barrierefreiheit muss man von einer breiten Heterogenität her denken und Lösungen für unterschiedliche Einschränkungen anlegen. Bei der Einrichtung und Auslegung einer Infrastruktur kennt man die zukünftigen Nutzer(innen) in der Regel nicht genau. Daher müssen mögliche Unterschiede in den Dimensionen Sehen, Hören, Bewegen und Verstehen gleichermaßen berücksichtigt werden. Der demografische Wandel bringt als modifizierte Anforderung vermehrt Nutzer(innen) mit Multimorbidität, die mit Kombinationen unterschiedlicher Einschränkungen eine Infrastruktur nutzen wollen. Anforderungen an Beleuchtung, Akustik, Verständlichkeit, Orientierungsunterstützung und Ruhemöglichkeiten sind noch ungewohnt und erscheinen den Anbietern der Infrastrukturen oft eher als Komfort und überflüssig, obwohl sie eindeutig behinderungsbezogen sind und zur Barrierefreiheit gehören. Genau diese Diskussionen werden immer noch in allen Anwendungsbereichen geführt, obwohl z. B. mit der DIN 18040 (DIN 2010-13) oder der BITV 2.0 (BMAS 2011) etablierte Standards vorliegen. Diese enthalten bereits Regelungen, die als Kompromisse zwischen Nutzer(innen)anforderungen, Stand der Technik und Umsetzungseinschränkungen zu interpretieren und im Regelfall anzuwenden sind.

Problematisch wird die Betrachtung der Barrierefreiheit durch das ›Paradoxon der Barrierefreiheit‹ (Bühler 2011), wo die ›individuelle Perspektive der Barrierefreiheit‹ dazu führt, dass es immer Menschen geben wird, für die bei aller Anstrengung (in der Regel nach den geltenden Standards) eine barrierefreie Lösung nicht hergestellt werden kann. In diesen Fällen greifen dann komplementäre Konzepte wie Assistenz oder fremde Hilfe.

Universelles Design

Die UN-BRK führt, ganz im Geist der Inklusion, das Universelle Design als modernes Zugänglichkeitskonzept zur Infrastruktur ein (UN 2006, Art. 2). Während Zugänglichkeit/Barrierefreiheit insbesondere Menschen mit Behinderungen als Zielgruppe im Blick hat, nimmt das ›Universelle Design‹ – oft synonym als ›Design für alle‹ bezeichnet (ETSI 2009) – alle Nutzergruppen gleichermaßen in den Blick (Bühler 2015):

> »Im Sinne dieses Übereinkommens [...] bedeutet ›universelles Design‹ ein Design von Produkten, Umfeldern, Programmen und Dienstleistungen in der Weise, dass sie von allen Menschen möglichst weitgehend ohne eine Anpassung oder ein spezielles Design genutzt werden können. ›Universelles Design‹ schließt Hilfsmittel für bestimmte Gruppen von Menschen mit Behinderungen, soweit sie benötigt werden, nicht aus.« (BMAS 2010, Art. 2).

Die Idee des Universellen Designs ist, Lösungen für alle anzubieten und niemanden auszuschließen. Damit passt das Konzept sehr gut zum Geist der Inklusion. Einschränkend wird die Formulierung »möglichst weitgehend« eingefügt und ergänzend die Nutzung von Hilfsmitteln aufgeführt.

Dabei ist nicht in jedem Falle ›eine‹ Lösung für alle gemeint. So ist es heute durchaus üblich z. B. den Übergang einer Straße nebeneinander mit abgesenktem Bordstein – für die Dimension Bewegen – sowie mit Blindenleitstreifen und Bordstein – für die Dimensionen Sehen und Orientieren – zu realisieren. Oder bei U-Bahnhöfen werden Treppen, Rolltreppen und Aufzüge parallel angeboten. Im Bereich der Informations- und Kommunikationstechnologie gibt es vermehrt Lösungen, die erst beim Aufruf eines Inhaltes durch ein Nutzerprofil bzw. entsprechende Einstellungen die Inhalte gemäß den Präferenzen der Nutzer(innen) aufbereiten (Bühler 2010).

3 Technologie für die Inklusion

Zur Herstellung von Inklusion und Teilhabe werden nun Anforderungen an die Technologie zusammengefasst: Sie muss das Ziel des vollen Genusses der Menschenrechte und Grundfreiheiten und die volle Teilhabe an allen Aspekten der Gesellschaft fördern (UN-BRK Art. 1). Sie soll für eine Vielfalt nutzbar sein (UN-BRK Art. 2) und niemanden ausschließen oder diskriminieren (Art. 3). Sie muss verfügbar und erschwinglich bzw. im Versorgungssystem bezahlbar sein (UN-BRK Art. 4.1 f, g). Die barrierefreie Zugänglichkeit zu allen vom Menschen gestalteten Infrastrukturen ist dabei sicherzustellen (UN-BRK Art. 9). Zugleich soll Information darüber verfügbar gemacht werden (UN-BRK Art. 4.1 h) und die Einweisung und Schulung sichergestellt (UN-BRK Art. 9.2 c) werden.

Vieles davon ist in Deutschland in der Sozialgesetzgebung, insb. im SGB V z. B. § 33 und § 139 und im SGB IX (BMJ), in Gesetzen zur Gleichstellung behinderter Menschen sowie dem Verordnungswege geregelt. Begriffe wie Funktionstauglichkeit, Alltagstauglichkeit, therapeutischer Nutzen, Gebrauchstauglichkeit, Barrierefreiheit usw. stellen einen Qualitäts- und Versorgungsrahmen auf. Allerdings werden ›allgemeine Gebrauchsgegenstände des täglichen Lebens‹ weitgehend ausgeschlossen und viele gesetzliche Vorschriften haben nur Gültigkeit für die Träger öffentlicher Gewalt und nicht für alle Lebensbereiche. Weiter ist in manchen Gesetzen und Verordnungen noch nicht an alle Menschen mit Behinderungen gedacht worden, sondern je nach Bereich jeweils an vermeintlich besonders betroffene Gruppen. Nachbesserungen sind in Normprüfungsverfahren, Gesetzesnovellierungen und ergänzenden Maßnahmen unterschiedlich auf den Weg gebracht worden. Oft wird jedoch ein Vorbehalt in Bezug auf Konnexität und Finanzierung ausgesprochen, der die Umsetzung beeinträchtigt. Ein lange ausgeblendeter Bereich war die Verständlichkeit von Informationen für Menschen mit Lernschwierigkeiten und deren Teilhabe an der Informationsgesellschaft. Jedoch wächst auch hier langsam ein Bewusstsein und viele öffentliche Einrichtungen stellen sich der Verantwortung, etwa mit der Anwendung ›Leichter Sprache‹ (Nietzio 2014). Problematisch bleibt die Finanzierungsfrage. So sind die Finanzierungsmodelle je nach Bereich und Einsatz sehr unterschiedlich:

individuelle Leistungen durch die Solidargemeinschaft nach den Regeln des Sozialgesetzbuches – oder bei Ausschluss durch private Finanzierung oder Spenden –, Aufbau von Infrastruktur in der Verantwortung öffentlicher Träger, Übertragung von Verantwortung etwa im Gesundheitsbereich (Arztpraxen, Apotheken, Therapieräume) oder im Verkehrsbereich (z. B. Eisenbahnbetriebsordnung, Personenbeförderungsgesetz) und im Rahmen von Bauordnungen usw. Ein Mittel private Anbieter und die Industrie zur Bereitstellung geeigneter Produkte zu bewegen, ist die verbindliche Forderung nach Barrierefreiheit und Universellem Design in öffentlichen Planungsverfahren und Ausschreibungen. Es hat sich gezeigt, dass die Industrie durchaus in der Lage ist, entsprechende Angebote zu entwickeln und umzusetzen.

4 Schule – gemeinsam leben und lernen

Die UN-BRK soll als gesellschaftliches Konzept in allen Bereichen Anwendung finden und somit auch im Bereich der schulischen Bildung. Dazu haben die Bundesländer, als zuständige Instanzen, unterschiedliche, gesetzliche und organisatorische Maßnahmen auf den Weg gebracht, die hier jedoch nicht im Einzelnen behandelt werden. Vielmehr wird noch einmal angesprochen, worum es in diesem Bereich geht: Schüler(innen) mit Behinderung sollen Zugang zum allgemeinen Schulsystem erhalten, nicht diskriminiert und optimal gefördert werden (UN-BRK Art. 24). In Absatz 2b (UN-BRK Art. 24) wird explizit formuliert, dass sichergestellt werden muss, dass »Menschen mit Behinderungen gleichberechtigt mit anderen in der Gemeinschaft, in der sie leben, Zugang zu einem integrativen [›inclusive‹], hochwertigen und unentgeltlichen Unterricht an Grundschulen und weiterführenden Schulen haben.« Auch wenn Wahlfreiheit für andere Förderorte realisiert wird, so weist diese Passage doch eindeutig die Richtung zum gemeinsamen Lernen von Schüler(innen) mit und ohne Behinderung am selben Förderort und damit zum gemeinsamen Unterricht. Dafür müssen die Rahmenbedingungen geschaffen und/oder ausgebaut werden (UN 2014, Abschnitt 39, 11). Auf der personellen Seite geht es um die Aus- und Weiterbildung von Lehrkräften und weiteren im Schulumfeld tätigen Personen, sowie eine angemessene personelle Ausstattung, die die Erreichung des Ziels für alle Schüler(innen) ermöglicht und nicht durch Mangel konterkariert. Dabei müssen alle schulisch relevanten Aktivitätsbereiche betrachtet werden, die Curricula, der Unterricht selbst einschließlich der Materialien und Methoden, das selbstgesteuerte Lernen und die Hausaufgaben, die Prüfung und Bewertung, aber auch Aktivitäten bei An- und Abfahrt, bei der Ankunft, vor dem Unterricht, in den Pausen, bei der Essensversorgung, beim Sport, Exkursionen, Klassenfahrten und bei Unterrichtsausfall oder in Gefahrensituationen usw. Im Übrigen gehört die Betrachtung von Aktivitäten mit Eltern und Lehrpersonen, die auch eine Behinderung haben können, mit zum Themenkreis. Neben den personellen Rahmenbedingungen müssen dafür auch die Voraussetzungen durch bauliche, technische und organisatorische Maßnahmen geschaffen werden (UN-BRK Art 24 und Art 9). Im nächsten Abschnitt werden technische Lösungsansätze, die den vorgestellten Konzepten folgen, dargestellt.

5 Technische Lösungsansätze

Orientiert man sich an dem Gedanken der Inklusion ist zunächst das Konzept des ›Universellen Designs‹ heranzuziehen. Dazu werden alle Infrastrukturen so ausgelegt, dass sie von möglichst allen Schüler(inne)n mit und ohne Behinderung genutzt werden können. Wenn eine Lösung für alle nicht realisiert werden kann, muss bei der Herstellung der Zugänglichkeit gegebenenfalls durch Maßnahmen zur Herstellung von Barrierefreiheit differenziert werden (z. B. Wenn ein Aufzug für alle Schüler(innen) nicht realisierbar ist, kann ein Aufzug oder eine andere Möglichkeit zur Vertikalerschließung für einen eingeschränkten Personenkreis eingebracht werden.) Wie bereits erwähnt, sind bei der Gestaltung von Infrastrukturen in der Regel die zukünftigen Nutzer(innen) nicht bekannt. Daher muss man sich auf eine breite Heterogenität einlassen, welche die Bereiche Sehen, Hören, Bewegen, Verstehen umfasst. Als Infrastrukturen gelten dabei alle materiellen Einrichtungen, die seitens der Schule vorgehalten werden müssen, Gebäude einschließlich deren Einrichtung und Ausstattung, Informationsmaterialien und digitale Informationen, Kommunikationseinrichtungen, Lehr- und Lernmaterialien, Pauseneinrichtungen usw. Orientierung bieten dabei im baulichen Bereich die DIN 18040 (DIN 2010-13) und im Informationsbereich die BITV (BMAS 2011) und EN 301 549 (ETSI 2014). Grundlegende Hinweise zur Berücksichtigung der Barrierefreiheit in der Standardisierung bietet die ISO Richtlinie 71 (ISO 2014). Weiter Standards befassen sich mit verschiedenen Produktbereichen z. B. menschenorientierter Entwurf interaktiver Systeme (ISO 2010) oder barrierefreie Software (ISO 2008).

Bereits bei der Definition des ›Universellen Design‹ macht die UN-BRK aber deutlich, dass auch der Einsatz individueller Hilfsmittel nötig sein kann und berücksichtigt werden muss. Die Formulierungen in der Definition der Barrierefreiheit im BBGG »in der allgemein üblichen Weise«, und der Ausdruck »in der Regel ohne fremde Hilfe« verstehen sich so, dass für eine Person mit Behinderung die Nutzung technischer Hilfen allgemein üblich ist und im Einzelfall auch die Nutzung von Assistenz als Hilfe denkbar ist. Wird beispielsweise ein handelsüblicher Computer von einer Schülerin mit einem hohen Querschnitt bedient, sind die Enstellungsoptionen des Betriebssystems und die Nutzung zusätzlicher Geräte denkbar, damit das Gerät etwa mit einer Kopfmaus und Spracheingabe bedient werden kann. So berücksichtigen die vorgenannten Normen und Richtlinien bereits die Nutzung von Hilfsmitteln, wie Rollstühlen, Hörgeräten, aber auch solcher Computerbedienhilfen usw. Auch der Einsatz von zusätzlichen Geräten wie Talkern im Bereich der Unterstützten Kommunikation oder Hilfsmittel für blinde Schülerinnen beispielsweise ein mobiles Braillenotizgerät (Organiser, Textverarbeitung, Kompass, Navigation) usw. bieten viele Möglichkeiten. In der UN-BRK (UN-BRK Art. 2) wird zusätzlich noch das Konzept angemessener Vorkehrungen (›reasonable accomodation‹) eingefordert. Der Kommentar (UN 2014) macht deutlich, dass dieses Konzept anders als Universelles Design und Barrierefreiheit, die im Voraus (›ex ante‹) angegangen werden und auf Gruppen zielen, auf den Einzelfall gerichtet ist und in der konkreten Situation (›ex nunc‹) greift. Das Konzept der ›reasonable accomodation‹ wird im Bereich der Bildung in Artikel 24 Abschnitt 2c) nochmals als besonders relevant hervorgehoben (UN-BRK, 19).

Somit spannen Universelles Design, Barrierefreiheit, Assistive Technologie und ›reasonable accomodation‹ einschließlich persönlicher Assistenz einen Lösungsraum ›Continuum of Solutions – CoS‹ (Bühler 2009) auf, aus dem in einer Kombination der Konzepte eine konkrete Lösung für einen Menschen mit Behinderung spezifiziert wird . In Abbildung 1 wird das CoS mit seinen Dimensionen dargestellt. Für jeden Bedarf und jede Anforderung gilt es, die geeignete Gesamtlösung aus Elementen der vier Konzepte zu gestalten (z. B.: eine Rampe und ein manueller Rollstuhl; eine barrierefreie Internetseite der Schule und ein akustischer Browser/Screenreader, sowie eine Vorlesekraft; Unterrichtsmaterial in leichter Sprache und ein(e) rehabilitationspädagogische Fachkraft). Welche Anteile aus den vier Bereichen jeweils zum Einsatz kommen, hängt von den konkreten Rahmenbedingungen der Infrastruktur und den individuellen Anforderungen der Nutzer(innen) ab.

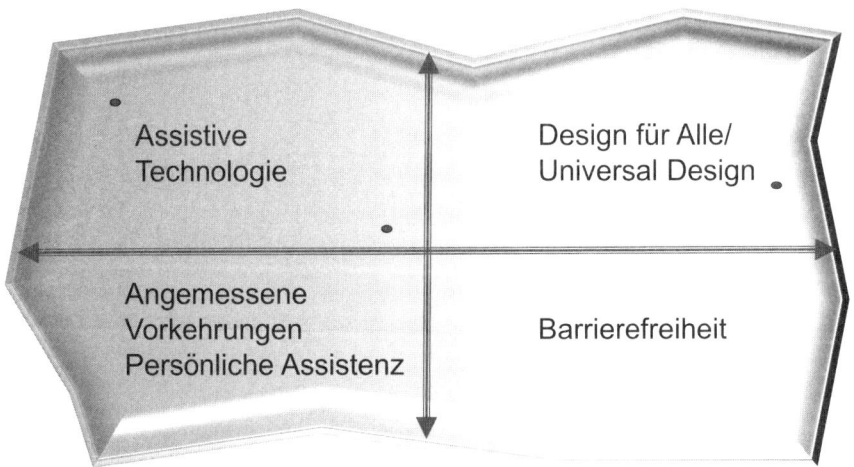

Abb. 1: Lösungsraum ›Continuum of Solutions – CoS‹

Bei Planung und Herstellung neuer Gebäude oder Einrichtungen sind die Anforderungen des Universellen Design und der Barrierefreiheit sofort zu berücksichtigen. Im Bestand kann die Umsetzung schrittweise erfolgen, beginnend mit einer Situationsanalyse. Dabei sollen jedoch Umsetzungsfristen geplant und angemessene Ressourcen zu Beseitigung von Barrieren zugewiesen werden (UN 2014, 7).

Besonderes Augenmerk wird auf die Nutzung unterschiedlicher Formen der Kommunikation und Information gelegt. Alle Angebote müssen entsprechend barrierefrei gestaltet werden, etwa in Braille, alternativen elektronischen Formaten, Gebärdensprache, mit unterstützter Kommunikation ›UK‹ (›AAC‹) und Nutzung von FM-Anlagen. Das impliziert die verstärkte Nutzung von barrierefreien Lerntechnologien, die darauf ausgerichtet sind, solche Dokumente und Kommunikationskanäle zu erzeugen. So kann z. B. ein interaktives Whiteboard ähnlich wie eine Tafel genutzt werden, allerdings zusätzliche Medien einbinden und den Schüler(inne)n den Inhalt zur weiteren Verarbeitung mit individuellen Hilfsmitteln direkt zur Verfügung stellen. Bei allen Angeboten ist Multimedia jedoch als Option zu begreifen, die allerdings das Rezipieren mit nur einem Sinn – Sehen oder Hören (oder Tasten) – ermöglichen muss. Ein handelsüblicher Film (Video) ohne Untertitel und Audiodeskription schließt sonst Schüler(innen), die auf nur einen dieser Sinne angewiesen sind, aus. Diese Anforderung lässt sich auf den Einsatz von Lern-Management-Systemen, die Nutzung sozialer Medien, Anwendungen des E-Learning, Computer Based Training, Mobile Learning, Feedback-Systeme usw. übertragen. Die vier Prinzipien der ›BITV‹ Wahrnehmbarkeit, Bedienbarkeit, Verständlichkeit und technische Robustheit (in Bezug auf die Nutzung individueller technischer Hilfsmittel), die auf den internationalen Richtlinien des ›World Wide Web Consortiums‹ beruhen (W3C 2008, W3C 2010), können hier als Orientierung dienen. Eine Einführung und Arbeitshilfe findet man als ›BITV-Lotsen‹ im Internet (BMAS 2012). Die BITV ist zwar auf Web-Inhalte ausgelegt, kann aber auf den oberen Ebenen allgemeiner und gut auf Software übertragen werden, wie dies auch in der vergleichbaren Norm (ETSI 2014) umgesetzt ist.

In vielen Fällen wird die Nutzung einer allgemeinen Software und Hardware mit individuellen Einstellungen, wie sie die Betriebssysteme heute anbieten, und in Ergänzung mit individuellen Hilfsmitteln angewendet. Diese Lösungen setzen jedoch voraus, dass die entsprechenden Lernprogramme und Lernmaterialien barrierefreie Standards einhalten.

Das Potenzial ›cloudbasierter‹ Systeme für die Zukunft kann man am Beispiel von Spracheingabesystemen nachvollziehen. Während auf dem lokalen Rechner realisierte Spracheingabesysteme weiter sprecher(innen)abhängig bleiben und trainiert werden müssen, sind Spracheingaben etwa bei der Suche in ›Google‹ oder der Nutzung von ›Siri‹ sprecher(innen)unabhängig. Die Algorithmen und Datenbanken in der ›Cloud‹ sind um vieles ausgefeilter und umfangreicher als die lokaler Systeme und erlauben sehr gute Erkennungsraten. Darüber hinaus können oft selbst umgangssprachlich formulierte Anfragen von solchen Systemen interpretiert werden und liefern zumindest teilweise erstaunlich gute Ergebnisse. Es darf hier nicht verschwiegen werde, dass die Nutzung dieser Dienste Fragen hinsichtlich des Datenschutzes und der Sicherung der Privatsphäre aufwerfen. Viele Menschen schätzen allerdings heute den Nutzen so hoch ein, dass sie diese Frage nachrangig einstufen und solche Dienste ausgiebig verwenden. Ein weiteres Beispiel solcher Entwicklungen kann bei ›Youtube‹ beobachtet werden. Hier kann im Prinzip jede(r) Nutzer(in) selbst erstellte Videos hochladen. Diese besitzen in der Regel keine Untertitel. Durch eine Einstellung können die Nutzer(innen) die Erstellung automatischer Untertitel aktivieren. Diese funktionieren heute noch nicht wirklich zufriedenstellend, zeigen aber schon die zukünftige Entwicklung auf. Die Erschließung von Filmen im Kino durch Untertitel oder Audiodeskription bieten z. B. die Dienste ›Greta‹ und ›Starks‹ (Greta & Starks) über den Einsatz eines persönlichen Endgerätes – in der Regel ein Smartphone – an. Andere Ansätze bauen auf wechselseitiger Unterstützung der betroffenen Nutzer(innen) in ›Communities‹ als ›peer support platforms‹ auf (Bühler, Pelka 2014).

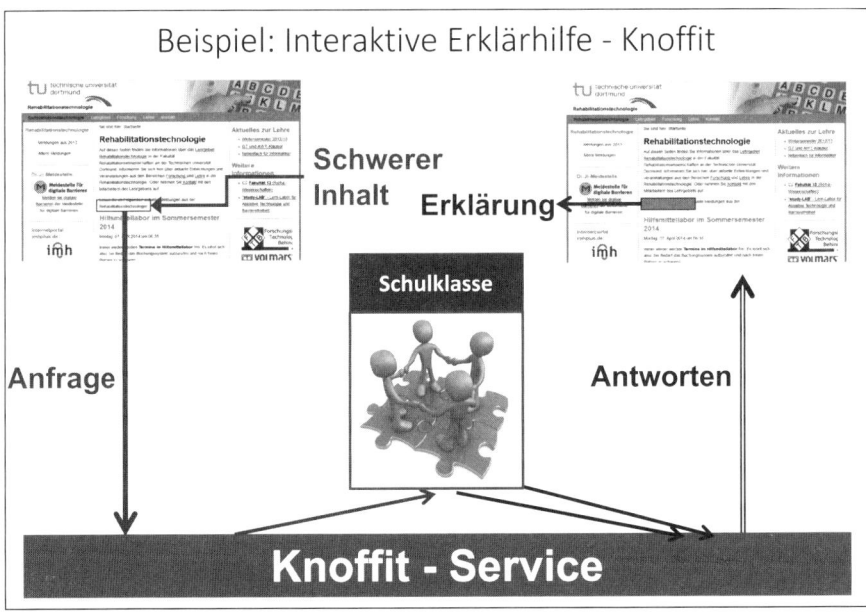

Abb. 2: Prinzipdarstellung des interaktiven Glossars Knoffit

Obwohl der Einsatz solcher Anwendungen zunächst für offene Umgebungen angelegt ist, ist er auch in begrenzten und geschlossenen Teilnehmerkreisen, wie etwa einer Schulklasse, denkbar (Abb. 2).

In einer geschlossenen Plattform (siehe Abb. 2 dem interaktiven Glossar Knoffit von Schaten 2014) können so etwa stärkere Schüler(innen) im gemeinsamen Unterricht schwächere Schüler(innen) bei einem Thema z. B. mit Erklärungen, Untertiteln, Bildbeschreibungen, Tipps unterstützen. Ein(e) Schüler(in) fordert eine Erklärung zu einem schwierigen Inhalt an und mehrere können eine Antwort bereitstellen, die wiederum von allen gesehen und kommentiert werden kann. Die Erklärungen können dabei als Text, Audio, Bild oder Video eingestellt werden. Moderiert wird der Prozess im Fall einer Klasse z. B. von einer Lehrkraft.

Bei Nutzung moderner Technologien im Unterricht können Tablet-PCs, die von vielen Schüler(innen) als ›cool‹ betrachtet werden, einen inklusiven Ansatz unterstützen. Diese Geräte verfügen bereits in ihren Betriebssystemen über vielfältige Einstellmöglichkeiten zur besseren Nutzbarkeit und Barrierefreiheit (z. B. Android, Apple). So können die Geräte auch von Menschen mit Sehbehinderung oder Blindheit, Hörbehinderung und durch Anschluss von Eingabegeräten auch bei Körperbehinderung bedient werden. Sprachsysteme mit der Möglichkeit allgemeinsprachliche Anfragen zu stellen, die durchaus relevante Antworten liefern, können auch Schüler(innen) mit kognitiven Einschränkungen unterstützen. Solche Geräte können sowohl aus der individuellen Versorgung stammen als auch von den Einrichtungen als Klassensätze vorgehalten werden.

Grundsätzlich ist die Einbeziehung von Standards nützlich, was im Folgenden am Beispiel des ›e-Buches‹ erläutert wird. Hierbei handelt es sich um ein Regelwerk das von einer Arbeitsgruppe im Auftrag des Arbeitskreises Medienzentren der Bundesfachkommission für die Überprüfung von Lehr- und Lernmitteln für blinde Schüler(innen) erstellt wurde (Arbeitsgemeinschaft Informationstechnologie). Der Standard soll die Qualität elektronischer Unterrichtsmaterialien und Prüfungsunterlagen sicherstellen. Die Anwendung unterstützt gleichzeitig den Austausch und die Wiederverwendung der Dokumente an anderen Orten. Die Idee des Austausches und der Weitergabe von Materialien und Informationen zu gut gelungenen Lösungen erscheint generell ein praxisnaher und vielversprechender Ansatz, der im Informationszeitalter weiträumig einsetzbar ist.

6 Herausforderungen

So schön und gut die Idee der Inklusion im Grundsatz ist, so ergeben sich doch große Herausforderungen und Grenzen bei der Umsetzung. Technologie ist hierbei nur ein Baustein, der hilfreich sein kann. Bei aller Leistungsfähigkeit und Komplexität der technischen Lösungen, bleibt die Gebrauchstauglichkeit der Systeme eine Herausforderung. Es kann nicht erwartet werden, dass alle Nutzenden große technische Expertise aufbauen, um die Systeme nutzen zu können. Vielmehr ist es die Verantwortung der Entwickler, eine einfache Nutzung und Wartung zu ermöglichen. Vielfach eingesetzte automatische Updates stellen hier eine Hilfe, aber auch eine Hürde dar. Die Hilfe besteht in der Beseitigung von Fehlern und der Verbesserung der Software, ohne dass man wissen müsste woher man das Update bekommt und wie man es installiert. Allerdings werden die Nutzer(innen) im Zuge der Installationen oft um Zustimmungen oder Angaben gebeten, die sie überhaupt nicht einschätzen können oder Programme verhalten sich plötzlich anders als gewohnt und arbeiten nicht mehr einwandfrei mit den Hilfsmitteln zusammen.

Aktuell bleibt hier allerdings ein Problem, das zwingend gelöst werden muss, um einen zielführenden Einsatz zu ermöglichen: Nicht nur die Schüler(innen), sondern auch die Lehrkräfte, Unterstützungskräfte und die Eltern müssen mit dem Umgang der Geräte und der Software vertraut sein. Dazu bedarf es gezielter Aus- und Weiterbildungsangebote für die Entwicklung der eigenen Medienkompetenz und eines mediendidaktischen Sachverstandes mit Bezug zum Unterricht. Ähnlich verhält es sich im Übrigen mit Hilfsmitteln, die die Schüler(innen) aus der Einzelversorgung mitbringen. Auch hier ist es wichtig, dass Know-How über die Hilfsmittel, ihre Möglichkeiten und ihre Anwendung an den Schulen vorhanden ist.

Inklusion wirft auch einige Fragen auf, wenn es um bisher vorgehaltene besondere Maßnahmen (Nachteilsausgleich – Privilegien) geht. Dies trifft insbesondere dann zu, wenn ein Regelsystem so ausgebaut wird, dass ein bislang vorgehaltenes Sondersystem in Frage gestellt wird. In der Schuldiskussion ist das bekannt. Aber auch bei einem wirklich barrierefreien Ausbau des Nahverkehrs wären der Ersatzverkehr und die Sonderbeförderung ggf. weiter einzuschränken. Ebenso würden die Sonderplätze für Fußballfans am Rande des Spielfeldes bei barrierefreien Stadien entfallen. Solche Veränderungen werden nicht nur positiv gesehen und müssen hinterfragt werden.

Andere Herausforderungen ergeben sich für bestimmte Gruppen von Schüler(inne)n. So ist es durchaus umstritten, ob Schüler(innen) mit Gehörlosigkeit in der Regelschule gut gefördert werden können. Noch gibt es ja keine Gebärdensprachavatare, die eine Kommunikation im Unterricht und im Schulumfeld ermöglichen, sondern man ist auf Gebärdensprachdolmetscher(innen) angewiesen. Ähnlich verhält es sich mit Kindern, die zugleich gehörlos und blind sind. Hier ist man in der Kommunikation auf Lormdolmetschung oder taktiles Gebärden angewiesen. Obwohl gute Ansätze entstehen (Universität der Künste Berlin), gibt es für beides noch keine ausgereiften, technischen Lösungen.

Das gemeinsame Leben und Lernen bringt an sich einen hohen Lerneffekt für alle mit sich, vorausgesetzt es wird gut organisiert. Das schließt aber eine zielgerichtete individuelle Förderung mit ein. Im Vordergrund sollte immer die geeignete Förderung der Kinder stehen. Dabei ist bei besonderen Förderorten die Frage zu stellen, was dort tatsächlich an besserer Förderung insgesamt geleistet werden kann und ob das nicht auch an einem Regelförderort hergestellt werden kann.

In vielen dieser Fälle kann Technik helfen, notwendige Voraussetzungen, aber keineswegs immer hinreichende Bedingungen für eine geeignete gemeinsame Beschulung, zu schaffen. Es ist die Verantwortung der technischen Forschung und Entwicklung, innovative technische Angebote zur Unterstützung zu entwerfen. Jede(r) Anwender(in) muss am Ende entscheiden, ob sie (er) diese Angebote aufnehmen oder ablehnen will.

7 Fazit

Die UN-BRK weist der Technologie eine wichtige Rolle als Voraussetzung für die Schaffung von Inklusion und Teilhabe zu. Universelles Design, Barrierefreiheit, Assistive Technologie und angemessene Vorkehrungen sollen helfen, Exklusion zu vermeiden. In allen Lebensbereichen sollen für Menschen mit Behinderungen die bestmöglichen technischen Voraussetzungen zur vollen Teilhabe geschaffen werden. Klassische Hilfsmittel und moderne technische Lösungen bieten hier ein großes Potenzial. Die Bereitstellung geeigneter Infrastrukturen, Umgebungen, technische Ausrüstungen und technischer Hilfsmittel kann so die Inklusion und Teilhabe unterstützen. Dies gilt grundsätzlich für alle Bereiche von Einschränkungen, muss aber gerade im Bereich von Lernschwierigkeiten und bei Menschen mit schweren und mehrfachen Einschränkungen noch weiter entwickelt werden. Der Einsatz der Technologie ist aber keineswegs hinreichend für die Schaffung von Inklusion und Teilhabe. Professionelle und informelle Hilfe, menschliches Miteinander und gesellschaftliche Unterstützung des Inklusionsgedankens sind dazu erforderlich. Allerdings birgt das Versagen der technischen Ausrüstungen und ungenügende (Medien-)Kompetenzförderung zur Nutzung für viele Menschen ein massives Exklusionsrisiko. Gerade im Förderumfeld der Schule sollten die heutigen technischen Möglichkeiten noch stärker und noch professioneller eingesetzt werden.

Literatur

Android: Adroid's Accessibility Tools. http://developer.android.com/design/patterns/accessibility.html (31.07.2015).
Apple: Accessibility in IOS. https://developer.apple.com/technologies/ios/accessibility.html (31.07.2015).
Arbeitsgemeinschaft Informationstechnologie, Verband der Blinden und Sehbehindertenpädagogik (VBS-AG IT): E-Buch-Standard. In: Augenbit, http://www.augenbit.de (31.07.2015).
BMAS (2002): Gesetz zur Gleichstellung behinderter Menschen (Behindertengleichstellungsgesetz – BGG vom 27.04.2002 zuletzt geändert d. Art. 12 G v. 19.12.2007. BGBl. I S. 1467, 1468, 3024, http://bundesrecht.juris.de/bgg/index.html (31.07.2015).
BMAS (2010): Übereinkommen der Vereinten Nationen über die Rechte von Menschen mit Behinderung. Behindertenrechtskonvention. Deutsch: BMAS: Bonn, 2010, http://

www.bmas.de/SharedDocs/Downloads/DE/PDF-Publikationen/a729-un-konvention. pdf?__blob=publicationFile (31.07.2015).

BMAS (2011): Verordnung zur Schaffung barrierefreier Informationstechnik nach dem Behindertengleichstellungsgesetz (Barrierefreie-Informationstechnik-Verordnung – BITV 2.0), 22.11.2011, http://www.gesetze-im-internet.de/bitv_2_0/BJNR184300011.html (06.08.2015).

BMAS (2012): BITV-Lotse. In: Einfach Teilhaben. www.bitv-lotse.de (15.08.2015).

BMJ: Gesetze im Internet – juris, http://www.gesetze-im-internet.de (15.08.2015).

Bühler, Christian (2015): Universelles Design des Lernens und Arbeitens. In: Biermann, Horst (Hrsg.): Inklusion im Beruf. Stuttgart, 118–138.

Bühler, Christian (2009): Managing of Design for All. In: Stephanidis, Constantine (Hrsg.): The Universal Access Handbook, CRC Press, 56–1, 903–914.

Bühler, Christian (2010): Universal Design – Computer. In: Stone, John,/Blouin, Maurice (Hrsg.): Center for International Rehabilitation Research Information and Exchange (CIRRIE): International Encyclopedia of Rehabilitation. http://cirrie.buffalo.edu/encyclopedia/en/article/146/ (12.08.2015).

Bühler, Christian (2011): Lernen und Arbeiten ohne Barrieren – Barrierefreier Zugang und universelles Design. In: Biermann, Horst/Bonz, Bernhard (Hrsg.): Berufsbildung konkret, Band 11, Inklusive Berufsbildung, Didaktik beruflicher Teilhabe trotz Behinderung und Benachteiligung. Hohengehren, 44–52.

Bühler, Christian/Pelka, Bastian (2014): Empowerment by digital media of people with disabilities – Three dimensions of support. In: Miesenberger, Klaus et al. (Hrsg.): ICCHP 2014, Part I, LNCS 8547, Computers Helping People with Special Needs, Heidelberg, 17–24.

Bühler, Christian (2015): Universelles Design des Lernens und Arbeitens. In: Biermann, Horst (Hrsg.): Inklusion im Beruf, Reihe: Inklusion in Schule und Gesellschaft, Band 3. Stuttgart, 118–138.

DIN (2011): DIN EN ISO 9999:2011-10: Titel (deutsch): Hilfsmittel für Menschen mit Behinderungen – Klassifikation und Terminologie (ISO 9999:2011); Deutsche Fassung EN ISO 9999:2011, Deutsches Institut für Normung, Beuth Verlag, http://din.de (12.08.2015).

DIN (2010-13): DIN 18040-1-3 Barrierefreies Bauen – Öffentlich zugängliche Gebäude, 10.201-05.2013), Deutsches Institut für Normung, Beuth Verlag http://din.de (12.08.2015).

ETSI (2009): »Human Factors (HF); Guidelines for ICT products and services; Design for All« ETSI EG 202 116 V1.2.2 (2009-03); http://www.etsi.org (31.07.2015).

ETSI (2014): Accessibility requirements suitable for public procurement of ICT products and services in Europe, EN 301 549 V1.1.1 (2014-02), ETSI, CEN, CENELEC, (06.08.2015).

FTB (2004) Die Prinzipien des Universellen Design (Übersetzung des Autors), http://ftb-esv.de/uniprinc.html (12.08.2015).

Greta & Starks: Kino einfach erleben, http://www.gretaundstarks.de/ (11.08.2015).

ISO (2008): ISO 9241-171: 2008 (revises ISO/TS 16071) »Ergonomics of human-system interaction – Part 171: Guidance on software accessibility« http://www.iso.org/iso/iso_catalogue/catalogue_tc/catalogue_detail.htm?csnumber=39080 (12.08.2015).

ISO (2010): ISO 9241-210:2010 Ergonomics of human-system interaction – Part 210: Human-centred design for interactive systems (revises: ISO 13407 (1999)), http://www.iso.org/iso/home/store/catalogue_ics/catalogue_detail_ics.htm?csnumber=52075 (10.08.2015).

ISO (2014): ISO/IEC Guide 71 (2014): (also CEN/CENELEC Guide 6) »Guidelines for standards developers to address the needs of older persons and persons with disabilities« http://isotc.iso.org/livelink/livelink/fetch/2000/2122/4230450/8389141/ISO_IEC_Guide_71_2014%28E%29_Guide_for_addressing_accessibility_in_standards.pdf?nodeid=8387461&vernum=-2 (11.08.2015).

Nietzio, Annika/Naber, Daniel/Bühler, Christian (2014): Towards Techniques for Easy-to-Read Web Content. In: 5th International Conference on Software Development and Technologies for Enhancing Accessibility and Fighting Info-exclusion, DSAI 2013, Reihe Procedia Computer Science, Volume 27, 2014, 343–349.

NRW (2004): Gesetz des Landes Nordrhein-Westfalen zur Gleichstellung von Menschen mit Behinderung (Behindertengleichstellungsgesetz Nordrhein-Westfalen – BGG NRW) In: www.recht.nrw.de (14.08.2015).

REHADAT: REHADAT – Informationssystem zur beruflichen Teilhabe, http://www.rehadat.info/de (12.08.2015).

Schaten, Michael (2014): Barrierefreiheit 2.0 – Ein neuer Ansatz zur verbesserten Zugänglichkeit zu Web-Inhalten für Menschen mit Lernschwierigkeiten. In: TU Dortmund, Eldorado, https://eldorado.tu-dortmund.de/ (12.08.2015).

UN (2006). Convention on the Rights of Persons with Disabilities, http://www.un.org/disabilities/convention/conventionfull.shtml (12.08.2015).

UN (2014): General comment No. 2 (2014), In: Committee on the Rights of Persons with Disabilities, Eleventh session, 31 March–11 April 2014.

Universität der Künste Berlin: LORM Hand. In: Design Research Lab, Research and Projects, http://www.design-research-lab.org/ (11.08.2015).

W3C (2008): Web Content Accessibility Guidelines, http://www.w3.org/TR/WCAG20/ (12.08.2013).

W3C (2011): WAI Guidelines and Techniques, http://www.w3.org/WAI/guid-tech.html, (12.08.2015).

WHO (2001): ICF – Internationale Klassifikation der Funktionsfähigkeit, Behinderung und Gesundheit. Hrsg. v. Deutschen Institut für Medizinische Dokumentation und Information. DIMDI WHO-Kooperationszentrum für die Familie internationaler Klassifikationen. Köln 2004.

Matthias Schumacher

(De-)Kategorisierung und das systemtheoretische Beobachtungsschema Inklusion/Exklusion am Beispiel von Menschen ›mit schweren und mehrfachen Behinderungen‹ und dem System Schule

»Inklusion ist in der Diskussion« (Hinz 2010, 63) und diese wird von einer Vielzahl an Interessensgruppen engagiert geführt. Bezugspunkte in den Argumenten für und gegen Inklusion sind häufig menschenrechtlicher (vgl. bspw. Moser 2013) oder ökonomischer Art (vgl. bspw. Klemm 2012, 5) und beziehen sich oftmals auf die Mehrgliedrigkeit des Schulsystems. Eng verbunden mit der Kritik gesonderter Beschulung ist diejenige an (schulsystemischen) Kategorien von ›Behinderung‹[1] (vgl. Haas 2012). In Teilen der (Sonder-)Pädagogik wird ihre Dekategorisierung gefordert, denn »Kategorien inkludieren oder exkludieren« (Barlösius 2005, 95) und können diskriminierend und stigmatisierend wirken (vgl. Lindmeier 2005).

›Inklusion‹ und ›Exklusion‹ sind keine originär pädagogischen Begriffe, sondern entstammen der Soziologie (vgl. Beck/Degenhardt 2010, 70). Eine systemtheoretische Perspektive auf Inklusion/Exklusion[2] ermöglicht es, sich theoriefundiert mit einem pädagogisch viel diskutiertem Thema auseinanderzusetzen, »ohne sich der normativ aufgeladenen Inklusionsdebatte […] unterordnen zu müssen« (Peters 2014, 222 f.). Dieser Beitrag nimmt auf ›(schwere und mehrfache) Behinderung‹ und das System Schule als Referenzbereich (vgl. Weisser 2005b, 50) Bezug: Aus einer systemtheoretischen Perspektive werden Möglichkeiten, die sich aus Kategorisierung und Dekategorisierung von ›(schwerer und mehrfacher) Behinderung‹ ergeben können, in einer struktur-funktionalen Perspektive unter Berücksichtigung des Beobachtungsschemas Inklusion/Exklusion diskutiert.

---

1   Einfache Anführungsstriche weisen in diesem Beitrag darauf hin, dass die Bezeichnung gleichsam mit der ihr zugrundeliegenden Unterscheidung einen *blinden Fleck* produziert (die nicht bezeichnete Seite der Unterscheidung). Theoretische Grundlage ist das Formenkalkül George Spencer Browns: Dessen Logik der Unterscheidung einer Unterscheidung geht davon aus, dass Bezeichnen und Unterscheiden als eine einzelne Operation angesehen werden müssen. Das bedeutet, dass jeder Bezeichnung eine Unterscheidung zugrunde liegt, die gleichsam mit ihr vollzogen wird. Diesem Ansatz nach beginnt jede Bezeichnung mit einer Unterscheidung, einer Differenzsetzung (vgl. Luhmann 2005d, 25).

2   Die Einheit einer Differenz wird in weiten Teilen der Systemtheorie durch einen Schrägstrich symbolisiert. Er drückt die Einheit einer von einem Beobachter (System) getätigten Unterscheidung aus, »die ohne die beiden Seiten keine Einheit wäre, aber die als Einheit diese Seiten erst inszeniert«, so Fuchs (o. J., 12).

1 Inklusion/Exklusion und soziale Adresse

In der Systemtheorie existieren verschiedene Systemformen: Maschinen, Organismen, soziale und psychische Systeme. Systeme sind die (Einheit der) Differenz von System und Umwelt (vgl. Luhmann 2005c, 39). Sie entstehen durch und bestehen aus Operationen, die sich selbst hervorbringen (Autopoiesis) und aneinander anschließen. Soziale Systeme werden in Form von Interaktionen (z. B. Unterricht), Organisationen (z. B. Schulen) und (Welt-)Gesellschaft voneinander abgegrenzt (vgl. Luhmann 1984, 16). Die Weltgesellschaft ist ihrerseits in verschiedene Funktionssysteme (z. B. Erziehung) differenziert (vgl. Luhmann 1997, 149). Das System Schule ist Teil des Funktionssystems Erziehung und somit ebenfalls ein soziales System. Psychische Systeme können wiederum in Bewusstseinssysteme und Selbst-Systeme unterschieden werden (vgl. Fuchs 2011, 130).

Für diesen Beitrag sind primär soziale und psychische Systeme relevant; sie operieren in unterschiedlichen Modi. Soziale Systeme operieren mit Kommunikation, psychische Systeme mit Bewusstsein bzw. Gedanken. Kommunikation ist in dieser Sichtweise ein Ereignis, das aus der Synthese eines dreiteiligen Selektionsprozesses (Information, Mitteilung, Verstehen) besteht (vgl. Luhmann 1984, 194). Soziale und psychische Systeme operieren notwendigerweise sinnbezogen (Sinnsysteme; vgl. Fuchs 2010, 22 ff.). Sinn kann – systemtheoretisch betrachtet – vereinfacht verstanden werden als »die Differenz von aktual Gegebenem […] und Möglichem« (Huber 2010, 180), denn selektiv und fortlaufend werden in Sinnsystemen Möglichkeiten operativ ausgewählt bzw. aktualisiert. Beide Systemtypen sind operational geschlossen. Dies bedeutet, dass ein System keine Operationen in einem anderen System durchführen kann: So können bspw. Gedanken eines psychischen Systems nicht an die eines anderen angeschlossen werden (vgl. Huber 2010, 180).

Beeinflussungen von Systemen durch die Umwelt und umgekehrt geschehen aus systemtheoretischer Perspektive durch strukturelle Kopplungen (vgl. Luhmann 2005f, 98). Der Mechanismus der strukturellen Kopplung ist die Sprache (vgl. Luhmann 2005b, 197). Die strukturelle Kopplung bedingt, dass ein soziales System zwar operativ auf die umgebenden psychischen Systeme bezogen ist (und umgekehrt), gleichzeitig aber nicht auf diese zugreifen kann (vgl. Kade 1997, 54). Die strukturelle Kopplung teilt gewissermaßen die Umwelt in Bezug auf die Relevanz von System-Umwelt-Beziehungen und reduziert dadurch für das System die Komplexität seiner Umwelt. Sie gewährleistet, dass Systeme mit Irritationen durch die Umwelt versorgt werden, die für weitere Operationen genutzt werden können (vgl. Luhmann 2005f, 98). Die Komplexitätsreduktion (Selektion) durch die strukturelle Kopplung ermöglicht dem System so Strukturaufbau und damit Komplexitätssteigerung (vgl. Luhmann 2002b, 121; vgl. Kap. 2).

In der Systemtheorie kommen Menschen nicht als analytische Einheiten vor – sie sind weder Systeme noch Bestandteil von ihnen. Menschen können sich so betrachtet auch »nicht innerhalb oder außerhalb von sozialen Systemen befinden« (Balgo 2013, 14). Stattdessen findet ein Individuum in Kommunikation in der Form ›Person‹ Berücksichtigung, ein konstruiertes Symbol, das adressiert werden kann und durch Sozialisation und Erziehung sowie als Erfordernis von Kommunikation entsteht (vgl. Luhmann 2002a, 28 ff.). Die ›Person‹ wie auch das schematischere Konstrukt der ›Rolle‹, welches verstanden wird als »gebündelte und adressierbare Verhaltenswartungen« (Luhmann 2005a, 51), fungieren als *soziale Adresse* eines psychischen Systems, auf die Kommunikationen bzw. Handlungen zugerechnet werden (vgl. Luhmann 2005i, 194).

In welchem Zusammenhang stehen nun die bisherigen Ausführungen zu Inklusion/Exklusion? Systemtheoretisch betrachtet sind es genau diese beiden Konstrukte (›Person‹ und ›Rolle‹), die von Inklusion und Exklusion unmittelbar betroffen sind, denn das Schema läuft »über Relevanzeinträge in die soziale Adresse […] [und] befindet [darüber], wie und ob jemand als Mitteilungshandelnder in Frage kommt« (Fuchs 2011, 136). Die Adresse ist deswegen als ein »mehr oder minder spezifisches Inklusions/Exklusions-Profil beschreibbar« (Fuchs 1997, 63). Diese Relevanzmarkierungen sind für weitere Kommunikationen bedeutsam und beeinflussen auf der Interaktionsebene das Verhalten der »handelnden Individuen«. Die Unterscheidung Inklusion/Exklusion dient somit der Ordnung von Kommunikation innerhalb sozialer Systeme und kann als spezifisches Beobachtungsschema verstanden werden (vgl. Balgo 2013). In diesem Sinne gibt es ›Inklusion‹ nur wenn auch ›Exklusion‹ besteht.

Die Unterscheidung ist systemtheoretisch nicht räumlich zu verstehen (vgl. Luhmann 2005g, 244). Räumliche Differenzierung wirkt jedoch selbstverstärkend in Richtung ›Exklusion‹. Diese wird in einer funktional differenzierten Gesellschaft in die Form von ›Inklusion‹ gebracht. Ein Totalausschluss aus der Gesellschaft ist systemtheoretisch betrachtet nicht (mehr) möglich (vgl. Stichweh 2002, 12 f.). Es kann daher von Inklusionsbereichen (z. B. Regelschulsystem[3]) und Exklusionsbereichen (z. B. Förderschulsystem) innerhalb eines Funktionssystems gesprochen werden. Die Exklusion aus dem Inklusionsbereich *ist* gleichzeitig Inklusion in den Exklusionsbereich. Die Grenze zwischen den Bereichen wird im Schulsystem entlang der Kategorie ›Behinderung‹ gewonnen. Inklusion von Personen ›mit (schweren und mehrfachen) Behinderungen‹ »war (und ist noch weitgehend) Inklusion in Exklusionsbereiche« (Fuchs 2002, o. S.). Die Bezeichnung ›Behinderung‹ kann deswegen »als funktionale Kategorie im Kontext systembezogener Ausdifferenzierungsprozesse« (Moser 2003, 27) verstanden werden. Sie steht im folgenden Kapitel im Mittelpunkt der Betrachtung.

---

3 Integrative und sog. »inklusive« Schulen werden hier neben den Allgemeinen Schulen dem Regelschulsystem zugeordnet.

2 ›Schwere und mehrfache Behinderung‹ als systemische Erwartungsenttäuschung

Die Bezeichnung ›Behinderung‹ ist semantisch betrachtet »die Feststellung, dass etwas nicht geht, von dem man erwartet, *dass* es geht« (Weisser 2005b, 15, kursiv i. O.). Es handelt sich also anders formuliert um eine Erwartungsenttäuschung[4] – unabhängig davon, ob diese erwünscht ist oder nicht (vgl. Weisser 2005b, 32). Sie wird nach Beobachtung, d. h. Bezeichnen und Unterscheiden (vgl. Kap. 3), feststellbar (vgl. Dederich 2009, 25). Das ›Schwere und Mehrfache‹ als Additiv unterstreicht in dieser Sichtweise »eine qualitative Steigerung, ein deutliches Mehr« (Klauß 2011, 17) in Bezug darauf, dass »die gängigen Erwartungen […] an Grenzen stoßen« (Fornefeld 2008, 77).

Kommunikationssysteme bilden im zeitlichen Verlauf Strukturen (Erwartungserwartungen) aus (vgl. Luhmann 1984, 411 ff.). Der Erwartungsbegriff zielt damit auf generalisierte Zwischenselektionen, die in Sinnsystemen verdichtet vorliegen, um Operationen schneller anschließen zu können (vgl. Luhmann 1984, 140). ›Behinderung‹ betrifft folglich unmittelbar ein System. Sie ist die Enttäuschung des durch Selektion und Wiederholung in vorherigen Operationen selbst eingeschränkten Möglichkeitsbereichs (vgl. Luhmann 1984, 397). In Bezug auf Schulsystem und ›schwere und mehrfache Behinderung‹ sind insbesondere zwei unterschiedliche Typen der Erwartungsenttäuschung relevant:

(1) auf *Ebene von Interaktionen und die Person betreffend* hinsichtlich der Anforderungen an ›Normalkommunikation‹, wenn bei strukturell gekoppelten psychischen Systemen nur eine eingeschränkte Möglichkeit oder gar die »Unfähigkeit, in Sinn zu operieren« (Fuchs 2011, 134) identifiziert wird und

(2) auf *Ebene der Organisationen und die Rolle betreffend* hinsichtlich Erwartungserwartungen, die in Programmen Ausdruck finden. Programme sind Kriterien, die die Zuordnung von Kommunikationen regeln (vgl. Luhmann 1997, 750). Im Schulsystem sind dies bspw. Lehrpläne und Bildungsstandards.

Zu (1) – Interaktion und Person

Geht man von Sprache als dem strukturellen Kopplungsmechanismus zwischen psychischen und sozialen Systemen aus, fällt auf, dass physische/organische Systeme (Körper) diesen Mechanismus zunächst einmal nicht bedienen. Ein Körper ist zwar in Interaktionssystemen wahrnehmbar, kann thematisiert und auch beobachtet werden, durch seine Sichtbarkeit jedoch »verdeckt er die Tatsache, dass er für Kommunikation maßgeblich irrelevant ist« (Wetzel 2004, 59). Körper besitzen für den dreifachen Selektionsprozess Information/Mitteilung/Verstehen lediglich eine

---

4 Dies ist nicht pejorativ zu verstehen. »Erwartung ist als Sinnform, nicht als innerpsychischer Vorgang gemeint« (Luhmann 1984, 399).

marginale Relevanz. Sie sind für Kommunikation solange relativ unwichtig, wie die Autopoiesis des sozialen Systems – also das Anschließen weiterer Kommunikationen – gewährleistet ist. Dabei »stellen sich Normalanforderungen an Körperlichkeit ein« (Wetzel 2004, 66), die sich in Verhaltenserwartungen sozialer Systeme einschreiben. Das heißt nicht, dass etwa Mimik und Gestik unwichtig wären. Wenn der strukturelle Kopplungsmechanismus aber nicht oder nur eingeschränkt zur Verfügung steht, weil etwa Verbalsprache nicht erlernt, gesprochen oder akustisch wahrgenommen und/oder Blickkontakt nicht aufgenommen wird, wird Kommunikation immerhin unwahrscheinlich. Der übliche Umgang mit Schwierigkeiten in Kommunikation bzw. Verstehen durch Rückfragen und Erläuterungen (vgl. Luhmann 2005j, 112) entfällt oder wird zumindest erschwert.

Ein soziales System bedient sich in diesem Zusammenhang des menschlichen Körpers »als Folie kommunikativer Ausdeutungen« (Wetzel 2004, 68). Die erschwerte strukturelle Kopplung, die zunächst »nur« eine Enttäuschung der kommunikativen »Normalerwartungen« darstellt, wird gewissermaßen auf der nicht-kommunikativen Seite und dort *an der Person* festgestellt. Dadurch kommt es zum kommunikativen Entstehen des Menschen ›mit (schwerer und mehrfacher) Behinderung‹ (vgl. Wetzel 2004, 338). Hierfür wird die Differenz Behinderung/Nicht-Behinderung als Kontinuum behandelt und eine Person in diesem Kontinuum verortet. Die Transformation der Differenz in ein askriptives Merkmal geschieht über Entscheidung bzw. Administration (vgl. Weisser 2005b, 52 f.) mit der Folge, dass eine Person kommunikativ als ›Person *mit/ohne* Behinderung‹ bezeichnet wird.

Zu (2) – Organisation und Rolle

Das Schulsystem ordnet seine Kommunikationen mithilfe seiner Programme entlang der Codes vermittelbar/nicht vermittelbar (vgl. Kade 1997, 39) und besser/schlechter (vgl. Luhmann/Schorr 1988, 252). Werden Erwartungen des Regelschulsystems dahingehend enttäuscht, dass eine Mitgliedschaft an »der allgemeinen Schule ohne sonderpädagogische Unterstützung nicht hinreichend« (KMK 1994, 6) möglich ist, führt dies zur Zuweisung und Feststellung eines ›sonderpädagogischen Förderbedarfs‹. Ein solcher Bedarf kann etwa durch ›Geistige Behinderung‹ oder ›Körperbehinderung‹ begründet werden (vgl. für Nordrhein-Westfalen: MSW NRW 2014, 3). Diese Bedarfszuweisung ist eine Form der Kategorisierung und – systemtheoretisch betrachtet – mit einer entsprechenden (Mitgliedschafts-)Rolle verbunden. Auch hier kommt es zum kommunikativen Entstehen des Menschen ›*mit* sonderpädagogischem Förderbedarf‹, also einer Kategorienzuschreibung, die sich semantisch an einer Person festmacht. Sie wird kommunikativ – also in/von sozialen Systemen – beobachtet und bezeichnet und auf die strukturell gekoppelten psychischen Systeme in Form ihrer kommunikativen Adresse zugerechnet.

Zusammenfassend lässt sich bislang festhalten: ›Schwere und mehrfache Behinderung‹ ist in der hier verwendeten Perspektive eine *schwere und mehrfache Erwartungsenttäuschung* eines sozialen Systems bzgl. der strukturellen Kopplung sowie weiterer systemischer Erwartungserwartungen (Strukturen) und dies sowohl auf interaktionaler als auch auf organisationaler Ebene. Die Frage ist in diesem Zusammenhang, wie mit Erwartungsenttäuschungen umgegangen wird und wie mit ihnen – systemtheoretisch betrachtet – umgegangen werden kann. Die Theorie beschreibt für soziale Systeme grundsätzlich drei Reaktionsmöglichkeiten bei Erwartungsenttäuschungen: (a) Aufgabe der Erwartung, (b) Erklärung der Enttäuschung als Einzelfall und (c) Sanktion (vgl. Luhmann 2005e, 56). Wenn Erwartungsenttäuschungen als Problem betrachtet werden, sind diese drei Umgangsweisen – in systemtheoretischer Perspektive – als funktional äquivalent im Sinne einer Problemlösung[5] anzusehen.

In Deutschland reagiert das Schulsystem auf die o. g. Erwartungsenttäuschungen (vornehmlich) mit der Möglichkeit (c) Sanktion und ändert entsprechend mit der Feststellung der Enttäuschung an der ›Person‹ die soziale Adresse. Die Folge ist Inklusion in Exklusionsbereiche. Im Folgenden werden vornehmlich die Möglichkeiten (a) Aufgabe der Erwartung und (b) Erklärung der Enttäuschung als Einzelfall zur Problemlösung bei Erwartungsenttäuschungen expliziert. Dazu wird zunächst die Dekategorisierung der Kategorie ›Behinderung‹ systemtheoretisch vor dem Hintergrund der verschiedenen Problemlösungsmöglichkeiten betrachtet. Dekategorisierung betrifft wesentlich die Strukturen eines Systems. Insofern wird im Anschluss an die Erläuterungen der Zusammenhang von (De-)Kategorisierung und Erwartungserwartungen auf interaktionaler und organisationaler Ebene skizziert.

3 (De-)Kategorisierung durch Differenzbeobachtung in Organisation und Interaktion

Umgangssprachlich kann Kategorisierung zunächst als Gruppierung verschiedener Objekte anhand gemeinsamer Merkmale verstanden werden (vgl. Thieme 2011, 244). Merkmalszusammenstellungen zur Beschreibung des Personenkreises von Menschen ›mit schweren und mehrfachen Behinderungen‹ waren und sind willkürlich (vgl. Bosch 1978, 9; Fornefeld 2010, 402). Parallel dazu ist auch eine Einordnung in das vorhandene schulische Klassifikationsschema der sonderpädagogischen Förderschwerpunkte nicht eindeutig möglich (vgl. David 1994, 112). Kategorien dienen jedoch auch einer schnelleren Orientierung und einer gemeinsamen Verständigungsbasis (vgl. Lindmeier 2005, 135). Sie leisten darüber hinaus vornehmlich eine formalisierte, rechtliche Ressourcenzuweisung (vgl. David 1994, 111).

---

5 Vgl. für den Zusammenhang von Funktion, Problem, Problemlösung und Folgeproblem: John (2010); Luhmann (2005e); Schneider (2009).

Kategorisieren ist eine spezifisch bezeichnete Form der Beobachtungsoperation. Beobachtungen sind immer Operationen eines Systems, die Operationen beobachten und »Beobachten nichts anderes als Unterscheiden und Bezeichnen« (Luhmann 2005h, 21; vgl. auch Fußnote 1). Kategorisieren ist in einem so verstandenen Sinne weder positiv noch negativ, sondern lediglich die Art und Weise, wie Systeme auf ihre Umwelt zugreifen: selektiv und komplexitätsreduzierend. Durch die Wiederholung einer Operation entstehen Strukturen, die in neuen Situationen (re)aktiviert werden können. Kategorien sind dahingehend kontingent, dass eine Beobachtungsoperation grundsätzlich verschiedene Unterscheidungen nutzen kann und dass gleiche Bezeichnungen/Nicht-Bezeichnungen in Verbindung mit zugrundeliegenden Unterscheidungshorizonten beobachtungsabhängig sind. Sie bedingen so gesehen eine Wirklichkeitskonstruktion unter anderen möglichen Konstruktionsweisen (vgl. Thieme 2013, 223). Kategorien erscheinen u. a. deswegen als problematisch, weil sie an der kategorisierten Person zeitlich überdauernd manifest zu werden drohen, die zugrundeliegenden Merkmalszusammenstellungen ursächlich den kategorisierten Personen zugeschrieben werden und auf dem Wege einer generalisierten Bewertung der Merkmale stigmatisierend wirken können (vgl. Thieme 2013, 92 f.).

›Behinderungen‹ werden nicht in jeder Operation von Systemen neu konstruiert, sondern der Adresse eines Individuums eingeschrieben und können dann in Folgeoperationen schematisch aktiviert und genutzt werden (vgl. Terfloth 2010, 53). Unter Kategorien können folglich »kondensierte Beobachtungen« (Weisser 2005b, 36) verstanden werden. (De-)Kategorisierung ist entsprechend immer Veränderung von Adressen und hat Auswirkungen auf Inklusion/Exklusion. Grundsätzlich kann Dekategorisierung auf

(1) die Einführung *alternativer Kategorien* (z. B. ›sonderpädagogischer Förderbedarf‹),

(2) eine Veränderung durch *Zusammenfassungen sowie partielle Auflösung von Kategorien* (z. B. ›allgemeine Behinderungen‹ und ›spezielle Behinderungen‹; vgl. Wocken 1996a, 1996b) oder

(3) die Auflösung von Kategorien durch *Umstellung auf Differenz und Reflexion* zielen (vgl. Thieme 2013; vgl. Weisser 2005a).

In diesem Beitrag wird auf die letztgenannte Variante Bezug genommen, denn diese relativiert Erwartungsenttäuschungen und fokussiert die Beobachtungsabhängigkeit von Kategorisierungen und Kategorien. Sie bewegt sich damit in dem Bereich der Problemlösungsmöglichkeiten (a) Aufgabe der Erwartung und (b) Erklärung der Enttäuschung als Einzelfall (vgl. Kap. 2). Auf diese Weise eröffnet sie Perspektiven für den Umgang mit ›schwerer und mehrfacher Behinderung‹ und wird hier beispielhaft auf organisationaler und interaktionaler Ebene skizziert.

Zu Organisation – Bedürfnis/Bedarf

Wenn man die Frage stellt, »was Schülerinnen und Schüler *zusätzlich* brauchen, um *ohne* diskriminiert zu werden, *nicht* diskriminiert zu werden« (Weisser 2005a, 197, Hervorh. i. Orig.), kann auf die Umstellung von Kategorie auf Differenz und deren Reflexion verwiesen werden. Weisser beschreibt diese Möglichkeit anhand der Differenz behindert/nicht-behindert, die er als Spezialfall der Differenz gleich/ungleich versteht (vgl. Weisser 2005b, 42) und deren Fluchtpunkt er in Bezug auf das System Schule in der »Schule für Alle« sieht. In diesem Sinne »leistet das Konzept des sonderpädagogischen Förderbedarfs die Formulierung des Problems sozialer Ungleichheit« (Weisser 2005a, 199) und kann über die Differenz Bedürfnis/Bedarf operationalisiert werden (vgl. Weisser 2005a, 200): »Bedürfnis meint dabei alles, was sich als Anspruch des Subjekts formulieren lässt, Bedarf meint alles, was politisch als Anspruch durchgesetzt werden kann« (Weisser 2005a, 200). Dazu werde ein Katalog professioneller Standards notwendig, der – individuell, situations- und von einer formulierten Problemstellung abhängig sowie gestützt durch Diagnostik – Leistungen auslöst, die entsprechende Ungleichheitsprobleme bearbeiten (vgl. Weisser 2005a, 202).

Auf diese Weise wäre eine personen- oder institutionenbezogene Kategorisierung zur Bereitstellung von Ressourcen nicht notwendig. Von Interesse wäre dann vielmehr: Was wird in welcher Situation benötigt (Bedürfnis, dem pädagogisch mit Hilfe bzw. Leistung begegnet werden muss) und was kann bereitgestellt werden (Bedarf – also administrative Zuweisung von Hilfe bzw. Leistung)? Solche (sonder-)pädagogischen Leistungen können verschiedene Formen annehmen und etwa durch Teamteaching, andere pädagogische Unterstützungen, therapeutische Maßnahmen sowie veränderte oder zusätzliche professionelle Rollen realisiert werden und schließen auch die sonderpädagogische Unterstützung in speziellen Institutionen wie Förderschulen nicht aus (vgl. Weisser 2005a, 200). Ein solches Vorgehen ist entsprechend der veränderten Differenz nicht an die Umsetzung in einer bestimmten Schulform gebunden.

Zu Interaktion – reflexiv/nicht reflexiv

Thieme (2013, 224 ff.) wählt ebenfalls einen differenztheoretischen Zugang und schlägt einen Umgang mit Kategorien anhand der Differenz reflexiv/nicht reflexiv vor. Sie codiert die Seite ›reflexiv‹ positiv im Sinne einer professionellen Angemessenheit. Reflexiv sei demnach eine Kategorisierung, bei der die kategorisierende Instanz um die eigene Konstruktion der Kategorie wisse und die systemoperative Herstellung expliziere. Systemtheoretisch entspricht eine solche reflexive Kategorisierung einer Beobachtung zweiter Ordnung, in der die Unterscheidung der Beobachtung erster Ordnung beobachtet wird: Sie zielt auf die Art der Differenzsetzung der Beobachtung erster Ordnung und kann diese dadurch einerseits in Frage stellen (vgl. Werning 2010, 299) und andererseits auf Kontingenz verweisen (vgl. Moser 2010, 315). In diesem Sinne bietet die reflexive Kategorisierung eine professionelle Entscheidung hinsichtlich des Umgangs mit Kategorien und den zugrundeliegenden Differenzen, weil *Feststellungen aufgelöst* und dadurch einer Überprüfung unterzogen werden können.

Eine permanente Reflexion der Differenzsetzungen würde jedoch anschließende Operationen auf der bezeichneten Seite der Differenz verhindern, da das ausschließlich reflexiv (kategorisierend) beobachtende System stetig im Rahmen einer Selbstbeobachtung zweiter Ordnung die systemeigenen Differenzsetzungen der Beobachtungen erster Ordnung beobachten müsste (vgl. Thieme 2013, 231). Fremdbeobachtungen, etwa im Rahmen von Hospitationen oder Teamteaching, könnten auch in schulischen Differenzierungsformen, die ohne Kategorien der ›Behinderung‹ (z. B. Schule für Alle) arbeiten, diese Beobachtungen zweiter Ordnungen bieten und so andere oder neue Differenzen – also Informationen: Unterschiede, die Unterschiede machen – erzeugen.

4 Schlussgedanken

Menschen, die der Kategorie ›schwere und mehrfache Behinderung‹ zugeordnet werden, sind in erhöhtem Maße abhängig von (Be-)Deutungszuschreibungen (vgl. Fornefeld 2008, 76). Deswegen ist es wichtig, die Beobachterabhängigkeit der Kategorie und die den jeweiligen diagnostischen Instrumenten zugrundeliegenden theoretischen Grundlagen zu betonen und zu reflektieren, denn sie bestimmen maßgeblich, was beobachtet werden kann und was gegen das Bezeichnete abgegrenzt wird (vgl. Werning/Lichtblau 2012, 247).

Ein differenztheoretischer Zugriff, wie er in diesem Artikel skizziert wird, erscheint geeignet, »das Wissen des Feldes systematisch mit Reflexion zweiter Ordnung zu versorgen« (Weisser 2005b, 40) und auf diesem Wege zu dekategorisieren. Dekategorisierung kann systemtheoretisch folglich nicht als ein einmaliges Ereignis aufgefasst werden. Vielmehr kann mit Beobachtungen zweiter Ordnungen *fortlaufend dekategorisiert* werden. Es ist eine von der Schulform unabhängige Möglichkeit und kann im Zusammenhang mit dem ebenfalls von der Schulform unabhängigen Beobachtungsschema Inklusion/Exklusion eine Grundlage für professionelles (sonder-)pädagogisches Handeln bieten.

Das Schema Inklusion/Exklusion kann für Überlegungen und Beobachtungen genutzt werden, die auf die Adressiertheit von Personen in Interaktionen, Programmen und Pädagogik(en) sowie allgemeiner auf die Selbstbeschreibungen eines Systems zielen. Man kann etwa bzgl. der Programme fragen, welche Erwartungserwartungen in Bildungsstandards oder Standards der sonderpädagogischen Förderung Ausdruck finden, wenn diese vornehmlich outputorientiert gestaltet sind und/oder auf eine

»Steigerung der Effizienz durch möglichst wirtschaftlichen Einsatz der Ressourcen nach Kosten/Nutzen-Abschätzungen« (Verband Sonderpädagogik e. V. 2009, 44) zielen und was dies für die kommunikative Relevanz von Personen bedeuten kann, die »sich unter landläufige Begriffe von Leistungsmessung und schulische Lernstandskontrolle gar nicht fassen« (Wember 2009, 37) lassen. Kategorien sind einer sozialen Adresse eingeschrieben und damit untrennbar verbunden mit Inklusion/ Exklusion. Von ihr hängen »zentrale Lebenschancen von als behindert bezeichneten Menschen« (Balgo 2013, 15) ab. Wenn innerhalb von Interaktionssystemen Anwesende fortlaufend nicht adressiert werden, kann dies entsprechende Auswirkungen auf die Selbst-Systeme der psychischen Systeme haben. Terfloth weist explizit darauf hin, dass bei organisationaler Zuordnung von Personen ›mit Behinderungen‹ in gemeinsame Interaktionssysteme mit Personen ›ohne Behinderung‹ nicht zwangsläufig eine kommunikative Adressierung stattfinden muss (vgl. Terfloth 2010, 55). Dies gilt selbstverständlich auch andersherum: Das Interaktionssystem Unterricht führt auch bei jeweils ausschließlicher Anwesenheit von Menschen ›ohne Behinderung‹ bzw. ›mit Behinderung‹ nicht zwangsläufig zu einer Adressierung.

In diesem Beitrag wurde gezeigt, dass soziale Adressen (Person und Rolle) durch Beobachtungsoperationen und eine Umstellung von kategorisierenden Beobachtungen auf Differenz und Reflexion Veränderungen erfahren. Beispielhaft wurde dies hier auf organisationaler Ebene anhand der Differenz *Bedürfnis/Bedarf* und auf interaktionaler Ebene entlang der Differenz *reflexiv/nicht reflexiv* näher bestimmt. Das Beobachtungsschema *Inklusion/Exklusion* lenkt den Blick auf die in eine Adresse eingeschriebene kommunikative Relevanz auf interaktionaler und organisationaler Ebene und kann so zu einer veränderten Perspektive auf Erwartungen und Strukturen von Systemen führen.

Erwartungsenttäuschungen, die im Kontext der struktur-funktionalen Kategorie »schwere und mehrfache Behinderung« zu einem askriptiven Merkmal einer Person werden und mit entsprechenden Sanktionen verbunden sind, erfahren durch die Umstellung auf Differenz und Reflexion eine Relativierung. Auf diese Weise kann an den Erwartungen gearbeitet werden und die Möglichkeiten einer Veränderung von Erwartungen oder einer Aufgabe von Erwartungshaltungen in ihrem Potenzial als Problemlösungen im Zusammenhang der Erwartungsenttäuschung in den Blick genommen werden.

Literatur

Balgo, Rolf (2013): Inklusion/Exklusion als Beobachtungsschema. Skizze einer systemtheoretischen Betrachtung. In: Heilpädagogik.de. Nr. 1, 12–15.

Barlösius, Eva (2005): Die Macht der Repräsentation. Common Sense über soziale Ungleichheiten. Wiesbaden.

Beck, Iris/Degenhardt, Sven (2010): Inklusion. Hinweise zur Verortung des Begriffs im Rahmen der internationalen politischen und sozialwissenschaftlichen Debatte um Menschenrechte, Bildungschancen und soziale Ungleichheit. In: Schwohl, Joachim/Sturm, Tanja (Hrsg.): Inklusion als Herausforderung schulischer Entwicklung. Widersprüche und Perspektiven eines erziehungswissenschaftlichen Diskurses. Theorie Bilden. Bd. 20. Bielefeld, 55–82.

Bosch, Gerhard (1978): Schwer geistig behindert – Versuch der Abgrenzung, Beschreibung typischer Gruppen, Entwicklung von Zielvorstellungen für Förderung und Versorgung. In: Bundesvereinigung Lebenshilfe für geistig Behinderte e. V. (Hrsg.): Hilfen für schwer geistig Behinderte. Eingliederung statt Isolation. Schriftenreihe Lebenshilfe. Bd. 3. Marburg, 7–15.

David, Dörthe (1994): Nonkategoriale Sonderpädagogik. In: Sonderpädagogik. Jg. 24. Nr. 2, 108–115.

Dederich, Markus (2009): Behinderung als sozial- und kulturwissenschaftliche Kategorie. In: Dederich, Markus/Jantzen, Wolfgang (Hrsg.): Behinderung und Anerkennung. Behinderung, Bildung, Partizipation. Enzyklopädisches Handbuch der Behindertenpädagogik. Bd. 2. Stuttgart, 15–39.

Fornefeld, Barbara (2008): Menschen mit Komplexer Behinderung – Klärung des Begriffs. In: Fornefeld, Barbara (Hrsg.): Menschen mit Komplexer Behinderung. Selbstverständnis und Aufgaben der Behindertenpädagogik. Reinhardt Sonderpädagogik. München, 50–81.

Fornefeld, Barbara (2010): Ausschluss von Menschen mit Komplexer Behinderung – Inklusion oder einfach nur mehr Gerechtigkeit? In: Behindertenpädagogik. Jg. 49. Nr. 4, 400–416.

Fuchs, Peter (o. J.): Die Theorie der Systemtheorie – erkenntnistheoretisch, http://www.fen.ch/texte/gast_fuchs_erkenntnis.pdf (21.11.2015).

Fuchs, Peter (1997): Adressabilität als Grundbegriff der soziologischen Systemtheorie. In: Soziale Systeme. Jg. 3. Nr. 1, 57–79.

Fuchs, Peter (2002): Behinderung und Soziale Systeme. Anmerkungen zu einem schier unlösbaren Problem, http://www.fen.ch/texte/gast_fuchs_behinderung.htm (21.11.2015).

Fuchs, Peter (2010): Das System SELBST. Eine Studie zur Frage: Wer liebt wen, wenn jemand sagt: »Ich liebe dich!«? Weilerswist.

Fuchs, Peter (2011): Das Fehlen von Sinn und Selbst – Überlegungen zu einem Schlüsselproblem im Umgang mit schwerst behinderten Menschen. In: Fröhlich, Andreas/Heinen, Norbert/Klauß, Theo/Lamers, Wolfgang (Hrsg.): Schwere und mehrfache Behinderung – interdisziplinär. Impulse schwere und mehrfache Behinderung. Bd. 1. Oberhausen, 129–141.

Haas, Benjamin (2012): Dekonstruktion und Dekategorisierung: Perspektiven einer nonkategorialen (Sonder-)Pädagogik. In: Zeitschrift für Heilpädagogik. Jg. 63. Nr. 10, 404–413.

Hinz, Andreas (2010): Schlüsselelemente einer inklusiven Pädagogik und einer Schule für Alle. In: Hinz, Andreas/Körner, Ingrid/Niehoff, Ulrich (Hrsg.): Auf dem Weg zur Schule für alle. Barrieren überwinden – inklusive Pädagogik entwickeln. Marburg, 63–75.

Huber, Christina (2010): Systemtheorie, sozialwissenschaftlich: Luhmann. In: Horster, Detlef/Jantzen, Wolfgang (Hrsg.): Wissenschaftstheorie. Behinderung, Bildung, Partizipation. Enzyklopädisches Handbuch der Behindertenpädagogik. Bd. 1. Stuttgart, 179–186.

John, René (2010): Funktionale Analyse – Erinnerungen an eine Methodologie zwischen Fixierung und Überraschung. In: John, René/Henkel, Anna/Rückert-John, Jana (Hrsg.): Die Methodologien des Systems. Wie kommt man zum Fall und wie dahinter? Wiesbaden, 29–54.

Kade, Jochen (1997): Vermittelbar/nicht-vermittelbar: Vermitteln: Aneignen. Im Prozeß der Systembildung des Pädagogischen. In: Lenzen, Dieter/Luhmann, Niklas (Hrsg.): Bildung und Weiterbildung im Erziehungssystem. Lebenslauf und Humanontogenese als Medium und Form. Suhrkamp-Taschenbuch Wissenschaft. Bd. 1344. Frankfurt am Main, 30–70.

Klauß, Theo (2011): Schwere und mehrfache Behinderung – interdisziplinär. In: Fröhlich, Andreas/Heinen, Norbert/Klauß, Theo/Lamers, Wolfgang (Hrsg.): Schwere und mehrfache Behinderung – interdisziplinär. Impulse schwere und mehrfache Behinderung. Bd. 1. Oberhausen, 11–39.

Klemm, Klaus (2012): Zusätzliche Ausgaben für ein inklusives Schulsystem in Deutschland, https://www.bertelsmann-stiftung.de/fileadmin/files/BSt/Publikationen/GrauePublikationen/Zusaetzl_Ausgaben_inkl_Schulsystem_in_D_Mrz_12.pdf (21.11.2015).

KMK – Ständige Konferenz der Kultusminister der Länder in der Bundesrepublik Deutschland (1994): Empfehlungen zur sonderpädagogischen Förderung in den Schulen in der Bundesrepublik Deutschland. Beschluß der Kultusministerkonferenz vom 06.05.1994, http://www.kmk.org/fileadmin/veroeffentlichungen_beschluesse/1994/1994_05_06-Empfehl-Sonderpaedagogische-Foerderung.pdf (21.11.2015).

Lindmeier, Bettina (2005): Kategorisierung und Dekategorisierung in der Sonderpädagogik. In: Sonderpädagogische Förderung. Jg. 50. Nr. 2, 131–149.

Luhmann, Niklas (1984): Soziale Systeme. Grundriß einer allgemeinen Theorie. Suhrkamp-Taschenbuch Wissenschaft. Bd. 666. Frankfurt am Main.

Luhmann, Niklas (1997): Die Gesellschaft der Gesellschaft. Frankfurt am Main.

Luhmann, Niklas (2002a): Das Erziehungssystem der Gesellschaft. Herausg. v. Dieter Lenzen. Suhrkamp-Taschenbuch Wissenschaft. Bd. 1593. Frankfurt am Main.

Luhmann, Niklas (2002b): Einführung in die Systemtheorie. Herausg. v. Dirk Baecker. Heidelberg.

Luhmann, Niklas (2005a): Allgemeine Theorie organisierter Sozialsysteme. In: Luhmann, Niklas (Hrsg.): Soziologische Aufklärung 2. Aufsätze zur Theorie der Gesellschaft. 5. Aufl. Wiesbaden, 48–62.

Luhmann, Niklas (2005b): Das Kind als Medium der Erziehung. In: Luhmann, Niklas (Hrsg.): Soziologische Aufklärung 6. Die Soziologie und der Mensch. 2. Aufl. Wiesbaden, 194–217.

Luhmann, Niklas (2005c): Die Differenzierung von Politik und Wirtschaft und ihre gesellschaftlichen Grundlagen. In: Luhmann, Niklas (Hrsg.): Soziologische Aufklärung 4. Beiträge zur funktionalen Differenzierung der Gesellschaft. 3. Aufl. Wiesbaden, 33–50.

Luhmann, Niklas (2005d): »Distinction directrices«. Über Codierung von Semantiken und Systemen. In: Luhmann, Niklas (Hrsg.): Soziologische Aufklärung 4. Beiträge zur funktionalen Differenzierung der Gesellschaft. 3. Aufl. Wiesbaden, 13–32.

Luhmann, Niklas (2005e): Funktionale Methode und Systemtheorie. In: Luhmann, Niklas (Hrsg.): Soziologische Aufklärung 1. Aufsätze zur Theorie sozialer Systeme. 7. Aufl. Wiesbaden, 39–67.

Luhmann, Niklas (2005f): Gleichzeitigkeit und Synchronisation. In: Luhmann, Niklas (Hrsg.): Soziologische Aufklärung 5. Konstruktivistische Perspektiven. 3. Aufl. Wiesbaden, 92–125.

Luhmann, Niklas (2005g): Inklusion und Exklusion. In: Luhmann, Niklas (Hrsg.): Soziologische Aufklärung 6. Die Soziologie und der Mensch. 2. Aufl. Wiesbaden, 226–251.

Luhmann, Niklas (2005h): Probleme mit operativer Schließung. In: Luhmann, Niklas (Hrsg.): Soziologische Aufklärung 6. Die Soziologie und der Mensch. 2. Aufl. Wiesbaden, 13–25.

Luhmann, Niklas (2005i): Sozialsystem Familie. In: Luhmann, Niklas (Hrsg.): Soziologische Aufklärung 5. Konstruktivistische Perspektiven. 3. Aufl. Wiesbaden, 189–209.

Luhmann, Niklas (2005j): Was ist Kommunikation? In: Luhmann, Niklas (Hrsg.): Soziologische Aufklärung 6. Die Soziologie und der Mensch. 2. Aufl. Wiesbaden, 109–120.

Luhmann, Niklas/Schorr, Karl E. (1988): Reflexionsprobleme im Erziehungssystem. Suhrkamp-Taschenbuch Wissenschaft. Bd. 740. Frankfurt am Main.

Moser, Vera (2003): Konstruktion und Kritik. Sonderpädagogik als Disziplin. Opladen.

Moser, Vera (2010): Komplexität und Kontingenz. In: Horster, Detlef/Jantzen, Wolfgang (Hrsg.): Wissenschaftstheorie. Behinderung, Bildung, Partizipation. Enzyklopädisches Handbuch der Behindertenpädagogik. Bd. 1. Stuttgart, 314–317.

Moser, Vera (Hrsg.) (2013): Die inklusive Schule. Standards für die Umsetzung. 2. Aufl. Stuttgart.

MSW NRW (Hrsg.) (2014): AO-SF – Ausbildungsordnung sonderpädagogische Förderung (2014): Verordnung über die sonderpädagogische Förderung, den Hausunterricht und die Schule für Kranke (Ausbildungsordnung sonderpädagogische Förderung – AO-SF). Vom 29. April 2005, zuletzt geändert durch Verordnung vom 29. September 2014 (SGV.NRW 223).

Peters, Susanne (2014): Inklusive Bildung auch für »Grenzfälle«? Lernprozessgestaltung für SchülerInnen mit starken Beeinträchtigungen. Eine fallrekonstruktive Studie aus systemtheoretischer Perspektive. In: Kopp, Bärbel/Martschinke, Sabine/Munser-Kiefer, Meike/Haider, Michael/Kirschhock, Eva-Maria/Ranger, Gwendo/Renner, Günter (Hrsg.): Individuelle Förderung und Lernen in der Gemeinschaft. Jahrbuch Grundschulforschung. Bd. 17. Wiesbaden, 222–225.

Schneider, Wolfgang L. (2009): Grundlagen der soziologischen Theorie. Band 3: Sinnverstehen und Intersubjektivität – Hermeneutik, funktionale Analyse, Konversationsanalyse und Systemtheorie. 2. Aufl. Wiesbaden.

Stichweh, Rudolf (2002): Inklusion/Exklusion, funktionale Differenzierung und die Theorie der Weltgesellschaft, http://www.fiw.uni-bonn.de/demokratieforschung/personen/stichweh/pdfs/17_36stichweh_6.pdf (21.11.2015).

Terfloth, Karin (2010): Inklusion und Exklusion im Kontext geistiger Behinderung. In: Balgo, Rolf (Hrsg.): Systemtheorie – eine hilfreiche Perspektive für Behinderung, Gesundheit und Soziales? Dokumentation der Fachtagung vom 29.–30.10.2009. Schriftenreihe der Fakultät V – Diakonie, Gesundheit und Soziales der Fachhochschule Hannover. Bd. 19. Hannover, 47–60.

Thieme, Nina (2011): AdressatInnenbezogene Kategorisierung durch professionelle AkteurInnen der Kinder- und Jugendhilfe – Theoretische Konstituierungen. In: Baros, Wassilios (Hrsg.): Jugendhilfeforschung. Kontroversen – Transformationen – Adressierungen. Wiesbaden, 239–249.

Thieme, Nina (2013): Kategorisierung in der Kinder- und Jugendhilfe. Zur theoretischen und empirischen Erklärung eines Schlüsselbegriffs professionellen Handelns. Edition Soziale Arbeit. Weinheim.

Verband Sonderpädagogik e. V. (2009): Standards der sonderpädagogischen Förderung – verabschiedet auf der Hauptversammlung 2007 in Potsdam. In: Wember, Franz B./

Prändl, Stephan (Hrsg.): Standards der sonderpädagogischen Förderung. Sonderpädagogik. München, 41–87.

Weisser, Jan (2005a): Bedürfnis und Bedarf: Radikale Dekategorisierung. Die politische Arena der Sonderpädagogik. In: Sonderpädagogische Förderung. Jg. 50. Nr. 2, 187–207.

Weisser, Jan (2005b): Behinderung, Ungleichheit und Bildung. Eine Theorie der Behinderung. Bielefeld.

Wember, Franz B. (2009): Qualitätsanalyse und Standards der sonderpädagogischen Förderung. In: Wember, Franz B./Prändl, Stephan (Hrsg.): Standards der sonderpädagogischen Förderung. Sonderpädagogik. München, 23–39.

Werning, Rolf (2010): Relationalität als Konstruktionsprozess. In: Horster, Detlef/Jantzen, Wolfgang (Hrsg.): Wissenschaftstheorie. Behinderung, Bildung, Partizipation. Enzyklopädisches Handbuch der Behindertenpädagogik. Bd. 1. Stuttgart, 294–299.

Werning, Rolf/Lichtblau, Michael (2012): Sonderpädagogische Diagnostik. In: Werning, Rolf/Balgo, Rolf/Palmowski, Winfried/Sassenroth, Martin (Hrsg.): Sonderpädagogik. Lernen, Verhalten, Sprache, Bewegung und Wahrnehmung. 2., aktual. Aufl. München, 229–259.

Wetzel, Ralf (2004): Eine Widerspenstige und keine Zähmung. Systemtheoretische Beiträge zu einer Theorie der Behinderung. Heidelberg.

Wocken, Hans (1996a): Das Ende der kategorialen Behindertenpädagogik. In: Sonderpädagogik. Jg. 26. Nr. 1, 57–62.

Wocken, Hans (1996b): Sonderpädagogischer Förderbedarf als systemischer Begriff. In: Sonderpädagogik. Jg. 26. Nr. 1, 34–38.

Kerstin Ziemen

Inklusion und Schule – Zur Situation von Kindern und Jugendlichen, die unter den Bedingungen von schwer(st)er Behinderung leben

1 Inklusion und Exklusion

Inklusion meint die Überwindung der sozialen Ungleichheit und der Aussonderung, zielt auf das Schaffen von Bedingungen, um allen Kindern, Jugendlichen und Erwachsenen ohne Ausnahme Partizipation in gesellschaftlich relevanten Feldern zu ermöglichen (vgl. Ziemen 2013, 47). In inklusiven Kontexten ist die Vielfalt menschlichen Lebens als Chance bzw. Ressource zu berücksichtigen. Eine offene und vorurteilsbewusste Haltung ist dabei Voraussetzung. Inklusion bezieht sich auf alle Menschen, die von Ausschluss und Marginalisierung betroffen oder bedroht sind, wobei in diesem Beitrag vor allem Menschen, die unter den Bedingungen von Behinderung, »schwer(st)en Behinderungen« leben, berücksichtigt werden.

Im Kontext der »Disability Studies« richtet sich der Fokus auf gesellschaftliche, soziale und kulturelle »Ausgrenzungs- und Diskriminierungsmechanismen …, die behinderte Menschen als soziale Randgruppe überhaupt erst haben entstehen lassen« (Waldschmidt 2009, 126). Exklusionsrisiken und -praktiken erscheinen im Kontext der Inklusionsdebatte (wenn überhaupt), dann nur marginal.

Auch widersprüchliche Entwicklungen sind weitestgehend ausgeblendet, wie sich bspw. an der sozialen Situation von Menschen, die unter den Bedingungen von Trisomie 21 leben, zeigen lässt. Einerseits werden sie grundsätzlich gesellschaftlich akzeptiert, andererseits jedoch abgelehnt, was sich durch die aktuellen Entwicklungen im Kontext der Pränataldiagnostik und durch die Zahl der mit Trisomie 21 geborenen Kinder, die rückläufig ist, widerspiegelt.

Uwe Becker widmet sich in seinem Buch »Die Inklusionslüge« »der kritischen Analyse einer gesellschaftlichen Utopie, die gegenwärtig unter dem Begriff ›Inklusion‹ firmiert« (Becker 2015, 1) und zeigt auf, wie »die Debatte über Inklusion […] unberührt von den kritischen Überlegungen zu gesellschaftlichen Mechanismen der Ausgrenzung« (13) bleibt. Inklusion gilt als gesellschaftliches Gesamtanliegen. »Ein inklusives Gesellschaftsprojekt […] hieße, eine auf Leistung und Konkurrenz gründende Gesellschaftsorganisation […] wenigstens teilweise in Frage zu stellen und sie ansatzweise neu zu gestalten. Inklusion, kritisch gedacht und radikal gestaltet, würde dieser Gesellschaft in der Tat ein neues, ein verändertes Gesicht und eine neue Zentrierung geben« (ebd., 17). Eine Gesamtbetrachtung darüber, welche gesellschaftlichen Konsequenzen aus der Idee der Inklusion abzuleiten wären, würde die Diskussion bereichern. Folgen wären: Systemveränderungen, so bspw. auf der politischen, rechtlichen, pädagogischen, der interaktionalen und subjektiven Ebene.

Die gegenwärtig geführte Diskussion wird emotional aufgeladen, v. a. im Kontext von Schule geführt, wobei größere systemverändernde Reformen nicht beabsichtigt werden. Die Veränderungen sollen im derzeit bestehenden (Schul-)System vorgenommen werden, welches Widersprüche und Diskrepanzen hervorbringen muss, so

- müssen Eltern Entscheidungen treffen, die erforderlichen Informationen dazu sind jedoch mangelhaft zugänglich bzw. nicht transparent;
- werden Lehrpersonen/Teams nicht ausreichend begleitet unterstützt bzw. fortgebildet;
- werden Schüler(innen) nach unterschiedlichen Curricula bzw. Lehrwerken unterrichtet, welches die erforderliche gemeinsame Themenfindung bzw. das Schaffen gemeinschaftlicher Angebote generell erschwert bzw. verunmöglicht u.v.a.m.

Kinder, Jugendliche und Erwachsene, die unter den Bedingungen von schwer(st)er Behinderung leben, erscheinen kaum in den Debatten und Veröffentlichungen um Inklusion. Es ist der Personenkreis, der nur marginal (wenn überhaupt) Zugang zu gesellschaftlich relevanten Feldern, u. a. der Regelschule, findet.

2   Schwer(st)e Behinderung

Iris Beck stellt im 11. Kinder- und Jugendbericht »Gesundheit und Behinderung im Leben von Kindern und Jugendlichen« 2002 bereits heraus, dass es einen »eklatanten Mangel an empirischen Kenntnissen der objektiven und subjektiven Dimensionen der Lebenslagen« (ebd., 185) vor allem von Menschen, die als »schwerstbehindert« gelten, gibt, was sich bis heute nicht geändert hat.

Beck kennzeichnet »schwer(st)e Behinderung« als »länger andauernd und umfänglich [...] motorische ebenso wie kognitive und kommunikative Beeinträchtigungen [können, d. V.] vorliegen« (ebd., 211). Schwer(st)e Behinderungen sind zumeist mehrfache Behinderungen, die sich auf die Bereiche des Lernens, der Sprache, des Hörens, des Sehens, der körperlich-motorischen, der geistigen und sozial-emotionalen Entwicklung beziehen können. »Je weniger sich die Menschen lautsprachlich äußern können und je weniger Verständigung über alternative Kommunikationssysteme möglich ist, desto schwerer wird in der Regel die Behinderung von außen eingeschätzt (Hofmann 2000) und desto höher ist die Gefahr der Fremdbestimmung« (Beck 2002, 211 f.).

»In Abhängigkeit von der Angewiesenheit auf Hilfen und den Einschränkungen der Lebensführung wird ›schwer‹ oder ›schwerst‹ als Zusätze verwendet« (ebd., 211).

Überdauernde habituelle Repräsentationen von »Bildern«, Vorstellungen und Konstruktionen zu Behinderung mit negativer Konnotation sind bis heute v. a. am

Personenkreis der Menschen, die unter den Bedingungen von »schwer(st)er Behinderung« leben, nachweisbar (vgl. Ziemen 2013, 70 ff.). Negative Konnotationen sind im Spannungsfeld von »Anderssein/Ausgrenzung; Infantilisierung; Leistungsminderung; Zuschreibungen von bestimmten Charaktereigenschaften; auf Biologisches reduziert zu werden; Unglück/Leid/Tragik/Strafe; ständiges Angewiesensein auf die Hilfe anderer bis hin dazu, Auslöser von Emotionen, wie Angst und Mitleid« (vgl. ebd.) zu sein, nachweisbar. Die Schwere der Behinderung wird an die eigens vorstellbaren Unterstützungs- und Hilfsmöglichkeiten gebunden. So erscheint »körperlich-motorische Behinderung« als die »leichteste« und am besten akzeptierte Behinderung, da Hilfsmittel bekannt und Möglichkeiten der Unterstützung ersichtlich sind. Am wenigsten vorstellbar erscheint dies bei »geistiger Behinderung« und »psychischer Krankheit«. Hilfs- und Unterstützungsmöglichkeiten sind zumeist unbekannt. »Wo kein Zugang [...] möglich wird, ist es schwerer umzugehen« (ebd., 72, aus einem Interview mit einer Sonderschullehrerin). Deutlich wird hier, dass die eigene Hilflosigkeit, die eigene Unkenntnis bzw. die eigene Grenze des Vorstellbaren, Behinderung konstruiert.

»Das Problem des kulturellen Zurückbleibens als Resultat eines sozialen Prozesses des behindert Werdens« (Jantzen 2002, 348), misslingende Dialog- und Kommunikationsmöglichkeiten hat Auswirkungen auf die geistige Entwicklung. Beobachtbar sind ein höheres Maß an »Verhaltensauffälligkeiten«, v. a. bei schwer(st)er geistiger Behinderung. »Je größer die potenzielle Verwundbarkeit durch ein spezifisches Syndrom oder durch eine organische Läsion, desto höhere Bedeutung kommt der jeweiligen sozialen Entwicklungssituation zu, um durch ein Höchstmaß an Anerkennung und einer Minimierung von Bedingungen direkter, institutioneller und struktureller Gewalt diese Entwicklungssituation zu normalisieren« (Jantzen 2002, 351).

Der Personenkreis ist sehr heterogen, die soziale Situation der Kinder, Jugendlichen und Erwachsenen und deren Bezugspersonen, Eltern, Familien unterschiedlich. Generell ist zu konstatieren, dass Familien mit behinderten Kindern über Kompetenzen in dreifacher Hinsicht verfügen, die sich auf emotionaler, kognitiver und sozialer Ebene zeigen (vgl. Ziemen 2002; 2013). Andererseits müssen sie oftmals ein Leben führen, das geprägt ist von Demütigung, Verletzung bzw. erfahren selbst (strukturelle) Gewalt (vgl. auch Jantzen 2002, 348; Ziemen 2001; 2002; 2013). Eltern erleben mit und nach der Diagnose Regelverletzungen und damit Abwertungen gegen sich selbst und das Kind. Das kann nicht ohne Folgen für die soziale Situation der Familien und die transaktionalen Beziehungen zwischen Eltern und Kind bleiben. So befinden sich Eltern und Kinder gleichermaßen im Spannungsfeld von Verwundbarkeit und Resilienz. »Für die Belastungsbewältigung und das Wohlbefinden sind soziale Teilhabe und Anerkennung, emotionale Bindungen und soziale Unterstützung entscheidender als das Ausmaß der Belastung oder die materiellen Bedingungen; dies zeigt der Forschungsstand im Rahmen des salutogenetischen bzw.

Bewältigungsparadigmas, der Lebenslauf- und Biografieforschung eindeutig.« (Beck 2002, 191)

Risiken und Gefährdungen für schwer(st)behinderte Menschen liegen darin, dass soziale Netzwerke häufig reduziert sind und die psychosozialen Bedürfnisse nicht ausreichend erfüllt werden (vgl. ebd.).

Die soziale Gesamtsituation ist geprägt von Isolation, Verwundbarkeit, potenzieller Verletzlichkeit und Abhängigkeiten. Kompetenzen, die diese Menschen entwickeln, entsprechen der sozialen Situation.

»Der Begriff [»schwerste Behinderung«, d. V.] entstand als institutioneller Sammelbegriff für unterschiedliche Problemlagen, die quer zu eindimensionalen Gliederungen von Institutionen nach Schädigungsarten liegen« (Beck 2002, 192).

Erscheinungsweise und das Verborgene

Die Kennzeichnung des Personenkreises als »schwer(st)-behindert« ist Resultat der eigenen und kollektiven Wahrnehmung. Diese ist nicht das Ergebnis einer bloßen Beobachtung, sondern bereits eine Bewertung, so wie Diagnosen immer Bewertungen sind und eine bestimmte Sichtweise auf die Person implizieren ohne das hinter der Erscheinung Verborgene, das, was den Menschen ausmacht, zu erkennen. In der subjektorientierten Diagnostik, bspw. der »rehistorisierenden Diagnostik« (die im Kontext Bremer Tradition der materialistischen Behindertenpädagogik und unter Berücksichtigung Alexander Romanowitsch Luria's Ideen entwickelt worden ist (vgl. Jantzen/Lanwer-Koppelin 1996) wird dem Verborgenen eine besondere Bedeutung beigemessen. Vor allem ist diese Diagnostik darauf ausgerichtet, die Perspektive des Betroffenen, die Sicht auf sich selbst, seine Erfahrungen, sein Erleben und seine Wahrnehmungen wahr- und ernst zu nehmen. Zentrale Fragen sind:

- Was macht den anderen als Menschen aus?
- Warum verhält sich jemand so wie er sich verhält?
- Was bestimmt sein/ihr Handeln, Denken, Wahrnehmen?

Die »Rehistorisierende Diagnostik« ist im Ergebnis eine Rekonstruktionsleistung aus Lebensgeschichte, Lebenswelt, Zugängen zu gesellschaftlich relevanten Feldern, Isolationen, Benachteiligungen, Kompetenzen, Ressourcen der Person und der Familien bzw. Bezugspersonen. Mit der Diagnostik wird auf die Frage nach dem Kern der Problematik oder der Thematik eine Antwort gegeben. So kann bspw. aus einer beobachtbaren Aggression/Autoaggression als Kern der Thematik die mangelnden Möglichkeiten, sich kommunikativ zu verständigen, herausgearbeitet werden. Aus dem Kern der Thematik sind pädagogische oder therapeutische Ideen zu entwickeln (vgl. Ziemen 2003, 29 ff.; Ziemen 2013, 91 ff.).

Die Diskussion um Bildung wurde bezüglich des Personenkreises immer wieder geführt. Zentrales Anliegen war es, das Recht auf Bildung (aber auch auf Leben) zu erstreiten, die »Dogmen der Bildungs- und Lernunfähigkeit« (Feuser 2009, 233 ff., vgl. auch Feuser 1995, 47 ff.,) abzuwenden. Keineswegs ist die Diskussion beendet. Sie entflammt sich immer wieder v. a. bei Kindern und Jugendlichen, die unter schwer(st)en Behinderungen leben, z. B. anenzephale Kinder; Kinder und Jugendliche im Koma und Wachkoma; Kinder und Jugendliche, die als »austherapiert, gruppenunfähig und gemeinschaftsunfähig« (vgl. Feuser 2002, 349 ff.) gelten.

Zusammengefasst zeigt sich aus sozialwissenschaftlicher Perspektive, dass Behinderung generell und »schwer(st)e« Behinderung im Besonderen mit Isolation einhergeht, wie bereits seit den 1970er-Jahren durch Wolfgang Jantzen herausgearbeitet. Isolierende Bedingungen, wie: fehlende oder mangelnde Verfügbarkeit von Lautsprache, fehlende oder mangelnde Möglichkeiten sich aktiv mit der Welt, mit sich und anderen auseinanderzusetzen konstruieren Behinderung ebenso, wie die dauernde psychische Belastung durch Stress und Verletzungen und (strukturelle) Gewalt jeglicher Art und Weise. Die Frage des Ausschlusses und der Isolation zeigt sich insbesondere am Personenkreis der Kinder und Jugendlichen, die unter den Bedingungen von schwer(st)er Behinderung leben, aber auch deren Eltern, Bezugspersonen, Familien. Als zentrale Barriere stellen sich immer noch die negativ konnotierten Bilder und Vorstellungen von geistiger bzw. schwer(st)er Behinderung dar (vgl. Ziemen 2013).

3   Inklusion und Schule

»Für die sogenannten schwerst- und mehrfachbehinderten Kinder und Jugendlichen wurde überhaupt erst Anfang der 80er-Jahre die Durchsetzung der Beschulung erreicht.« (Beck 2002, 216) Sie befinden sich bis heute zumeist an Förderschulen mit dem Förderschwerpunkt geistige Entwicklung, körperlich-motorische Entwicklung, Sehen bzw. Hören und Kommunikation. Die Zahlen oder prozentualen Angaben von Schüler(innen), die als »schwerstmehrfachbehindert« gelten, sind kaum zu erfassen. Nach intensiver Recherche ist bspw. für die Stadt Köln nach Angaben der Mitarbeiter(innen) der Stadt Köln die Zahl der Schüler(innen) mit »schwer(st)er« Behinderung wie folgt beziffert. Die Gesamtzahl aller Schüler(innen) in der Primarstufe und der Sekundarstufe I (ohne freie Waldorfschulen) für Köln für das Schuljahr 2014/15 beträgt 86.385, davon sind 646 Schüler(innen) mit dem Förderschwerpunkt »geistige Entwicklung« erfasst. In einer E-Mail vom 9. Juni 2015 teilt eine Mitarbeiterin aus dem Dezernat IV – Bildung, Jugend und Sport (Köln) mit, dass von den insgesamt 86.385 Schüler(innen) 747 als »schwerstmehrfachbehindert« gelten.

Zitat aus der E-Mail der Mitarbeiterin der Stadt Köln: »analog dem Vorgehen bei den Förderschwerpunkten Lernen, emotionale und soziale Entwicklung usw. orientiert sich die landesstatistische Datenerhebung des IT.NRW bei der Definition der Schwerstbehinderung an der Verordnung über die sonderpädagogische Förderung, den Hausunterricht und die Schule für Kranke (Ausbildungsordnung sonderpädagogische Förderung – AO-SF). Demnach liegt nach § 15 Abs. 1 AO-SF eine Schwerstbehinderung vor bzw. entscheidet die Schulaufsichtsbehörde über eine intensivpädagogische Förderung, wenn bei einem Schüler oder einer Schülerin der Bedarf an sonderpädagogischer Unterstützung in den Förderschwerpunkten Geistige Entwicklung, körperliche und motorische Entwicklung, emotionale und soziale Entwicklung, Sehen, Hören und Kommunikation erheblich über das übliche Maß hinausgeht.

Die überwiegende Mehrheit dieser Schülerinnen und Schüler wird in Förderschulen unterrichtet. Eine genaue Zahl der schwerstbehinderten Lernenden in inklusiven Schulen kann ich Ihnen aus datenschutzrechtlichen Gründen leider nicht zur Verfügung stellen« (E-Mail vom 10. Juni 2015).

Die weitere Recherche hat erbracht, dass es bezüglich der Genehmigung »intensivpädagogischer Förderung« große Unsicherheit auf Seiten der Schulaufsichtsbehörde zu geben scheint. Kriterien dafür bzw. eine genauere Definition von »intensivpädagogischer Förderung« existiert nicht, so dass zu vermuten ist, dass die Genehmigung v. a. in die Hände der Mitarbeiter(innen) der Behörde gelegt wird. Hier ist dringend Diskussions- und Handlungsbedarf geboten, um nicht beliebig Entscheidungen herbeiführen zu müssen.

Im Rahmen einer Studie, die sich mit dem Personenkreis der Schüler(innen) mit dem Förderschwerpunkt geistige Entwicklung an Förderschulen in Bayern befasst (N = 1.629), schätzten Lehrpersonen den Schweregrad der Behinderung ihrer Schüler(innen) nach ICD-10 ein. Michael Wagner (2013) stellt die Ergebnisse zusammen:

– bei 33.2 % erfolgt die Einschätzung »leichte geistige Behinderung«,
– bei 36,3 % – »mittelgradige geistige Behinderung«,
– bei 29,5 % »schwere oder schwerste geistige Behinderung« und
– bei 1 % liegt keine geistige Behinderung vor (vgl. Wagner 2013, 497).

Die Schüler(innen), die »nach ICD 10 als schwer und schwerst-geistig behindert eingeschätzt werden« und einen »Pflegebedarf von 90 Minuten bis über drei Stunden aufweisen« beträgt 49,8 %, d. h. fast die Hälfte der Schüler(innen) und »der Anteil derer, die keinen Pflegebedarf haben« betrifft 4,5 %« (vgl. ebd.). »Bei 17,9 % der Kinder und Jugendlichen mit schwerer Behinderung bestimmen nach Einschätzung der Lehrkräfte Pflegesituationen zu über 60 % den Zeitraum von 8.00 bis 13.00 Uhr« (ebd.). »Pflege umfasst dabei die Bereiche Körperpflege (Waschen, Zahnpflege, Kämmen, Darm- und Blasenentleerung, …), Ernährung (mundgerechtes Zubereiten und/oder Aufnahme der Nahrung), Mobilität (Aufstehen, An- und Auskleiden, Verlassen und Wiederaufsuchen der Wohnung, …) und hauswirtschaftliche Versorgung (Einkaufen, Kochen, Wechseln der Wäsche und Kleidung, …)« (ebd.).

Hier bezieht sich die Forschergruppe auf die Angaben aus dem Sozialgesetzbuch (SGB) – Elftes Buch (XI) – Soziale Pflegeversicherung des Bundesministeriums der

Justiz 2011, Artikel 1 des Gesetzes vom 26. Mai 1994, BGBl S. 1014. Michael Wagner diskutiert, ob die verbleibenden 10–20 % der Schüler(innen), die scheinbar ein Problem für die Inklusion darstellen (neben den so häufig genannten 80–90 % der Schüler(innen), die sich problemlos integrieren lassen), der Personenkreis der Kinder und Jugendlichen mit schweren und schwersten Behinderungen ist. Es liegt zumindest nahe, dies zu schlussfolgern.

Nicht nur, dass dies der Grundidee der Inklusion diametral entgegensteht, ist anzumerken, dass die Diskussion um die »Integrationsfähigkeit« von Kindern und Jugendlichen bereits in den 1980er- und 90er-Jahren intensiv geführt worden ist. Wenn für Integration gilt, dass diese unteilbar ist (vgl. Feuser 2012, 31 ff.), gilt dies für Inklusion umso mehr. Die Realität spricht jedoch eine andere Sprache.

Wagner kommt in der Gesamtbetrachtung der Ergebnisse mit Blick auf Inklusion und Schule bzw. Unterricht zu folgenden Schlussfolgerungen. Schule muss dem
- »spezifischen Bedarf […] in verschiedenen Bereichen der Pflege« erfüllen, – dass sich »Lehrerinnen und Lehrer darauf einstellen müssen, dass einzelne Kinder und Jugendliche während der Schulzeit einen Bedarf an pflegerischer Unterstützung haben« und diese bei »90 Minuten bis zu über drei Stunden liegt« (ebd., 498). »Vor dem Hintergrund des prinzipiellen Bildungsrechts jedes Menschen hat dies zur Konsequenz, dass es für die Kinder und Jugendlichen besonders wichtig ist, dass es den Lehrkräften gelingt, Pflegesituationen im Hinblick auf individuelle Bildungsangebote und -möglichkeiten inhaltlich und methodisch zu gestalten« (ebd.). Darüber hinaus betont er dass die »individuellen Bedarfe […] Auswirkungen auf die Struktur und den Ablauf des Unterrichts« haben, »Phasen des gemeinsamen Unterrichts in der Klassengemeinschaft sollten sich mit stärker individuellen Situationen abwechseln, in denen die verschiedenen Bedarfe im Bereich der Pflege und auch im Hinblick auf therapeutische sowie pädagogische und bildungsorientierte Angebote adäquat Berücksichtigung finden.

Die unterschiedlichen Kompetenzen im Bereich der Kommunikation haben zur Folge, dass
- adäquate pädagogische und therapeutische Angebote im Kontext Sprach- und Sprechentwicklung in den individuellen Bildungsprozess integriert werden müssen. Aufgrund des hohen Anteils der Schülerinnen und Schüler ohne Lautsprache ist darüber hinaus ein differenziertes und kompetentes Angebot im Kontext Unterstützter Kommunikation notwendig« (ebd., 499).

Wagner stellt dies schließlich insgesamt als »Erschwernisse bei der Inklusion von Kindern und Jugendlichen mit schwerer Behinderung« (ebd.) dar, plädiert für eine »Schule für alle« und dafür, die »Bildung einer Restgruppe innerhalb des Bildungssystems« (vgl. ebd.) zu verhindern.

An der Studie und Wagners Argumentation fällt die Schwerpunktsetzung auf Pflege ausgerichtet auf, welche bei dem Personenkreis bedeutsam ist. Es besteht jedoch hier wiederum die Gefahr, den Aspekt der Bildung geringer zu schätzen. Die Forderung nach dem Verhältnis von Pflege, Therapie und Unterricht wird in der Disziplin der »Geistigbehindertenpädagogik« seit Langem thematisiert, jedoch fehlen bislang Konzepte und Modelle, die dieses Prinzip auch in inklusiven Kontexten verorten lassen.

Diese didaktische Fragestellung ebenso wie die danach, anspruchsvolle Inhalte der Fächer oder aus fächerübergreifenden Zusammenhängen so aufzubereiten, dass sie in inklusiven Kontexten realisiert werden können, stellt eine weitere Herausforderung dar.

Grundlegend für den inklusiven Kontext ist das Schaffen einer Balance von gemeinsamen und individuellen Aktivitäten. Wie gelingt es, ein anerkennendes soziales Miteinander, gute Kontakte und Freundschaften in Klassen und Schulen zu unterstützen? Können hier die Erkenntnisse aus den Förderschulen wegweisend sein? Fragen dieser Art können an der Stelle nicht beantwortet werden. Gelungene Projekte, Ideen für den Unterricht, für Bildung und das soziale Miteinander sind aus dem Kontext der Förderschulen nicht ausreichend dokumentiert und publiziert.

Schwer(st)behinderte Schüler(innen) in inklusiven Klassen/Schulen sind immer noch die absolute Ausnahme. Dass Inklusion möglich ist, wurde in Schulversuchen nachgewiesen und beweisen die Schulen, die sich gegenwärtig der Herausforderung stellen, bis heute. Schulen, die Schüler(innen), die unter den Bedingungen von schwer(st)er Behinderung leben, aufgenommen haben, konnten zeigen, wie inklusive Bildung gelingt, so u. a., dass das Sozialverhalten und die Empathiefähigkeit von allen Schüler(innen) in der Klasse gefördert werden (vgl. Reimann 2015). Berührungen und die Kontaktaufnahme geht von nicht behinderten Kindern aus, wobei diese nicht pädagogisch intendiert sind (vgl. ebd.). Ein lebhaftes Umfeld, direkte Ansprache u.a.m. (vgl. ebd.) sind Bedingungen, die für die Schüler(innen) mit schwer(st)en Behinderungen anregend sind. Grundbedürfnisse, die für alle gelten, wie die Befriedigung von Hunger, Durst, Angenommensein, Kontakt, Nähe und Verlässlichkeit (vgl. ebd.) sind für alle Schüler(innen) bedeutsam.

Die Vorbehalte bezüglich Inklusion sind jedoch immer noch groß. Einige Vertreter(innen) (teils aus der »Schwerstbehindertenpädagogik«) warnen vor allem vor Überforderungssituationen auf Seiten der Lehrer(innen), v. a. aber auf Seiten der Schüler(innen). In einem Interview mit einer ehemaligen Lehrerin einer Berliner Schule, die bereits seit Jahrzehnten Kinder mit »schwer(st)en« Behinderungen unterrichten, beantwortet diese die Frage nach der Überforderung wie folgt: »Die schwerstbehinderten Schülerinnen und Schüler können sich gut selbst schützen, entweder fangen sie an zu schreien oder sie schlafen einfach ein. Das sind sichere Zeichen, die die Lehrpersonen wahrnehmen müssen. Auch sind die Informationen von den Eltern wichtig, die oftmals genau einschätzen können, was ihre Kinder in den verschiedenen Situationen des Alltags benötigen«.

Für diesen Personenkreis wird meist Unterricht in Einzel- oder in Kleingruppensettings gefordert. Auch das sollte in Balance zu gemeinschaftlichen Angeboten eine »inklusive« Schule leisten können.

Uwe Becker würdigt beispielhaft die Arbeit der Berliner Fläming Grundschule. In der Schule arbeiten »multiprofessionelle Teams mit pädagogischen, sonderpädagogischen und psychotherapeutischen Kompetenzen. Einzelarbeit mit Schülerinnen und Schülern, begleitende Elternarbeit, Supervision für Fachkräfte, Kleingruppenarbeit mit Schülerinnen und Schülern, die emotionale und soziale Probleme aufweisen, das sind nur kurz die Ressourcen, Methoden und hochqualitativen Kompetenzen, die anzeigen, welches Know-how angesagt wäre, wenn man inklusiv beschulen will« (Becker 2015, 39 f.).

Erfahrungen aus der eigenen wissenschaftlichen Schulbegleitung von Schulen verweisen darauf, dass der Unterricht und die Schulen zwar herausgefordert, jedoch insbesondere auch bereichert werden, sofern sie sich für Kinder und Jugendliche öffnen, die als »schwer(st)behindert« bezeichnet werden. Konzepte, Gewohnheiten, Methoden und die Tagesstruktur müssen hinterfragt, z. T. modifiziert und an die neue Situation angepasst werden. Internationale Erfahrungen zeigen, dass Eltern bei der Gestaltung von Unterrichtsmaterialien, bei der »Aufklärung« von Schüler(innen) bzw. den Eltern und Bezugspersonen sehr hilfreich sein können. Vorbehalte und Ängste können durch sie abgebaut werden. Zugleich erhalten die Eltern selbst einen Einblick in Schule, die Unterrichtsarbeit und das soziale Gefüge der Klasse bzw. der Schule.

4   Fazit

»Der Gedanke der gesellschaftlichen Teilhabe […] in ein ansonsten gleichbleibend beharrendes System gesellschaftlicher Wirklichkeit ist ein Fehlschluss. Die so oft erwähnte Lebensweise in akzeptierter Vielfalt […] heißt auch:
- dass Lebensweisen ›der Gesellschaft‹ weniger uniform werden,
- dass diktierte Zielgeraden der Lebensführung ihre Dominanz verlieren,
- dass Leistungs- und Effizienzkalküle ihren imperativen Charakter einbüßen und
- dass Menschen ohne Behinderung auch von denen mit Behinderung lernen, anstatt dass nur Menschen mit Behinderung lernen, sich in die Lern- und Lebensweise der anderen einzufügen.

[…] Inklusion zielt auf einen kompletten Systemwechsel […]« (Becker 2015, 41).

Die Schulen, die sich für den hier fokussierten Personenkreis öffnen, haben das verstanden. Sie beklagen oftmals die Widersprüche und Unzulänglichkeiten, die sich auf die gesellschaftlichen, sozialen und politischen Verhältnisse beziehen. Dennoch stellen sie sich den Herausforderungen und betonen, dass Schule, die sich für ALLE öffnet, bereichert wird. Sie verstehen Schule als ein sich entwickelndes, ständig veränderndes System.

Literatur

Beck, Iris (2002): Die Lebenslagen von Kindern und Jugendlichen mit Behinderung und ihrer Familien in Deutschland: soziale und strukturelle Dimensionen. In: Sachverständigenkommission 11. Kinder- und Jugendbericht: Band 4: Gesundheit und Behinderung im Leben von Kindern und Jugendlichen. DJI, München, 175–316.

Becker, Uwe (2015): Die Inklusionslüge. Bielefeld.

Dworschak, Wolfgang/Kannewischer, Sybille/Ratz, Christoph/Wagner, Michael (2012): Schülerschaft mit dem Förderschwerpunkt geistige Entwicklung. Oberhausen.

Feuser, Georg (1995): Behinderte Kinder und Jugendliche zwischen Integration und Aussonderung. Wissenschaftliche Buchgesellschaft. Darmstadt.

Feuser, Georg (2002): »Austherapiert« und »gemeinschaftsunfähig« gibt es nicht! Die »Substituierend Dialogisch-Kooperative Handlungs-Therapie SDKHT« Eine Basistherapie. In: Feuser, Georg/Berger, Ernst (Hrsg.): Erkennen und Handeln. Momente einer kulturhistorischen (Behinderten-)Pädagogik und Therapie. ICHS, Berlin, 349–378.

Feuser, Georg (2009): Naturalistische Dogmen; Unerziehbarkeit, Unverständlichkeit, Bildungsunfähigkeit. In: Dederich, Markus/Jantzen, Wolfgang (Hrsg.): Behinderung und Anerkennung. Stuttgart, 233–238.

Feuser, Georg (2012): Integration ist unteilbar. In: Lanfranchi, Andrea/Steppacher, Josef (Hrsg.): Schulische Integration gelingt. Bad Heilbrunn, 31–48.

Jantzen, Wolfgang/Lanwer-Koppelin, Willehad (1996): Diagnostik als Rehistorisierung. Berlin.

Jantzen, Wolfgang (2002): Identitätsentwicklung und pädagogische Situation behinderter Kinder und Jugendlicher. In: Sachverständigenkommission 11. Kinder- und Jugendbericht: Band 4: Gesundheit und Behinderung im Leben von Kindern und Jugendlichen. DJI, München, 317–394.

Reimann, Lisa (2015): Über Mythen und Fakten rund um das Thema Inklusion. http://inklusionsfakten.de (10.10.2015).

Sozialgesetzbuch (2015): 11. Buch. http://www.gesetze-im-internet.de/sgb_11 (10.10.2015).

Wagner, Michael (2013): Sind sie der Rest? Kinder und Jugendliche mit schwerer Behinderung in einem inklusiven Schulsystem. In: Zeitschrift für Heilpädagogik, 12, 2013, 496–501.

Waldschmidt, Anne (2009): Disability Studies. In: Dederich, Markus/Jantzen, Wolfgang (Hrsg.): Behinderung und Anerkennung. Stuttgart, 125–133.

Ziemen, Kerstin (2001): Die Situation von Familien behinderter Kinder – Konsequenzen für die Pädagogik. In: Jantzen, Wolfgang (Hrsg.): Jeder Mensch kann lernen – Perspektiven einer kulturhistorischen (Behinderten-)Pädagogik. Neuwied/Kriftel/Berlin, 263–281.

Ziemen, Kerstin (2002): Das bislang ungeklärte Phänomen der Kompetenz – Kompetenzen von Eltern behinderter Kinder. Butzbach/Griedel.

Ziemen, Kerstin (2003): Integrative Pädagogik und Didaktik. Aachen.

Ziemen, Kerstin (2013): Kompetenz für Inklusion. Inklusive Ansätze in der Praxis umsetzen. Göttingen.

Andreas Köpfer

Zwischen Autonomie und Be-Hinderung – Schulassistenz bei Schüler(inne)n mit hohem Unterstützungsbedarf als Voraussetzung oder Widerspruch für Raumaneignung?

1   Einleitung

Der erziehungswissenschaftliche Fachdiskurs um inklusive Bildung und Erziehung hat bislang die Rolle von Schulassistent(inn)en bzw. Schulbegleitungen nur peripher beachtet, wenn nicht gar ausgeklammert. Dabei erscheint eine wissenschaftlich-konzeptionelle Auseinandersetzung mit dieser bislang wenig professionalisierten Rolle dringend notwendig, zeigt die Schulpraxis doch eine erhebliche Nachfrage in inklusiven Settings, insbesondere zur Unterstützung von Schüler(inne)n mit hohem Unterstützungsbedarf. In diesem Beitrag wird – mit theoretischen Bezügen zu Raum und Raumaneignung – ein kritischer Blick auf die Anforderungen und zur Verfügung stehenden Handlungsräume von Schulassistent(inn)en gerichtet. Aus dieser Analyse werden didaktische Anhaltspunkte für eine konzeptionelle Weiterentwicklung der Rolle von Schulassisten(inn)en abgeleitet.

2   Ausgangssituation

Der derzeitige Transformationsprozess im Bildungssystem, der durch den in der UN-Behindertenrechtskonvention (UN 2006) verpflichtend formulierten Reformauftrag inklusiver Bildung und Erziehung unterstützt wird, kann für den Bereich schulischer Bildung als »komplexe Schulentwicklungsaufgabe« (Werning 2014, 604) bezeichnet werden. Einem umfassenden Verständnis von Inklusion folgend, das von Slee und Weiner (2011) als grundlegende und ganzheitliche Veränderung von Schul- und Unterrichtskultur (inclusion as a ›cultural politics‹) in Abgrenzung zu technisch-formalen, punktuellen Systemadjustierungen (inclusion as a ›technical problem‹) definiert wird, bedeutet dies weitreichende Veränderungen »required by the schools to their structures, ethos and practices and on removing barriers (which may be environmental, structural or attitudinal) to children's participation« (Allan 2012). Eine an Inklusion orientierte Analyseperspektive richtet sich demnach auf »ausgrenzende und marginalisierende Praktiken und Strukturen« (Sturm 2013, 128) und macht erforderlich, dass neben schulstrukturellen Veränderungen auch die Ausgestaltung von formalen Aufgaben sowie Praktiken professioneller Rollen zu verhandeln sind.

Dieser Beitrag fokussiert auf die Rolle von Schulassistent(inn)en. Sie stellen eine Assistenzkraft dar, die in unterschiedlichen Nomenklaturen und Zuständigkeitsradien (inter-)national bekannt ist und in pädagogischen Organisationen, insbesondere im Bereich Schule, eingesetzt wird. Die Bezeichnungen variieren dabei von Integrationshelfer(inn)en bzw. Integrationshilfe (vgl. z. B. Blömer-Hausmanns 2014; Ferdigg 2014), Schulbegleitungen (vgl. z. B. Dworschak 2013), Schulassistenz (vgl. z. B. Lindmeier/Pollescher 2014) im deutschsprachigen bis hin zu Integration Aide, Teacher Assistants oder Teaching Assistants im angloamerikanischen Raum (vgl. Köpfer 2013, 189). Auch Begriffsentwürfe wie Teilhabe Management, Teilhabe Manager oder Teilhabeassistenz (vgl. Knuf 2012; Böing 2014) geben Hinweis darauf, dass die zu besprechende Rolle (noch) durchaus volatilen Charakter hinsichtlich des Zuständigkeits-, Handlungs- und dementsprechend terminologischen Rahmens hat. Hier wird die derzeit gängige Terminologie »Schulassistenz« bzw. »Schulassistent(inn)en« verwendet – ausgehend von den Erkenntnissen aus einer eigenen Feldstudie in Kanada, dass eine veränderte Nomenklatur (in diesem Falle von Integration Aide in Teacher Assistant) nicht zugleich eine veränderte inhaltliche wie formale Handlungsperspektive bietet (vgl. Köpfer 2013, 2014).

In Deutschland werden Schulassistent(inn)en in Förderschulen sowie in integrativen Schulen eingesetzt, besonders für Kinder, denen der Förderschwerpunkt Geistige Entwicklung attestiert wird (vgl. Dworschak 2012). Die Rolle von Schulassistent(inn)en ist in der Bildungsforschung bislang wenig beachtet und entsprechend »überschaubar« (Lindmeier/Polleschner 2014, 198) erforscht. Die Koinzidenz von Top-Down gesteuertem Inklusionsauftrag und (bisweilen abrupt) steigender Rate von Schulassistent(inn)en in Förder-, aber auch integrativen Schulen, (vgl. Kißgen et al. 2013; Köpfer 2013, 231) rückt die schulinterne Rolle nun zunehmend und dringlich ins Blickfeld des wissenschaftlichen Interesses. Dabei sollte jedoch ein quantitativer Anstieg der Zahlen nicht über eine bislang noch zu führende Diskussion über Verortung, Ausgestaltung und Notwendigkeit der Rolle in inklusiven Settings hinwegtäuschen.

Im Folgenden wird eine kritische Analyse der raumbezogenen Handlungsradien von Schulassistent(inn)en hinsichtlich Partizipation vorgenommen. Am Beispiel des Personenkreises von Kindern, denen gemeinhin eine schwere bzw. komplexe Behinderung zugeschrieben wird, werden dabei die spannungsbeladene Ausgestaltung und Perspektiven der Weiterentwicklung der Rolle für eine inklusive Schule erörtert. Mit dem Personenkreis von Kindern mit komplexen und schweren Behinderungen rückt eine Personengruppe ins Zentrum, denen gemeinhin ein erhöhter Unterstützungs- und Assistenzbedarf zugeschrieben wird. Terminologisch wird nachfolgend von Schüler(inne)n mit erhöhtem bzw. hohem Unterstützungsbedarf gesprochen, wenngleich eine nahezu unüberschaubare Vielfalt von Beschreibungsversuchen für diesen Personenkreis vorliegt (vgl. hierzu Bernasconi/Böing 2015, 17). Präferiert wird die Bezeichnung ob ihrer Fokussierung auf die notwendige systemische Unterstützungsleistung in tendenziell be-hindernden Gesellschaftsstrukturen und der reduzierten individuellen Defizitzuschreibung.

Ob die Steigerung der Rate von Schulassistent(inn)en nun akkumuliert wird aus einem sich gegenseitig stärkenden Konstrukt aus händeringenden Einzelförderinteressen der Eltern und bildungsadministrativ lukrativen Maßnahmen für Schüler(innen) mit sonderpädagogischem Förderbedarf, kann an dieser Stelle nicht nachgegangen werden. Vielmehr wird diskutiert, welche pädagogischen Spannungsfelder zwischen der derzeitigen Rolle von Schulassistent(inn)en – deren komplexe rechtlich-administrative Modalitäten zur Bewilligung hinreichend dargelegt sind (vgl. Dworschak 2010, 2013; Lindmeier/Polleschner 2014) – und dem Konzept von Inklusion auszumachen sind. Vor dem Hintergrund der mehrfach geäußerten Bedenken, dass die Praktiken von Schulassistent(inn)en und die Etablierung dieser professionellen Rolle per se einer inklusiven Schulentwicklung entgegenstehen könnte (vgl. Blömer-Hausmanns 2014), wird der Verdacht geäußert, dass Schulassistent(inn)en als bildungspolitisch zweckmäßig befundene Zwischenlösung zur Verhinderung schulstruktureller und schulorganisatorischer Maßnahmen mit Zielperspektive Inklusion herangezogen werden. Es erscheint daher eine vertiefte empirische Analyse der Differenzpraktiken von Schulassistent(inn)en zur Bearbeitung von Heterogenität dringlich, deren ambivalente Handlungsradien in diesem Aufsatz zunächst raumtheoretisch skizziert werden.

3 Raumtheoretische Perspektiven als Analysegrundlage

Lange Zeit wurde Raum als statische Kategorie betrachtet, die sich als physischer Hintergrund für soziales Handeln konstituiert. Im Zuge des »Spatial Turns« (vgl. Döring/Thielmann 2008) wurde sie nun – speziell angeregt durch postmoderne Auseinandersetzungen mit gesellschaftlichen Strukturen und Praktiken (vgl. Allan 2004) und mit relativistisch-produktivistischen Raumverständnissen (vgl. Löw 2000; Lefebvre 2006) – wiederentdeckt und zunehmend für wissenschaftliche Zwecke fruchtbar gemacht; dies nicht als absolutistische Hintergrundebene, sondern als Analysefläche für soziales Handeln in Machtverhältnissen (vgl. Redepenning 2008; Schroer 2006; Günzel 2008).

Die transdisziplinäre Kategorie »Raum« findet in unzähligen Bedeutungszusammenhängen und Beschreibungen Anwendung (vgl. Trapp 2008; Rödder/Walden 2013), auch in pädagogischen Kontexten (vgl. Hummrich 2012; Löw 2006; Nugel 2014; Breidenstein 2004; Böhme 2009; Kahlert et al. 2013; Bernhard et al. 2015 u.a.m.). Zudem sind erste, zum Teil empirische Vorarbeiten für den Bereich Inklusion/Inclusive Education vorhanden (vgl. Hemingway 2008; Budde/Rißler 2014;

Köpfer 2014). Ohne an dieser Stelle auf die mannigfaltigen Facetten der Kategorie Raum eingehen zu können, soll der Teilaspekt der »Raumaneignung« in den Blick genommen und als Analysegrundlage zur Untersuchung der ambivalenten Rolle von Schulassistent(inn)en herangezogen werden. Rekurrierend auf Pierre Bourdieus Arbeiten zur reziproken Liaison von physischem und sozialem Raum erscheint Raumaneignung als das distinktive, dynamische wie verbindende Element. Bourdieus Auffassung nach kann nicht von einer Dichotomie materialer (externaler, d. h. physischer) und sozialer Räume gesprochen werden. Seiner Raumkonzeption zufolge stellen physische Räume individuell-konstruierte Abstraktionen, sozusagen physische Projektionen, dar, die demnach auch als soziale Räume behandelt werden können (vgl. Bourdieu 1991, 28). Somit ist der physische Raum »als angeeigneter physischer Raum immer schon ein sozial konstruierter Raum, während vom physischen Raum überhaupt nur gesprochen werden kann, wenn man davon abstrahiert, dass er stets schon angeeigneter Raum ist« (Schroer 2006, 87). Er kann demnach als »eine soziale Struktur in objektiviertem Zustand [...], die Objektivierung und Naturalisierung vergangener wie gegenwärtiger sozialer Verhältnisse« (Bourdieu 1991, 28), bezeichnet werden, welche gleichen Konstitutionsbedingungen wie soziale Räume unterworfen ist. Raumaneignung als eigenaktives, Konstruktion erzeugendes Prinzip vollzieht sich demnach sowohl auf physischer als auch sozialer Ebene, indem Individuen einen Erfahrungsraum konstituieren bzw. interiorisieren, einem »Dritten Raum« (Nadig 2006) gleich, in welchem kulturelle Teilhabeprozesse und wechselseitige, dialogische Identitätsbildung möglich sind (vgl. ebd., 72).

Für den Bildungsraum Schule stellt sich demzufolge die Frage, wie und in welcher Form Raumaneignung möglich ist, z. B. in didaktischer Hinsicht (Sozialform, Inhalte, Interaktion), und welche prädisponierenden, differenzherstellenden Grundstrukturen und Figuren des Raums auf Individuen einwirken – nicht im Sinne einer objektiven »Landkarte der Differenz« (vgl. Budde/Rißler 2014), sondern einer Produktion von Räumen durch Akteurshandeln in Verwobenheit mit materiell-physischen Grundgegebenheiten (vgl. ebd., 335; dazu auch: Lefebvre 2006). Dieser diversitätsbearbeitenden Differenzperspektive (vgl. dazu Mecheril/Plößer 2009; Mecheril 2008) folgend kann untersucht werden, welche inhärenten (ggf. asymetrischen) Machtverhältnisse und pädagogischen Verständnisse sich als Möglichkeit der Raumaneignung für Schüler(innen) mit erhöhtem Unterstützungsbedarf in an Inklusion orientierten Schulen bieten, wie sie partizipationsförderliche und bildungsgerechte, oder stattdessen »Kategorien von Unterentwicklung und Mangel« (Bauer et al. 2014, 12) präsentieren. Konkretisiert in einem Mehrebenenraster (vgl. Köpfer 2014; in Anlehnung an Löw 2000) werden folgende raumorientierte Betrachtungsebenen für inklusive Lehr-Lernsettings herangezogen:

- Gemeinsame Lern- und Kommunikationsräume für Schüler(innen) und die darin stattfindenden sozialen Anerkennungsprozesse – bedingt durch die Annah-

me, dass Lernräume eine spatiale wie eine kommunikative Dimension besitzen.
- Neue Gestaltungsräume und Aufgabenfelder für professionelle Rollen – bedingt durch die sich verändernden Zuständigkeitsbereiche und Rollenausprägungen in inklusiven Settings.
- Konnotationsräume von Begrifflichkeiten und die mit Inklusion einhergehende Umgestaltung terminologischer Kategorien – so werden neue Bedeutungsradien kreiert, Zuschreibungsmechanismen aufgelöst und nichtstigmatisierende Termini definiert.
- Adjustierung und Allokation von Unterstützungsmaßnahmen und Ressourcenwegen – zur Schaffung von Möglichkeitsräumen für soziale Interaktion und Anerkennung.

4 Die dialektische Rolle von Schulassistent(inn)en

Das spannungsbeladene Verhältnis, in welchem Schulassistent(inn)en angesiedelt sind, wurde bereits mehrfach eruiert (vgl. u. a. Knuf 2012; Prammer-Semmler/Prammer 2014; Köpfer 2014). Es ist eine (scheinbar) antinomische Situation von Unterstützungsgabe mit dem Ziel der Befähigung zur Selbstbestimmung – eine Dialektik, welche zwischen Autonomie und Dependenz, zwischen Möglichkeit und Be-Hinderung, zwischen Ermöglichung zur Raumaneignung und Produktion vordefinierter Handlungsräume, bzw. »sozialer Verräumlichung« (Ahrens 2009), oszilliert. Schulassistent(inn)en befinden sich also – wie es Blömer-Hausmanns (2014, 228) raummetaphorisch ausdrückt – »zwischen allen Stühlen«. Entlang dieser für die Berufsrolle von Schulassistent(inn)en paradox anmutenden Handlungsanforderungen werden nun, abgeleitet aus dem skizzierten Raumverständnis, einzelne Aspekte zur Ausdifferenzierung dieses grundlegenden Spannungsfeldes insbesondere vor dem Hintergrund des Personenkreises von Schüler(inne)n mit erhöhtem Unterstützungsbedarf diskutiert.

4.1 Schulassistent(inn)en als Unterstützer(innen)?

Das Assistieren und Unterstützen von Schüler(inne)n mit erhöhtem Unterstützungsbedarf blickt auf eine von Emanzipation geprägte Entwicklung zurück. »Assistenz« als Leitbegriff und -motiv der Selbstbestimmt-Leben-Bewegung hat zunehmend ein Verständnis geprägt, welches weit über eine basal-caritative, pflegerisch ausgerichtete Hilfeleistung hinausgeht (vgl. Lindmeier/Polleschner 2014, 195 f.). Assistieren bedeutet also Ermöglichung für selbstbestimmtes Handeln, ein »Verstehen und Begleiten« (Schönwiese 2001), eingebettet in ein reziprokes Kommunikationssetting von »Vorschlag und Gegenvorschlag« (ebd., rekurrierend auf Milani-Comparetti 1986). Verbunden mit dem Ziel, selbstbestimmte Lern- und Entwicklungsprozesse für

Schüler(innen) mit erhöhtem Unterstützungsbedarf anzuregen und zugleich soziale Teilhabe mit Mitschüler(inne)n zu kreieren, kann die Rolle von Schulassistent(inn)en also kooperative und autonome Bildungsräume und damit zusammenhängende soziale Sichtbarkeit und Anerkennung bedingen. Die Eröffnung von Handlungsmöglichkeiten ist dabei eng an Kommunikationswege und Ausdrucksmöglichkeiten geknüpft, durch welchen Menschen mit erhöhtem Unterstützungsbedarf Zugang zur Aneignung eines »Sprachraums« (Rödler 2001) geschaffen wird. Die Behinderung der Kommunikation wird dabei in unterrichtlicher Hinsicht oftmals primär als Konsequenz einer defizitären Kommunikationsdisposition der Schülerin bzw. des Schülers mit erhöhtem Unterstützungsbedarf interpretiert, wenngleich sie als interaktionistische Barriere zwischen Sender(in) und Empfänger(in) angesiedelt ist. Wird – Rödler (2001, 93) folgend – »die Beziehung in und über Sprache […] durch mangelnde Kompetenz oder Bereitschaft seines Umfelds erheblich erschwert, so stellt sich diesem Menschen der gemeinsame Sprachraum als isolierend dar […]. Der von diesem Prozess betroffene Mensch verliert so nicht nur seine Möglichkeit, sich in seiner Eigen-Art in diesem Sprachraum kenntlich zu machen, sondern er erscheint […] als Behinderung im Raum.« Bezogen auf das Aufgabenfeld von Schulassistent(inn)en macht sich hier ein notwendiger Unterstützungsbereich als Kommunikations- und Interaktionsassistenz, sozusagen als »Vermittelnde« auf.

Durch die zunehmende Infragestellung des Autonomie-Paritätsmusters, das lange Zeit die Einzelkämpferrolle von Lehrpersonen legitimierte und dazu beitrug, dass sich Lehrpersonen als alleinig zuständig für die Schüler(innen) ihrer Klasse ansahen (vgl. Lütje-Klose/Urban 2014, 121), eröffnen sich durch Schulassistent(inn)en zudem weitere Impulse zur Transformation professioneller Rollenverständnisse von Lehrpersonen und Ansatzpunkte für eine veränderte Unterrichtspraxis. Insbesondere in inklusiven Settings können Schulassistent(inn)en so eine didaktische Öffnung des Unterrichts und eine Vergrößerung von Gestaltungsräumen für Lern- und Entwicklungsmöglichkeiten von Schüler(inne)n mitunterstützen, z. B. in von der Lehrperson angeleiteten Projekten und dadurch ggf. notwendigen räumlichen Differenzierung. Dies ist mit einer Verschiebung des Assistenzfokus auf die Lehrperson verbunden und – in Konsequenz daraus – oftmals auf unterschiedlichste Schüler(innen), die situationsbedingt Unterstützung benötigen.

Schließlich sind auch die terminologischen Diskussionen zur Rolle von Schulassistent(inn)en, durch welche Konnotationsräume geschaffen und Zuständigkeiten impliziert und ggf. verfestigt werden, von Relevanz. Mit dem Begriff der »Schulassistenz« steht eine non-kategoriale Terminologie bereit, welche weder personengebunden ist, noch – wie dies z. B. Integrationshelfer(innen) signalisiert – ein programmatisch-caritatives Motiv impliziert. In der übergeordneten Kategorie »Schul-« verbirgt sich allerdings zugleich die Gefahr einer unspezifischen und daher willkürlichen Ausrichtung bzw. handlungspraktischen Ausgestaltungsmöglichkeit.

In rein terminologischer Hinsicht bietet sich allerdings die Möglichkeit, eine assistierende Rolle professionell auszugestalten, die partizipativ und assistiv für alle Schüler(innen) wirken kann – wenn auch die Ressourcenallokation entsprechende Handlungsspielräume zulässt.

4.2   Schulassistent(inn)en als Be-Hinderung?

Neben den unterstützenden und Partizipation förderlichen Aspekten sind in der Rolle von Schulassistent(inn)en jedoch auch kritische Ausprägungen erkennbar, die, gerade in an Inklusion orientierten Schul- und Unterrichtssettings, behindernden bzw. benachteiligenden Charakter haben können. Dies kann in erster Linie auf die bislang nur rudimentären Professionalisierungsversuche der Rolle von Schulassistent(inn)en zurückgeführt werden, durch die sich paradoxe Handlungsanforderungen ergeben. Am Beispiel einer »hilflos häkelnden Helferin« führen zum Beispiel Heinrich und Lübeck (2013) in ihrer rekonstruktiven Interviewstudie das Handlungsdilemma von Schulassistent(inn)en bildlich vor Augen – nämlich einerseits nicht untätig sein bzw. scheinen zu wollen, andererseits auch nicht durch ständige Interventionen die Selbstbestimmung des Kindes zu behindern oder durch pädagogische Intervention im Klassengeschehen die Rolle der Lehrperson zu unterminieren. Pädagogische Handlungskompetenzen werden – und hier liegt der Kern des Dilemmas – den Schulassistent(inn)en per Aufgabenbeschreibung nicht zugesprochen (vgl. u. a. Böing 2014, 222; Dworschak 2012), ohne jedoch zu formulieren, wie unpädagogisches Handeln in pädagogischen Kontexten genau auszusehen hat. Bezogen auf den Personenkreis von Kindern mit erhöhtem Unterstützungsbedarf, deren be-hinderte Kommunikation elementare Beziehungs- und Kommunikationswege und bisweilen basal-pflegerische Tätigkeiten erfordern, kann kritisch gefragt werden, ob eine primär unpädagogisch bzw. para-professionell ausgerichtete Rolle nicht genau die notwendigen Bildungs- und Entwicklungsprozesse behindert. Hier liegt die Gefahr verborgen, dass sozial-partizipative Motive – einer unpädagogischen Rolle aufgetragen – Bildungsperspektiven überlagern bzw. be-hindern. Davon ausgehend, dass Möglichkeiten für Raumaneignung eben nicht nur auf sozial-partizipativer Ebene, sondern auch im Sinne von Bildungsprozessen bereitstehen, ist hier ein kritisches Augenmerk auf den didaktischen Einsatz von Schulassistent(inn)en zu legen. Es kann – Heinrich/Lübeck (2013, 105) folgend – kritisch angemerkt werden, dass »pädagogische Prozesse […] so komplex [sind, d. V.], dass sich eine streng funktionale Arbeitsteilung als illusionär erweist […] und in der Praxis daher immer handelnd Kompromisse eingegangen werden müssen.« Trägt die Schulassistentin bzw. der Schulassistent z. B. zur Unterstützung einer offenen Unterrichtsgestaltung bei, die sich durch Kooperationsprozesse zwischen Schüler(innen) auszeichnet? Oder definiert sie bzw. er durch eine routinierte Handlungspraxis der Einzelförderung einen – ob nun auch physisch verstärkt in einem Differenzierungsraum oder innerhalb desselben Klassenraums

– abgrenzbaren Interaktionsraum, der das per se intendierte gemeinsame Lernen im Sinne inklusiver Bildungsprozesse obsolet macht? Dies macht deutlich, dass in raumtheoretischer Hinsicht nicht die physische Raumtrennung des Klassenraums entscheidend für die inklusive bzw. exklusive Unterrichtspraxis ist, sondern der didaktische Einbezug aller Schüler(innen) bzw. aller am Klassengeschehen Beteiligten. Hier könnte die Rolle von Schulassistent(inn)en zur Öffnung des Unterrichts beitragen – zugleich scheint jedoch ihre unpädagogische Konzeption und rein exekutive Funktion tendenziell darauf hinzuweisen, dass eine personenbezogene unterstützende Rolle zementiert wird, die die vorherrschende Unterrichtspraxis und schulorganisatorische Ausrichtung von Schule und Unterricht bestätigt und Schüler(innen) mit erhöhtem Unterstützungsbedarf hierin integrierbar zu machen versucht. Dieser Eindruck verstärkt sich dahingehend, dass Schulassistent(inn)en nicht oder kaum in schulorganisatorische Entscheidungsprozesse miteinbezogen werden oder an diagnostischen Verfahren zur Vorbereitung der Lernprozessbegleitung (z. B. durch individuelle Entwicklungspläne) beteiligt werden.

Weitere Hinweise darauf, dass Behinderung somit als individualisierte personenbezogene Kategorie reproduziert wird und mit einer zugewiesenen Assistenz auch räumlich indiziert wird, gibt die bislang undirektional ausgerichtete Ressourcenvergabe für Schulassistent(inn)en in Bezug auf eine zu betreuende Schülerin bzw. einen zu betreuenden Schüler, die als Grund für den unflexiblen Einsatz von Schulassistent(inn)en angeführt werden kann (vgl. Köpfer 2014). Durch eine direkte, personengebundene Ressourcenallokation wird ein ganzheitlicher, z. B. auf die Klasse oder gesamte Schule bezogener, flexibler Einsatz von Schulassistent(inn)en verhindert und der Bezugsraum für die Handlungswege der Schulassistent(inn)en tendenziell vordefiniert. Zudem kann hierdurch – wie in der ethnografischen Feldstudie zu Teacher Assistants in Kanada herausgearbeitet (vgl. Köpfer 2013, 189 ff.) – eine Art stigmatisierende Double-Bind-Beziehung entstehen, sozusagen eine Be-Hinderung der Selbstständigkeit und Autonomie der Schülerin bzw. des Schülers durch die Schulassistenz aus Gründen der personenbezogenen Abhängigkeit durch die Arbeitsanstellung.

5 Kritisches Fazit und didaktische Anstöße

Was kann nun schlussgefolgert werden aus dieser kurzen (raum-)theoretischen Analyse, die einzelne, rudimentäre Spannungsfelder diskutiert hat, in denen sich Schulassistent(inn)en befinden? Es zeigt sich, dass besonders im Hinblick auf die Assistenz bei Schüler(inne)n mit hohem Unterstützungsbedarf zwei Diskurslinien aufeinandertreffen, die mit unterschiedlichen Motiven belegt sind:

Zum einen die aus den aktuellen bildungspolitischen wie schulpraktischen Umsetzungsbemühungen inklusiver Schulentwicklung generierte, überwiegend top-down gesteuerte Nachfrage nach Schulassistenz, die von einer additiven – und möglicherweise auch finanziell lukrativen – Integrationslogik geprägt ist. Hier lässt sich erkennen, dass sich die grundlegende Raumordnung – mit »Raum« verstanden als mehrdimensional-relationales Konstrukt (s. Kap. 2) – einer auf Selektion und Normorientierung basierenden allgemeinen Schule in der Rolle von Schulassistent(innen) (re-)produziert bzw. aufrechterhält. Mit diesem kompensatorischen Charakter belegt und ohne eine entsprechende Professionalisierung läuft die Rolle Gefahr, als »unbeliebtes Provisorium« (Blömer-Hausmanns 2014, 229) zur Gegenläufigkeit der aktuellen Umsetzungsbemühungen von Inklusion in der deutschen Schullandschaft beizutragen und – als Geneffekt – eine verschlechterte, paraprofessionalisierte Bildungssituation für Schüler(innen) mit hohem Unterstützungsbedarf zu kreieren.

Zum anderen eine Diskurslinie, die aus einem Selbstbestimmung und Partizipation fördernden Assistenzverständnis der Behindertenbewegung emergiert und einen pädagogisch-emanzipativen sowie bildungskommunikativen Hintergrund besitzt, um kollektive »Be-Deutungen« in ständiger reflexiver Aushandlung einer an Nicht- oder Missverstehen gebundenen Kommunikation zu kreieren (vgl. Rödler 2001, 97). Die hierfür anzustoßenden Transformationsprozesse sind bei den pädagogischen, curricularen wie didaktischen Rahmenbedingungen sowie bei professionellen Verständnissen der Akteur(innen) anzusiedeln.

In welche Richtung sich die Rolle von Schulassistent(inn)en in inklusiven Settings weiterentwickeln wird, hängt davon ab, welches der beiden skizzierten Motive bzw. Diskurse maßgeblich prägend ist. In diesem Zusammenhang steht auch die Frage der pädagogischen Ausgestaltung der Rolle, wie Prammer-Semmler und Prammer (2014, 209) beschreiben: »Assistenzleistung ist von pädagogischen Leistungen von Lehrerinnen und Lehrern zu trennen. […] Durch den Austausch mit Lehrerinnen und Lehrern bereichert die Sichtweise der pädagogischen Assistenz gleichzeitig wiederum die Arbeit von Lehrerinnen und Lehrern, indem ihnen dadurch neue Perspektiven eröffnet werden.« Verbindendes Element ist dabei das Pädagogische, welches zwangsläufig von der Rolle von Schulassistent(inn)en in der jeweiligen Assistenzsituation erwartet wird, aber (noch) nicht in den Ausbildungs- und Qualifikationsstrukturen berücksichtigt wird. Es erscheint daher fragwürdig, sollte eine Rolle des Unpädagogischen konzipiert werden, denn das Pädagogische ist von der Assistenz nicht zu trennen – insbesondere bei Kindern mit erhöhtem Unterstützungsbedarf. Die bereits bestehende Professionalitätskluft, welche pädagogisch-didaktische Prozesse erschwert, beschreiben Heinrich und Lübeck (2013, 94) wie folgt: »Erwartbar ist […], dass sich die Abstimmungsschwierigkeiten im Team […] potenzieren werden, wenn nicht zwei Professionelle unter den Bedingungen von ›Rollenklarheit‹ miteinander interagieren, sondern zudem noch ein massives Qualifikationsgefälle die reflexiv-distanziert-professionelle Kommunikation erschwert.«

Aus dieser Diskussion sollen gesamthaft einige Impulse zur konzeptionellen Weiterentwicklung der Rolle von Schulassistent(inn)en und zur Diminuierung deren (scheinbarer) Antinomie von Autonomie und Dependenz resümiert werden. Diese Anregungen werden vor dem Hintergrund der Annahme formuliert, dass Schule und Unterricht aufgrund der Ungewissheit von Entwicklungsverläufen (vgl. Allan 2004) einen Möglichkeitenraum (vgl. Feuser 2010) bzw. eine Möglichkeit für eigenaktive Raumaneignung bereitzustellen hat – in welchem nicht nur der Raum als »Dritter Pädagoge« (vgl. Dreier 2004) fungiert, sondern Schulassistent(inn)en als Pädagog(inn)en zur Schaffung eines »Dritten Raumes« unterstützend wirken:

- *Unterrichtsentwicklung*
  Der Modifikationsfokus für die unterrichtliche Einbindung von Schulassistent(inn)en als im Klassenraum Unterstützende sollte nicht ausschließlich auf die Professionalisierung und Qualifikation von Schulassistent(inn)en ausgerichtet sein, sondern primär als Anspruch an die didaktisch-methodische Konzeption und Entwicklung inklusiven Unterrichts formuliert werden. So bietet das didaktische Modell des »Lernens und Arbeitens am Gemeinsamen Gegenstand« (Feuser 2013, dazu auch Feuser 1995) einen – bislang konzeptionell gefassten – gemeinsamen und tätigkeitsorientierten Raum für die kooperative Aneignung von Bildungsinhalten, der von der individuellen Entwicklung von Schüler(inne)n ausgeht und somit Schüler(innen) mit erhöhtem Unterstützungsbedarf berücksichtigt.

- *Kooperation*
  Werden Schulassistent(inn)en als pädagogische Assistenzkräfte zur Unterstützung der Lehrperson eingesetzt, ist ihre Rolle so zu professionalisieren, dass sie – im Gegensatz zu paraprofessioneller Assistenz – als pädagogischer Bestandteil eines schulinternen Unterstützungsteams agieren kann, ergo einen Kooperationsraum für didaktische und diagnostische Prozesse kreieren kann. Dies könnte hinsichtlich Professionalisierung z. B. auch praktische Notwendigkeiten gemeinsamer Fort- und Weiterbildungen für Lehrpersonen und Schulassistent(inn)en umfassen.

- *Koordination schulinterner Unterstützung*
  Bedeutsam ist die Einbettung der Rolle von Schulassistent(inn)en als eine Unterstützungsrolle im Kontext einer Schule, die Inklusion als Aufgabe für die gesamte Schule versteht – nicht als Teilaufgabe einer Assistenzrolle. Hier kommt zum einen die anfänglich thematisierte Unterscheidung von Slee und Weiner (2011) zur Geltung (s. Kap. 1), die letztlich durch die Bereitschaft und Haltungen von Schulleitenden und aller Akteur(inn)en der jeweiligen Schule bedingt ist. Dies weist daraufhin, dass es eines schulinternen Koordinationssystems bedarf, um individuell ausgerichtete Unterstützungsangebote für die Schüler(innen) zu planen und zu realisieren; insbesondere bei Schüler(innen) mit erhöhtem Un-

terstützungsbedarf wird deutlich, dass ein professioneller Unterstützungskreis notwendig ist, in welchen Schulassistent(inn)en als eine assistierende Rolle integriert, aber nicht für die Koordination zuständig sind.

Literatur

Allan, Julie (2004): Deterritorializations: Putting postmodernism to work on teacher education and inclusion. In: Educational Philosophy and Theory, Jg. 36, H. 4, 417–432.

Allan, Julie (2012): Inclusion: Patterns and Possibilities. In: Zeitschrift für Inklusion Online, H. 4, http://www.inklusion-online.net/index.php/inklusion-online/article/view/31/31 (17.09.2015).

Ahrens, Daniela (2009): Der schulische Lernort: Zwischen institutioneller Entgrenzung und sozialer Verräumlichung. In: Böhme, Jeanette (Hrsg.): Schularchitektur im interdisziplinären Diskurs. Wiesbaden, 73–87.

Bauer, Ullrich/Bittlingmayer, Uwe H./Keller, Carsten/Schultheis, Franz (2014): Einleitung. Rezeption, Wirkung und (gegenseitige) Fehlwahrnehmung. In: Bauer, Ullrich/Bittlingmayer, Uwe H./Keller, Carsten/Schultheis, Franz (Hrsg.): Bourdieu und die Frankfurter Schule. Bielefeld, 7–29.

Bernasconi, Tobias/Böing, Ursula (2015): Pädagogik bei schwerer und mehrfacher Behinderung. Stuttgart.

Bernhard, Christian/Kraus, Katrin/Schreiber-Barsch, Silke/Stang, Richard (Hrsg.): Erwachsenenbildung und Raum. Theoretische Perspektiven – professionelles Handeln – Rahmungen des Lernens. Bielefeld.

Blömer-Hausmanns, Sibylle (2014): Integrationshilfe – eine Baustellenbesichtigung. In: Gemeinsam leben, Jg. 22, H. 4, 226–229.

Böhme, Jeanette (2009): Raumwissenschaftliche Schul- und Bildungsforschung. In: Böhme, Jeanette (Hrsg.): Schularchitektur im interdisziplinären Diskurs. Wiesbaden, 13–22.

Böing, Ursula (2014): Die soziale Situation blinder und sehbeeinträchtigter Schülerinnen und Schüler in inklusiven Settings. Anfragen an die Rolle der Integrationshilfe. In: Gemeinsam leben, Jg. 22, H. 4, 219–225.

Bourdieu, Pierre (1991): Physischer, sozialer und angeeigneter physischer Raum. In: Wentz, Martin (Hrsg.): Stadt-Räume. Frankfurt am Main/New York, 25–34.

Breidenstein, Georg (2004): KlassenRäume – eine Analyse räumlicher Bedingungen und Effekte des Schülerhandelns. In: ZBBS, Jg. 5, H. 1, 87–107.

Budde, Jörg/Rißler, Georg (2014). Topographie unterrichtsrelevanter Differenzkonstruktionen. In: Erziehung und Unterricht, 164. Jg., H. 3–4, 333–341.

Döring, Jörg/Thielmann, Tristan (2008): Spatial Turn. Das Raumparadigma in den Kultur- und Sozialwissenschaften. Bielefeld.

Dreier, Annette (2004): Raum als Dritter Erzieher. In: Lingenauber, Sabine (Hrsg.): Handlexikon der Reggio-Pädagogik. Bochum, 135–141.

Dworschak, Wolfgang (2013): Schulbegleiter, Integrationshelfer, Schulassistent? Begriffliche Klärung einer Maßnahme zur Integration in die Allgemeine Schule bzw. die Förderschule. In: Teilhabe Jg. 49, H. 3, 131–135.

Dworschak, Wolfgang (2012): Schulbegleitung an Förder- und Allgemeinen Schulen. Divergente Charakteristika einer Einzelfallmaßnahme im Förderschwerpunkt Geistige Entwicklung. In: Zeitschrift für Heilpädagogik, Jg. 63, 414–421.

Dworschak, Wolfgang (2010): Schulbegleitung/Schulassistenz. In: Ziemen, Kerstin (Hrsg.): Inklusion-Lexikon, Online-Lexikon, online verfügbar unter http://www.inklusion-lexikon.de/Schulbegleitung_Dworschak.pdf (17.09.2015).

Ferdigg, Rosa Anna (2014): Die Rolle der »IntegrationshelferInnen« in der inklusiven Bildung. Ein Plädoyer für die Stärkung und Professionalisierung der Teilhabeassistenz auf der Grundlage eines Praxisbeispiels aus Südtirol/Italien. In: Gemeinsam leben, Jg. 22, H. 4, 215–218.

Feuser, Georg (2013): Die »Kooperation am Gemeinsamen Gegenstand«. In: behinderte menschen, H. 3/2013, 16–35.

Feuser, Georg (2010): Integration und Inklusion als Möglichkeitsräume. In: Stein, Anne-Dore/Krach, Stefanie/Niediek, Imke (Hrsg.): Integration und Inklusion auf dem Weg ins Gemeinwesen. Bad Heilbrunn, 17–31.

Feuser, Georg (1995). Behinderte Kinder und Jugendliche – zwischen Integration und Aussonderung. Darmstadt.

Günzel, Stephan (2008): Spatial Turn – Topographical Turn – Topological Turn. Über die Unterschiede zwischen Raumparadigmen. In: Döring, Jörg/Thielmann, Tristan (Hrsg.): Spatial Turn. Das Raumparadigma in den Kultur- und Sozialwissenschaften. Bielefeld, 219–237.

Heinrich, Martin/Lübeck, Anika (2013): Hilflos häkelnde Helfer? Zur pädagogischen Rationalität von Integrationshelfer/inn/en im inklusiven Unterricht. In: bildungsforschung, Jg. 10, H. 1, 91–110.

Hemingway, Judy (2008): Taking place seriously: spatial challenges for sex and relationship education. In: Sex Education: Sexuality, Society and Learning, Jg. 8, H. 3, 249–261.

Kahlert, Joachim/Nitsche, Kai/Zierer, Klaus (Hrsg.) (2013): Räume zum Lernen und Lehren. Perspektiven einer zeitgemäßen Schulraumgestaltung. Bad Heilbrunn.

Kißgen, Rüdiger/Franke, Sebastian/Ladinig, Barbara/Mays, Daniel/Carlitschek, Jessica (2013): Schulbegleitung an Förderschulen in Nordrhein-Westfalen: Ausgangslage, Studienkonzeption und erste Ergebnisse. In: Empirische Sonderpädagogik, H. 5, 263–276.

Knuf, Oliver (2012): Von der Schulbegleitung zum Teilhabemanagement. In: Moser, Vera (Hrsg.): Die inklusive Schule. Standards für die Umsetzung. Stuttgart, 91–97.

Köpfer, Andreas (2014): Raum & Stigma – eine raumtheoretische Annäherung an die kritische Rolle von Integrationshelfer/innen in inklusiven Settings. In: VHN, Jg. 83, H. 4, 295–304.

Köpfer, Andreas (2013): Inclusion in Canada – Analyse inclusiver Unterrichtsprozesse, Unterstützungsstrukturen und Rollen am Beispiel kanadischer Schulen in den Provinzen New Brunswick, Prince Edward Island und Québec. Bad Heilbrunn.

Lefebvre, Henri (2006): Die Produktion des Raumes. In: Dünne, Jörg/Günzel, Stephan (Hrsg.): Raumtheorie. Grundlagentexte aus Philosophie und Kulturwissenschaften. Frankfurt am Main, 330–342.

Lindmeier, Bettina/Polleschner, Sandra (2014): Schulassistenz – ein Beitrag zu einer inklusiven Schule oder zur Verfestigung nicht inklusiver Schulstrukturen? In: Gemeinsam leben, Jg. 22, H. 4, 195–205.

Löw, Martina (2000): Raumsoziologie. Frankfurt am Main.

Löw, Martina (2006): Einführung in die Soziologie der Bildung und Erziehung. Opladen/Farmington Hills.

Lütje-Klose, Birgit/Urban, Melanie (2014): Kooperation als wesentliche Bedingung für inklusive Schul- und Unterrichtsentwicklung. In: VHN, 83. Jg., H. 2, 112–123.

Mecheril, Paul (2008). Diversity. Differenzordnungen und Modi ihrer Verknüpfung. Online verfügbar unter http://www.migration-boell.de/web/diversity/48_1761.asp (17.09.2015).

Mecheril, Paul/Plößer, Melanie (2009): Differenz. In: Andresen, Sabine/Casale Rita/Gabriel, Thomas/Horlacher, Rebekka/Larcher-Klee, Sabina/Oelkers, Jürgen (Hrsg.): Handwörterbuch Erziehungswissenschaft. Weinheim/Basel.

Nadig, Maya (2006): Das Konzept des Raums als methodischer Rahmen für dynamische Prozesse. In: Wohlfart, Ernestine/Zaumseil, Manfred (Hrsg.): Transkulturelle Psychiatrie – Interkulturelle Psychotherapie. Heidelberg, 67–80.

Nugel, Martin (2014): Erziehungswissenschaftliche Diskurse über Räume der Pädagogik. Wiesbaden.

Prammer-Semmler, Eva/Prammer, Wilfried (2014): Pädagogische Assistenz ist keine billige Lehrerarbeit! In: Gemeinsam leben, Jg. 22, H. 4, 206–214.

Redepenning, Marc (2008): Eine selbst erzeugte Überraschung: Zur Renaissance von *Raum* als Selbstbeschreibungsformel der Gesellschaft. In: Döring, Jörg/Thielmann, Tristan (Hrsg.): Spatial Turn. Das Raumparadigma in den Kultur- und Sozialwissenschaften. Bielefeld, 317–340.

Rödler, Peter (2001): Die Theorie des Sprachraums als methodische Grundlage der Arbeit mit ›schwerstbeeinträchtigten‹ Menschen. In: Röder, Peter/Berger, Ernst/Jantzen, Wolfgang (Hrsg.): Es gibt keinen Rest! – Basale Pädagogik für Menschen mit schwersten Beeinträchtigungen. Weinheim, 86–101.

Schönwiese, Volker (2001): Die Selbstbestimmt-Leben-Bewegung. Grundsätze und Hinweise zu ihrer Bedeutung für die Unterstützung von Menschen mit schwersten Beeinträchtigungen. In: Röder, Peter/Berger, Ernst/Jantzen, Wolfgang (Hrsg.): Es gibt keinen Rest! – Basale Pädagogik für Menschen mit schwersten Beeinträchtigungen. Weinheim, 26–39.

Schroer, Markus (2006): Auf dem Weg zu einer Soziologie des Raums. Frankfurt am Main.

Slee, Roger/Weiner, Gaby (2011): Education Reform and Reconstruction as a Challenge to Research Genres: Reconsidering School Effectiveness Research and Inclusive Schooling, School Effectiveness and School Improvement: An International Journal of Research, Policy and Practice, 12:1, 83–98.

Sturm, Tanja (2013). Lehrbuch: Heterogenität in der Schule. München u. a.

UN – United Nations (2006). UN-Convention on the Rights of Persons with Disabilities. Online verfügbar unter http://www.un.org/disabilities/convention/conventionfull.shtml (20.09.2015).

Werning, Rolf (2014). Stichwort: Schulische Inklusion. In: Zeitschrift für Erziehungswissenschaft, 17(4), 601–623.

Gwendolin Bartz

Schwere Behinderung und Schule. Die neue Ausbildungsordnung für sonderpädagogische Förderung – Facetten einer nicht ausgrenzenden Pädagogik?

1 Einleitung

Der folgende Beitrag widmet sich Facetten einer nicht ausgrenzenden Pädagogik im Hinblick auf schwere Behinderung und Inklusion[1] im schulischen Kontext. Genauer geht es um die Frage, ob und wie ›schwere Behinderung‹ in der neuen Ausbildungsordnung sonderpädagogische Förderung für Nordrhein-Westfalen (AO-SF, NRW) berücksichtigt wird und was dies für die inklusive Beschulung dieser Schüler(innen) bedeutet. Ausgehend von der UN-BRK und deren Umsetzung für das Schulsystem (in NRW) soll geschaut werden, wie die menschenrechtliche Argumentation (vgl. Klemm/Preuss-Lausitz 2011, 14; Degener 2009) der UN-BRK im Schulgesetz und der AO-SF schulrechtlich reflektiert wird. Des Weiteren wird anhand einer kleinen Interviewstudie mit fünf Befragten geschaut, wie die dort enthaltenen schulrechtlichen Vorgaben pädagogisch-praktisch umgesetzt werden und ob hier von einer nicht ausgrenzenden, sprich einer inklusiven Pädagogik gesprochen werden kann. Aus der Praxisperspektive heraus werden weiterführende Fragen formuliert.

2 Die Entwicklung der Beschulung von Menschen mit Behinderung in Deutschland

An dieser Stelle wird davon ausgegangen, dass durch die UN-BRK ein (menschen-)rechtlicher Rahmen (Degener 2009) festgelegt wurde, der in den einzelnen Bundesländern schulrechtlich umgesetzt werden muss (vgl. bspw. Ahrbeck 2014, 8). Zeichnet man historisch die Beschulung von Kindern und Jugendlichen mit schwerer Behinderung nach, stellt Ellger-Rüttgardt fest: »Ein Rückblick auf die über 200-jährige Geschichte der schulischen Behindertenpädagogik zeigt, dass es ein langer Prozess

---

1 Kontroversen um Inklusion werden hier nur aufgeführt, sofern sie für die Schulthematik relevant sind (vgl. bspw. Ahrbeck 2014; Bonfranchi 2011; Dederich 2013; Hinz 2011; Jantzen 2012). So unterscheidet beispielsweise Dederich (2013) die »radikal-innovativen, idealistischen Inklusionisten« und die »struktur-konservativen, pragmatischen Integrationisten« und geht ethischen Fragen zur Inklusion nach. Jantzen (2012) zeigt Kritisches innerhalb der Diskussion um die »Heilige Inklusion« auf, Ahrbeck beschäftigt sich mit Fragen der Inklusion im schulischen Kontext und ganz weitere Autoren rufen eine Krise der Sonderpädagogik im Zuge der Inklusion aus (vgl. Frühauf 2011; Rohrmann 2011).

war, bis schließlich allen behinderten Kindern und Jugendlichen in Deutschland Bildungsfähigkeit zuerkannt und diese institutionell verankert wurde« (2011, 173). Heinen und Lamers beschreiben »die schulische Bildung von Menschen mit schwerer und mehrfacher Behinderung [...] als ein[en] bis heute andauernder[n] Inklusionsprozess« (Lamers/Heinen 2011, 319). Historisch betrachtet kann tatsächlich im Nachkriegsdeutschland von einer zunehmenden Integration schwer behinderter Menschen gesprochen werden. Gefragt werden muss jedoch, ob die aktuelle AO-SF schwerbehinderte Schüler(innen) tatsächlich inkludiert.

Nachdem die »Bildbarkeit Behinderter« im 18. Jahrhundert durch damalige Pädagogen entdeckt wurde (vgl. Ellger-Rüttgardt/Tenorth 1998), entwickelte sich über zwei Jahrhunderte ein zunehmend ausdifferenzierteres Sonderschulwesen. Dabei muss konstatiert werden, dass Inklusions- aber auch Exklusionstendenzen fortwährend bestanden. Mit Gründung der ersten Hilfsschulen und damit einer Anerkennung von Bildungsfähigkeit behinderter Menschen entstanden Fragen, für wen diese Schulen bestimmt sind und damit Fragen nach Ein – und Ausschlusskriterien. Diese Wechselwirkungen und -mechanismen von Ein- und Ausschluss scheinen beständiger Begleiter der Schulentwicklung zu sein. Galten die Hilfsschulen als »Sammelbecken für die unterschiedlichsten Arten von Schulversagern« (Ellger-Rüttgardt 2011, 171) und wurde dies von einigen kritisiert, so war diese Funktion gleichzeitig gesellschaftlich, politisch und pädagogisch gewollt und anerkannt (vgl. ebd.). Es war, so Ellger-Rüttgardt, »ein langer Prozess bis schließlich *allen behinderten* Kindern und Jugendlichen in Deutschland Bildungsfähigkeit zuerkannt und diese institutionell verankert wurde« (ebd., Hervorhebung durch G. B.). Es sei an dieser Stelle darauf hingewiesen, dass mit der Anerkennung der Bildungsfähigkeit noch nichts über Inklusion gesagt ist. Das (Förder-)Schulsystem in Deutschland entwickelte sich zunächst ausdifferenziert und separierend.

Im schulischen Kontext fand der Begriff der ›schwersten Behinderung‹ 1978 durch die Bundesvereinigung Lebenshilfe Eingang in den Diskurs (vgl. Heinen/Lamers 2001, 19). Die Lebenshilfe hatte zunächst zwar mit anderen Beteiligten Mindestvoraussetzungen für den Schulbesuch formuliert (Bundesvereinigung Lebenshilfe 1983, C1, C3 vgl. Heinen/Lamers 2001, 19; Feuser 2009), revidierte dies aber und nahm dann zur »Pädagogischen Förderung schwer geistig Behinderter» (Bundesvereinigung Lebenshilfe 1983, E4) Stellung. Am 9.2.1979 gab es einen Beschluss der Kultusministerkonferenz, dass »grundsätzlich *jeder* geistig Behinderte unabhängig von Art und Schwere seiner Behinderung in pädagogische Maßnahmen einzubeziehen [ist].« (zit. n. Fornefeld 1998, 15, Hervorhebung i. O.) Damit wurde die Entwicklung zur Beschulung aller behinderter Kinder und Jugendlicher vorangetrieben (vgl. Heinen/Lamers 2001, 19). Und es ist, so Lamers und Heinen an anderer Stelle, »[...] davon auszugehen, dass in Zukunft bei der Entscheidung für eine bestimmte Schulform auch für schwer- und mehrfachbehinderte Kinder und Jugendliche die

›Regelschule‹ eine mögliche Option darstellt.« (Lamers/Heinen 2011, 321). Mit der UN-BRK ist jedoch nicht nur davon auszugehen, sondern es besteht ein eindeutig formulierter Rechtsanspruch auf diese Option.

Es darf zumindest kritisch hinterfragt werden, ob dies unter Rückgriff auf die aktuelle AO-SF schulrechtlich und pädagogisch-praktisch tatsächlich so gehandhabt werden kann. Laut Heinen und Lamers »existieren bis heute keine objektiven Kriterien, anhand derer entschieden wird, welche Schulform Schülerinnen und Schüler mit schwerer und mehrfacher Behinderung besuchen sollen« (ebd., 319 f.).[2] Dies beschreibt auch Franz, indem er »Grenzgänger« zwischen den Schulen beschreibt und sich fragt, ob die Förderschule mit dem Förderschwerpunkt geistige Entwicklung ein Ort für diese Kinder und Jugendlichen ist (vgl. Franz 2008).

Auch in der qualitativen Untersuchung von Schulz konnte gezeigt werden, dass sich die Schülerschaft an Förderschulen mit dem Förderschwerpunkt geistige Entwicklung in der Wahrnehmung vieler Lehrkräfte wandelt und eine Zunahme verhaltensauffälliger Schüler(innen) verzeichnet wird (vgl. Schulz 2011). Dies sind Schüler(innen), die – so die befragten Lehrkräfte – bis dato nicht originär zur Schülerschaft der Förderschulen für geistige Entwicklung gehörten. Das heißt, dass die Förderschulen mit dem Förderschwerpunkt geistige Entwicklung von den Befragten auch als eine Art Sammelbecken für alle möglichen Schüler(innen) angesehen werden, die an anderen Schulformen nicht mehr beschult werden. Die Tendenz eine Restschule oder ein Sammelbecken zu werden, wurde schon früher für Förderschulen allgemein festgestellt (Ellger-Rüttgardt 2011, 171). Wenn also zum einen die Kriterien fehlen, nach denen Schüler(innen) für Schulformen ausgewählt werden, und zum anderen Förderschulen insgesamt und gerade einige davon im besonderen Maße als Sammelbecken gelten, muss auch mittels der AO-SF geschaut werden, wie diese Tendenzen verändert werden können.

3 Die UN-BRK und rechtliche Veränderungen

Mit der Ratifizierung der UN-BRK hat Deutschland sich verpflichtet, ein inklusives Bildungssystem für alle Kinder und Jugendlichen zu schaffen. Die konkrete Umsetzung für den Bildungsbereich obliegt den einzelnen Bundesländern. In NRW wurde die alte Verordnung über die sonderpädagogische Förderung (VO-SF) im Jahr 2005 in die Ausbildungsordnung sonderpädagogische Förderung (AO-SF) umgewandelt. Diese AO-SF wurde seither mehrmals verändert. In der Version von 2005 wurde im Paragraphen 10 getrennt von anderen Behinderungen »schwerste Behinderung« definiert.

---

2 »Die Vorstellung, man könne Kindern und ihren Bildungsbedarf an einem eindeutigen Merkmal einer Beeinträchtigung festmachen, hat sich weitgehend als Fiktion erwiesen.« (Lamers/Heinen 2011, 320)

»§ 10 Schwerstbehinderung (1) Als schwerstbehindert gelten Schülerinnen und Schüler, a) deren geistige Behinderung, Körperbehinderung oder Erziehungsschwierigkeit erheblich über die üblichen Erscheinungsformen hinausgeht oder b) bei denen zwei oder mehr der Behinderungen Blindheit, Gehörlosigkeit, anhaltend hochgradige Erziehungsschwierigkeit, geistige Behinderung und hochgradige Körperbehinderung vorliegen.« (Verband Bildung und Erziehung[3])

Die Festlegung, was aus schulischer Perspektive als »schwerste Behinderung« gilt, wurde nun in der neuen AO-SF (29. September 2014) nicht mehr aufgenommen.

»Weder Schule noch Schulaufsicht haben die Aufgabe, eine Behinderung nach medizinischen Maßstäben oder auf der Grundlage der Sozialgesetzgebung festzustellen. Vielmehr geht es allein um das pädagogische Urteil darüber, ob Behinderungen einen Bedarf an sonderpädagogischer Unterstützung begründen. Nicht jede Behinderung löst zwingend einen Bedarf an sonderpädagogischer Unterstützung aus. Das gilt bereits für das geltende Recht (§ 4 AO-SF); Änderungen sind nicht beabsichtigt.« (Ministerium für Schule und Weiterbildung (MSW) NRW 2014, 4)

In der Begründung für die Änderung heißt es weiter:

»Aus systematischen Gründen – Schwerstbehinderungen sind keine eigenständigen Behinderungen im Sinne der §§ 3 bis 7 – wird der bisherige § 10 in die Vorschriften für das Verfahren (2. Abschnitt ab § 9) verlagert. Zu § 14 Absatz 3 Diese neue Vorschrift soll gewährleisten, dass die unteren Schulaufsichtsbehörden nach vergleichbaren Maßstäben entscheiden. Der Landesrechnungshof hat im Rahmen seiner Prüfung des Schulbetriebs an öffentlichen Förderschulen kritisiert, Anträgen auf Zuordnung zur Gruppe der Schwerstbehinderten sei regelmäßig entsprochen worden. Die Begründungen seien häufig objektiv nicht nachvollziehbar gewesen.« (MSW NRW 2014, 10)[4]

Laut den Erläuterungen wird das Thema Schwerbehinderung nun nicht mehr inhaltlich gefüllt. Es wird stattdessen auf einer verfahrenstechnischen Ebene im Paragraphen 15 zur »Intensivpädagogischen Betreuung« beachtet. In einer synoptischen Darstellung zur Änderung des Schulgesetzes heißt es:

»Eine inklusive Schule ist eine allgemeine Schule mit den personellen und sächlichen Voraussetzungen für die sonderpädagogische Unterstützung der Schülerinnen und Schüler. Hieran zeigt sich das gewandelte Verständnis der sonderpädagogischen Förderung: Nicht die Schülerin oder der Schüler muss sich an das Bildungsangebot der Schule anpassen, sondern umgekehrt diese an die Bedürfnisse der Schülerin oder des Schülers.
Einer Behinderung folgt nicht in jedem Fall ein umfassender Bedarf an sonderpädagogischer Unterstützung. Sie kann aber rechtfertigen, dass im Einzelfall von Bestimmungen der Ausbildungs- und Prüfungsordnungen abgewichen wird (zum Beispiel in der Sekundarstufe I nach § 9 Absatz 1 APO-S I – BASS 13–21 Nr. 1.1). Nur wer aufgrund einer

---

3   Die alte Fassung der AO-SF ist auf den Seiten des MSW NRW nicht mehr zu finden. Eine Synopse der alten und neuen Fassung findet sich auf den Internetseiten des VBE, daher wird hier darauf verwiesen.

4   Hierzu ist mit Klemm und Preuss-Lausitz festzustellen, dass die Förderquoten in den einzelnen Bundesländern sehr unterschiedlich sind und auch je nach Kreis und Stadt stark divergieren (vgl. Klemm, Preuss-Lausitz 2011, 57 ff.), vgl. auch Schnell (2011, 295 ff.).

Behinderung besondere Unterstützung benötigt, um in der Schule erfolgreich mitarbeiten zu können, wird sonderpädagogisch gefördert. Anders als das geltende Recht verzichtet die Neufassung darauf, die Behinderungen mit Attributen (›körperlich‹, ›seelisch‹, ›geistig‹) zu beschreiben. Diese könnten den Eindruck erwecken, dem Gesetzentwurf liege ein überwundener Behinderungsbegriff zugrunde, der den Aspekt der auf das Umfeld bezogenen Barrieren noch nicht aufnehme.« (MSW NRW o. J.; a, 8)

Mit der Feststellung was eine inklusive Schule ist und dem Statement, dass nicht die Schüler(innen) der Schule anzupassen sind, sondern die Schulen einen inklusiven Bildungs- und Erziehungsauftrag haben, wird zugleich eine Forderung an die Lehrkräfte und Schulleitungen laut, die deutlich macht, dass die Praxis der Gutachtenerstellung im Rahmen der AO-SF den Veränderungen im Zuge der UN-BRK und den damit verbundenen Veränderungen der Schullandschaft Rechnung tragen muss.

Die abgeänderte AO-SF und die damit einhergehenden Neuerungen in der Gutachtenerstellung haben Auswirkungen auf die Schullandschaft, die Schülerschaft, Ressourcen für sonderpädagogische Förderung und die pädagogische Praxis. Die Frage ist, ob dies Entwicklungen im Sinne der Inklusion sind oder nicht.

Um das Thema Schwerbehinderung zu berücksichtigen, sieht die AO-SF nun den Paragraphen 15 vor, der eine »Intensivpädagogische Förderung[5] bei Schwerstbehinderung« (MSW 2014b) festhält:

»(1) Geht bei einem Schüler oder einer Schülerin der Bedarf an sonderpädagogischer Unterstützung in den Förderschwerpunkten Geistige Entwicklung, Körperliche und motorische Entwicklung, Emotionale und soziale Entwicklung, Sehen oder Hören und Kommunikation erheblich über das übliche Maß hinaus, so entscheidet die Schulaufsichtsbehörde über eine intensivpädagogische Förderung.« (MSW o. J.; a)

An dieser Stelle muss eine grundsätzliche Überlegung formuliert werden. Der Gesetzgeber formuliert im SGB IX, § 2, Absatz 2, dass Menschen schwerbehindert sind, »wenn bei ihnen ein Grad der Behinderung von mindestens 50 vorliegt.« (Bundesministerium für Arbeit und Soziales 2001). Fornefeld definiert schwere Behinderung als »in der Regel eine Mehrfachbehinderung, die aus einer Verbindung von zwei oder mehr Behinderungen besteht [...], wobei der Ausprägungsgrad der einzelnen Behinderungen immer gravierend ist« (2000, 70). Schulrechtlich gesehen sind beide Begriffe irrelevant, dennoch wird in Anmerkungen zum Schulgesetz auf sie Bezug genommen. Und es bleibt zu fragen, welcher Begriff der Schwerbehinderung schulrechtlich genutzt wird und welche Idee von Schwerbehinderung im MSW existiert, wo der Begriff in der AO-SF dann im Paragraphen 15 doch noch genutzt wird.

---

5 Intensivpädagogik ist ein Begriff, der ursprünglich aus der sogenannten Verhaltensgestörtenpädagogik kommt und vor allem auch im außerschulischen pädagogischen Kontext vorkommt und dort sozialpädagogische Maßnahmen umfasst, die sich auf Kinder und Jugendlichen Kinder und Heranwachsende mit »hochkomplexen störenden Verhaltensweisen, bei denen andere erzieherische Interventionen gescheitert oder vom Scheitern bedroht sind.« (Fliedner Fachhochschule Düsseldorf o. J., 4)

In dem neuen Paragraphen 15 taucht das Wort Schwerstbehinderung zwar nur noch in der Überschrift des Paragraphen auf, der Duktus des Paragraphen bleibt jedoch im Vergleich zum alten Paragraphen 10 ähnlich und es werden lediglich die Behinderungen gegen die entsprechenden Förderschwerpunkte ausgetauscht. In beiden Paragraphen wird konstatiert, dass im alten Verfahren die Behinderungen »erheblich über die üblichen Erscheinungsformen hinausgehen« (§ 10) und in der neuen AO-SF (§ 15) »der Bedarf an sonderpädagogischer Unterstützung« (MSW o. J.; a) erheblich über das übliche Maß hinausgeht. Damit sind die Formulierungen offenkundig sehr ähnlich. Der wesentliche Unterschied besteht darin, dass auf einen »überwundenen Behinderungsbegriff« (MSW NRW o. J.; a, 8) verzichtet wurde, um nicht den »Eindruck zu erwecken« (ebd.), längst verlassene Pfade« wieder zu beschreiten. Dieses Bestreben ist grundsätzlich zu begrüßen. Die sprachliche Umsetzung hingegen führt in der Praxis erneut zu Dilemmata. So ist früher über die Behinderung des Schülers ein erhöhter Bedarf sonderpädagogischer Förderung angemeldet worden und nun wird über den erhöhten Bedarf sonderpädagogischer Unterstützung eine intensivpädagogische Förderung begründet. Es kann bezweifelt werden, ob damit tatsächlich – wie intendiert – das Etikettierungs-Ressourcen-Dilemma überwunden ist. Die bekundete Absicht, dem inklusiven Gedanken zu folgen, indem nicht mehr auf Behinderungen rekurriert wird und Schwerbehinderungen aus systematischen Gründen keine eigenständige Berücksichtigung mehr finden und lediglich in einer Überschrift noch auftauchen, ist aus einer inklusiven Perspektive nicht stringent verfolgt worden. Wird so doch zumindest für einen Teil der Schülerschaft, deren Bedarf erheblich über das übliche Maß hinausgeht, eine intensivpädagogische Unterstützung vorgesehen und damit eine pädagogische Unterstützung an eine Etikettierung geknüpft.

Was also bedeutet es für Schüler(innen) bzw. die Schulen, wenn für sie eine »Intensivpädagogische Förderung bei Schwerstbehinderung« beantragt wird, wo es doch gleichzeitig schulrechtlich gesehen Schwerbehinderung als eigenständige Behinderung nicht mehr gibt? Praktiker werden so vor die Frage gestellt, wie etwas benannt werden soll, wo es doch eigentlich nicht mehr existiert. Hier taucht erneut und wie in anderen Kontexten auch die Frage nach Begrifflichkeiten auf, die Wirklichkeiten generieren.

Selbst wenn man mit Klemm und Preuss-Lausitz davon ausgeht, dass für circa 85 % aller behinderten Kinder und Jugendlichen eine inklusive Schule möglich ist (vgl. 2011, 5), bleibt die Frage »was geschieht mit dem Rest?« (Fornefeld 2007; vgl. Dederich 2013). Was geschieht dann mit den Kindern und Jugendlichen, die intensivpädagogisch zu fördern sind? Markieren sie, die nun doch wieder »Schwerbehinderten«, den Rest? Sind sie die 15 %, die an Förderschulen verbleiben?

Diese Umsetzung der UN-BRK im Schulgesetz in Bezug auf ›Schwerbehinderung‹ ist offenkundig problematisch, da Lehrkräfte auf einer konkret-handelnden Ebene schulrechtlich korrekt agierend, Gutachten erstellen müssen, und gleichzeitig eben nicht eindeutig geklärt ist, was Inklusion für die Schülerschaft und Schullandschaft bedeutet. Davon werden dann doch Fragen berührt, die in der wissenschaftlichen und pädagogischen Diskussion immer wieder gestellt werden, beispielsweise Fragen zur Gerechtigkeit, Teilbarkeit, Umsetzbarkeit, Fragen zur Diagnostik und zu Begrifflichkeiten im Zuge der Inklusion.

Offenkundig werden so nicht alle Kinder und Jugendliche bei einer inklusiven Beschulung berücksichtigt. Zwar betonen Klemm und Preuss-Lausitz, dass

»eine *grundsätzliche*, auf eine Behinderung oder Störung bezogene Unmöglichkeit integrativer Unterrichtung [...] zwar oft vermutet [wird], [...] aber durch die internationale wie durch die bundesweite Praxis nicht belegt werden [kann] und [...] durch zahlreiche erfolgreiche Praxisbeispiele eher widerlegt [wird].« (2011, 46, Hervorhebung im Original)

Andere Studien widersprechen dieser Einschätzung (vgl. Lelgemann et al. 2012; Dworschak et al. 2012) und Bernasconi und Böing fassen zusammen: »An den Förderschulen verbleiben in erhöhtem Maße die Schülerinnen und Schüler mit höherem Pflegebedarf, mit höherer intellektueller Beeinträchtigung, mit zusätzlichen Behinderungen und mit sogenannten auffälligen Verhaltensweisen« (Bernasconi/Böing 2015).

Im Bericht zur Diskriminierung im vorschulischen und schulischen Bereich wird festgestellt:

»Für Schüler_innen mit dem Förderschwerpunkt geistige Entwicklung ist demnach der in der UN-Konvention für Menschen mit Behinderung formulierte Anspruch auf inklusive Bildung bislang kaum umgesetzt, wohingegen Kinder und Jugendliche, die mit einem sonderpädagogischen Förderschwerpunkt in den Bereichen Sprache oder sozial-emotionale Entwicklung etikettiert worden sind, deutlich häufiger allgemeine Schulen besuchen. Dieser durch die statistischen Zahlen eindeutig belegte Zustand scheint auch strukturell intendiert. So lässt sich in den bildungspolitischen Debatten um schulische Inklusion eine klare Fokussierung auf die Förderschwerpunkte Lernen, Sprache und Verhalten identifizieren – bei deutlicher Vernachlässigung von Kindern und Jugendlichen mit Beeinträchtigungen der geistigen Entwicklung und schwersten Behinderungen. Dies hat eine doppelte Diskriminierung dieser Schüler_innengruppen zur Folge.« (Jennessen/Kastirke/Kotthaus 2013, 46)

4 Eigene Befragung

Es scheint so, als ob durch die neue AO-SF entgegen der bekundeten Absicht, die beschriebene doppelte Diskriminierung tatsächlich stattfindet. Dies ergab unter anderem die oben bereits kurz erwähnte qualitative Befragung mit Prestudiencharakter von fünf Lehrkräften. Unter Beachtung von Standards der qualitativen Forschung (vgl. Lamnek 2005; Mayring 2002; Flick/von Kardorff/Steinke 2005) wurde eine heterogene Stichprobe ermittelt, die Interviews dauerten ca. eine halbe Stunde und wurden mittels eines Leitfadens geführt. Die befragten Förderlehrkräfte unterrichten an Förderschulen mit dem Förderschwerpunkt Lernen, Geistige Entwicklung, Emotionale Entwicklung und im gemeinsamen Unterricht. Ziel dieser Befragungen war es, einen ersten Abgleich zwischen Theorie, Recht und Praxis zu erzielen und zu erfragen, wie aktuell mit der neuen AO-SF verfahren wird, welche Erfahrungen gemacht werden, welche Fragen sich auftun und was zukünftig aus der Praxis heraus und für die Praxis hilfreich sein könnte. Die Befragten konnten bei allen Interviews eigene Schwerpunkte setzen und Aspekte ergänzen, die ihnen im Sachzusammenhang wichtig waren. Die Auswertung erfolgte anhand der geführten Gesprächsprotokolle, indem die Antworten geclustert wurden. Daraus ergeben sich erste Hinweise, in welche Richtung zukünftige Forschungsvorhaben gehen könnten.[6] Die soeben erwähnte doppelte Diskriminierung erfolgt zum einen, weil intensivpädagogische Förderung in aller Regel, so die interviewten Praktiker nur dann beantragt wird, wenn das Kind nicht im inklusiven Setting beschult wird. Zum anderen, weil die bereit gestellten Ressourcen im inklusiven Unterricht als so schwierig angesehen werden, dass Kindern, für die der Paragraph 15 infrage kommt, eher in den Förderschulen verbleiben.

Die Befragten gaben an, dass die formalen Vorgaben der AO-SF klar seien und insbesondere die Beratung der Eltern hinsichtlich der inklusiven Beschulung nun eine zentrale Stellung einnehme. Jenseits dieser rechtlichen Vorgaben, gelte es jedoch zu prüfen, ob und inwieweit die personellen, pädagogischen und materiellen Ressourcen an der infrage kommenden Schule geeignet seien, die Schüler(innen) auch aufzunehmen. Gerade in Bezug auf Ressourcen würden die Vorgaben mit den pädagogischen Vorstellungen kollidieren.

Wenn man sich an den Untertitel der Tagung »schwere Behinderung und Inklusion« erinnert, wird deutlich, dass, um »Facetten einer nicht ausgrenzenden Pädagogik« zu erreichen, mehr geschehen muss, als Rechtsverordnungen neue Formulierungen zu geben. In der Praxis, so ein Interviewpartner, zeige sich Handlungs- bzw. Gesprächsbedarf an vielen Stellen. Etwa in der Kooperation zwischen Pädagog(inn)en, in pädagogischen Haltungen und Menschenbildern, in den pädagogischen Konzepten und Handlungskompetenzen und auch in materiellen Ressourcen.

Des Weiteren äußerten die Interviewten die Vermutung, dass lediglich für die Schüler(innen) die Beschulung im inklusiven Setting vorgeschlagen würde, für die der Paragraph 15 ohnehin keine Rolle spiele. Dies seien am ehesten »die Angepassten«. Umgekehrt verblieben an den Förderschulen Schüler(innen), die »im Gros kompliziertere Störungsbilder aufweis[en]«. Auch wenn grundsätzlich »den Eltern eine allgemeine Schule als Lernort für ihr Kind« (MSW o. J.; b) vorgeschlagen werden muss. Fraglich ist, ob dies in der Praxis tatsächlich so geschieht. Hierzu äußerten sich die Befragten skeptisch.

---

6 Es sei an dieser Stelle allen Befragten herzlich gedankt.

Die Lehrkräfte sprachen ihr persönliches Dilemma an, wonach die persönliche Unterstützung einer integrativen beziehungsweise inklusiven Idee, in der Praxis mit den pädagogischen Vorstellungen, was für die einzelnen Schüler(innen) am besten sei, kollidierten. Hier würde durch die neue AO-SF keine Entschärfung stattfinden und jeder einzelne Pädagoge sei nach wie vor besonders gefordert, das »Richtige« zu tun. In der Literatur wird jedoch auch bemerkt, dass sich die Situation an den Regelschulen verbessere, wobei hier deutlich regional Unterschiede bemerkt werden (vgl. auch Klemm/Preuss-Lausitz 2011; Ahrbeck 2014). Insgesamt ergeben sich durch die Aussagen Hinweise darauf, dass eine von diesen Befragten grundsätzlich respektierte Idee der Inklusion, in der Praxis noch viele Fragen aufwirft und sofern »Aspekte einer nicht ausgrenzenden Pädagogik« durchschimmern, diese noch keinen systematischen Charakter haben und allenfalls dem Engagement, der Planung und Umsetzung einzelner geschuldet sind.

5 Schluss

Legt man die Äußerungen des MSW NRW zugrunde, war mit der Veränderung des Schulgesetzes wohl mehr beabsichtigt als das, was aktuell in der Praxis anhand der AO-SF umgesetzt werden kann (vgl. (MSW NRW o. J.; a, 8). Hier gilt es, die menschenrechtliche Komponente der UN-BRK und die schulrechtliche Umsetzung in die Praxis zu überführen, damit eine nicht ausgrenzende Pädagogik auch tatsächlich möglich wird. Um es mit den Worten eines Befragten zugespitzt zu sagen: »Ich hätte nicht gedacht, dass man eine Idee so schlecht umsetzen kann.« Offenkundig gibt es in Bezug auf die AO-SF und damit die schulrechtliche Umsetzung der inklusiven Idee noch Handlungsbedarf, damit das was menschenrechtlich niedergelegt wurde, auch auf formaler Ebene und in den Schulen ankommt.

Literatur

Ahrbeck, Bernd (2014): Inklusion. Eine Kritik. Stuttgart.
Bernasconi, Tobias/Böing, Ursula (2015): Einführungsvortrag zur Tagung »Schwere Behinderung und Inklusion«. Dortmund, 20.06.2015.
Bonfranchi, Riccardo (2011): Die unreflektierte Integration von Kindern mit geistiger Behinderung verletzt ihre Würde. In: Teilhabe, 50, 2, 90–91.
Bundesministerium für Arbeit und Soziales (2001): Sozialgesetzbuch IX – Rehabilitation und Teilhabe behinderter Menschen. http://www.gesetze-im-internet.de/sgb_9/index.html (10.09.2015).
Bundesvereinigung Lebenshilfe für geistig Behinderte (1983) (Hrsg.): Frühförderung, Kindergarten, Schule. Empfehlungen des Pädagogischen Ausschusses der Bundesvereinigung Lebenshilfe.
Bundesregierung Deutschland (2008): Gesetz zu dem Übereinkommen der Vereinten Nationen vom 13. Dezember 2006 über die Rechte von Menschen mit Behinderungen

sowie zu dem Fakultativprotokoll vom 13. Dezember 2006 zum Übereinkommen der Vereinten Nationen über die Rechte von Menschen mit Behinderungen. Bundesgesetzblatt Jahrgang 2008 Teil II Nr. 35, ausgegeben zu Bonn am 31. Dezember 2008. http://www.bgbl.de/xaver/bgbl/start.xav?startbk=Bundesanzeiger_BGBl&start=//*[@attr_id=%2527bgbl208s1419.pdf%2527]#__bgbl__%2F%2F*[%40attr_id%3D%27bgbl208s1419.pdf%27]__1442224555942 (05.09.2015).

Dederich, Markus (2013): Inklusion und das Verschwinden der Menschen. Über Grenzen der Gerechtigkeit. In: Behinderte Menschen, 33–42. http://austria-forum.org/af/Wissenssammlungen/Essays/Menschen_mit_Behinderung/2013_Dederich_Inklusion_und_Verschwinden (08.09.2015).

Degener, Theresia (2009): Menschenrechte und Behinderung. In: Dederich, Markus/Jantzen, Wolfgang (Hrsg.): Behinderung und Anerkennung. Bd. 2. Stuttgart, 160–169.

Dworschak, Wolfgang/Kannewischer, Sybille/Ratz, Christoph/Wagner, Michael (Hrsg.) (2012): Schülerschaft mit dem Förderschwerpunkt geistige Entwicklung (SFGE). Eine empirische Studie. Oberhausen.

Ellger-Rüttgardt, Sieglind Luise (2011): Geschichte der schulischen Behindertenpädagogik. In: Kaiser, Astrid/Schmetz, Ditmar/Wachtel, Peter/Werner, Birgit (Hrsg.): Didaktik und Unterricht. Bd. 4. Stuttgart, 169–174.

Ellger-Rüttgardt, Sieglind Luise/Tenorth, Heinz-Elmar (1998): Die Erweiterung von Idee und Praxis der Bildsamkeit durch die Entdeckung der Bildbarkeit Behinderter – Anmerkungen zu einem Forschungsprojekt. In: Zeitschrift für Heilpädagogik 49, 438–441.

Feuser, Georg (2009): Naturalistische Dogmen: Unerziehbarkeit, Unverständlichkeit, Bildungsunfähigkeit. In: Dederich, Markus/Jantzen, Wolfgang (Hrsg.): Behinderung und Anerkennung. Bd. 2. Stuttgart, 233–239.

Flick, Uwe/von Kardorff, Ernst/Steinke, Ines (2005): Qualitative Forschung. Ein Handbuch. Reinbek bei Hamburg.

Fliedner Fachhochschule Düsseldorf (o. J.): Flyer Master Intensivpädagogik. http://www.fliedner-fachhochschule.de/wp-content/uploads/2015/04/Flyer_Intensivpa ed_3.pdf (10.09.2015).

Fornefeld, Barbara (1998): Das schwerstbehinderte Kind und seine Erziehung. Heidelberg.

Fornefeld, Barbara (2000): Einführung in die Geistigbehindertenpädagogik. München.

Fornefeld, Barbara (2007): Was geschieht mit dem Rest? Anfragen an die Behindertenpolitik – Teil 1 und 2. Frankfurt am Main 39–53 und 75–85.

Franz, Michael Jürgen (2008): Die Förderschule mit dem Schwerpunkt »Geistige Entwicklung« – ein Förderort für »Grenzgänger«? In: Sonderpädagogische Förderung heute, 2, 162–178.

Frühauf, Theo (2011): Inklusion: Krise der Behindertenpädagogik positiv wenden. In: Teilhabe 50, 3, 98–99.

Heinen, Norbert/Lamers, Wolfgang (2001): Wanderung durch die schwerstbehindertenpädagogische Landschaft. In: Fröhlich, Andreas/Heinen, Norbert/Lamers, Wolfgang (Hrsg.): Schwere Behinderung in Theorie und Praxis – ein Blick zurück nach vorn. Texte zur Köper- und Mehrfachbehindertenpädagogik. Düsseldorf, 13–47.

Hinz, Andreas (2011): Unbelegte Behauptungen und uralte Klischees – oder: Krisensymptome der Heilpädagogik? In: Teilhabe, 50, 3, 119–122.

Jennessen, Sven/Kastirke, Nicole/Kotthaus, Jochem (2013): Diskriminierung im vorschulischen und schulischen Bereich. Eine sozial- und erziehungswissenschaftliche Bestandsaufnahme Expertise im Auftrag der Antidiskriminierungsstelle des Bundes. http://www.antidiskriminierungsstelle.de/SharedDocs/Downloads/DE/publikationen/Expertisen/Expertise_Diskriminierung_im_vorschulischen_und_schulischen_Bereich.pdf;jsessionid=034A2E932FF4C57C48EEBFBCF56EDF27.2_cid332?__blob=publicationFile (10.09.2015).

Jantzen, Wolfgang (2012): Behindertenpädagogik in Zeiten der Heiligen Inklusion. In: Behindertenpädagogik, 35–53.

Klemm, Klaus/Preuss-Lausitz, Uwe (2011): Auf dem Weg zur schulischen Inklusion in Nordrhein-Westfalen. Empfehlungen zur Umsetzung der UN Behindertenrechtskonvention im Bereich der allgemeinen Schulen. http://www.dgfe.de/fileadmin/OrdnerRedakteure/Sektionen/Sek06_SondPaed/Studie_Klemm_Preuss-Lausitz_NRW_Inklusionskonzept _2011.pdf (04.09.2015).

Lamers, Wolfgang/Heinen, Norbert (2011): Bildung für alle – Menschen mit schwerer und mehrfacher Behinderung im Spannungsfeld von Inklusion und Exklusion. In: Fröhlich, Andreas/Heinen, Norbert/Klauß, Theo/Lamers, Wolfgang: Schwere und mehrfache Behinderung – interdisziplinär. Oberhausen, 317–344.

Lamnek, Siegfried (2005): Qualitative Sozialforschung. Lehrbuch. Weinheim/Basel.

Lelgemann, Reinhard/Walter-Klose, Christian/Lübbeke, Jelena/Singer, Philipp (2012): Qualitätsbedingungen schulischer Inklusion für Kinder und Jugendliche mit dem Förderschwerpunkt Körperliche und Motorische Entwicklung. In: Zeitschrift für Heilpädagogik, 465–473.

Mayring, Philipp (2002): Qualitative Sozialforschung. Weinheim/Basel.

MSW (2014a): Entwurf einer Verordnung zur Änderung der Ausbildungsordnung sonderpädagogische Förderung (AO-SF) Zuleitung nach Maßgabe der Parlamentsinformationsvereinbarung. http://www.gew-nrw.de/uploads/tx_files/LTV_16_1558.pdf (05.09.2015).

MSW (2014b): Ausbildungsordnung sonderpädagogische Förderung. https://www.schulministerium.nrw.de/docs/Recht/Schulrecht/APOen/SF/AO_SF.pdf (14.09.2015).

MSW NRW (o. J.; a): Synoptische Darstellung des Schulgesetzes. https://www.schulministerium.nrw.de/docs/Schulsystem/Inklusion/Rechtliches/Synoptische-Darstellung-des-Schulgesetzes.pdf (10.09.2015).

MSW (o. J.; b): Auf dem Weg zur inklusiven Schule. https://www.schulministerium.nrw.de/docs/Schulsystem/Inklusion/Flyer_Auf_ dem_Weg_zur_inklusiven_Schule.pdf (14.09.2015).

Rohrmann, Eckhard (2011): Krise der Behindertenpädagogik oder Krise der Sonderpädagogiken? Anmerkungen zum Editorial der Teilhabe 3/2011. In: Teilhabe, 50, 4, 169–171.

Schnell, Irmtraud (2011): Förderschwerpunkte und gemeinsamer Unterricht. In: Kaiser, Astrid/Schmetz, Ditmar/Wachtel, Peter/Werner, Birgit (Hrsg.): Didaktik und Unterricht. Bd. 4. Stuttgart, 292–297.

Schulz, Gwendolin Julia (2011): Lehrer und ihre auffälligen Schüler. Eine qualitative Studie zu Verhaltensauffälligkeiten an Förderschulen.

Verband Bildung und Erziehung: http://www.vbe-nrw.de/downloads/PDF%20Dokum ente/AO_SF_VO_Synopse.pdf (09.09.2015).

Ingo Bosse

Forschendes Lernen – Wie Studierende der TU Dortmund auf die Arbeit mit Menschen mit komplexen Kommunikationsbedürfnissen theoretisch und praktisch vorbereitet werden

1 Einleitung

Zu den verbindlichen Kompetenzen, die Studierende des Lehramts zur sonderpädagogischen Förderung im Förderschwerpunkt körperliche und motorische Entwicklung erwerben sollen, gehören Fähigkeiten zur Bildung und Förderung von Menschen mit schweren und mehrfachen Behinderungen. Diese Personengruppe ist in allen Lehrveranstaltungen von Relevanz. Im besonderen Fokus steht sie in den Seminaren zum »Forschenden Lernen« mit den jeweilgen Themen »Förderkonzepte« und »Unterstützte Kommunikation«. Die Kernidee Forschenden Lernens besteht darin, bereits im Bachelorstudium eine Verknüpfung zwischen wissenschaftlichen Erkenntnissen und deren praktischer Umsetzung zu schaffen. Die individuellen Lern- und Studienprozesse sollen forschungsorientiert ausgestaltet werden, indem Elemente des Forschens in den Lernprozess integriert werden. Den Studierenden werden dadurch forschungsbasierte und reflektierte Einblicke in die Berufspraxis ermöglicht. Das Format ist so angelegt, dass die Studierenden unter wissenschaftlicher Leitung eigenverantwortlich in Förderschulen, Werkstätten für Menschen mit Behinderungen, Wohnheimen u.a.m. kleine Bildungs- oder Fördereinheiten von der Planung über die Durchführung bis hin zur Auswertung realisieren und diesen Prozess wissenschaftlich fundieren und reflektieren. Dazu gehört auch, notwendige Kommunikationsmittel und Materialien selbst zu erstellen.

Der Artikel stellt dieses Studienmodell, sowie die konkrete Gestaltung einiger Bildungs- und Förderprojekte vor. Aber zunächst sollen Studierende selbst zu Wort kommen:

> »Die Durchführung am Projekttag UK mit den Schülerinnen und Schülern haben wir positiv wahrgenommen. Durch den Einsatz der verschiedenen Hilfsmittel konnten Kinder mit vielfältigen Formen der Beeinträchtigungen an der Fördersequenz teilnehmen. Auch schwerbehinderte Schüler und Schülerinnen konnten durch den Einsatz des Step-by-Steps oder mit Hilfe ihrer Integrationskraft die Station durchführen. […] Somit ergaben sich auch teilweise Teilnahmebedingungen für Personen der Zielgruppe 1, was zuvor nicht erwartet wurde.« (Lühn/Rütter 2015, 29 f.)

> »Wir können am Ende der Behandlung des Themas Unterstützte Kommunikation sagen, dass wir für dieses Thema sensibilisiert worden sind. Wir haben gemerkt, wie wichtig die-

ses Thema für Kinder, Jugendliche und Erwachsene ist, die nicht oder nur eingeschränkt über Lautsprache verfügen. Durch das Seminar haben wir einen sehr guten theoretischen Überblick über das Thema erhalten und besonders die praktische Anwendung durch den Projekttag UK an der Schule […] hat uns sehr gut gefallen. Hier war es uns möglich, das Gelernte direkt anzuwenden und vielfältige Erfahrungen zu machen. Dadurch konnte das Wissen aus dem Seminar noch erweitert und gefestigt werden.« (Raabe/Wieseler 2015, 41 f.)

Diese Rückmeldungen von Studierenden machen das Grundprinzip des Forschenden Lernens im Fachgebiet Unterstützte Kommunikation deutlich.

2 Menschen mit schwerer und mehrfacher Behinderung und ihre Kommunikation

2.1 Wen meinen wir?

Im Alltagsverständnis der Heil- und Sonderpädagogik scheint klar zu sein, von welcher Personengruppe die Rede ist. Betrachtet man diese genauer, dann wird deutlich, dass damit eine äußerst große Vielfalt von Menschen mit sehr unterschiedlichen Beeinträchtigungen gemeint ist (Staatsinstitut für Schulqualität und Bildungsforschung 2010, 22). Vor dem Hintergrund unterschiedlicher wissenschaftlicher, gesellschaftlicher und menschenbildlicher Reflexionsfolien wird seit geraumer Zeit versucht, einen angemessenen Begriff für die Personengruppe zu finden. Für diesen Sammelband wurde der Terminus Menschen mit schwerer und mehrfacher Behinderung gewählt, international werden analog häufig die Begriffe »continuous complex care needs« (Coleman 2003, 549) oder »profound intellectual and multiple disabilities (PMD)« (Roche et al. 2015) verwendet. Einer der beiden Herausgebenden dieses Sammelbandes, Tobias Bernasconi, hat bezugnehmend auf Klauß (2011, 12) darauf hingewiesen, dass alle Definitionen in letzter Konsequenz unzulänglich bleiben und das Phänomen der »schweren und mehrfachen Behinderung« nicht im Rahmen einer Definition umfassend zu beschreiben ist (Bernasconi 2015, 15). Daher soll im Folgenden auf Barbara Fornefeld (2008) Bezug genommen werden, die den Begriff der »Komplexen Behinderung« in den Diskurs eingebracht hat, ihn aber nicht als weitere Definition im klassischen Sinne versteht. Es geht vielmehr um einen Terminus, der die Lebensbedingungen von Menschen mit Behinderungen beschreibt und die besonders hohe Komplexität dieser Lebensbedingungen bei schwerer und mehrfacher Behinderung in den Blick nimmt (2008). Er hat damit viele Schnittmengen mit dem durch die International Classification of Functioning (ICF) der WHO populär gewordenen und international anerkannten Modell von Behinderung, das ganz wesentlich die Umwelt- und Kontextbedingungen in den Blick nimmt und damit auf individuelle Teilhabebedingungen abhebt. Fornefeld folgend wird Komplexe Behinderung als Eigenname groß geschrieben, da der Begriff auf eine Gruppe von Menschen mit Behinderungen in einer spezifischen Lebenssituation abzielt (Fornefeld 2008, 50 ff.). Auch die ICF zielt auf spezifische Lebenssituationen ab. Behinderungen werden nicht an Personen festgemacht. Es kommt vielmehr auf die Situation an, in der eine Person Teilhabemöglichkeiten erfährt oder nicht. Behinderung wird nicht mehr als individuelle Problemlage als Folge einer Krankheit gesehen, sondern stellt ein Interaktionsergebnis zwischen Individuum und Gesellschaft dar. Dieses Verständnis prädestiniert die ICF auch als gute Grundlage für die Beschreibung von schwerer und mehrfacher Behinderung. »Das Modell erscheint geeignet, individuellen Unterstützungsbedarf mit einem eindeutigen Bezug zu einer Schädigung sowie zu den Umgebungsbedingungen zu begründen.« (Staatsinstitut für Schulqualität und Bildungsforschung 2010, 34)

Beflügelt durch die Verabschiedung der UN Behindertenrechtskonvention setzt sich zudem immer stärker eine Menschenrechtsperspektive durch, die die volle und gleichberechtigte Teilhabe an der Gesellschaft« (Bundesgesetzblatt 2008, 1423) zum Ziel hat. Dass zu der spezifischen Ausgestaltung der Menschenrechte für Menschen mit Behinderungen auch die Verwendung ergänzender und alternativer Kommunikationsformen gehört, macht die UN Konvention an mehreren Stellen deutlich (Bundesgesetzblatt 2008).

Was das in Artikel 1 des Grundgesetzes formulierte Menschenrecht »Die Würde des Menschen ist unantastbar« (Grundgesetz) und damit das Einnehmen einer menschenrechtlichen Perspektive insgesamt für Menschen mit schweren und mehrfachen Behinderungen bedeuten kann, hat das bayrische Staatsinstitut für Schulqualität und Bildungsforschung 2010 in folgender Weise ausdifferenziert:
- »Jeder Mensch hat das Recht auf die Sicherung seiner vitalen Grundfunktionen.
- Jeder Mensch verdient Respekt und Wertschätzung.
- *Jeder Mensch hat das Recht auf Kommunikation.*
- Jeder Mensch braucht Beziehungen und die Einbindung in eine Gemeinschaft.
- Jeder Mensch möchte sein Leben aktiv und selbstbestimmt gestalten.
- Jeder Mensch möchte in seiner Individualität akzeptiert werden.
- Jeder Mensch hat das Recht, auf seine Weise zu lernen.
- Jeder Mensch hat das Recht auf Teilhabe an der Gesellschaft.« (Staatsinstitut für Schulqualität und Bildungsforschung 2010, 20, Hervorhebung I. B.)

Im Rahmen des Forschenden Lernens stehen Menschen mit schwerer und mehrfacher Behinderung im Fokus, deren Kommunikation in vielfältiger Weise besonders ist. Im internationalen, englischsprachigen Diskurs werden diese als persons with complex communication needs bezeichnet. Dabei geht es um eine Gruppe von Personen, die non-verbale Kommunikationsformen nutzen, als auch um alle, die im weiteren Sinne Schwierigkeiten in der Kommunikation aufweisen, da sie sich nicht effektiv ausdrücken können oder Schwierigkeiten haben zu verstehen, was ihnen mitgeteilt wird. Zu erfolgreicher Kommunikation werden Gebärden und Gesten, nicht-elektronische und elektronische Kommunikationsmittel genutzt (Beukelman/ Mirenda 2012). Die Interpretation des kommunikativen Verhaltens von Personen mit komplexen Kommunikationsbedürfnissen ist wie auch bei Menschen mit schweren und mehrfachen Behinderungen bedeutsam, um Interventionen zu planen und das eigene Verhalten beurteilen zu können (Bernasconi 2015, 16). Um die Kommunikationskompetenzen von Menschen mit Komplexen Behinderungen und daraus abzuleitende Konsequenzen für die Unterstützung adäquat ableiten zu können, erscheint es zunächst sinnvoll, sich mit Modellen der kommunikativen Entwicklung wie auch mit den möglichen Zielgruppen von Interventionsmaßnahmen zu beschäftigen.

2.2 Meilensteine der Entwicklung der Verständigungsfähigkeit

In diesem Kontext wird Bezug auf das Modell von Gudrun Kane genommen. Sie weist zunächst darauf hin, dass es um Verständigungsfähigkeit geht. Dafür spiele die Sprachentwicklung eine große Rolle, aber ebenso wichtig sei die Umwelt. Wie ist deren affektive Beziehung zum Kind? Wie häufig wird mit ihm gesprochen? Wie gut wird das Gesagte auf den Aufmerksamkeitsfokus des Kindes abgestimmt? Wie wird auf die Äußerungen des Kindes eingegangen? (Kane 2006, 11) In Kanes Modell der Verständigungsfähigkeit wird deutlich, dass die Entwicklungsbereiche Kommunikation und Kognition in enger Wechselbeziehung stehen.

Gudrun Kane unterscheidet zwischen fünf Stufen der Kommunikation. Die erste Stufe bezeichnet die Psychologin als ungezielte Äußerungen. Die Verhaltensweisen (Blickbewegungen, Gesten, Mimik, …) des Kindes werden nicht absichtlich, sondern überwiegend ungezielt eingesetzt. Erst der Erwachsene verleiht durch seine Deutung und verbale Reaktion diesen Äußerungen eine Mitteilungsfunktion. Die zweite Stufe wird als gezieltes Verhalten tituliert. Das Kind reagiert gezielt auf eine Person oder einen Gegenstand, indem es z. B. danach greift: Gezieltes Verhalten setzt voraus, dass das Kind um seine Bedürfnisse und Interessen weiß und gezielt danach handelt. Es greift nach Dingen, die es haben möchte, schlägt auf den Tisch, um Krach zu produzieren, und lässt sie fallen, wenn es das Interesse verloren hat. Dem Kind ist es noch nicht möglich, ein Objekt zu manipulieren und gleichzeitig Kontakt zum Partner aufzunehmen, es werden noch keine absichtlichen Mitteilungen an den Partner initiiert.

Partnerbezogene Äußerungen auf der dritten Stufe sieht Kane als den Beginn der eigentlich intentionalen Kommunikation. Das Kind benutzt den Partner, um einen Gegenstand oder ein Ereignis zu erhalten. Es schiebt oder zieht den Partner oder zeigt ihm durch Blickwechsel zwischen dem Gegenstand und der Person, was es möchte. Die Kommunikation erfolgt noch nicht durch verinnerlichte Gesten, jedoch beginnt auf dieser Stufe die gezielte Kommunikation mit Personen. Dies ist nach Kane der wichtigste Schritt in der Kommunikationsentwicklung des Kindes, da erst hier eine Mitteilungsabsicht erkennbar wird. Es folgt die vierte Stufe der konventionellen Kommunikation. Das Kind verwendet Gesten und Laute, die in unserer Kultur eine bestimmte Bedeutung haben: »Gib mir« oder »Bitte-Bitte«-Geste, Kopfnicken usw. Es zählen aber auch individuell gelernte Gesten dazu. Das Erreichen dieser Stufe wird als Voraussetzung für das Erlernen von Gebärden angesehen. Die fünfte Stufe hat Kane symbolische Kommunikation genannt. Auf dieser Stufe beginnt das Sprechen Lernen. Das Kind lernt, dass Gegenständen, Personen und Handlungen ein Name zugeordnet ist (Kane 2006, 16).

2.3 Zielgruppen der Unterstützten Kommunikation

Mit dem Modell von Kane ist es möglich, diagnostisch einzuschätzen, auf welchem kommunikativen Entwicklungsstand sich eine Person befindet. Ein weiterer inzwischen weit verbreiteter Ansatz besteht darin, eine Unterteilung danach vorzunehmen, wofür die Unterstützte Kommunikation verwendet beziehungsweise benötigt wird, also Zielgruppen zu bestimmen. Die Zielgruppenunterscheidung kann auf mehrere verschiedene Arten vorgenommen werden. Bekannt geworden sind die Einteilungen von Tetzchner und Martinsen (2000). Ebenso populär ist die Systematik von Irene Leber (2009), um die Frage zu klären, an welchem Punkt in der kommunikativen Entwicklung eines Menschen welche UK-Intervention sinnvoll ist. Im Seminar zu Forschenden Lernen wird die beide Ansätze aufnehmende Systematik von Bärbel Weid-Goldschmidt zugrunde gelegt, deren Fokus auf den kommunikativen Kompetenzen eines Menschen liegt. »Je nachdem, welche kommunikativen Kompetenzen einer Person und ihrem Umfeld zum Zeitpunkt der Diagnose zur Verfügung stehen, können entsprechende Schlussfolgerungen für die förderliche Gestaltung des kommunikativen Austauschs gezogen werden« (Weid-Goldschmidt 2013, 11).

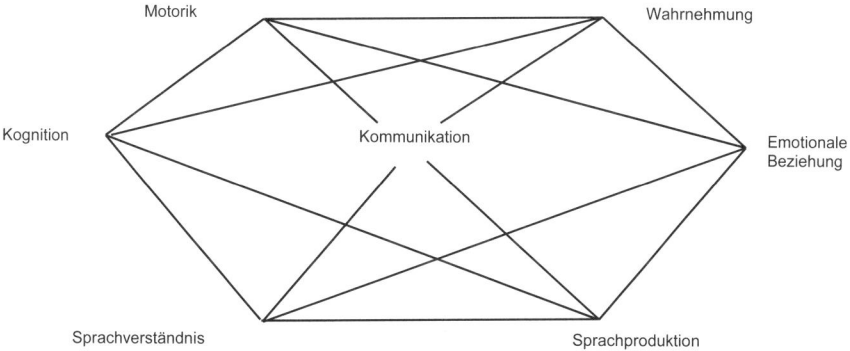

Abb. 1: Bedingungsgefüge der Einflusskomponenten für Kommunikation
(Weid-Goldschmidt 2013, 11)

Bei dem Modell ist deutlich, dass sie sich dabei auf Kane, wie auch auf das Förderkonzept der Basalen Stimulation nach Fröhlich (1998) bezieht.

Weid-Goldschmidt geht es um die Erfassung der individuellen kommunikativen Kompetenzen, um daraus Ansatzpunkte für die gezielte UK-Unterstützung ableiten zu können. Sie nimmt eine Unterteilung der sehr heterogenen Gruppe der persons with complex communication needs in vier Kompetenzstufen vor, wobei sie betont, dass dies immer nur situative Einschätzungen sind und niemand ein Leben lang auf ein Kompetenzprofil festgelegt werden kann (Weid-Goldschmidt 2013, 12).

Alle Menschen, die nicht intentional kommunizieren können und über keine symbolischen Kommunikationsformen verfügen, werden zu Gruppe eins gezählt. Hierunter fallen vor allem Personen mit Komplexen Beeinträchtigungen. Sie verfügen über prä-intentionale Kompetenzen. Ihre Wahrnehmung erfolgt über körpereigene Sinne. Sie sind zu nicht-intentionalen Äußerungen mit unbewussten körperlichen Reaktionen in der Lage. Die Umwelt wird mit dem Körper und den körpereigenen Sinnen erfahrbar gemacht. Oft wird nach Gegenständen gegriffen oder es werden Dinge in den Mund genommen. Das Sprachverständnis ist erst in Ansätzen ausgebildet, daher verstehen Betroffene meistens nicht *was* gesagt wird, sondern lediglich *wie* es gesagt wird. Kommunikation ist für Menschen dieser Gruppe vorwiegend über körpereigene Kommunikationsmittel möglich. Wichtig bei dieser Zielgruppe ist die Reaktion des Kommunikationspartners. Dieser muss auf jede Regung und auf jedes Anzeichen so reagieren, als wäre es eine intentionale Äußerung gewesen und als wolle die Person eine Mitteilung machen. Hierfür ist es wichtig, dass diese Äußerungen möglichst richtig gedeutet werden. Durch die Reaktion der Umwelt kann die betroffene Person lernen, dass sie ihre Umwelt beeinflussen und eine Interaktion erwarten kann. Sie kann Selbstwirksamkeit erleben und es kann versucht werden ein miteinander in Beziehung Treten aufzubauen.

Gruppe zwei verfügt bereits über vorsymbolische Kompetenzen. Es entwickelt sich allmählich mehr Bewusstheit für die eigene Person und die Welt. Einzelne Wörter werden erkannt und verstanden. Die Kompetenzstufe wird überwiegend Menschen zugeordnet, die sich auf dem Weg zum intentionalen Kommunizieren befinden, aber weitestgehend vor-symbolisch kommunizieren. Wichtig ist, dass die Objekte oder Menschen, die die Aufmerksamkeit der Person auf sich lenken, von einer sprechenden Person mit Namen benannt werden, damit eine Verknüpfung zwischen Objekt und Namen hergestellt werden kann. Den Menschen dieser Gruppe ist es teilweise möglich, einfache Schlüsselworte und kurze Sätze im Zusammenhang mit der Situation zu verstehen. Sie beherrschen bis zu 30 Worte aktiv in Einwortsätzen und können sich zwischen zwei konkreten Angeboten entscheiden, allerdings ist ihr Ja/Nein – Konzept noch nicht ausgebildet.

Die dritte und vierte Kompetenzstufe nennt Weid-Goldschmidt verbal-symbolische Kompetenzen. Diese unterteilt sie nochmal in einfache und ausgereifte verbal-symbolische Kompetenzen. Der dritten Gruppe werden alle Menschen zugeordnet, die bereits intentional verbalsymbolisch und auch teilweise über Lautsprache kommunizieren, aber dennoch deutliche Beeinträchtigungen im Sprachgebrauch aufweisen. Zudem ist ihre Entwicklung nicht altersgerecht. Nach Irene Leber (2009, o. S.) sind in dieser Gruppe das Ich & Du & die Dinge & ein Symbol von Bedeutung. Die Betroffenen verfügen über ein relativ gut ausgeprägtes Ja/Nein-Konzept und können bewusst Ja/Nein-Fragen beantworten. Ihr Sprachverständnis ist gut, sie zeigen verschiedenste Kommunikationsfunktionen und können diese auch bei anderen identifizieren und interpretieren. Das übergeordnete Ziel sollte eine Erweiterung der Selbstbestimmung im Kommunikationsprozess sein. Inwieweit dies möglich ist, ist abhängig davon, welche Hilfsmittel zur Verfügung stehen und wie differenziert sich eine Person gegenüber einer anderen mitteilen kann. Dann kann es zu einer »Explosion des Vokabulars« (Leber 2009, o. S.) kommen. Personen der Kompetenzstufe vier zeigen alle Kommunikationsfunktionen altersgerecht. Sie verfügen über ein gut ausgebildetes Sprachverständnis und über gute kognitive Funktionen. Hier kommt der Erwerb oder das Können von Schriftsprache mit ganz wichtiger Bedeutung hinzu. Meist sind es Menschen, die durch ihre Beeinträchtigung allmählich oder durch beispielsweise einen Unfall plötzlich ihre Sprechfähigkeit verloren haben. Übergeordnete Ziele für diese Gruppe sind die Ermöglichung entwicklungsadäquater Äußerungsformen, um dadurch größtmögliche Autonomie im Hinblick auf ein »selbstbestimmtes Leben« zu haben. Es gilt, Wege zu eröffnen, durch die die »Welt im Kopf« mit anderen Modi als denen der »Mundsprechenden« mitgeteilt werden kann. Daher stellen die Optimierung körpereigener Kommunikationsmöglichkeiten und die Vermittlung auch von komplexeren nicht-elektronischen und elektronischen UK-Formen wie auch Vermittlung von Kulturtechniken und altersadäquatem Wissen weitere wichtige Ziele dar.

3 Forschendes Lernen – Was ist das?

Den Ausgangspunkt für das Forschende Lernen bilden Forschungsfragen, die in einem gemeinsamen Prozess von Lehrenden, Praxispartnern und Studierenden generiert werden. Neben dem Fokus auf den »Shift from teaching to learning« (HRK 2011), sind weitere Ziele eine Kompetenzorientierung und eine Outcome-Orientierung. Unter Kompetenz werden alle verfügbaren und erlernbaren Fähigkeiten und Fertigkeiten von Individuen verstanden, die dazu dienen, ein Problem zu lösen. Eine geeignete theoretische Basis für die Umstellung von Lehrveranstaltungen hin zu einer Kompetenzorientierung und zu der Entwicklung von Problemlösefähigkeiten stellt das Prinzip des Constructive Alignment (Baumert/May 2013, HRK 2011) dar. Es gilt Lernziele, die didaktische Gestaltung der Lehre, die damit verbundenen Studierendenaktivitäten und die Prüfungsform aufeinander abzustimmen und auf eine Kompetenzorientierung auszurichten. Dem Prinzip des Constructive Alignment folgend wird Lehre so gestaltet, dass die Lehr- und Lernziele, die Lehr- und Lernsituation und die Prüfung in einen Gesamtzusammenhang eingeordnet werden, da sie voneinander abhängig sind. »Das bedeutet in der Praxis, dass die Lehr- und Lernaktivität genau so gestaltet sein muss, dass die Studierenden die angestrebten Lehr- und Lernziele auch erreichen können und dass die Prüfung auch genau das Erreichen dieser Ziele abprüft« (Baumert/May 2013, 23). Im Fokus steht weiter die Vermittlung akademischer Handlungskompetenzen, die sich aus Fachkompetenzen, Methodenkompetenzen, Systemkompetenzen, Sozialkompetenzen und Persönlichkeitskompetenzen zusammensetzen.

Mit dem Forschenden Lernen in Projekten soll überdies der Transfer zwischen den Kompetenzanforderungen Beruf und Gesellschaft im Studium erfolgen. So ist Forschendes Lernen darauf ausgerichtet, die individuellen Lern- und Studienprozesse forschungsorientiert auszugestalten,
- indem Elemente des Forschens in den Lernprozess integriert werden,
- den Studierenden forschungsbasierte und reflektierte Einblicke in die Berufspraxis zu ermöglichen,
- ihnen die eigentätige Auseinandersetzung mit Forschung und Wissenschaft sowie den Erwerb von Fachwissen zu ermöglichen,
- Schlüsselqualifikationen in einem gruppenbezogenen Kontext zu erwerben,
- die studentische Reflexionsfähigkeit in Bezug auf eigene Kompetenzen oder erworbene Kompetenzniveaus zu stärken,
- Kompetenzorientierung im Studium zu etablieren,
- die Dimensionen des fachlichen Wissens, Könnens und Handelns zu verknüpfen.

Die Studierenden lernen in den Projekten, komplexe rehabilitationswissenschaftliche Problemstellungen in kooperativer Weise selbstbestimmt mit wissenschaftlichen Mitteln und innerhalb eines vorgegebenen Zeitrahmens zu bearbeiten. Ihre Aufgaben bestehen dabei in der Wissensaneignung, in der Formulierung einer konkreten Fragestellung und der Erstellung einer Planung, deren Durchführung und Reflektion sowie in der eigenständigen Organisation inklusive des Zeitmanagements. Als Aufgaben von Dozierenden sind hingegen der Wissensinput, den Rahmen für Projektthemen zu schaffen, die Kontaktanbahnung zu Praxispartnern und eine Perspektive auf die Lernziele der Studierenden zu nennen.

Das Fachgebiet Unterstützte Kommunikation pflegt seit seiner Entstehung eine enge Zusammenarbeit von Praxis, Wissenschaft und Hilfsmittelherstellern. Ein Grund das Forschende Lernen mit dem Studieninhalt Unterstützte Kommunikation zu verbinden. Diese Idee setzt sich auch international immer mehr durch. Wenngleich unter anderen Rahmenbedingungen, so gehört »Undergraduate Research« im Bereich Unterstützte Kommunikation zum Beispiel in vielen Universitäten Brasiliens fest zum Studium (Reily 2014, 1).

4 Bildung und Förderung bei komplexen Kommunikationsbedürfnissen – Welche Angebote wurden gemacht?

In der Veranstaltung »Einführung in die Kommunikationsförderung« werden zunächst theoretische Grundlagen der Unterstützten Kommunikation vermittelt und Selbsterfahrungen zu verschiedensten Kommunikationssituationen ermöglicht. Dazu gehören eine Auseinandersetzung mit Fachbegriffen und der Zielgruppe, das Kennenlernen von Entwicklungsmodellen der Kommunikation sowie der Sprach- und Kommunikationsentwicklung unter erschwerten Bedingungen, Wissen zu Besonderheiten der Gesprächssituation, Vokabularauswahl, Einsatz von Partnerstrategien (COCP-Programm), Kern- und Randvokabular, Kommunikationsformen, eine Beschäftigung mit Kommunikationshilfen, wie auch das Kennenlernen des Picture Exchange Communikation Systems. Darüber hinaus spielen spezifische Zugänge für Adressaten mit komplexen Beeinträchtigungen, die Vermittlung von Literacy und der Einsatz von Tablets eine Rolle. Fester Bestandteil – und für die Studierenden zudem besonders prägend – sind zudem Gastvorträge unterstützt kommunizierender Referenten und von Kommunikationsmittelanbietern. Gemäß den Prinzipien des Forschenden Lernens sind die Studierenden am Ende des Semesters dazu aufgefordert, in Kleingruppen eine Fördersequenz zu planen, zu erproben und zu reflektieren. Das Ziel der Interaktion besteht darin, Teilhabe- und Fördermöglichkeiten für Schüler(innen) mit UK-Bedarf zu schaffen. Bernasconi schreibt in seinem Aufsatz zu Besonderheiten in der Kommunikation mit Menschen mit schwerer und mehrfacher Behinderung:

> »Die Kommunikation von Menschen mit schwerer und mehrfacher Behinderung ist in vielerlei Hinsicht ›besonders‹. Sie erfordert von allen Beteiligten häufig ein hohes Maß an Kreativität, da zum einen wenig vorgefertigte Materialien oder auch Kommunikationshilfen genutzt werden können. Zum anderen stellt der Aufbau einer Beziehung als gemeinsame Basis für Kommunikation eine entscheidende Voraussetzung für gelingende und sinnstiftende Kommunikation sowie für Interventionen zur Förderung von Kommunikation dar.« (Bernasconi 2015, 15)

Damit sind die zentralen Herausforderungen bei der Gestaltung von Kommunikationssituationen, die sich vor allem auf die von Weid-Goldschmidt (2013) beschriebenen Zielgruppen eins und zwei beziehen, erfasst. Bei dem folgenden Beispiel wurde, wie auch bei allen anderen Angeboten, dem Gedanken Bernaconis gefolgt, »dass vorintentionale Kommunikation und Kommunikationsförderung von Menschen mit schwerer und mehrfacher Behinderung sich nicht ausschließlich der präintentionalen Stufen widmen sollte. Vielmehr sollte Kommunikation über einen Prozess des Herstellens von Gemeinsamkeiten und des Aufbaus von Beziehung angebahnt werden, was eine multimodale Gestaltung der Umwelt voraussetzt« (Bernasconi 2015, 29).

Die hier vorgestellte Fördersequenz wurde für einen UK-Projekttag an einer Förderschule für körperliche und motorische Entwicklung mit Schülerinnen und

Schülern der Mittelstufe durchgeführt. Ausgerichtet am schulinternen Curriculum lautete das Oberthema »Familie und Freunde«. Zu diesem Thema wurden zehn verschiedene Fördersequenzen am Rand des Lehrerzimmers aufgebaut und mit den Schüler(innen) bearbeitet. Ausgangspunkte für alle Fördersequenzen konnten verschiedene Schwerpunkte sein, wie zum Beispiel eine Spielsituation, ein bestimmtes Hilfsmittel oder eine Kommunikationsfunktion.

Beispiel: »Wie sieht meine Familie aus?«

Die Fördersequenz mit dem Titel »Wie sieht deine Familie aus?« animiert zur Kommunikation über die eigene Familie. Das Angebot war als Fördersequenz geplant, sollte aber zugleich die Möglichkeit bieten, die zu erwerbenden Fähigkeiten in der Alltagskommunikation zu erproben und zu erweitern. Die Gestaltung erfolgte daher möglichst realitätsnah. Die Aufgabe ist stets mit Partner zu bearbeiten, um so eine möglichst natürliche Dialogsituation zu schaffen. Dabei hat ein Partner die Rolle des Sprechenden und der andere die des Zuhörenden inne. Die Kommunizierenden sitzen sich gegenüber, um das Turn Taking zu erleichtern. An Kommunikationsmitteln stehen elektronische (Step-By-Step, GoTalk 20+) und ein nicht-elektronisches Hilfsmittel (Kommunikationstafel) zur Verfügung. Auf der Kommunikationstafel (Abb. 2) und dem Step-by-Step stehen PCS-Symbole mit Beschriftungen aus dem Randvokabular für Familienmitglieder und einigen aus dem Kernvokabular, mit dem nähere Attribute und Verbindungen beschrieben werden können. Außerdem steht die Aussage »Ich bin fertig« zur Auswahl, um selbstbestimmt die Kommunikation beenden zu können.

Abb. 2: Symbole für den Go Talk 20+ und die Symbolkarten (Lühn/Rütter 2015, 13)

Die bekannten Symbole dienten lediglich als Lernhilfe und stellen keinen zusätzlichen Lernstoff dar. Um es weiter zu erleichtern Einfluss auf die Umwelt zu nehmen und das Gespräch zu steuern, steht ein Step-by-Step zur Verfügung. Der Fokus der Fördersequenz liegt auf der Erweiterung der Kompetenzen in der Nutzung von Kommunikationsmitteln. Weiterhin kann durch die Möglichkeit, ein wechselseitiges Gespräch aufzubauen, die Gesprächskompetenz erweitert werden. Insbesondere das Turn Taking wird durch die Benutzung des Step-by-Steps oder die Aussagen der mundsprechenden Kinder angeregt. (Lühn/Rütter 2015, 23)

Das Angebot richtet sich konzeptionell an Schüler(innen) aus den Zielgruppen zwei und drei. Bei der Durchführung dieser Fördersequenz wurde darüber hinaus deutlich, dass sich durch den Einsatz des Step-by-Steps auch Teilnahmebedingungen für Personen der Zielgruppe eins bieten (Lühn/Rütter 2015, 30). Die Kraft der Kommunikation wird durch die Zuhöreraussagen erfahrbar. Dies wird aufgegriffen, indem die wiederholte Erfahrung gemacht werden kann, dass Dinge und Äußerungen, die vollzogen werden, Bedeutung haben, da sie eine Reaktion beim Gegenüber hervorrufen. Dadurch wird das Ziel der Selbst- und Mitbestimmung der Personen erreicht (Weid-Goldschmidt 2013, 45 ff.). Durch das gezielte Auswählen der Symbole zum Thema »Familie« kann die Symbolisierungsfähigkeit erweitert und individuelle vorsymbolische Kompetenzen genutzt werden (Weid-Goldschmidt 2013, 51).

Durch die Frage »Wie sieht deine Familie aus?« wird der Anfang einer Erzählung markiert, die entweder mit Hilfe eines Step-By-Step verbalisiert oder von den Schüler(innen) selbst produziert wird. Der oder die Zuhörende fokussiert so die Aufmerksamkeit auf die darauffolgende Ausführung der oder des Sprechenden. Nun hat der Partner die Möglichkeit, entweder mit einem GoTalk 20+ oder unter Rückgriff auf Symbolkarten den Zugzwang zu erfüllen. Die »mundsprechenden« (Weid-Goldschmidt 2013, 41) Schüler(innen) können mit Hilfe der Kommunikationstafel Anhaltspunkte für ihre Erzählung finden und so auf zentrale Begriffe zurückgreifen. Der Zuhörende kann sein Interesse und seine Aufmerksamkeit durch auf dem Step-By-Step aufgenommene offene Aussagen oder selbstständige Verbalisierungen bekunden, so kann Turn-Taking zustande kommen.

5 Die theoretische Reflexion – Welche Kompetenzen haben die Studierenden und die Schüler(innen) erworben?

Der gesamte Prozess der Planung, Durchführung und Reflexion der Fördersequenzen wurde lernprozessbegleitend dokumentiert. Von allen Studierenden wurde die Möglichkeit, die Theorie der Unterstützten Kommunikation direkt in die Praxis umzusetzen als sehr positiv und lehrreich bewertet. Die Outcome Orientierung wurde durch das Ziel, theoriegeleitet konkrete Materialen zu erstellen sehr deutlich. Die Erstellung von UK Materialien erfolgte deutlich theoriegeleitet. Zugleich ergaben sich Möglichkeiten, vertiefte Einblicke in die UK Arbeit von Institutionen zu gewinnen. Einige der dabei gewonnenen Erkenntnisse lassen sich kaum durch klassische Lehre vermitteln. Die Projektgruppen lernten bei der Gestaltung und Umsetzung von Fördersequenzen auch, mit ungeahnten Herausforderungen umzugehen. Dies trieb die vertiefte Auseinandersetzung mit der jeweiligen Art der Kommunikationsmittel, der Zielgruppe und theoretischen Hintergründe (z. B. Formen der Kommunikationsanbahnung oder dem Aufbau von Kern- und Randvokabular) voran. Mit der Einführung des Forschenden Lernens wurde die Zusammenarbeit von Universität und Praxispartnern nochmals intensiviert. Die den Prozess begleitende Hausarbeit der Studierenden diente dazu, den Prozess der Projektaufgabe von der Planung über die Durchführung bis hin zur Auswertung stärker theoretisch zu fundieren, ihn zu dokumentieren und zu reflektieren. Die Erwartung an Forschendes Lernen fachliches Wissen, Können und Handeln miteinander zu verknüpfen, hat sich erfüllt wie auch die Erwartung der hohen Motivation. Das Studienformat stärkt die studentische Reflexionsfähigkeit in Bezug auf eigene Kompetenzen oder erworbene Kompetenzniveaus.

Das Forschende Lernen in der Unterstützten Kommunikation wurde von den Studierenden sehr positiv bewertet. Die Evaluation hat zugleich deutlich gemacht, dass forschungsorientiertes Arbeiten in der Praxis genauer Vorgaben und einer intensiven methodischen Vorbereitung bedarf. Deutlich wurde auch, dass es sinnvoll ist, in Institutionen und mit Schüler(innen) zu arbeiten, die die Studierenden bereits kennen. Dies ist durch die Zusammenarbeit im Rahmen eines weiteren Seminars mit dem Kooperationspartner möglich. Für einen differenzierten Einblick in die Praxis der Unterstützten Kommunikation und einen vertieften Zugang zu Forschungsansätzen ist ein längerer Zeitraum notwendig. Dies kann über ein Vertiefungsseminar im Master Lehramt zu sonderpädagogischen Förderung erfolgen, welches fester Bestandteil des Studiums ist.

Für die Studierenden war es eine sehr positive Erfahrung, das im Seminar an der Universität Gelernte praktisch umzusetzen und zu erproben. Sie trauten sich durch die gesammelte Erfahrung in Zukunft zu, UK-Materialien zu erstellen und als zukünftige Lehrer(innen) Unterstützte Kommunikation an Schulen zu integrieren. Insgesamt hat das Modul Forschendes Lernen zu einer positiven Kompetenzerweiterung beigetragen. Der direkte Menschenkontakt lässt die Projekte in den Augen der Studierenden interessant und nützlich erscheinen.

Der direkte Kontakt und das miteinander in Beziehung treten standen auch für die Schüler(innen) mit komplexen Kommunikationsbedürfnissen im Mittelpunkt. Sie konnten ihre Kommunikationsfähigkeiten mit Partner(inne)n erproben, die sich vom schulischen Alltag abhoben. Mit großer Lernfreude stellten sie im Rahmen der für sie unbekannten Kommunikationsanlässe kurzfristige Beziehungen zu den Studierenden her und erwarben Kompetenzen zur selbstbestimmten Alltagskommunikation über das Themenfeld Familie. Sie bearbeiteten die Aufgaben mit einer hohen Motivation.

> »Zudem lernen die Schüler und Schülerinnen, dass sie Rücksicht auf den Gesprächspartner nehmen müssen und Gesprächspausen einhalten müssen, um die Kommunikation erfolgreich und geordnet zu realisieren. Darüber hinaus lernen die Kinder aufmerksam gegenüber dem Kommunikationspartner zu sein und den Blickkontakt während des Gesprächs zu halten. So werden durch die Fördersequenz nicht nur die Sprecher- sondern auch die Zuhörerfähigkeiten gefördert [...]. Die unterstützt kommunizierenden Kinder nehmen sich als gleichwertige Kommunikationspartner wahr und machen die Erfahrung, dass sie durch ihre kommunikativen Handlungen die Gesprächssituation beeinflussen können. Dadurch erkennen sie das Ursache- und Wirkungsprinzip einer Handlung. Weiterhin wird das Selbstbewusstsein in ihre eigenen Handlungen und Fähigkeiten gesteigert, da sie sich selbst aktiv an der Gestaltung ihrer Umgebung beteiligen können.« (Lühn/Rütter 2015, 23)

Der mit dem forschenden und teilhabeorientierten Lernen verbundene hohe Motivationscharakter wurde daran deutlich, dass die Schüler(innen) nach der Beendigung einer Aufgabe, diese entweder wiederholen oder eine höhere Schwierigkeitsstufe ausprobieren. Wurden die neu gestalten UK-Materialien und Kommunikationshilfen zunächst begeistert und motiviert erprobt, so sind sie inzwischen vielfach Bestandteil der alltäglichen Arbeit und befördern weitere kommunikative Kompetenzen.

Literatur

Baumert, Britta/May, Dominik (2013): Constructive Alignment als didaktisches Konzept. Lehre planen in den Ingenieur- und Geisteswissenschaften. In: Journal für Hochschuldidaktik, 1–2.2013, 23–27.

Bernasconi, Tobias (2015): Zu Besonderheiten in der Kommunikation mit Menschen mit schwerer und mehrfacher Behinderung. In: Unterstützte Kommunikation. Isaac's Zeitung, 01.2015,15–22.

Beukelman, David R./Miranda, Pat (2012): Augmentative & Alternative Communication: Supporting Children and Adults with Complex Communication Needs, 4. Aufl. Brookes Publishers, Baltimore.

Bosse, Ingo (2014): Die Theorie direkt in die Praxis umsetzen: Forschendes Lernen in der Unterstützten Kommunikation an der TU Dortmund. In: Unterstützte Kommunikation. Isaac's Zeitung, 04.2014, 24–28.

Bundesgesetzblatt (2008): Gesetz zu dem Übereinkommen der Vereinten Nationen vom 13. Dezember 2006 über die Rechte von Menschen mit Behinderungen sowie zu dem Fakultativprotokoll vom 13. Dezember 2006 zum Übereinkommen der Vereinten Nationen über die Rechte von Menschen mit Behinderungen. Bonn.

Coleman, Eric A. (2003): Falling Through the Cracks: Challenges and Opportunities for Improving Transitional Care for Persons with Continuous Complex Care Needs. In: Journal of the American Geriatrics Society. Volume 51, Issue 4, 549–555.

Fornefeld, Barbara (Hrsg.) (2008): Menschen mit Komplexer Behinderung. Selbstverständnis und Aufgaben der Behindertenpädagogik. München.

Fröhlich, Andreas (1998): Basale Stimulation. Das Konzept. Düsseldorf.

HRK – Hochschulrektorenkonferenz (Hrsg.) (2011): Projekt Nexus. Konzepte und Gute Praxis für Studium und Lehre: Gute Lehre. Frischer Wind an deutschen Hochschulen. Bonn.

Kane, Gudrun (2006): Diagnose der Verständigungsfähigkeit bei nichtsprechenden Kindern. In: Wilken, Etta (Hrsg.): Unterstützte Kommunikation. 2. Aufl. Stuttgart, 11–20.

Klauß, Theo (2011): Schwere und mehrfache Behinderung- interdisziplinär. Einleitende Überlegungen. In: Fröhlich, Andreas/Heinen, Norbert/Klauß, Theo/Lamers, Wolfgang (Hrsg.): Schwere und mehrfache Behinderung- interdisziplinär. Oberhausen, 11–39.

Leber, Irene (2009): Kommunikation einschätzen und unterstützen- Poster und Begleitheft zu den Fördermöglichkeiten in der Unterstützten Kommunikation. Karlsruhe.

Lühn, Annika/Rütter, Hanna (2015): Einführung in die Kommunikationsförderung. Fördersequenz für den Projekttag UK an der Schule am Marsbruch. Unveröff. Hausarbeit, Technische Universität Dortmund.

Raabe, Michelle/Wieseler, Lea (2015): Ausarbeitung zum Seminar Einführung in die Kommunikationsförderung. Unveröff. Hausarbeit, Technische Universität Dortmund.

Reily, Lucia: How Brasilien universities prepare future AAC practitioners through undergraduate research. In: Paper/Presentation at the 16th biennial conference of ISAAC 2014 (10/02/2014).

Roche, Laura/Sigafoos, Jeff/Lancioni, Giulio E./O'Reilly, Mark F./Green, Vanessa A. (2015): Microswitch Technology for Enabling Self-Determined Responding in Children with Profound and Multiple Disabilities: A Systematic Review. In: Augmentative and Alternative Communication, 09.2015, 246–258.

Staatsinstitut für Schulqualität und Bildungsforschung (Hrsg.) (2010): Unterricht und Förderung von Schülern mit schwerer und mehrfacher Behinderung. München.

Tetzchner, Harald/Martinsen, Stephen von (2000): Einführung in die Unterstützte Kommunikation. Heidelberg.

Weid-Goldschmidt, Bärbel (2013): Zielgruppen Unterstützter Kommunikation. Fähigkeiten einschätzen – Unterstützung gestalten. Karlsruhe.

Alja Cordes und Katharina Silter

Inklusion ohne Grenzen – Beeinflussung von Einstellungsbarrieren durch Respekt

1 Einleitung

Der Begriff ›Respekt‹ wird häufig im Zusammenhang mit Angeboten und Einrichtungen der Behindertenhilfe verwendet (vgl. Fragner 2002; Theunissen 2011; Wacker 2008; Wocken 2011; Erhardt/Grüber 2013) und oft in Richtlinien im Sinne gleichwertiger Achtung gefordert, so zum Beispiel in Art. 1, Art. 3d, Art. 8.2b der Übereinkommen der Vereinten Nationen über die Rechte von Menschen mit Behinderungen (Bundesgesetzblatt 2008, 1423 ff.). Respekt, und damit das Erleben von Gleichwertigkeit, wird dabei als eines der menschlichen Grundbedürfnisse beschrieben (vgl. Kaletta 2008). Der Begriff Respekt bringt zum Ausdruck, dass alle Menschen ein fundamentales Recht auf die Achtung ihrer gleichwertigen Würde als Mensch besitzen. Dabei wird Respekt in unterschiedlichen Kontexten und mit vielseitigen Konnotationen verwendet. Da es keine eindeutige theoretische Fundierung des Respektbegriffs im Kontext von Behinderung gibt, ist es schwierig, Respekt als konsistenten Faktor zur praktischen Anwendung oder als Forschungskonstrukt zu beschreiben. Respekt wird in sozialen Interaktionen erfahrbar und daher in sozialen Kontexten hergestellt. Durch Respekt als grundsätzliche Haltung wird der anderen Person der Status eines gleichwertigen Interaktionspartners zugeschrieben. Dies ermöglicht eine positive Begegnung und beschreibt die Qualität einer sozialen Interaktion. Daher kann Respekt als eines der zentralen Themenfelder gelten, wenn es darum geht, Interaktionen zwischen Menschen mit und ohne Behinderungen positiv zu gestalten und darüber Einstellungsbarrieren abzubauen. Deswegen erscheint es notwendig, Respekt genauer zu definieren, sich mit diesem in Bezug auf den Personenkreis von Menschen mit intensiven Behinderungserfahrungen kritisch auseinanderzusetzen und so für Forschung und Praxis anwendbar zu machen.

2 Zum Begriff

Daher ist es zunächst notwendig Respekt als eigenständiges Konstrukt zu erläutern und gegenüber verwandten Begriffen, wie Toleranz und Akzeptanz, abzugrenzen. Diese Begriffe werden meistens nicht trennscharf gebraucht und beziehen sich wechselseitig aufeinander, obgleich sie nicht als Synonyme zu verstehen sind. So ist »Toleranz […] die vorsätzliche Entscheidung, ein Verhalten, welches man missbilligt, nicht zu verhindern oder zu stören, obwohl man es könnte« (Horton 1998). Hergeleitet vom lateinischen Wort ›tolerare‹ wird Toleranz als, ›ertragen, aushalten, dulden‹ verstanden. Toleranz bezieht sich somit auf ein als negativ bewertetes Verhalten und enthält damit eine ablehnende Komponente (Klein 2014).

Akzeptanz geht einen Schritt weiter. Vom lateinischen Wort ›accipere‹ abgeleitet, bedeutet der Begriff ›billigen, annehmen‹. Eine Person zu akzeptieren, heißt dementsprechend sie als Teil der eigenen Gruppe anzunehmen. Dabei liegt die Entscheidung über die Zugehörigkeit nicht beim Individuum selbst, sondern bei dessen Gegenüber. Akzeptanz beinhaltet damit die Möglichkeit zur Exklusion (van Quaquebeke et al. 2007).

Respekt hingegen ist zunächst universeller und nicht von Bewertungen abhängig. Es werden verschiedene Arten von Respekt unterschieden. Respekt, verstanden als Wertschätzung, bezieht sich auf bestimmte Eigenschaften und Fähigkeiten einer Person, die als positiv bewertet werden (Schmetkamp 2012; Honneth 1992; Graumann 2011). Dieses Verständnis von Respekt bezieht sich auf ein vertikales Verhältnis in leistungsbezogenen Kontexten und ist daher graduierbar und an bestimmte Voraussetzungen und Bedingungen geknüpft (vgl. van Quaquebeke et al. 2007). Da sich dieses Verständnis von Respekt auf leistungsbezogene Kriterien bezieht, soll dieser Aspekt hier ausgeklammert werden. Im Folgenden wird Respekt zum einen im Sinne von Achtung (horizontaler Respekt; ebd.) vor der Gleichwertigkeit und zum anderen als Rücksicht (Schmetkamp 2012) vor der Besonderheit des Anderen näher dargestellt.

Respekt im Sinne von Achtung bezieht sich auf einen universellen Anspruch aller Menschen auf Gleichberechtigung. Achtung wird ausgehend von Kant als innere Haltung definiert, die Menschen gegenüber, aufgrund der ihnen innewohnenden Würde, eingenommen wird (Kant 1990 org. 1797). Würde wird dabei dem Menschen a priori zugesprochen und meint ein absolut geltendes und vorrangiges Prinzip (vgl. Habermas 2010). So erscheint Achtung als Grundlage interpersoneller Beziehungen, da sie sich auf die Gleichheit von Menschen bezieht. Gleichheit wird dabei als Gleichberechtigung im Sinne einer Wahrnehmung gleicher Rechte, nicht aber als Gleichbehandlung, verstanden. Diese Art von Respekt ist nicht an Voraussetzungen oder Bedingungen gebunden, nicht abstufbar und kann nicht gewonnen oder verloren werden (vgl. mit dem Begriff der Achtung bei Kant 1990 org. 1797). Respekt als Achtung meint also, dass Menschen in interpersonellen Beziehungen unabhängig von ihren individuellen Lebensentwürfen oder ihrem Entwicklungsstand (vgl. Kleine Schaars 2010) als gleichwertig, nicht aber als gleich, angesehen werden. Die Gleichwertigkeit meint, ein gleiches Stimmrecht zugesprochen zu bekommen und ermöglicht so die Teilhabe an gesellschaftlichen Prozessen (vgl. Forst 2011).

Respekt, als Rücksicht verstanden, bezieht sich demgegenüber explizit auf Besonderheiten und individuelle Bedürfnisse von Menschen (Schmetkamp 2012). Dies meint die Berücksichtigung von Differenz in der Interaktion (Schmetkamp 2008).

Respekt beinhaltet eine Form der partikularen Rücksichtnahme auf Besonderheiten und konkrete Bedürfnisse von Personen, die über die basale Achtung hinausgeht (Schmetkamp 2012).

Respekt versucht demnach sowohl einen universalistischen, als auch einen partikularistischen Zugang auf die Herstellung von Gleichberechtigung in sozialen Interaktionen zu eröffnen. Dies soll nun im Folgenden für die Gruppe der Menschen mit intensiven Behinderungserfahrungen näher erläutert und kritisch hinterfragt werden.

3 Behinderung als soziales Konstrukt

Behinderung wird in der aktuellen Debatte nicht mehr als Krankheit im Sinne einer Schädigung oder Funktionseinschränkung verstanden, sondern als soziales Konstrukt identifiziert, das bestimmte strukturelle Bedingungen und Benachteiligungen mit sich bringt (Waldschmidt 2005). Im Sinne eines interaktionistischen Ansatzes wird Behinderung als eine Wechselwirkung zwischen einer Person mit ihren spezifischen Merkmalen und der Umwelt verstanden. Dabei ist es auch wichtig, welche Bedingungen die Person in der Umwelt vorfindet (Cloerkes 2007; Kastl 2014). Die Entstehung einer Behinderung ist somit kein Personenmerkmal, sondern konstituiert sich in bestimmten Umweltbedingungen und sozialen Prozessen. Der bio-psycho-soziale Ansatz, der der Internationale Klassifikation der Funktionsfähigkeit (DIMDI 2005; ICF) zugrunde liegt betont die Multidimensionalität von Behinderung und legt den Fokus dabei auf die Funktionsfähigkeit eines Menschen in bestimmten Kontexten (Bernasconi/Böing 2015). Eine Behinderung drückt sich demnach auf verschiedenen Ebenen aus und bezieht sich auf eine Einschränkung in der Teilhabe in verschiedenen Bereichen der Gesellschaft (ebd.). Teilhabe als eine Dimension der ICF (DIMDI 2005) wird dabei in Abhängigkeit von personalen und sozialen Faktoren betrachtet. Soziale Interaktion und sozialer Einschluss werden damit als zentrale Kategorien in der Entstehung von Behinderung berücksichtigt.

Durch die erweiterte Sichtweise auf Behinderung, um die soziale Komponente, werden personengebundene und defizitorientierte Ansätze allgemein, insbesondere aber auch deren Terminologie hinterfragt. Mit dem von Fornefeld (2008) gewählten Begriff ›Menschen mit Komplexer Behinderung‹ wird »die Anerkennung, die ethische und rechtliche Aufwertung der betroffenen Menschen verbunden« (ebd., 51) und die Heterogenität der angesprochenen Personengruppe verdeutlicht. So soll der Fokus deutlich vom persönlichen Merkmal des ›Behindertseins‹ zum gesellschaftlichen Konstrukt des ›behindert werden‹ verschoben werden. Betrachtet man Behinderung substanziell als ein Gesellschaftsprodukt (vgl. Cloerkes 2007), erscheint der Begriff ›Menschen mit intensiven Behinderungserfahrungen‹ (Schuppener 2011, 301) besonders geeignet.

Das Verständnis von Behinderung als sozialen Prozess lenkt den Blick auf die gesellschaftliche Aufgabe, Menschen mit Behinderungen als gleichberechtigte und gleichwertige Mitglieder in gesellschaftliche und politische Prozesse einzubeziehen. Diese Forderung nach Inklusion bezieht sich auf alle marginalisierten gesellschaftlichen Gruppen und kann so als universelles Konzept zur Anerkennung von Vielfalt und Differenz beschrieben werden. Insbesondere im Kontext von Behinderung ist die Inklusion eines der zentralen Themenfelder und kann als fundamentale gesellschaftliche Aufgabe beschrieben werden. Menschen mit intensiven Behinderungserfahrungen werden jedoch in aktuellen Inklusionsdiskursen häufig ausgeklammert. Wenn von ›Grenzen der Inklusion‹ gesprochen wird, ist dabei meist diese Personengruppe angesprochen. Die Inklusion von Menschen mit intensiven Behinderungserfahrungen scheint eine besondere Herausforderung darzustellen. Versteht man Inklusion jedoch als universelles Konzept, kann es dabei keine ›Grenze‹ geben, da alle Menschen in ihrem Menschsein als solche angesprochen sind. Inklusion meint nach diesem Verständnis die Normalität von Vielfalt und die Gleichberechtigung verschiedener Lebensentwürfe und Lebenswirklichkeiten (vgl. Wocken 2011; Theunissen 2011). Die vermeintlichen Grenzen stellen also zu bewältigende gesellschaftliche Aufgaben dar, an denen sich die Umsetzung einer inklusiven Gesellschaft messen lassen muss. Erst durch den Einbezug benachteiligter Gruppen, wie Menschen mit intensiven Behinderungserfahrungen, definiert sich der grundlegende Kern des Inklusionsverständnisses (vgl. Bielefeldt 2012).

In der Praxis finden bauliche Veränderungen und Assistenzleistungen als grundlegende Voraussetzung für inklusive Strukturen bereits häufig Beachtung. Der Abbau dieser strukturellen Barrieren ist ein wichtiger Beitrag zur Ermöglichung gleichberechtigter Teilhabe. Allerdings erscheinen diese Maßnahmen nicht ausreichend, um Teilhabe auch tatsächlich umsetzen zu können. Einstellungsbarrieren werden in diesem Zusammenhang häufig als die Hauptproblematik für nicht gelingende Inklusion gesehen (vgl. Jacobs/Alberti/Becker 2014). Diese Barriere scheint im Vergleich zu anderen Maßnahmen am schwierigsten überwindbar zu sein, da Einstellungen als schwer beeinflussbar gelten.

4 Einstellungsbarrieren und die Wirkung sozialer Interaktion

Unter einer Einstellung wird »ein stabiles System von positiven oder negativen Bewertungen, gefühlsmäßigen Haltungen und Handlungstendenzen in Bezug auf ein soziales Objekt« (Krech/Crutchfield/Ballachey 1962, 177) verstanden. Einstellung beschreibt also »eine positive oder negative Bewertung von Menschen, Objekten oder Vorstellungen« (Gerrig/Zimbardo 2008, 644). Es gibt drei Komponenten, die zu einer Einstellung führen: kognitive, affektive und verhaltensbezogene Komponenten (Gosch/Donaubauer 2011). Die kognitive (Wissens-)Komponente bezieht sich auf die Wahrnehmung und eine daran geknüpfte kognitive Bewertung des Gegenübers. Es handelt sich um die »Vorstellungen, Überzeugungen und bewertenden Urteile des Individuums« (Cloerkes 2007, 104). Die affektive (Gefühls-)Komponente beschreibt die Emotionen und »subjektiven Bewertungen des Individuums gegenüber dem Einstellungsobjekt« (ebd.) auf der Ebene der Gefühle. Sie bildet den »Kern einer sozialen Einstellung« (ebd., 104) und ist am schwierigsten zu beeinflussen, da diese Reaktion meist unbewusst und spontan erfolgt und sich der bewussten Wahrnehmung häufig entzieht. Die konative (Handlungs-)Komponente betrifft die Intention, die dem Verhalten zugrunde liegt und die daraus folgende Handlungstendenz (ebd., 104), beschreibt also ein Verhalten, dass auf eine bestimmte Einstellung folgt.

Da Einstellungen ein relativ stabiles Konstrukt sind, werden einstellungsbezogene Barrieren häufig als Rechtfertigung für ein Scheitern von Inklusionsbemühungen angeführt. Einstellungen scheinen eine der Grenzen für Inklusion zu sein.

Eine Einstellungsänderung zu bewirken, ist sicherlich eine der schwierigsten Aufgaben in der Entwicklung einer inklusiven Gesellschaft. Dennoch scheint es nicht unmöglich zu sein, auch die Ebene der Einstellungen durch gezielte Interventionen und Konzepte zu beeinflussen. Die Einstellungsforschung stützt dabei die These, dass negative Einstellungen und stereotype Zuschreibungen sozial vermittelt sind (Abrams/Rutland/Cameron 2003; Gasser/Chilver-Stainer/Buholzer 2011). Kontakthäufigkeit allein scheint dabei kein ausreichender Prädiktor für gelungene soziale Beziehungen zu sein (Allport 1954; Schwinger 2007). Vielmehr bestimmt die Qualität der sozialen Interaktion das Entstehen von Vorurteilen (Cloerkes 2007). Als förderliche Faktoren im Kontakt zwischen Menschen mit und ohne Behinderung werden zum Beispiel Freiwilligkeit, Statusgleichheit und gemeinsame Interessen genannt (Allemann-Koch/Kalberer-Suter/Sterchi 2011; Townsend/Wilton/Vakilirad 1993, Aronson/Wilson/Akert 2004). Insbesondere für Menschen mit intensiven Behinderungserfahrungen erscheint es dabei oft schwierig, diese Bedingungen herzustellen. Eine erschwerte Kommunikation bzw. erschwerte Bedingungen der Beziehungsaufnahme können dabei als zentrales Problemfeld in der Entstehung von sozialem Ausschluss identifiziert werden (vgl. Bernasconi/Böing 2015; Lingg/Theunissen 2008). Erschwernisse in der Kommunikation werden auch in der UN BRK als eine der vielfältigen Barrieren explizit genannt, von denen sich Menschen mit Behinderungen konfrontiert sehen (vgl. Schulze 2011). Dabei spielt das Erleben von sozialer Nähe bzw. sozialer Distanz eine entscheidende Rolle. Da die Wohnsituation von Menschen mit intensiven Behinderungserfahrungen stark institutionell geprägt ist (Fischer 2011), besteht eine Barriere bereits darin, Kontakt überhaupt herzustellen und damit soziale Nähe erst zu ermöglichen. Diese Problematik wurde mittlerweile von einem Großteil der Anbieter der Behindertenhilfe erkannt. Als Reaktion darauf werden beispielsweise sozialraumorientierte Angebote von den Institutionen weiter ausgebaut. So erhofft man sich eine bessere Einbindung von Menschen mit intensiven Behinderungserfahrungen in das direkte Umfeld. Menschen mit intensiven Behinderungserfahrungen sind jedoch nicht nur durch eine mögliche institutionelle Unterbringung sondern häufig »von Beginn ihres Lebens […] erheblichen Veränderungen und isolierenden Erfahrungen ausgesetzt« (Niedieck 2010, 19). Dies erschwert erheblich den Aufbau sozialer Netzwerke.

Obgleich davon ausgegangen wird, dass der Aufbau sozialer Kontakte positive Wirkungen auf Menschen mit intensiven Behinderungserfahrungen hat, sind diese Effekte interaktionaler Prozesse in Bezug auf diesen Personenkreis weitgehend unerforscht (Niedieck 2010). Allgemein lässt sich allerdings aufzeigen, dass »[d]er Mensch […] kein monadisches, nach außen abgeschlossenes, primär autonomes, sondern ein auf Bezogenheit und Koexistenz hin angelegtes Wesen [ist]« (Dederich 2007, 141 f.). Der Mensch wird dabei als soziales Wesen und in seinem Bedürfnis nach Zugehörigkeit (vgl. Baumeister/Leary 1995) in den Blick genommen. Somit haben soziale Interaktionen einen wichtigen Einfluss auf die Gesundheit und den Selbstwert von Individuen. Dabei ist, wie bei der Bildung der Vorurteile, nicht die Quantität der sozialen Interaktionen von Bedeutung sondern vielmehr deren Qualität. Die Qualität der Interaktionen ist der aussagekräftigste Prädiktor für physiologische Gesundheit (Fiorillo/Sabatini 2011; Uchino 2013). Über dies konnten verschiedene Studien zeigen, dass es eine Verbindung zwischen Einsamkeit, Gesundheitsverhalten, Schlafeffizienz, Sterblichkeit und Morbidität gibt (Holt-Lunstadt/Smith/Layton 2010; Cacioppo et al. 2002; Hawkley et al. 2003). Der Zusammenhang zwischen Gruppenzugehörigkeit und Gesundheit konnte ebenso in Studien nachgewiesen werden (von dem Knesebeck/Dragona/Siegrist 2005). Neben physiologischen Einflüssen, wird durch die Gruppenzugehörigkeit auch die Selbstwahrnehmung stark beeinflusst (Cacioppo et al. 2000). Cohen und Wills (1985) konnten den positiven Nutzen sozialer Beziehungen auf die Gesundheit zeigen und identifizierten diese als Möglichkeit der Stressbewältigung. Im Gegensatz dazu löst soziale Exklusion starken Stress im Individuum aus (Kirschbaum/Pirke/Hellhammer 1993; Zimet et al. 1988). Weitere Studien gehen davon aus, dass Angst und Depressivität durch soziale Kontakte stark beeinflusst werden können (Patten et al. 2010; Kienle/Knoll/Renneberg 2006; Vinokur/Ryn 1993). Ungewollte soziale Exklusion wird als Einsamkeit erlebt und ist insbesondere auch von der erlebten Qualität der sozialen Kontakte abhängig, wie also die stattfindenden Kontakte bewertet werden (vgl. Segrin/Domschke 2011). Einstellungsbezogene Barrieren können dabei die Beziehungsgestaltung und so die Wahrnehmung der Qualität sozialer Interaktion beeinflussen.

5 Respekt als Qualität sozialer Interaktion

Um einstellungsbasierte Barrieren untersuchen zu können, erscheint es notwendig, Faktoren zu operationalisieren, die auf die Qualität sozialer Interaktionen hindeuten. Auch das Übereinkommen der Vereinten Nationen über die Rechte von Menschen mit Behinderungen (Bundesgesetzblatt 2008) nimmt konkret Bezug auf die Ebene der Einstellung und betont die gesellschaftliche Aufgabe, die volle und gleichberechtigte Teilhabe in allen Bereichen des täglichen Lebens zu ermöglichen. So wird in Art. 8 ›Bewusstseinsbildung‹ Abs. 2b »die Förderung einer respektvollen Einstellung gegenüber Menschen mit Behinderung auf allen Ebenen des Bildungssystems« (ebd.) gefordert. Im englischen Original wird oft der Begriff ›respect‹ verwendet, welcher im deutschen als ›Achtung‹ übersetzt wurde. So wird zum Beispiel in Art. 3 ›Allgemeine Grundsätze‹ Abs. d »respect for difference« mit »Achtung vor Unterschiedlichkeit« übersetzt. In der ICF wird in Kap. 7 (d710) Bezug auf interpersonelle Interaktionen und Beziehungen genommen und u. a. auch auf die Bedeutung von Anerkennung und Respekt in Beziehungen hingewiesen. Dort wird Respekt als Rücksichtnahme und Wertschätzung verstanden (d7100) (DIMDI 2005). Respekt, Wertschätzung und Rücksichtnahme erscheinen dabei als Gegenpole zu negativen Einstellungen gegenüber Menschen mit Behinderungen und als Gelingensbedingung für die volle und gleichberechtigte Teilhabe in allen gesellschaftlichen Bereichen.

Demnach scheint Respekt ein wichtiger Aspekt für die Umsetzung inklusiver Prozesse und zur Beschreibung der Qualität sozialer Interaktionen zu sein. Respekt bildet eine Basis für Gleichwertigkeit (vgl. van Quaquebeke/Henrich/Eckloff 2007) und hat somit Einfluss auf Mitbestimmung (vgl. Dillon 2007), Zugehörigkeitsgefühl (vgl. De Cremer 2002; Simon 2007) und kann insgesamt positiv auf psychische Gesundheit wirken (vgl. De Cremer/Mulder 2007). Es bleibt allerdings unklar, wie Respekt in diesem Zusammenhang definiert wird.

Respekt im Sinne von Achtung ist voraussetzungslos und nicht graduierbar. Im Mittelpunkt steht die Gleichberechtigung und Gleichwertigkeit. Bezogen auf Menschen mit intensiven Behinderungserfahrungen ist die Anerkennung von Gleichwertigkeit sowohl in interpersonellen Beziehungen als auch im Hinblick auf Ziele verschiedener gesellschaftlicher Gruppen eine grundlegende Voraussetzung für Inklusion bzw. Teilhabe (Silter/Petersen 2015). Teilhabe führt wiederum zu gesellschaftlicher Zugehörigkeit von Menschen mit intensiven Behinderungserfahrungen (vgl. Bartelheimer 2005). Barreto und Ellemers (2002) konnten zeigen, dass das Erleben von Respekt das Zugehörigkeitsgefühl beeinflusst. Wie schon einleitend erwähnt, kann sich dies positiv auf die Persönlichkeitsentwicklung auswirken (vgl. Mattmüller/Fragner 1998).

Respekt im Sinne der Rücksicht bezieht sich explizit auf Besonderheiten des Anderen, wobei das Individuum als konkreter Anderer mit je eigener Geschichte, Identität und affektiv-emotionaler Verfassung in den Blick genommen wird (Schmetkamp 2012). Rücksicht ist damit kontextsensitiv und nimmt aktiv die Bedarfe und Voraussetzungen des Gegenübers in den Blick. Diese Form der Rücksichtnahme erhält insbesondere in asymmetrischen Beziehungen besondere Bedeutung. Gerade auch ausgehend vom Aspekt der häufig institutionellen Betreuung bzw. Unterbringung, sind Beziehungen von Menschen mit intensiven Behinderungserfahrungen vielfach von Asymmetrie geprägt. So ist dieser Personenkreis »in besonderem Maß auf verlässliche und respektvolle Beziehungen zu Betreuungspersonen sowie auf Betreuungs- und Versorgungsstrukturen angewiesen, die auf ihre spezifischen Bedarfe ausgerichtet sind« (Dederich 2007, 140). Denn ihr Risiko »etwa durch körperliche Übergriffe, Mangel an Verständnis und Respekt, soziale Isolation oder Verletzung ihrer Rechte in ihrer Integrität verletzt zu werden« (ebd., 140) ist deutlich erhöht. Das bedeutet, dass Menschen mit intensiven Behinderungserfahrungen durch das vermehrte Erleben asymmetrischer Beziehungen häufig einem Machtgefüge ausgesetzt sind. Dabei ist Macht »jede Chance, innerhalb einer sozialen Beziehung den eigenen Willen auch gegen Widerstreben durchzusetzen, gleichviel worauf diese Chance beruht« (Weber 1976, 28). Nicht nur im institutionellen Kontext treten solche Asymmetrien in sozialen Beziehungen auf. Auch durch verschiedene Normvorstellungen zwischen zwei sozialen Gruppen kann es vorkommen, dass nicht von dem gleichen Respektsverständnis ausgegangen werden kann (Silter/Petersen 2015). Diese somit unweigerlich auftretenden sozialen Machtverhältnisse bzw. asymmetrischen Beziehungen im Prozess der Inklusion müssen hinterfragt werden. Dazu gehören ebenso die bestehenden Rollenverständnisse. Um mit Heterogenität und auftretenden Konflikten kreativ und ergebnisoffen umgehen zu können, ist Respekt eine zentrale Voraussetzung (ebd.). Respekt bedeutet auch hier Rücksicht und in diesem Zusammenhang, dass aus einer »Zweite-Person-Haltung« (Darwall 1977) auf den Anderen geblickt wird. Diese Haltung verdeutlicht den unausweichlichen Anspruch, der durch den Anderen gestellt wird. Mit Hilfe dieses Perspektivwechsels kann man sich auf die besonderen Bedürfnisse des Anderen einstellen, um adäquat darauf antworten zu können.

Respekt bezieht sich demnach auf zwei zentrale menschliche Bedürfnisse: Als Gleicher anerkannt zu werden und in seiner je individuellen Besonderheit wahrgenommen zu werden. Daraus ergibt sich eines der zentralen Spannungsfelder im Diskurs um Respekt und Anerkennung. Einerseits wird die Anerkennung von Gleichheit, andererseits die Berücksichtigung von Differenz gefordert (vgl. Schmetkamp 2008). Gleichheit wird hier jedoch im Sinne eines gleichwertigen Mitspracherechts verstanden und schließt damit die Berücksichtigung von Unterschiedlichkeit explizit mit ein. Der Andere wird demnach mit seinen besonderen Belangen und Bedürfnissen in *gleichem Maße* anerkannt und einbezogen. Respekt und damit die Anerkennung von Gleichwertigkeit, gehen demnach als Basis von Inklusion über Toleranz und Akzeptanz hinaus (Silter/Petersen 2015). Im Mittelpunkt dieses Prozesses stehen dann keine Bewertungsvorgänge, sondern eine grundsätzliche Haltung allen Menschen gegenüber in ihrer jeweiligen Besonderheit. Dieser Ansatz ist unabhängig von Fähigkeiten. Respekt kommt allen Menschen gleichermaßen zu, unabhängig von Geschlecht, Alter, Religionszugehörigkeit, Behinderung, Weltanschauung und sexueller Orientierung (Bundesgesetzblatt 2006, 1897). Dies erfordert die Ermöglichung von Teilhabe und Mitbestimmung über zentrale Bereiche des eigenen Lebens, wobei der Abbau von baulichen und strukturellen Barrieren, Einstellungsbarrieren sowie das Angebot von Assistenz miteingeschlossen sind. Da die Lebenswirklichkeit von Menschen mit intensiven Behinderungserfahrungen in besonderem Maße von asymmetrischen Beziehungen geprägt ist, ergibt sich ein besonderer Anspruch auf gleichwertige Berücksichtigung. Durch diese Sichtweise verändert sich die Rolle vom Menschen als Hilfeempfänger hin zu einem Menschen mit einem legitimen Anspruch auf gleiche Berücksichtigung. Diese Berücksichtigung verändert den Umgang zwischen Menschen mit und ohne Behinderungen. Über »die Förderung einer respektvollen Einstellung«, wie sie beispielsweise in Art. 8 der UN-BRK (Bundesgesetzblatt 2008, 1428) gefordert wird, sollen Maßnahmen für eine Bewusstseinsbildung im Umgang mit Menschen mit Behinderung erreicht werden. Damit wäre das Argument der Einstellungsbarriere als Erklärung für eine nicht gelingende Inklusion entkräftet und stattdessen ein grundlegender Weg zum Gelingen aufgezeigt. Die Förderung von Respekt ist somit ein Motor für Inklusion und bezieht explizit auch Menschen mit intensiven Behinderungserfahrungen mit ein.

6   Fazit

Positive Kontakte zwischen Menschen mit und ohne Behinderung können Gefühle der Angst, der Bedrohung und der Unsicherheit in der Begegnung reduzieren, die gegenseitige Wahrnehmung verändern und Akzeptanz fördern (vgl. Werth/Mayer 2008). Insbesondere die Ebene der affektiven Einstellungen kann durch den positiven Kontakt zwischen verschiedenen Gruppen beeinflusst werden (ebd.). Die Einstellungsforschung konnte zeigen, dass der direkte Kontakt zwischen Mitgliedern verschiedener Gruppen Vorurteile abbaut und dass die Wahrnehmung von Fremdgruppen unter bestimmten Bedingungen verbessert werden kann (vgl. Pettigrew/Tropp 2008). Einstellungen sind demnach in gewissem Maße beeinflussbar und stellen kein starres und unveränderbares Konstrukt dar. Dabei scheint bereits die Kontakthäufigkeit Einfluss auf die Wahrnehmung zu haben, indem Sympathie und Vertrautheit erhöht werden (ebd.).

Überdies kann die Qualität von Interaktionen über das Erleben von Respekt positiv beeinflusst werden. Damit ist dann nicht nur eine Reduktion von negativen Gefühlen gemeint, sondern die Anerkennung der Gleichwertigkeit aller Menschen. Durch Respekt können die Forderungen der UN BRK (Bundesgesetzblatt 2008) nach Teilhabe und Anerkennung von Menschen mit Behinderung vorangetrieben werden und Einstellungsänderung innerhalb der Gesellschaft bewirkt werden.

Literatur

Abrams, Dominic/Rutland, Adam/Cameron, Lindsey/Marques, Josém (2003): The development of subjective group dynamics. When in-group bias gets specific. In: British Journal of Developmental Psychology, 21, 155–176.

Allemann-Koch, Michaela/Kalberer-Suter, Anita/Sterchi, Christian (2011): Kontakt und Einstellung zu Kindern mit Behinderung. Eine empirische Untersuchung in integrativen und nicht integrativen Klassen. Masterarbeit. Luzern: Pädagogische Hochschule Zentralschweiz.

Allport, Gordon (1954): The nature of prejudice. Adelison-Wesley.

Aronson, Elliot/Wilson, Timothy D./Akert, Robin M. (2004): Sozialpsychologie. 4. Aufl. München.

Barreto, Manuela/Ellemer, Naomi (2002): The Impact of resepect versus neglect of self-identities an identification and group loyalty. In: Personality und Social Psychology Bulletin, 28(5), 629–639.

Bartelheimer, Peter (2005): Teilhabe, Gefährdung, Ausgrenzung. In: Berichterstattung zur sozio-ökonomischen Entwicklung in Deutschland. 1. Auf. Wiesbaden, 85–123.

Baumeister, Roy F./Leary, Mark R. (1995): The Need to Belong. Desire for Interpersonal Attachments as a Fundamental Human Motivation. In: Psychological Bulletin 11(3), 497–529.

Bernasconi, Tobias/Böing, Ursula (2015). Pädagogik bei schwerer und mehrfacher Behinderung. Stuttgart.

Bielefeldt, Heiner (2012): Inklusion als Menschenrechtsprinzip. Perspektiven der UN-Behindertenrechtskonvention. In: Moser, Vera/Horster, Detlef (Hrsg.): Ethik der Behindertenpädagogik. Menschenrechte, Menschenwürde, Behinderung; eine Grundlegung. Stuttgart, 149–166.

Bundesgesetzblatt (2008): Gesetz zum Übereinkommen der Vereinten Nationen vom 13. Dezember 2006 über die Rechte von Menschen mit Behinderungen sowie zu dem Fakultativprotokoll vom 13. Dezember 2006 zum Übereinkommen der Vereinten Nationen über die Rechte von Menschen mit Behinderungen (2008 Teil II Nr. 35 vom 31.12.2008), 1419–1457. http://www.bgbl.de/xaver/bgbl/start.xav?startbk=Bundesanzeiger_BGBl&start=//*%255B@attr_id=%27bgbl208s1419.pdf%27%255D#__bgbl__%2F%2F*[%40attr_id%3D%27bgbl208s1419.pdf%27]__1444808352139 (14.10.2015).

Bundesgesetzblatt (2006): Getz zur Umsetzung europäischer Richtlinien zur Verwirklichung des Grundsatzes der Gleichbehandlung (2006 Teil I Nr. 39 vom 17.08.2006). http://www.bgbl.de/xaver/bgbl/start.xav?startbk=Bundesanzeiger_BGBl&start=//*%255B@attr_id=%27bgbl106s1897.pdf%27%255D#__bgbl__%2F%2F*[%40attr_id%3D%27bgbl106s1897.pdf%27]__1444808999663 (14.10.2015).

Cacioppo, John T./Ernst, John M./Burleson, Mary H./McClintock, Martha K./Malarkey, William B./Hawkleyd, Louis C./Kowalewski, Ray B./Paulsen, Alisa/Hobson, J. Allan/Hugdahl, Kenneth/Spiegel, David/Berntson, Gary G (2000): Lonely traits and concomitant physiological processes. The MacArthur social neuroscience studie. In: International Journal of Psychophysiology, 35, 143–154.

Cacioppo, John T./Hawkley, Louis C./Berntson, Gary G./Ernst, John M./Gibbs, Amber C./Stickgold, Robert/Hobson, J. Allan (2002): Do Lonley Days Invade the Night? Potential Social Modulation of Sleep Efficiency. In: Psychological Science 13(4), 384–387.

Cloerkes, Günther (2007): Soziologie der Behinderten. Eine Einführung. Heidelberg.

Cohen, Sheldon/Wills, Thomas Ashby (1985): Stress, Social Support, and the Buffering Hypothesis. In: Psychological Bulletin, 98(2), 310–357.

Darwall, Stephen L. (1977): Two kinds of respect. In: Ethics, 88(1), 36–49.

De Cremer, David (2002): Respect and cooperation in social dilemmas. The importance of feeling included. In: Personality and Social Psychology Bulletin, 28, 1335–1341.

De Cremer, David/Mulder, Laetitia B. (2007): A passion for respect. On understanding the role of human needs and morality. In: Gruppendynamik und Organisationsberatung, 38(4), 439–449.

Dederich, Markus (2007): Abhängigkeit, Macht und Gewalt in asymmetrischen Beziehungen. In: Dederich, Markus/Grüber, Katrin (Hrsg.): Herausforderungen. Mit schwerer Behinderung leben. Frankfurt am Main, 139–152.

Dillon, Robin S. (2007): Respect. A philosophical perspective. In: Gruppendynamik und Organisationsberatung, 38(2), 201–212.

DIMDI (2005): ICF. Internationale Klassifikation der Funktionsfähigkeit, Behinderung und Gesundheit. Hrsg. v. Deutsches Institut für medizische Dokumentation und Information. http://www.dimdi.de/dynamic/klassi/downloadcenter/icf/endfassung/icf_endfassung-2005-10-01.pdf (01.09.2015).

Erhardt, Klaudia/Grüber, Katrin (2013): Teilhabe von Menschen mit geistiger Behinderung am Leben in der Kommune. In: Teilhabe, 52(1), 12–18.

Fiorillo, Damiano/Sabatini, Fabio (2011): Quality and quantity. The role of social interactions in self-reported individual health. In: Social Science & Medicine, 73(11), 1644–1652.

Fischer, Ute (2011): Wohnen und Leben in der Gemeinschaft. Entwicklung und Perspektive. In: Fröhlich, Andreas/Heinen, Norbert/Klauß, Theo/Lamers, Wolfgang (Hrsg.): Schwere und mehrfache Behinderung interdisziplinär. Impulse: Schwere und mehrfache Behinderung. Bd. 1. Oberhausen, 367–387.

Fornefeld, Barbara (Hrsg.) (2008): Menschen mit Komplexer Behinderung. Selbstverständnis und Aufgabe der Behindertenpädagogik. München.

Forst, Rainer (2011): Kritik der Rechtfertigungsverhältnisse. Perspektiven einer kritischen Theorie der Politik. Berlin.

Fragner, Josef (2002): Achtung, Anerkennung und Gerechtigkeit. In: Behinderte in Familie, Schule und Gesellschaft, 4/5/2002.

Gasser, Luciano/Chilver-Stainer, Jennifer/Buholzer, Alois (2011): Einstellungen nicht behinderter Kinder gegenüber Kindern mit einer körperlichen oder geistigen Behinderung in integrativen und nicht integrativen Schulklassen. In: Schweizerische Zeitschrift für Heilpädagogik, 16(1), 30–35.

Gerrig, Richard J./Zimbardo, Philip G. (2008): Psychologie. München.

Gosch, Angela/Donaubauer, Anita (2011): Einstellungen von Schülerinnen und Schülern gegenüber Menschen mit Behinderung. Evaluation des Projektes »Perspektivwechsel«. In: Schweizerische Zeitschrift für Heilpädagogik, 16(1/11), 36–42.

Graumann, Sigrid (2011): Anerkennung und Sorgebeziehungen. In: Lüdtke, Nico/Matsuzaki, Hironori (Hrsg.): Akteur – Individuum – Subjekt. Fragen zu ›Personalität‹ und ›Sozialität‹. Wiesbaden, 385–399.

Habermas, Jürgen (2010): Das Konzept der Menschenwürde und die realistische Utopie der Menschenrechte. In: Deutsche Zeitschrift für Philosophie, 58(3), 343–357.

Hawkley, Louis C./Burleson, Mary H./Berntson, Gary G./Cacioppo, John T. (2003): Loneliness in Everday Life. Cardiovascular Activity, Psychosocial Context, and Health Behaviors. In: Journal of Personality and Social Psychology 85(1), 105–120.

Holt-Lunstadt, Julianne/Smith, Timothy B./Layton, J. Bradley (2010): Social Relationships and Mortality Risk:. A Meta-analytic Review. In: PLOS Medicine 7(7), e1000316.

Honneth, Axel (1992): Kampf um Anerkennung. Zur moralischen Grammtik sozialer Konflikte. Frankfurt am Main.

Horton, John (1998): Toleration. Routledge Encyclopedia of Philosophy. Version 1.0.

Jacobs, Kurt/Alberti, Irene/Becker, Klaus-Peter (2014): Respektvolle Begegnungen. Zum angemessenen Umgang zwischen Menschen mit und ohne Behinderung; ein Beitrag zu Artikel 8 ›Bewusstseinsbildung‹ der UN-Behindertenrechtskonvention. Berlin.

Kaletta, Barbara (2008): Anerkennung oder Abwertung. Über die Verarbeitung sozialer Desintegration. Wiesbaden.

Kant, Immanuel (1990 orig. 1797): Die Metaphysik der Sitten. Ditzingen.

Kastl, Jörg Michael (2014): Behinderung, soziale Reaktion und sozialer Erfahrung. Zur Aktualität Interaktionistischer pragmatischer Analyseperspektiven. In: Kastl, Jörg Michael/Felkendorff, Kai (Hrsg.): Behinderung, Soziologie und gesellschaftliche Erfahrung. Im Gespräch mit Günther Cloerkes. Wiesbaden, 141–169.

Kienle, Rolf/Knoll, Nina/Renneberg, Babette (2006): Soziale Ressourcen und Gesundheit. Soziale Unterstützung und dyadisches Bewältigen. In: Renneberg, B./Hammelstein Philipp (Hrsg.): Gesundheitspsychologie. Heidelberg, 107–123.

Kirschbaum, Clemens/Pirke, Karl-Martin/Hellhammer, Dirk H. (1993): The ›Trier Social Stress Test‹. A Tool for Investigating Psychobiological Stress Respones in a Laboratory Setting. In: Neuropsychobiology 28, 76–81. http://p113367.typo3server.info/uploads/media/lit9304.pdf (14.09.2015).

Klein, Anna (2014): Toleranz und Vorurteil. Opladen/Berlin/Toronto.

Kleine Schaars, Willem (2010): Begegnen mit Respekt. Wege zwischen Überbehütung und Überforderung in der sozialen Arbeit in Kliniken Schulen oder Familien. Tübingen.

Krech, David/Crutchfield, Richard S./Ballachey Egerton L. (1962): Individual in society. New York.

Lingg, Albert/Theunissen, Georg (2008): Psychische Störungen und geistige Behinderunge. Ein Lehrbuch und Kompendium für die Praxis. Freiburg.

Mattmüller, Felix/Fragner, Josef (1998): Integration als Projekt der Gleichwertigkeit. Von der Defektologie zur Demokratie. Innsbruck/Wien.

Niedieck, Imke (2010): Das Subjekt im Hilfesystem. Wiesbaden.

Patten, Scott B./Williams, Jeanne V. A./Lavorato, Dina H./Bulloch, Andrew G. M. (2010): Reciprocal Effects of Social Support in Major Depression Epidemiology. In: Clinical Practice & Epidemiology in Mental Health, 6, 126–131.

Pettigrew, Thomas F./Tropp, Linda R. (2008): How does intergroup contact reduce prejudice? Meta-analytic test of three mediators. In: European Journal of Social Psychology, 38, 922–934.

Schmetkamp, Susanne (2008): Achtung oder Anerkennung? Über die Verbindung zweier vermeintlich unversöhnlicher Begriffe. http://www.dgphil2008.de/fileadmin/download/Sektionsbeitraege/14-4_Schmetkamp.pdf (02.09.2015).

Schmetkamp, Susanne (2012): Respekt und Anerkennung. Paderborn.

Schulze, Marianne (2011): Menschenrechte für alle. Die Konvention über die Rechte von Menschen mit Behinderungen. In: Flieger, Petra/Schönwiese, Volker (Hrsg.): Menschenrechte, Integration, Inklusion. Bad Heilbrunn, 11–26.

Schuppener, Saskia (2011): Zur Rolle von Kreativität und Spiel im Leben von Menschen mit intensiven Behinderungserfahrungen. In: Fröhlich, Andreas/Heinen, Norbert/Klauß,

Theo/Lamers, Wolfgang (Hrsg.): Schwere und mehrfache Behinderung interdisziplinär. Impulse: Schwere und mehrfache Behinderung. Bd. 1. Oberhausen, 299–316.

Schwinger, Thomas (2007): Einstellung zu geistig Behinderten. In: Evangelische Fachhochschule Darmstadt (Hrsg.): Arbeitspapiere aus der Evangelischen Fachhochschule Darmstadt 8. http://nbn-resolving.de/urn:nbn:de:0168-ssoar-328239 (14.09.2015).

Segrin, Chris/Domschke, Tricia (2011): Social support, loneliness, recuperative processes, and their direct and indirect effects on health. In: Health Communication, 26, 221–232.

Silter, Katharina/Petersen, Sibylle (2015): Respekt als Einflussfaktor für gelingende soziale Teilhabe. In: Leonhardt, Annette/Müller, Katharina/Truckenbrodt, Tilly (Hrsg.): Die UN-Behindertenrechtskonvention und ihre Umsetzung. Beiträge zur Interkulturellen und International vergleichenden Heil- und Sonderpädagogik. Bad Heilbrunn, 325–332.

Simon, Bernd (2007): Respect, quality, and power. A social psychological perspective. In: Gruppendynamik und Organisationsberatung, 38(3), 309–326.

Theunissen, Georg (2011): Inklusion als gesellschaftliche Zugehörigkeit. Zum neuen Leitprinzip der Behindertenhilfe. In: neue praxis, 41 (2), 156–168.

Townsend, Michael A. R./Wilton, Keri A./Vakilirad, T. (1993): Children's attitudes toward peers with intellectual disability. In: Journal of Intellectual Disability Research, 37, 405–411.

Uchino, Bert N. (2013): Understanding the link between social ties and health. On building stronger bridges with relationship science. In: Journal of Social and Personal Relationships 30(2), 155–162.

van Quaquebeke, Niels/Heinrich, Daniel C./Eckloff, Tilmann (2007): »It's tolerance I'm asking for, it's respect!«. A conceptual frame work to differentiate between tolerance, acceptance and respect. In: Gruppendynamik und Organisationsberatung, 38(2), 185–200.

Vinokur, Amiran D./Ryn, Michelle (1993): Social support and undermining in close relationships. Their independent effects on mental health of unemployed persons. In: Journal of Personality and Social Psychology, 65(2), 350–359.

Von dem Knesebeck, Olaf/Dragano, Nico/Siegrist, Johannes (2005): Social Capital and self-rated health in 21 European countries. In: GMS Psycho-Social-Medicine, 2. Retrieved from http://www.egms.de/en/journals/psm/2005-2/psm000011.shtml (02.09.2015).

Wacker, Elisabeth (2008): Selbstbestimmung und Behinderung. In: Verhaltenstherapie und psychosoziale Praxis, 40(1), 11–27.

Waldschmidt, Anne (2005): Disability Studies. Individuelles, soziales und/oder kulturelles Modell von Behinderung? In: Psychologie und Gesellschaftskritik, 29(1), 9–31.

Weber, Max (1976): Wirtschaft und Gesellschaft. Grundriss der verstehenden Soziologie. 6. Aufl. Tübingen.

Werth, Lioba/Mayer, Jennifer (2008): Sozialpsychologie. Heidelberg.

Wocken, Hans (2011): Zur Philosophie der Inklusion. Spuren, Eckpfeiler und Wegmarken der Behindertenrechtskonvention. In: Teilhabe, 50(2), 52–59.

Zimet, Gregory D./Dahlem, Nancy W./Zimet, Sara G./Farley, Gordon K. (1988): The Multidimensional Scale of Perceived Social Support. In: Journal of Personality Assessment, 52(1), 30–41.

Carla Klimke

Möglichkeiten der kulturellen Förderung im inklusiven Unterricht

1 Schwerste Behinderung

Menschen mit schwerer Behinderung sind »immer wieder Spannungen und gegenläufigen Tendenzen in unserer Gesellschaft ausgesetzt. Die wesentliche Auseinandersetzung spielt sich ab zwischen den Polen: behindert und nicht behindert, zwischen Selbstwahrnehmung, dem Erleben der eigenen Identität und bewertenden Sichtweisen anderer Menschen« (Haupt 2011, 272).

Auf der einen Seite erfordern massive Einschränkungen in allen Entwicklungsbereichen ein hohes Maß an Unterstützung und Assistenz und bergen somit die Gefahr von Fremdbestimmung, auf der anderen Seite reduzieren sich Teilhabechancen der Betroffenen und ihrer Familien häufig. Ihre sozialen Netzwerke sind verkleinert und oft sind Isolation und Vereinsamung die Folgen.

Schwerstbehinderte Menschen, so vielfältig ihr Erscheinungsbild auch sein mag, sind aber immer auch Menschen, die die Welt wahrnehmen, Neues lernen, in Kommunikation treten und von ihren Mitmenschen beachtet und wertgeschätzt werden wollen, eben weil sie in dieser Welt und mit anderen leben.

Ihr Lebensraum muss an ihre Bedürfnisse angepasst werden. Geeignete Räume, Pflege- und Rückzugsgelegenheiten, Therapieräume und Materialien sind notwendig für die Versorgung, Pflege und Teilhabe (vgl. Klauß/Lamers 2003, 26).

Der Umgang mit schwerstbehinderten Menschen erfordert Qualifikation und Kompetenzen in Bezug auf die Behinderungsbilder und das Handling, Pflege und Kommunikation sowie Lernunterstützung (vgl. Wagner 2013, 498 f.). Eine wertschätzende Haltung, die die Würde eines jeden Menschen postuliert, sowie Beziehungskontinuität sind grundlegend für diese Arbeit (vgl. Fröhlich 2014, 382 f.).

2 Zur aktuellen schulischen Situation

Für den Unterricht haben die sehr individuellen Bedarfe schwerstbehinderter Menschen einen großen Einfluss auf die Struktur und Phasierung (vgl. Wagner 2013, 499). Zeiten für Pflege, Ruhe, Therapien, Wiederholungen, Vertiefungen und Kommunikation über Eindrücke und Inhalte sind zwingend erforderlich. Hilfsmittel zur Positionierung, Aktivierung, Kommunikation und Kompensation sind unverzichtbare Bestandteile der schulischen Förderung. Das erfordert neben spezifischen fachlichen Kompetenzen auch die Kooperation mit ganz unterschiedlichen Professionen.

Schwerstbehinderte Schüler(innen) sind oftmals aus den Bildungsangeboten der weniger schwer behinderten Mitschüler(innen) ausgeschlossen. Das hat vielfältige Gründe. Die oben beschriebenen Bedingungen verhindern die volle zeitliche Teilhabe. Das fachliche Wissen in Bezug auf diagnostische Verfahren und Therapie- und Förderkonzepte wie auf die Gestaltung von Unterricht mit schwerstbehinderten Schüler(innen) hat einen zu geringen Stellenwert in der Ausbildung von Lehrer(innen). Es fehlen didaktische Konzepte: Die Richtlinien und Lehrpläne für schwerstbehinderter Kinder und Jugendliche aus dem Jahr 1985 (vgl. MfSW NRW 1985) sind längst überholt in Bezug auf Menschenbild und Bildungsanspruch (vgl. auch Janz/Lamers 2003, 26 f.) Die Schulen mit dem Förderschwerpunkt KME sind für diese Menschen zwar entsprechend räumlich, sächlich und personell ausgestattet, gleichzeitig bergen sie aber die Gefahr, dass sie als notwendige »exklusive« Alternative gesehen werden können und somit einen Ausschluss aus dem inklusiven System zur Folge haben.

In einem Positionspapier formuliert die Stiftung *Leben pur* deshalb umfassende Voraussetzungen in einem inklusiven Schulsystem und fordert die »Mitnahme« der bisherigen Fachkompetenzen der Förderschulen. Inklusion für diese Personengruppe bleibt in einem System, das sich nicht wie dort beschrieben verändern wird, eine Illusion (vgl. Stiftung leben pur, o. J.).

3 Bildung und Kultur

Bildung ist ein unveräußerliches Menschenrecht, von dem niemand ausgeschlossen werden darf und welches Verständnis, Toleranz und Freundschaft zum Ziel hat (vgl. UN-Erklärung der Menschenrechte Artikel 26,1. und 2.). Bildung umfasst die aktive Auseinandersetzung mit dem eigenen kulturell-gesellschaftlichen Leben (Böing/Silkenbeumer 2003, 80) und die Integration dieser Aneignung in das »Selbst« (Klauß/Lamers 2003, 21). Lernen bedeutet also, sich mit der eigenen Gesellschaft, ihrer Kultur und seiner Umgebung so auseinanderzusetzen, dass das Erfahrene in die eigene Person integriert werden kann (Fröhlich 2014, 384). So entwickelt sie ein Weltbild von individueller Bedeutsamkeit.

Bildung ist keine klar definierte Größe, sondern abhängig von den Bezugswelten des Individuums. Bildung ist niemals abgeschlossen, sondern eine lebenslange Aufgabe und Chance (Ermert 2009, o. S.).

»Kultur im weiteren Sinne meint die jeweils typischen Erscheinungen in der Gesamtheit der Lebensvollzüge einer Gesellschaft (Nation, Ethnie, Gruppe usw.) von den technischen und künstlerischen Hervorbringungen bis zu den Verhaltensmustern des Zusammenlebens und den Wertvorstellungen und Normen, also auch den philosophischen und religiösen Bezugssystemen einer Gemeinschaft.

Mit Kultur im engeren Sinne werden die Künste und ihre Hervorbringungen bezeichnet: Bildende Kunst, Literatur, die darstellenden Künste (von Theater über Tanz bis Film), Musik, die angewandten Künste wie Design und Architektur sowie die vielfältigen Kombinationsformen zwischen ihnen« (Ermert 2009, o. S.).

Kulturschaffende setzen sich mit einer Thematik auseinander, durchdringen sie, übersetzen sie durch verschiedene Ausdrucksmöglichkeiten und stellen sie ihrem Publikum vor. Das Publikum erlebt diese Thematik dann auf eine besondere Art, es wird gefordert, belehrt, irritiert, amüsiert, aufgeregt, angerührt, aktiviert oder kultiviert entspannt. So gesehen ist Kultur ein Dialog, eine Möglichkeit der Übersetzung und Deutung von Inhalten und deren Transport zum Publikum.

Kultur selbst ist kein bloßes Naturphänomen, sondern wird durch die Bildung erhalten und weiterentwickelt (vgl. Lamers 2006, 156 f.). Alle Mitglieder(innen) einer Kulturgemeinschaft tragen dazu bei. Je bunter diese Gemeinschaft, umso bunter die kulturelle Vielfalt und Toleranz. »Ausschluss aus dem Bildungssystem schlösse den betreffenden Menschen aus dieser Kultur aus, reduzierte dadurch aber auch das Niveau der Kultur« (ebd.). Das gilt für alle Menschen, unabhängig mit welchen Kompetenzen sie ausgestattet sind. Wer in dieser Welt lebt, hat das Recht, ihr zu begegnen, sie zu verstehen, sie zu genießen und sie mitzugestalten. Diese Grundhaltung ist Voraussetzung für die Arbeit mit schwerstbehinderten Schüler(innen).

4 Kulturelle Förderung an der Oberlinschule

4.1 Die Oberlinschule – eine Förderschule mit dem Förderschwerpunkt körperliche und motorische Entwicklung

Die Oberlinschule ist eine Ganztagsschule für körperbehinderte Kinder, Jugendliche und junge Erwachsene mit verschiedensten Förderbedürfnissen. Sie liegt in Wetter-Volmarstein am Rand des Ruhrgebietes zwischen Dortmund, Bochum und Hagen und ist eine Einrichtung der Evangelischen Stiftung Volmarstein, eines der größten Zentren für ganzheitliche Rehabilitation im Ruhrgebiet. Angeschlossen an die Schule sind auch mehrere der ESV zugehörige Kinderheime. Die externen Schüler(innen) kommen aus dem Ennepe-Ruhr-Kreis südlich der Ruhr sowie der Stadt Hagen.

Die Behinderungen der Schülerschaft sind über die Körperbehinderung hinaus sehr vielfältig. Ihre Förderbedarfe liegen in den Bereichen Motorik, Wahrnehmung, Emotionalität, Sozialität, Kognition und Kommunikation.

Das erfordert eine schulische Förderung durch handlungs- und praxiorientierte Angebote. Die Förderung der Ausdrucks- und Kommunikationsfähigkeit ist ein wichtiges und selbstverständliches Angebot der Oberlinschule.

4.2 Kulturelle Förderung an der Oberlinschule

Von der Gründung der Oberlinschule an gab und gibt es engagierte Kolleg(inn)en, die ihre Kompetenzen im großen Feld der kulturellen Möglichkeiten einsetzen und ein buntes kulturelles Leben in der Schule gestalten. Sie haben ein Netzwerk aus engagierten Kulturschaffenden aufgebaut, die mit ihren Ideen und Fähigkeiten das Schulleben bereichern. Zum *theater*hagen und *lutz*hagen besteht seit langer Zeit eine enge und regelmäßige Bindung. Viele Kulturschaffende der Einrichtung besuchen die Oberlinschule und lassen die Oberlinschüler(innen) in ihre Einrichtung kommen und sie erkunden. Theaterbesuche gehören zum Schulleben eines jeden Oberlinkindes und -jugendlichen.

Verschiedene bildnerische Künstler(innen) bereichern seit Jahren den Kunstunterricht und setzen Akzente. Sie fördern über die Auseinandersetzung mit flächigem und räumlichem Gestalten ästhetische Sensibilität, Organisation und Kommunikationsfähigkeit sowie die Kreativität der Schüler(innen).

Musik durchzieht alle Bereiche des Schulalltags, sei es fächerbezogen, sei es in jahreszeitlichen Ritualen, wie Advents- und Ostersingen zum Schulbeginn, bei der Begleitung von Festen und Feiern, sei es im Schulchor oder Schulorchester oder in dem einmal jährlich stattfindenden Gospelworkshop mit anschließendem Konzert. Die Schule hat zwei gut ausgestattete Musikräume mit vielfältigen Instrumenten, die den Schüler(innen) in verschiedenen Kontexten zur Verfügung gestellt werden. Musiker(innen) aus verschiedenen Kultureinrichtungen im Umfeld besuchen die Schule regelmäßig und beschränken sich nicht nur auf einzelne Klassen, sondern präsentieren ihre Konzerte zum Teil der gesamten Schulgemeinschaft. Musik ist eine Universalsprache, die jeden Menschen erreicht und hat hohe soziale Resonanz.

Eine relativ neue Zielgruppe für die kulturelle Förderung ist die Gruppe der schwerstbehinderten Kinder und Jugendlichen. Kulturelle Basisförderung ist seit 2006 fester Bestandteil der schulischen Förderung an der Oberlinschule Volmarstein. Mindestens ein Projekt führen die Schüler(innen) mit schwersten Behinderungen pro Schuljahr durch. Was zunächst als Experiment begann, hat inzwischen viele Möglichkeiten der schulischen Bildung und der Begegnung geschaffen, sei es mit Kindern aus den anderen Klassen der eigenen Schule, sei es mit Kindern und Jugendlichen aus verschiedenen Regelschulen oder mit Erwachsenen, die die Projekte mit ihren Hobbys, ihren Berufen, ihren besonderen Begabungen oder einfach nur mit Interesse und Offenheit begleiten und bereichern.

Eine Konferenz »kulturelle Förderung« erarbeitet verlässliche Strukturen, vernetzt sich mit verschiedenen Kulturpartnern, betreibt Öffentlichkeitsarbeit nach innen sowie außen und treibt die Entwicklung stetig voran.

Abb. 1: Im Orchester. Foto: Werner Hahn

Die Schule hat ein Netzwerk aus Kulturpartnern, Sponsoren und Pressekontakten aufgebaut. Fortbildungen, Besuche von Fachkongressen und die Teilnahme an Wettbewerben sind flankierende Maßnahmen. Sie haben verschiedene Wirkungen: Über die konzeptionell fundierten Begründungen werden die Projekte tiefer durchdacht, evaluiert, weiterentwickelt und gewinnen an Qualität. Das strahlt aus: Die Schüler(innen) erhalten Aufmerksamkeit und erfahren Wirksamkeit, Selbstwertgefühl und Anerkennung, die Schule gewinnt zunehmend ein kulturelles Profil, Sponsoren werden in ihrer Förderung bestätigt und andere Bildungseinrichtungen entwickeln Interesse und Lust auf Zusammenarbeit.

Kolleg(inn)en und Kulturpartner stehen für Fortbildungen zur kulturellen Förderung zur Verfügung, stellen ihre Arbeit in Fachzeitschriften dar und haben einige Projekte praxisnah mit Sachanalysen, Medien, Aktionen und Reaktionen der Kinder und Jugendlichen veröffentlicht (vgl. Klimke/König-Bullerjahn 2013a, 2013b, 2013c, Klimke/Wittler 2013, Klimke 2013b, 2013c, 2014).

4.3 Zur Auswahl der Themen

Kulturelle Förderung in der Schule bietet die Möglichkeit des Brückenschlags zu (fast) allen Bildungsinhalten. Die Themen der Projekte sind vielfältig und an den Interessen der Teilnehmer(innen), Schüler(innen) wie Lehrer(innen) geknüpft. Sie reichen über Musik und Kunst, Religion, Sprache sowie Sport und Spiel.

Abb. 2: Hänsel und Gretel. Foto: Carla Klimke

Gesellschaftliche Relevanz ist ein weiterer wichtiger Aspekt der Projekte. Durch das allgemein Verbindende werden Unterschiede, Stärken und Einschränkungen ausgeglichen und verlieren zugunsten des Themas an Bedeutung. Präsentationen, die interessant für das Publikum sind, sorgen für hohe Besucherzahlen sowie Interesse und Anerkennung.

So haben wir Opern wie »Die Zauberflöte«, Humperdincks »Hänsel und Gretel«, »Karneval der Tiere« und »Peter und der Wolf« bearbeitet, eine »Reise durch die Kunstgeschichte« unternommen, uns mit 14 deutschen Gedichten im Projekt »Von Goethe bis Guggenmos« auseinandergesetzt, deutsche Volkslieder erkundet, einen Beitrag zur Kulturhauptstadt 2010 mit dem Projekt »KinderAufRuhr« geleistet, zu Bizets »Kinderspielen« getanzt, sind tief ins »Dschungelbuch« eingetaucht, haben uns in einem eigenen Kindermusical mit den Farben der Welt beschäftigt und mehrere Workshops zu Gospelmusik mit anschließenden Konzerten gemacht.

4.4 Prinzipien kultureller Projekte mit schwerstbehinderten Schüler(innen)

Die kulturelle Förderung in der Oberlinschule versteht sich als Übersetzung von Inhalten, die für jeden voraussetzungslos verständlich wird und fußt auf folgenden Prinzipien: *Aktuelle und relevante gesellschaftliche Themen und Bildungsinhalte* werden durchdrungen, in kleine, überschaubare Einheiten unterteilt, elementarisiert (auf Wesentliches reduziert, ohne den Inhalt zu verfälschen) (vgl. Heinen 2003) und auf vielfältige sinnliche und erlebnisorientierte Zugänge hin untersucht.

Die Konzepte der Förderung schwerstbehinderter Schüler(innen), wie *Basale Stimulation* nach Fröhlich (1996), *Basale Kommunikation* nach Mall (2008), *Basale*

Aktivierung nach Breitinger/Fischer (2000), das *Konzept des kleinen Raumes* nach Nielsen (2001) und das *kombinierte Konzept* von Dank (1996) begleiten den Unterricht immanent. Pädagogische und therapeutische Angebote werden verknüpft und bereichern die Förderung.

Professionelle Kulturschaffende aus allen Sparten begleiten die Projekte regelmäßig. Gemeinsam mit den schwerstbehinderten Schüler(innen) werden die elementarisierten Einheiten intensiv und mit vielfältigen ästhetischen, künstlerischen und basalen Angeboten durchdrungen. Ein weiteres Prinzip ist das Erleben in der *Gemeinschaft*: Mit allen Sinnen, auf vielen unterschiedlichen Wegen, den Teilnehmer(inne)n angemessen und natürlich immer mit der nötigen Unterstützung wird eng miteinander gearbeitet. Die vielfachen *behinderungsspezifischen Medien* und Hilfen unserer Einrichtung, wie individuelle Hilfsmittel, Geräte der unterstützten Kommunikation und alle Materialien der basalen Förderung sind selbstverständlich in den Unterricht integriert. *Musik*, als ein emotional und universell verständlicher Träger begleitet alle Projekte, zum Teil von den Musiker(inne)n im Kollegium komponiert, als Gedicht oder Sprachspiel, durch Lieder aus verschiedenen Kontexten, live oder aus der Konserve. Sehr oft findet sie aber auch in Kooperation mit professionellen Musikern ihren Ausdruck. *Rückblicke* sind ein wesentlicher Bestandteil der Projekte. Fotos, kleine Produkte, die im Laufe der Projekte entstehen und Filmmaterial bieten Gelegenheiten zu Gesprächen über das Erlebte, zu Wiederholungen und zum Erinnern. Die Schüler(innen) verknüpfen auf diese Weise das Erlebte in den unterschiedlichen Gehirnregionen und können es somit leichter verarbeiten und abrufen.

Charakteristisch für alle Projekte ist die *Prozesshaftigkeit*. Die Reaktionen der Schüler(innen) bestimmen maßgeblich den Projektverlauf mit. Experimente, Umwege, Ausprobieren, Ablehnen, neu Arrangieren und die kreative Auseinandersetzung gehören zum Prozess und sind gewollt. Die *Rolle der Lehrpersonen* hat sich durch die kulturelle Förderung verändert. Wir planen die Entwicklung unserer Schüler(innen) nicht mehr vor, wir machen Angebote und lassen die Kinder und Jugendlichen entscheiden, was sie daraus mitnehmen, welche sie wiederholen oder verstärken, verändern oder lassen wollen. Dabei haben wir gelernt, dass die Barrieren weniger bei den Teilnehmer(inne)n liegen, sondern sehr oft in unseren eigenen Köpfen. Es macht große Freude, diese Grenzen zu überwinden und den Blick auf Fähigkeiten und Ressourcen der Schüler(innen) zu erweitern und zu erkennen, dass vielfältige Lernergebnisse erreicht werden können, die uns immer wieder in Erstaunen versetzen.

Aus allen Erlebnissen werden diejenigen ausgewählt, die deutlich mit Begeisterung, mit Verständnis, mit Erkennen und mit der Anteilnahme der Schüler(innen) verbunden sind. Sie sind Grundlage für die *abschließenden Präsentationen*, die ihren Ausdruck in ganz unterschiedlichen kulturellen Sparten finden kann, wie Filme, Bilderausstellungen, Bücher oder ganz unterschiedliche Aufführungen auf der Bühne.

Egal, welche Präsentationsform gewählt wird: Immer ist oberstes Prinzip die Beteiligung aller, mit angemessener Unterstützung und vollem innerlichen Engagement.

Alle Projekte werden öffentlich präsentiert, regelmäßig beworben und durch die kommunalen Medien begleitet. Bücher und Artikel in Fachzeitschriften informieren über die kulturelle Förderung der Oberlinschule und regen zur Arbeit in ähnlichen Bezügen an (vgl. Klimke/König-Bullerjahn 2007, 2008a, 2008b, 2010, 2011a, 2011b, 2012, 2013a, 2013b, 2013c, Klimke/Wittler 2013, Klimke 2012, Klimke 2013a, 2013b, 2013c, 2014). Die Projektleiter(innen) stehen für Fortbildungen gerne zur Verfügung.

4.5 Wirkungen

Was als Experiment begann, hat uns schnell gezeigt, dass auch Kinder und Jugendliche mit hohem Unterstützungsbedarf Interesse und Lust auf verschiedene Themen haben. Sie zeigen uns das nachdrücklich durch ihr Interesse und ihre Aufmerksamkeit. »Wegdämmern« und »stereotype Verhaltensweisen« reduzieren sich innerhalb der Projekteinheiten deutlich. Immer wieder haben wir über die Erinnerungsfähigkeiten unserer Schüler(innen) gestaunt, die zeigen, wie viel und wie lange die Projekte nachwirken und tragen.

Der Unterricht für schwerstbehinderte Schüler(innen) hat sich an der Oberlinschule nachhaltig verändert. Die Kulturförderung ist kein erweitertes Kunst- oder Musikangebot, sondern ein fächerübergreifendes Angebot, das den Alltag an der Oberlinschule weitgehend bestimmt und bereichert. Neben den Klassenprojekten gibt es regelmäßige Angebote für alle Schüler(innen) der Stufen.

Die Kooperation mit außerschulischen Partnern öffnet unsere Schule nach außen und innen. Unsere Kinder und Jugendlichen werden wahrgenommen. Sie sind durch jährliche Präsentationen Teil des Theaterlebens geworden und haben auch in dieser Einrichtung Veränderungen bewirkt. Das beginnt mit regelmäßigen Besuchen, dem Bau einer Rampe und führt bis zu selbstverständlichen Aufführungen von Künstler(inne)n mit und ohne Handicap.

Interessante Menschen bereichern die Projekte durch ihre Hobbys, Fähigkeiten und Berufe und ermöglichen eine Perspektive auf ein breites Spektrum an Berufsfeldern und Freizeitmöglichkeiten.

> »Obwohl Kultur in unserer Gesellschaft allgegenwärtig scheint, ist zu beobachten, dass der Zugang zur Kunst und Kultur […] nach wir vor und immer mehr das Privileg einer Bildungselite ist […]« (Strutz/Einhellinger 2015, 160).

Die Projekte der Oberlinschule haben nicht nur den Schüler(innen), sondern auch ihren Familien und Freunden, Lust auf kulturelle Angebote gemacht. Das beweisen die sehr gut besuchten Aufführungen im Theater und in der Schule und die Anzahl der verkauften Filme.

4.6 Inklusive Möglichkeiten durch kulturelle Förderung

Über die Projekte ergeben sich anfangs zögerlich, inzwischen zunehmende, von Interesse und Offenheit getragene Begegnungen mit anderen Einrichtungen, wie Kindergärten, Grund- und Sekundarstufenschulen und Einrichtungen der Lehreraus- und Lehrerfort-bildung. Die Beteiligten durchleben immer wieder eine veränderte Sicht auf die schwerstbehinderten Schüler(innen): weg vom defizitären Blick auf Menschen mit hohem und lebenslänglichem Unterstützungsbedarf, hin zur Sicht auf Fähigkeiten, Interessen und Kompetenzen. Beteiligte Hauptschüler(innen) hatten zunächst die Vorstellung von sozialer Hilfe im gemeinsamen Projekt. Nach und nach ließen sie sich von den schönen Erlebnissen einfangen, machten sich Gedanken um die Einbeziehung der behinderten Kinder und Jugendlichen und lenkten den Blick auf ihre Kompetenzen und Fähigkeiten. Ein Beispiel ist die offenkundige Furchtlosigkeit unserer Kinder und Jugendlichen in einer selbstgestalteten »Geisterbahn«. Mit Medien der unterstützten Kommunikation, wie Step-by-Steps, die einen gruseligen Klangteppich schufen, adaptierten Geräten für Geisteratem und Geisterspucke, visuellen Gruseleffekten und vieles mehr haben die schwerstbehinderten Schüler(innen)die Hauptschüler(innen) das Gruseln gelehrt und ernteten Achtung. Ein weiteres Beispiel ist die Reaktion der Kinder und Jugendlichen auf die Musik des philharmonischen Orchesters. Die Musiker(innen) waren beeindruckt von der bedingungslosen Begeisterung und den unmittelbaren Reaktionen der Kinder und Jugendlichen selbst auf für sie fremde Kompositionen. In einem Interview hebt der Generalmusikdirektor die intensive Begegnung der behinderten Schüler(innen), die Unmittelbarkeit der körperlichen Reaktionen und das Fehlen von Berührungsängsten hervor. Die Musiker(innen) erleben die reagierende und nicht konsumierende Haltung als wohltuend und vorbildhaft (vgl. Ludwig 2014, 27).

Für den pädagogischen Planungsprozess ist das inklusionsdidaktische Netz von Heimlich und Kahlert hilfreich (vgl. Heimlich/Kahlert 2014 154 f.). Es hilft, das fachliche Thema mit seinen Perspektiven und der Lebensweltorientierung nach den verschiedenen Richtlinien zu durchdringen und dann mit den entwicklungsorientierten Aspekten zu verknüpfen. Auf diese Weise können auch sehr heterogene Lerngruppen am gleichen Thema arbeiten und es sich individualisiert und differenziert erschließen.

Ausgangslage für die inhaltliche Erschließung sind stets gemeinsame lustvolle, aufregende und besondere Erlebnisse. Sie unterscheiden sich vom Alltag so sehr, dass sie lange und leicht im Gedächtnis bleiben und die Gruppe verbinden. Sie dienen als Klammer für das gemeinsame Thema, das je nach Bildungsgang vertieft und erweitert werden kann. Im Projekt »Gemeinsam unschlagbar – Bilder einer Ausstellung« besichtigen wir z. B. zum Bild »Ballett der Küken« eine große Hühnerfarm. Zum Bild »Der Ochsenkarren« beschäftigen wir uns mit Transportmitteln aus der Vergangenheit und Gegenwart. Nach Abschluss des Projektes fasst eine Schülerin es so zusammen: »Wir hatten Spaß zusammen. Die Behinderung war einfach weg. Man hat sie nicht mehr gesehen!«

Auch die gemeinsame Arbeit mit dem Ziel, ein Kunstprodukt zu präsentieren, verbindet schon im Prozess heterogene Gruppen zu einem Team. Die Durchdringung eines Stoffes sowie die Übersetzung für ein Publikum und seine Präsentation fügen die unterschiedlichen Projektteilnehmer(innen) von Anfang an zu einer Gruppe zusammen. Kulturelle Förderung mit ihren vielfältigen Methoden und Mitteln, den Zugängen über alle Sinne und Wahrnehmungskanäle und der großartigen Eigenschaft, auf direktem Wege emotional zu berühren, erreicht alle, bietet individuelle Erfahrungsräume und Gestaltungsmöglichkeiten, schafft Gemeinschaftserlebnisse und erweitert Kompetenzen.

Abb. 3: Tanz. Foto: Ingrid Baltruschat

Alle Kunstsparten in den kulturellen Projekten bieten den Schüler(innen) die Erweiterung ihrer Ausdrucksmöglichkeiten. Tanz, bildnerische Künste, Musik, Theater und sprachliche Formate können ausprobiert, variiert und auf ihre Wirkung hin untersucht werden. Fehler gibt es hier nicht. Und manch einer hat Fähigkeiten entdeckt, von denen er vorher nichts geahnt hat.

Und ganz nebenher erweitern die Teilnehmer(innen) Kompetenzen, die als *Schlüsselqualifikationen* bezeichnet werden: Beziehungsstrukturen ändern sich, soziale Beziehungen werden angebahnt, ausgebaut und gefestigt. Rücksichtnahme, Pünktlichkeit, Konzentration und Durchhaltevermögen sind grundlegend für die Projekte und für die Teilnehmer(innen) direkt erfahrbar.

Kulturelle Förderung heißt Themen durchdringen und sie zu präsentieren. Alle Teilnehmer(innen) *erweitern ihr Wissen* mit den ihnen zur Verfügung stehenden Mitteln und der entsprechenden Unterstützung, sind eingebunden und haben ihren Platz. Sie erleben sich als selbstwirksam und erfahren Interesse und Anerkennung durch das Publikum. Die Teilnahme an Wettbewerben schafft zusätzliche Bestätigung. Die Auszeichnungen der Projekte der Oberlinschule gelten nicht nur den Lehrpersonen und den Kulturschaffenden, sondern in erster Linie den jungen Protagonisten.

Über die kulturellen Projekte erhalten die Kinder und Jugendlichen Zugang zu den unterschiedlichen Kultureinrichtungen. Sie entwickeln ein Verständnis für die Kunstsparten und können sie als genussvoll und für jeden zugänglich erleben. Die Exklusivität dieser Einrichtungen für bestimmte Gesellschaftsgruppen – nur 10 %

der Gesamtbevölkerung sind Stammnutzer von Kultureinrichtungen (Strutz/Einhellinger 2015, 160) – wird aufgehoben. Den Schüler(innen) eröffnen sich über die kulturellen Projekte neue Möglichkeiten der Freizeitgestaltung. Die Auseinandersetzung mit gesamtgesellschaftlich relevanten Themen und die effektvollen Präsentationen mit der Technik und den Mitarbeiter(inne)n der Kulturbetriebe führen häufig dazu, dass die Behinderungen der Kinder und Jugendlichen nicht mehr im Vordergrund stehen, sondern die Faszination für die Vorführung. So sagt ein Schüler einer Grundschule nach der Vorstellung des Projektes »Wasser, Luft und Erde – Kinder erleben die Schöpfungsgeschichte« auf die Frage seiner Lehrerin, ob ihm etwas an den Kindern auf der Bühne aufgefallen sei: »Nein!« Erst bei nochmaligem Nachfragen fiel ihm ein: »Ein Kind saß im Rollstuhl!« Bei der Präsentation bewegten sich 28 der teilnehmenden 30 Kinder mit einem Rollstuhl!

Inzwischen haben sich über die Projekte viele Kontakte und Begegnungen mit anderen Schulen und Kindergärten ergeben. Leider sind zeitlichen Ressourcen und die Entfernungen der Einrichtungen häufig ein Hinderungsgrund für intensivere Zusammenarbeit und erfordern Kreativität und Flexibilität. Im Schuljahr 2015/2016 sind an der Oberlinschule zwei inklusive Projekte mit einer Grundschule und einem Seniorentheater geplant. Aus einem kulturellen Projekt hat sich eine Partnerschaft mit der Hauptschule Vorhalle ergeben, die seit ein paar Jahren inklusive Sportangebote bereithält und Schüler(innen) beider Schulen zu Sporthelfer(inne)n ausbildet.

5   Zusammenfassung

Seit der Schulpflicht für schwerstbehinderte Schüler(innen) in den 1970er-Jahren haben Förderschulen Konzepte und Rahmenbedingungen für die schulische Förderung dieses Personenkreises entwickelt. Waren diese zunächst noch sehr an den Aktivitäten des täglichen Lebens orientiert, so entwickeln sich seit einigen Jahren tragfähige Formate für Bildungsteilhabe dieser Kinder und Jugendlichen. Zeitgleich entstanden bundesweit neue Konzepte und Programme zur kulturellen Bildung. Wettbewerbe, wie »Kinder zum Olymp« und »Mixed up« oder Kulturprogramme aller Art unterstützen Schulen und Kultureinrichtungen. Der Artikel beschreibt, unter welchen Bedingungen kulturelle Förderung über die bloße Wissensvermittlung hinausgeht, soziales Miteinander, Kreativität und Toleranz fördert, Schlüsselqualifikationen stärkt und als tragfähiges Inklusionskonzept verstanden werden kann.

Literatur

Böing, Ursula/Silkenbeumer, Diana (2003): Mathe, Deutsch, Musik – Bildungsinhalte für schwerbehinderte Schülerinnen und Schüler!? In: Lamers, Wolfgang/Klauß, Theo (Hrsg.): alle Kinder alles lehren! – Aber wie? Düsseldorf, 79–92.

Breitinger, Manfred/Fischer, Dieter (2000): Intensivbehinderte lernen leben. Würzburg.

Bundesvereinigung kulturelle Kinder- und Jugendbildung (2009): Kulturelle Bildung – Reflexionen, Argumente, Impulse. Köln.

Dank, Susanne (1996): Individuelle Förderung Schwerstbehinderter. Dortmund.

Ermert, Karl (2009): Was ist kulturelle Bildung? In: Bundeszentrale für politische Bildung (Hrsg.). http://www.bpb.de/gesellschaft/kultur/kulturelle-bildung/59910/was-ist-kulturelle-bildung (26.04.2015).

Fröhlich, Andreas (2008): Basale Stimulation: Das Konzept. Düsseldorf.

Fröhlich, Andreas (2014): Inklusion für Menschen mit schwerer Behinderung. In: ZfH 10.2014, 379–384.

Fröhlich, Andreas/Simon, Angela (2004): Gemeinsamkeiten entdecken. Düsseldorf

Fröhlich, Andreas und Freunde (Hrsg.) (2014): Bildung – ganz basal. Düsseldorf.

Haupt, Ursula (2011): Behindert und gefördert. München.

Heimlich, Ulrich und Kahlert, Joachim (2012): Inklusionsdidaktische Netze – Konturen eines Unterrichts für alle. In: Heimlich, Ulrich/Kahlert, Joachim (Hrsg.): Inklusion in Schule und Unterricht. Stuttgart, 153–190.

Heinen, Norbert (2003): Überlegungen zur Didaktik mit Menschen mit schwerer Behinderung. In: Fröhlich, Andreas/Heinen, Norbert/Lamers, Wolfgang (Hrsg.): Schulentwicklung – Gestaltungs(t)räume in der Arbeit mit schwerbehinderten Schülerinnen und Schülern. Texte zur Körper- und Mehrfachbehindertenpädagogik. Bd 2. Düsseldorf, 121–144.

Janz, Frauke/Lamers, Wolfgang (2003): Alle Kinder alles lehren! – Aber wie? In: Lamers, Wolfgang/Klauß, Theo (Hrsg.): ... alle Kinder alles lehren! – Aber wie? Düsseldorf, 17–36.

Klauß, Theo/Lamers, Wolfgang (Hrsg.) (2003): Alle Kinder alles lehren ... Grundlagen der Pädagogik für Menschen mit schwerer und mehrfacher Behinderung. Heidelberg.

Klimke, Carla/König-Bullerjahn Klaudia (2007): Die Reise der Sternenkinder – Basales Theater schwerstbehinderter Schüler ... In: Unterstützte Kommunikation ISAAC's Zeitung 1/2007, 44–47.

Klimke, Carla/König-Bullerjahn Klaudia (2008a): Beinahe die Zauberflöte – ein musikalisches Märchen in Anlehnung an Wolfgang Amadeus Mozart. In: VDS NRW (Hrsg.): Sonderpädagogische Förderung. NRW Mitteilungen 1/2008, 62–73.

Klimke, Carla/König-Bullerjahn Klaudia (2008b): Von Goethe bis Guggenmos – Kinder spielen mit Gedichten. In: VDS NRW (Hrsg.): Sonderpädagogische Förderung. NRW Mitteilungen 4/2008, 33–38.

Klimke, Carla/König-Bullerjahn Klaudia (2010): Kulturelle Teilhabe und aktive Gestaltung im Unterricht mit schwerstbehinderten Schülerinnen und Schülern am Beispiel eines kooperativen Projektes »Beinahe Peter und der Wolf«. In: VDS NRW (Hrsg.): Sonderpädagogische Förderung NRW Mitteilungen 2/2010, 32–39.

Klimke, Carla/König-Bullerjahn, Klaudia (2011a): Möglichkeiten zum Unterricht in heterogenen Lerngruppen am Beispiel des Projektes »KinderAufRuhr«. In: VDS NRW (Hrsg.): Sonderpädagogische Förderung. NRW Mitteilungen 1/2011, 27–33.

Klimke, Carla/König-Bullerjahn, Klaudia (2011b): Die Geschichte von Peter und der Wolf in neuer Fassung – Musik als mehrsinnliches Erzählinstrument. In: Fornefeld, Barbara

(Hrsg.): Mehr-sinnliches Geschichtenerzählen – Eine Idee setzt sich durch. Berlin, 141–158.

Klimke, Carla (2012): Möglichkeiten des medialen Einsatzes bei der Bildungsarbeit mit Menschen mit hohem Unterstützungsbedarf. In: Bosse, Ingo (Hrsg.): Medienbildung im Zeitalter der Inklusion. Düsseldorf, 121–126.

Klimke, Carla/König-Bullerjahn, Klaudia (2012): Theater erleben, verstehen und mitgestalten – Ein Praxisbeispiel zur voraussetzungslosen kulturellen Teilhabe. In: Maier-Michalitsche Nicola/Grunick, Gerhard (Hrsg.): Freizeit bei Menschen mit schweren und mehrfachen Behinderungen. Düsseldorf, 127–138.

Klimke, Carla/König-Bullerjahn, Klaudia (2013a): Von Goethe bis Guggenmos – Kinder spielen mit Gedichten. Reihe Praxis Inklusion. Dortmund.

Klimke, Carla/König-Bullerjahn, Klaudia (2013b): KinderAufRuhr – Kinder erkunden ihre Heimat. Reihe Praxis Inklusion. Dortmund.

Klimke, Carla/König-Bullerjahn Klaudia. (2013c): Beinahe die Zauberflöte – ein musikalisches Märchen. Reihe Praxis Inklusion. Dortmund.

Klimke, Carla/Wittler, Matthias (2013): Wasser, Luft und Erde – Kinder erleben die Schöpfungsgeschichte. Reihe Praxis Inklusion. Dortmund.

Klimke, Carla (2013a): Jede Blüte will zur Frucht, jeder Morgen Abend werden- Möglichkeiten zur aktiven Auseinandersetzung und sozialen Teilhabe. In: Deutscher Kinderhospizverein e. V. (Hrsg.): Nähe gestalten Teilhabe ermöglichen, Trauer begleiten. Ludwigsburg.

Klimke, Carla (2013b): Beinahe Peter und der Wolf. Reihe Praxis Inklusion. Dortmund.

Klimke, Carla (2013c): Die Reise durch die Kunstgeschichte. Reihe Praxis Inklusion. Dortmund.

Klimke, Carla (2014): LIEDerLEBEN. Reihe Praxis Inklusion. Dortmund.

Lamers, Wolfgang/Heinen, Norbert (2006): ›Bildung mit ForMat‹ – Impulse für eine veränderte Unterrichtspraxis mit Schülerinnen und Schülern mit (schwerer) Behinderung. In: Laubenstein, Désirée/Lamers, Wolfgang/Heinen, Norbert (Hrsg.): Basale Stimulation kritisch – konstruktiv. Düsseldorf, 141–196.

Ludwig, Florian (2014): Diese Kinder sind unsere Vorbilder. In: Volmarsteiner Gruß 01.2014, 24–27.

Mall, Winfried (2008): Kommunikation ohne Voraussetzungen. Heidelberg.

Nielsen, Lilli (2001): Das Ich und der Raum. Würzburg.

Ministerium für Schule und Weiterbildung des Landes NRW (Hrsg.) (1985): Richtlinien und Hinweise. Frechen.

Stiftung Leben pur (Hrsg.) (o. J.): Inklusion in Schulen. Positionspapier. http://www.stiftung-leben-pur.de/fileadmin/user_upload/slp/Flyer_Inklusion_Schule.pdf (23.06.2015)

Strutz, Djamila/Einhellinger, Christine (2015): Kulturelle Teilhabe für sozial benachteiligte Kinder und Jugendliche durch kulturelle Bildung. In: ZfH 4.2015,160–172.

UN-Erklärung der Menschenrechte (1948). http://www.un.org/depts/german/menschenrechte (26.04.2015).

Wagner, Michael (2013): Sind sie der Rest? Kinder und Jugendliche mit schwerer Behinderung in einem inklusiven Schulsystem. In ZfH 12.2013, 496–501.

Dorothea Sickelmann-Wölting

›Die Hand riecht nach Thymian …‹ – Sinnesgärten als inklusives Bildungsangebot

1 Einleitung

Mit der Forderung nach inklusiver Bildung gehen Veränderungen und Herausforderungen einher, die auch eine Entwicklung innerhalb der Pädagogik bei schwerer und mehrfacher Behinderung bedingen. Diese findet ihren Ausdruck in der Grundhaltung einer ›nicht ausgrenzenden Pädagogik‹ (vgl. Bernasconi/Böing 2015). Auf den Ideen einer solchen ›nicht ausgrenzenden Pädagogik‹ basieren die nachfolgenden Ausführungen. Dies gilt zunächst insbesondere für das zugrunde liegende Bildungsverständnis, nach dem Bildung als die »grundlegende Veränderung des Verhältnisses von Ich und Welt« (Koller 2012 zit. nach Bernasconi/Böing 2015, 106) verstanden wird. Ein solches Bildungsverständnis ist auf die gesamte Lebensspanne gerichtet. Die Bedarfslagen und Bildungsprozesse von der frühen Kindheit bis ins hohe Alter werden so mitberücksichtigt und schließt gleichermaßen Menschen mit sogenannter (schwerer und mehrfacher) Behinderung und Menschen ohne Behinderung mit ein.

In Fachdiskussionen vielfach thematisiert und in der Praxis mindestens ebenso häufig erfahren, reflektiert und problematisiert, zeigt sich jedoch, dass die gesellschaftliche Umsetzung einer ›nicht ausgrenzenden Pädagogik‹ innerhalb und außerhalb von Bildungsinstitutionen nicht selten von Schwierigkeiten begleitet ist. Heterogenität zuzulassen und zugleich jeweils angemessen zu begleiten, sie konstruktiv zu gestalten und auch auszuhalten, stellt eine große Herausforderung für alle Beteiligten dar (vgl. Schwoll/Sturm 2010). Es erscheint daher sinnvoll, nach Konzepten und Handlungsfeldern Ausschau zu halten, die für sich genommen bereits verstärkt Potenzial in sich tragen für Menschen unterschiedlichen Alters, unterschiedlicher Herkunft und unterschiedlicher Voraussetzungen eine sinnvolle Basis und ein sinnvoller ›Ort‹ für die gemeinsame und individuelle Entwicklung zu sein. Eine solche Basis bietet z. B. der (Lern-)Bereich der Wahrnehmungserfahrung, ebenso wie der Garten ein solches Handlungsfeld darstellt. In spezifischer Weise zusammengefügt in der Gestalt von ›Sinnesgärten‹, kann dieses Handlungsfeld ein für alle Menschen ›sinn‹volles Lern- und Erfahrungsfeld bilden und so Raum für ein zwangloses, gemeinschaftliches Erleben, Entdecken und Lernen von Menschen bieten, welcher dann für das jeweilige Individuum die jeweils spezifische ›grundlegende Veränderung des Verhältnisses von Ich und Welt‹ bewirken kann. Unter Berücksichtigung dieses Ziels werden Hintergründe, Möglichkeiten und Potenziale sowie damit einhergehende Gestaltungsaspekte von Sinnesgärten im Folgenden exemplarisch aufgezeigt und betrachtet. Hierbei wird zunächst die menschliche Wahrnehmung im

Mittelpunkt stehen. Sie bildet die grundlegende Form menschlichen Lernens und ist der konzeptionelle Schwerpunkt von Sinnesgärten.

2 Wahrnehmung und Wahrnehmungsentwicklung als gemeinsame Lernbasis unter besonderer Berücksichtigung der Naturwahrnehmung

»Jeder von uns kennt das: Urplötzlich, ohne daß [sic!]man mit einem einzigen Gedanken an früher gedacht hatte, ganz unvermittelt riecht irgendetwas nach Kindheit, schmeckt irgendetwas nach Kindheit ... [...] Wenn Sie nur ein einziges Mal in Ihrem Leben bei einem bestimmten Geruch, einem Geschmack oder einem Geräusch ein Stückchen Ihrer Kindheit noch einmal ganz lebhaft empfunden haben, dann glauben Sie mir nicht, sondern dann wissen Sie: als Kind war alles anders. Als Kind war alles farbiger, bildhafter, lauschiger, stiller und lauter, zärtlicher und grausamer, winziger und riesiger; in der Kindheit hat alles nach etwas gerochen, nach etwas geschmeckt: in der Kindheit hat sich alles irgendwie angefühlt, wohl- oder wehgetan; in der Kindheit gehörte zu jedem Geruch, zu jedem Bild, zu jedem Geräusch die entsprechende Furcht, die entsprechende Lust, ein Staunen oder ein Glück: als Kind war alles ganz anders – sinnlicher.« (Schmeer 1996, 11 f.)

Wahrnehmungserfahrungen begleiten Menschen ein Leben lang. Wahrnehmungserfahrungen zu machen, zu nutzen und sich an sie zu erinnern, bildet dabei die Basis für menschliche Entwicklung (vgl. Haupt 2006). Da dies für alle Menschen gilt, kann hier auch die Basis für gemeinsame Lernerfahrungen gelegt werden. Zudem kann diese generelle Gemeinsamkeit in der Entwicklung und auch bei der Unterstützung von Menschen mit schwerer und mehrfacher Behinderung hilfreich sein. So stellt Fröhlich fest:

»Die Welt sehr schwer beeinträchtigter Menschen ist nach unserem derzeitigen Kenntnisstand konzentriert auf die unmittelbare Körpersphäre und ein ganzheitlich, körperlich-seelisches Leben. Dies ist eine Lebensform, die alle Menschen schon einmal ähnlich im Säuglingsalter durchlaufen haben. Damit kann in dieser Lebensform von einer Gemeinsamkeit ausgegangen werden. Die individuellen Erfahrungen der Begleitpersonen und Professionellen können wieder aktiviert und nutzbar gemacht werden.« (Fröhlich 2011, 229)

Der komplexe Prozess der »Wahrnehmung ist die sinngebende Verarbeitung innerer und äußerer Reize unter Zuhilfenahme (Ausnutzung) von Erfahrung und Lernen« (Fröhlich 2005b, 52). Es können die Bereiche der somatischen, vestibulären, vibratorischen, auditiven, visuellen, olfaktorischen, gustatorischen und taktilen Wahrnehmumg unterschieden werden. Neben der Aufnahme von Sinnesreizen durch die Sinnesorgane sind dabei auch die Informationsweiterleitung und -verarbeitung im Sinne einer sensorischen Integration von entscheidender Bedeutung. Hierbei spielen das zentrale Nervensystem und das Gehirn eine essenzielle Rolle. Dabei ist der

Prozess der Wahrnehmungsaufnahme und -verarbeitung von den Bereichen der Motorik und Kognition und anderer zentraler Entwicklungsbereiche nicht zu trennen (vgl. Zimmermann 2002). Je nachdem, ob dabei eine Sinnesschädigung und/oder eine Schädigung des ZNS vorliegt, sind die Ausgangslagen eines Menschen, mit denen seine Kompetenzen auf der Basis von Wahrnehmungserfahrungen und Verarbeitungsprozessen aufbaut, dabei unterschiedlich. Sie werden von ihm aber stets zunächst als entwicklungslogisch und sinnvoll wahrgenommen. Die Einschätzung individueller Zugänge und Prozesse als ›Störung‹ erfolgt erst durch den externen Betrachter, der ein Bewusstsein bzgl. nicht ›behinderter‹ Zugänge zur Welt hat und die eingeschränkten Möglichkeiten demnach als ›Störung‹ bewertet. Neben organischen Faktoren können Entwicklungsverzögerungen und -erschwernisse auch aufgrund einer reizarmen Umgebung und damit einhergehenden mangelnden Wahrnehmungserfahrungen auftreten. Vor diesem Hintergrund zeigt sich somit, dass es grundsätzlich für jeden Menschen von Bedeutung ist, Zeit seines Lebens seine Wahrnehmungspotenziale zu nutzen, zu erweitern und zu schulen. Da der Zugang zur Welt für unterschiedliche Personen aufgrund unterschiedlicher Zugangswege und Aktivitätsmöglichkeiten immer verschieden ist, können Menschen auf Unterstützung durch Bereitstellung von Aktivitätsmöglichkeiten angewiesen sein. Das Anbieten von Wahrnehmungserfahrungen ist somit grundlegend von großer Relevanz. Dass solche Angebote und die (mögliche) Unterstützung hierbei stets in sinnvollen und attraktiven Kontexten stattfinden sollten, erscheint selbstverständlich und wird gerade auch in Bezug auf Menschen mit schwerer und mehrfacher Berhinderung gefordert (Praschak 2011; Fröhlich 2011; Bernasconi/Böing 2015). Vor dem Hintergrund sinnstiftender Wahrnehmungserfahrungen findet sich dabei vielfach auch der Hinweis auf das Lern- und Erfahrungsfeld der Natur. Sicherlich lässt sich einerseits pragmatisch feststellen, dass die Natur in ihren unterschiedlichen Erscheinungsformen generell zur menschlichen Umwelt gehört, mit der jede Person fast zwangsläufig irgendwann in Kontakt kommt und sich auseinandersetzen muss. Zudem ist sie auch Teil des kulturellen Lebensumfeldes eines jeden Menschen, so dass sie somit für Menschen mit schwerer und mehrfacher Behinderung ein »Handlungsfeld für kulturelle Teilhabe« darstellt (vgl. Bernasconi/Böing 2015, 257), in dem Wahrnehmungserfahrungen nicht nur sinnvoll eingebettet werden, sondern per se auch als sinnstiftender Zugang zur Teilhabe an diesem kulturellen Handlungsfeld genutzt werden können. Dabei ist dieses Lebens- und Handlungsfeld gut zugänglich und ermöglicht ›naturgemäß‹ eine Vielzahl von unterschiedlichsten Wahrnehmungserfahrungen und -zugängen. Flade (2010, 37) stellt fest: »Weil insbesondere Naturumwelten alle Sinne anregen, fördern sie auch in besonderem Maße die Entstehung komplexer neuronaler Verschaltungsmuster im Gehirn.« Die positive Wirkung von Pflanzen, Düften, Geräuschen und anderen Phänomenen der Natur auf den Menschen und seine Gesundheit und Psyche konnte durch verschiedene wissenschaftliche Untersuchungen bestätigt werden (vgl. Schneiter-Ulmann 2010, 123 ff.). Zu den Erkenntnissen der Umweltpsychologie, welche sich neben anderen Wissenschaften in vielfältiger Form mit dem »Wahrnehmen und Erleben von Natur durch den Menschen« (Flade 2010, 7) und dem Verhältnis ›Mensch und Natur‹ und ihren verschiedenen Wirkweisen auseinandersetzt, gehört u. a. auch, dass Gärten und Landschaften, die viel Grün und viel Wasser beinhalten, von Menschen als wohltuend, erholsam oder regenerierend empfunden werden (vgl. Plahl 2004, 55). Neben den Erkenntnissen bzgl. der Naturwahrnehmung kann ein weiterer Aspekt hinzukommen, der die Natur als ›Handlungsfeld‹ besonders attraktiv erscheinen lässt. So lässt sich mit Flade feststellen, dass die Natur zu allen Zeiten und in den verschiedensten Kulturen geschätzt wurde (vgl. Flade 2010, 11) und nicht zuletzt vor diesem Hintergrund seit Ende des 19./Anfang des 20. Jahrhunderts dem Menschen ein ›Naturbedürfnis‹ unterstellt wurde, worunter der Bedarf nach Licht, Luft, Sonne, Wasser und die Erfahrung der Schönheit der belebten und unbelebten Natur verstanden wurde (Baumgartner 2001 zit. nach Flade 2010, 12). Dieser Idee folgend stellt sich die Frage, ob ein solches Bedürfnis genetisch determiniert oder durch Sozialisation erworben ist. Hier kommt Flade zu dem Schluss, dass ein solches Bedürfnis, eher erworben ist und zwar auf der Grundlage eigener gemachter positiver Erfahrungen in und mit der Natur, durch die Beobachtung anderer Menschen und deren positiver Erfahrungen in und mit der Natur und die Übernahme von Argumenten, Begründungen und der allgemein vorherrschenden Bedeutung, die ihr zugemessen wird (vgl. Flade 2010, 12 f.). »Für die Menschen in den höher zivilisierten Gesellschaften bekommt die Natur die Bedeutung einer ›Gegenwelt‹, die mit Ursprünglichkeit, Unverfälschtheit und ›Natürlichkeit‹ assoziiert wird« (Flade 2010, 13). In der Auseinandersetzung bzw. Begegnung des Menschen mit der Natur spielen somit nicht nur Aktivitäten und Wahrnehmungserfahrungen eine Rolle, sondern auch verschiedenste Idealbilder, Vorstellungen, Gefühle und Motive (vgl. Flade ebd.). Dies alles zeigt exemplarisch die grundlegende, aber auch vielschichtige und komplexe Beziehung von Mensch und Natur. Neben der hohen Attraktivität, die die Natur als Handlungsfeld für Menschen ausmachen kann, bedeutet dies natürlich auch, dass Natur als Handlungsfeld nicht für jeden Menschen positiv besetzt ist und auch negative Gefühle, Ängste und Unsicherheiten im Menschen hervorrufen kann. Dies gilt es ebenfalls zu berücksichtigen, wenn die Natur als Handlungsfeld im Rahmen von Bildungsangeboten verstärkt in den Blick genommen werden soll. Vor diesem Hintergrund wird im vorliegenden Beitrag bewusst der Fokus auf den Naturraum ›Garten‹ gelegt. In der ›freien‹ Natur kann sich der Mensch nicht nur mit den ihm begegnenden Naturphänomenen auseinandersetzen, sondern er sieht sich auch einem großen Naturraum gegenüber: Der Horizont ist weit, der Wald ist unübersichtlich, der Untergrund ungewiss usw. Diese Phänomene verleihen der Wahrnehmungserfahrung in der ›freien‹ Natur eine ganz eigene Qualität, können jedoch auch dazu führen, dass Menschen orientierungslos sind, sich verloren fühlen oder Ängste entwickeln (vgl. Flade 2010, 67 ff.). Hier bietet der Garten als ein begrenztes Stück Natur in besonderer Weise die Möglichkeit, durch eine spezifische Gestaltung und vor allem auch durch seine Abgrenzung von der übrigen Umwelt, Menschen das Gefühl von Orientierung, Schutz und Sicherheit zu vermitteln, vor dessen Hintergrund eine intensive Wahrnehmungserfahrung z. T. erst möglich werden kann. Zudem stellen Gärten in ihrer Tradition als besondere Form von gestalteter Natur ein spezifisches Handlungsfeld kultureller Teilhabe dar.

3 (Sinnes-)Gärten als Handlungsfelder der kulturellen Teilhabe und in der pädagogischen, sozialen und therapeutischen Arbeit

»Nicht die unberührte wilde Natur, sondern der schöne Garten ist das älteste Naturideal« (Böhme 1989 zit. nach Flade 2010, 145) und ruft schon als Begriff entsprechend positive Assoziationen hervor (vgl. Flade, ebd.) Als Garten wird ein »[…] abgegrenztes Gelände zum Kleinanbau von Nutz- oder Zierpflanzen (Gemüse-, Lust-, Obst-, Zier-)« (Wahrig 1971, 1394) bezeichnet. Ein wichtiges Merkmal ist somit der wie auch immer gestaltete ›Zaun‹ um den Garten herum, der diesen von der übrigen Natur und Umwelt abschirmt. Das Anlegen und Gestalten von Gärten erscheint dabei so alt wie die Menschensheitsgeschichte. So wird davon ausgegangen, dass der Mensch ausgehend vom Ackerbau in irgendeiner Form Gärten geschaffen hat, nachdem er sesshaft wurde (vgl. Niepel 2010, 21). Ursprünglich der Notwendigkeit geschuldet durch das Sesshaftwerden und sich damit auch verändernden Sozialstrukturen der Natur, auf beschränktem Raum das zum Leben Notwendige abzuringen, entwickelte sich über die Jahrtausende hinweg ein neues Verhältnis zur Natur. Natur konnte in zunehmendem Maße beeinflusst werden, war plan-, kontrollier- und gestaltbar. Neben dem Zuwachs an Wissen und Kompetenz innerhalb der gärtnerischen Tätigkeit und aus dieser Tätigkeit heraus, gehörte es dabei seit jeher auch zu den menschlichen Erfahrungen, dass nicht alles kontrollierbar ist und fremde Einflüsse durchaus die Gestalt und Gestaltung eines Gartens mitprägen (vgl. ebd., 22). Insofern lernten und lernen Menschen seit jeher auch mit dem Garten, machten ihn vielfach zum Sinnbild für das Leben schlechthin. In diesem Sinn geht der kulturelle Einfluss der gärtnerischen Erfahrungen von »[…] Nutzen und Schönheit, Wissen und Fühlen, etwas wachsenlassen und etwas zu formen […]« (Niepel 2010, 22) seit frühester Zeit weit über die pragmatischen Kompetenzen hinaus. Der Garten wurde zum »[…] Symbol des Verhältnisses Mensch – Natur und zum Bestandteil der kollektiven menschlichen Seele« (ebd.). Nicht zuletzt vor diesem Hintergrund lässt sich die Idee vom idealen Garten als zu schaffendem Ebenbild eines ›Garten Eden‹, als anzustrebender irdischer Paradiesgarten in fast allen Religionen und Kulturen als

Idee und prägendes Element wiederfinden (ebd., 22 f.). Es ist somit also durchaus denkbar, Gartengeschichte als Menschheitsgeschichte zu begreifen:

»Die Beziehung des Menschen zur Natur ist zu allen Zeiten und in allen Kulturen von existenzieller Bedeutung. Im Erleben und Gestalten eines Gartens erfährt diese natürliche Beziehung eine besondere Ausgestaltung. Das Leben in und mit dem Garten wird wieder entdeckt als Ressource, um Menschen zu rehabilitieren, zu therapieren oder präventiv das Wohlbefinden zu verbessern und so die Lebensqualität zu steigern.« (Plahl 2004, 47)

Vor diesem Hintergrund erstaunt es nicht, dass Gärten auch in der Inklusion von Menschen mit Migrationshintergrund eine große Relevanz erfahren, wie am Beispiel von sogenannten ›Interkulturellen Gärten‹ als Räume für soziale Beziehungen, Kommunikation und Identitätsstiftung zu sehen ist (vgl. Müller 2004, 100 ff.). Im Laufe der Jahrhunderte haben sich dabei in den verschiedenen Kulturkreisen stets neue und vielfältige Gestaltungsformen von Gärten entwickelt. In diesen Gestaltungsformen zeigte und zeigt sich zum einen das jeweilige Selbstverständnis des Menschen gegenüber der Natur und sein Verständnis von der Natur. Zum anderen war und ist die Gestaltung eines Gartens auch an die Funktion gebunden, die diesem zugeschrieben wird. Zu dieser Funktion gehören z. B. traditionell, den Garten als Nutzgarten, als Lehrgarten, als Ort der Erholung und Erbauung oder aber auch als Statussymbol zu begreifen und entsprechend zu gestalten.

Neben den ›allgemein gesellschaftlichen‹ Gartenformen sind Gärten seit jeher auch für pädagogische und therapeutische Zwecke eingesetzt und gestaltet worden. Innerhalb der Pädagogik sind dabei Spuren bis in die Antike zurückzuverfolgen, wo der Garten als Ort des Lehrens und Lernen genutzt wurde. Pädagogen wie Comenius, Rousseau, Pestalozzi und Fröbel betonten in ihren Werken die Bedeutung von Natur und Garten innerhalb der kindlichen Entwicklung und Erziehung und nutzen – wie z. B. von Pestalozzi und Fröbel bekannt ist – auch Schulgärten innerhalb der pädagogischen Arbeit (Schenk 2004, 117 ff.). Der Einsatz und die Gestaltung von Gärten und gärtnerischer Arbeit zu therapeutischen Zwecken hat ebenfalls eine lange Tradition. Bereits aus der Antike sind Überlieferungen über die heilsame Wirkung von Gärten vorhanden und auch Hildegard von Bingen sprach von der »Heilkraft der Erde« (Mayer-Tasch 2004, 30). Insbesondere seit dem 18. Jahrhundert wird wieder eine verstärkte Nutzung diese Handlungsfeldes, insbesondere zwischen Menschen und Pflanzen, im therapeutischen Rahmen beschrieben und betrieben (vgl. Schneiter-Ulmann 2010). Hieraus entwickelte sich der Ansatz der Gartentherapie, die ihre Wurzeln u. a. in der Ergotherapie und Arbeitstherapie hat. Aktuelle Einsatzbereiche finden sich neben der Heilpädagogik auch beispielsweise in der Gerontologie, der Psychiatrie und im Strafvollzug (vgl. Schneiter-Ulmann 2010, 28 ff.; Berting-Hüneke et al. 2010).

»Der Garten ist Wahrnehmungsschule« (Strohmeier 2010, 118). Die Wahrnehmungsschulung erfolgt dabei durch die generelle »sinnliche Beziehung« (ebd.) zum

Garten, den Pflanzen, Formen, Farben, Gerüchen, Berührungen, der Atmosphäre des freien Raumes, Licht, Luft, Bodenberührung (vgl. ebd.). Wie bereits beschrieben, bilden die Sinne dabei die Voraussetzungen. Ebenso wichtig sind jedoch auch die bereits gesammelten Erfahrungen. Unterschiedliche Wahrnehmungserfahrungen entstehen auch durch das unterschiedliche Verhalten im Garten von der Kontemplation bis hin zur aktiven Gartenarbeit. Damit Wahrnehmungserfahrungen möglich sind, ist eine Öffnung und Offenheit gegenüber dem Garten und seinen Wahrnehmungsangeboten erforderlich (vgl. ebd.).

Wenn also jeder Garten ein Ort der ›Wahrnehmungsschulung‹ ist bzw. werden kann, so muss geklärt werden, was die Besonderheiten von ›Sinnesgärten‹ ausmacht.

4 Sinnesgärten als besondere Form der Gartengestaltung und -nutzung

»Ein Garten, der sich an Menschen mit Wahrnehmungsstörungen wendet, muss sich auf alle Sinne beziehen [...]« (Niepel/Emmerich 2005, 114). Als inklusives Bildungsangebot sollen als ›Sinnesgärten‹ Gärten definiert werden, die durch ihre Gestaltung in besonderer Weise dazu beitragen, Menschen mit und ohne Wahrnehmungsbeeinträchtigung die Möglichkeit zu geben, vielfältige und intensive Wahrnehmungserfahrungen im Naturraum Garten zu sammeln, ihre Wahrnehmung zu schulen und zu schärfen und durch diesen Zugang zur (natürlichen) Umwelt in ihrer Persönlichkeitsentwicklung angeregt zu werden.

4.1 Äußere Gestaltungsmomente für die Arbeit mit Sinnesgärten

Die Planung und Gestaltung von Sinnesgärten geht mit den konzeptionellen Überlegungen wie der Frage nach den Zielgruppen, der angestrebten Funktion usw. einher. Damit diese für Menschen mit und ohne Behinderung sowie jeglichen Alters genutzt werden können, stellt sich die Frage der Zugänglichkeit des gesamten Gartens sowie möglicher verschiedener Gartenbereiche oder -elemente. Auch Fragen nach der Gestaltung des Gartens durch Pflanzen und andere natürliche oder auch künstliche Wahrnehmungsangebote müssen geklärt werden.

4.1.1 Barrierefreiheit in der Gesamtgestaltung

Damit ein Sinnesgarten als inklusives Bildungsangebot nutzbar ist, muss er zunächst einmal barrierefrei sein. Dazu gehört als aller erstes, dass die Existenz eines solchen Gartens bekannt ist und dieser auch für jedermann zugänglich ist. Auch ein mangelndes Sicherheitsgefühl z. B. aufgrund der Gartenkonzeption kann Anlass dafür sein, einen Garten nicht aufzusuchen (vgl. Flade 2010, 69). Ein ebensolches Hindernis ist eine unattraktive und damit unmotivierende Gartengestaltung. Daneben zeigt sich Barrierefreiheit u. a. in der Gestaltung von Wegen, Plätzen und Zugängen, so dass der Garten und seine Bereiche für Menschen, die auf Gehhilfen, Rollstühle und/oder persönliche Begleitung angewiesen sind, ebenso zugänglich ist wie z. B. für Personen mit Gepäck und Kinderwagen (vgl. Niepel/Emmerich 2005, 17). Hier gilt es, darüber hinaus auch den Blickwinkel und die Reichweiten solch potenziell betroffener Gartenbesucher(innen) einzunehmen und diese z. B. bei der Konzeption von Hochbeeten oder alternativen Beetformaten wie z. B. Liegebeeten oder Beeten, die durch die Füße erschlossen werden können, zu berücksichtigen. Zur Barrierefreiheit gehört ebenfalls die Berücksichtigung von Menschen mit Sinnesbeeinträchtigungen und/oder kognitiven Einschränkungen. Es ist notwendig, ihnen spezifische Orientierungshilfen zur Verfügung zu stellen. Exemplarisch genannt seien hier entsprechende Bodenbeläge, Handläufe, Beschriftungen wie z. B. Pflanzenbezeichnungen in Brailleschrift oder Orientierungshilfen z. B an Hochbeeten, die Anfangs- und Endpunkte markieren. Ein Beispiel für eine gelungene Konzeption stellt hier der Blindengarten an der Villa Storchennest in Radeberg dar (vgl. Niepel/ Emmerich 2005, 143 ff.). Für Menschen mit kognitiven Einschränkungen gilt es, Aspekte von Sicherheit und Orientierung bei der Gartenkonzeption in besonderer Weise zu berücksichtigen. Zu ausführlichen und grundlegenden Planungsaspekten s. u. a. Niepel und Emmerich (2005).

4.1.2 Gestaltungsmittel: Pflanze

Zentrales Gestaltungmittel von Gärten sind die Pflanzen, die in ihnen wachsen. Im Rahmen von Sinnesgärten gilt es, dabei in besonderer Weise Pflanzen auszuwählen, die aufgrund ihrer Farbe, ihrer Struktur, ihres Duftes oder ihrer sonstigen Beschaffenheit Menschen in besonderer Weise Wahrnehmungserfahrungen ermöglichen. In diesem Zusammenhang definiert Schneiter-Ulmann sogenannte ›Sinnespflanzen‹:

> »Als Sinnespflanzen werden Pflanzenarten bezeichnet, die bei Menschen ohne Wahrnehmungsbeeinträchtigung das Auge und mindestens ein weiteres Sinnesorgan mit charakteristischen, gut wahrnehmbaren Reizeinwirkungen versorgen. Diese Erregungen bewirken entsprechende Verarbeitungsprozesse im Gehirn. Häufig werden von Sinnespflanzen neben dem Sehen auch der Geruchssinn und/oder der Tastsinn erregt.« (Schneiter-Ulmann 2010, 48)

Klassische Pflanzen sind hier die Rose, der Wollziest oder verschiedene Minzarten, aber auch diverse Bäume und Sträucher. Mit Blick auf einen möglichst ganzheitlichen sinnlichen Zugang gilt es zudem, Pflanzen auszuwählen, die auch das Potenzial zur Weiterverabeitung haben, wie z. B. Lavendel oder verschiedene Kräuter. Zudem ist unbedingt darauf zu achten, dass es sich um für den Menschen ungiftige Pflanzen handelt, da das Erfühlen und Erschmecken ausdrücklich erwünscht ist. Es kommt jedoch nicht nur auf die einzelne Pflanze an, auch die Kompositionen von Pflanzen können durch ihre jeweilige Zusammenstellung Wahrnehmungseindrücke verstärken, ergänzen und vertiefen. Als Beispiel seien hier z. B. in verschiedenen Rottönen gestaltete Blumenbeete, die die visuelle Wahrnehmung fordern und fördern, ebenso genannt wie Beete mit Kamille oder Thymian, bei denen durch die Menge der Pflanzen die olfaktorische Wahrnehmung verstärkt wird und die zudem vermehrt Insekten anziehen, durch die die auditive Wahrnehmung stimuliert wird. Soll ein Sinnesgarten das ganze Jahr über nutzbar sein, so gilt es weiterhin darauf zu achten, dass sich in ihm Pflanzen befinden, die entweder abwechselnd oder das ganze Jahr über die Sinne anregen. Auch hier stellt der Blindengarten in Radeberg (vgl. Niepel/Emmerich 2005, 143 ff.) ein gutes Beispiel dar. Damit der Sinnesgarten als inklusives Bildungsangebot für eine große Personengruppe attraktiv ist, gilt es bei der Pflanzenauswahl zu beachten, dass der Garten für die unterschiedlichen Bedarfe und Ausgangslagen Erfahrungen bereit hält, z. B. innovative Wahrnehmungserfahrungen z. B. durch unbekannte Pflanzen oder Pflanzenzusammenstellung für Menschen mit und ohne Behinderung, intensive und eindeutige Wahrnehmungseindrücke z. B. durch Pflanzen mit intensiver Farbe und Duft für Menschen mit der entsprechenden Bedarfslage oder auch Pflanzen, durch deren Wahrnehmungen Erinnerungen stimuliert werden, wie es z. B. für Menschen mit Demenz gewinnbringend sein kann.

4.1.3 Künstliche und künstlerische Elemente im Sinnesgarten

Die Möglichkeiten für Wahrnehmungserfahrungen innerhalb eines Sinnesgartens können auch durch besondere Gestaltungsmomente die Sinneseindrücke ergänzen und erweitern. Neben Hochbeeten bieten sich auch Beete an, die mit den Füßen oder dem Rollstuhl betreten bzw. befahren werden können und so den Wahrnehmungsreiz (z. B. Duft) auslösen. Liegebeete bieten die Möglichkeit, mit dem ganzen Körper Wahrnehmungsreize auszulösen und aufzunehmen. Hinzu kommen weitere Gestaltungsmomente, die einen Sinnesgarten bereichern können, wie z. B. Fühlwege mit verschiedenen Bodenbelägen. Wasser in verschiedenster Form bietet ebenso vielfältige Sinneseindrücke wie Erde und Matsch. Auch Feuerstellen oder Gartenbereiche, die als ›Gartenraum‹ einem Sinneseindruck gewidmet sind, werden z. T. als Gestaltungsmoment in die Gartengestaltung miteinbezogen. Sitzgelegenheiten, Ruhezonen und Bereiche für die ungestörte und spielerische Auseinandersetzung mit der Natur innerhalb des Sinnesgartens sind wichtige Gestaltungsmomente. Sinneseindrücke können ferner auch durch künstliche und künstlerische Elemente bereichert werden. Genannt seien hier Spiegel oder Windspiele, die die visuelle bzw. auditive Wahrnehmung ansprechen. In diesem Zusammenhang finden vor allem auch die Sinnesstationen von Hugo Kükelhaus Beachtung. Hierzu gehören z. B. Tastäulen, Trittsteine, schwingende Balken, Summsteine oder die Duftorgel (vgl. Niepel/Emmerich 2005, 129 ff.), durch deren Nutzung Sinneseindrücke gewonnen und verstärkt werden können. Inwiefern solche »künstlichen« Wahrnehmungsobjekte sinnvoll sind oder ob sie nicht von der eigentlichen Naturwahrnehmung ablenken, wird dabei durchaus diskutiert (vgl. Niepel/Emmerich 2005, 134). Damit sie ein sinnvolles Angebot im Rahmen eines Sinnesgartens darstellen, erscheint es in jedem Fall wichtig, solche Elemente bewusst und reflektiert in ein Gesamtkonzept einzubetten, damit sie nicht isoliert oder gar deplaziert im Garten ihre Wirkung entfalten. Im Rahmen einer sinnvollen Gestaltung können sie jedoch für den Sinnesgarten als inklusives Bildungsangebot eine attraktive Bereicherung für Personen jeden Alters darstellen, wie z. B. die Kükelhaus-Ausstellungen ›Phänomania‹ an ihren verschiedenen Ausstellungsorten zeigen (vgl. Erfahrungsfeld zur Entfaltung der Sinne Gemeinnützige Forschungs- und Bildungsgesellschaft mbH, o. J.).

4.2 Inhaltliche Gestaltungsmomente in der Arbeit mit Sinnesgärten

Sinnesgärten als inklusives Bildungsangebot können zunächst einmal ein offenes Erfahrungsfeld darstellen, das von jederman besucht werden kann und in dem jeder Mensch seinen eigenen Zugang zu den Wahrnehmungsangeboten wählen und finden kann: Auf einer Bank sitzen, lauschen, riechen und fühlen oder mit der Hand durch ein Beet voll Thymian streichen und den Duft riechen und damit verbundenen Erinnerungen nachgehen. In diesem Sinn stellt die Kontemplation eine besondere Form der Wahrnehmung dar (Seel 1991 zit. nach Flade 2010, 35). Hierbei handelt es sich um »ein bewusstes Aufnehmen der äußeren Eindrücke, ein sinnliches Wahrnehmen ohne Bewertung« (Flade 2010, ebd.). Eine weitere Nutzungsmöglichkeit von Sinnesgärten liegt aber auch in ihrer inhaltlichen Einbindung in therapeutische und pädagogische Settings. Folgt man den konstruktivistischen Grundlagen von Lernen und der Aneignung von Wirklichkeit, so ist neben der Anerkennung der subjektiven Zugehensweise und Konstruktion von Wirklichkeit auch der Aspekt eines Gegenübers von Bedeutung. »Menschen mit schwerer Behinderung [sind] ebenso wie alle Menschen auf ein Gegenüber angewiesen, welches zum einen die subjektive Wirklichkeit bestätigt, zum anderen aber auch neue (Stör-)Impulse setzen kann und so zu einer Modifikation bzw. De- und Rekonstruktion von individueller Lebenswirklichkeit beiträgt« (Bernasconi/Böing 2015, 65). Hier stellt sich nun die Frage nach der Möglichkeit der Einbindung von Sinnesgärten und ihrer Potenziale in schulische und außerschulische Bildungsformate. Dabei lässt sich grundsätzlich feststellen, dass Sinnesgärten Potenzial sowohl für elementare, als auch fundamentale Lernprozesse allgemein und in Bezug auf Menschen mit schwerer und mehrfacher Behinderung beinhalten. Für viele spezifischen Konzepte, die auch für diesen Personenkreis Anwendung finden, wie z. B. die Basale Stimulation, das Aktivierende Lernen oder die Sensorische Integration, können Sinnesgärten ein sinnvolles und zugleich inkludierendes Handlungsfeld bilden. Darüber hinaus können vor dem Hintergrund des Lernfeldes Sinnesgarten basale Lernangebote auch in übergreifenden schulischen und außerschulischen Lernsettings gewinnbringend platziert werden. Dabei gilt es neben der individuellen Bedarfslage von Menschen mit schwerer und mehrfacher Behinderung auch altersspezifische Besonderheiten zu berücksichtigen, um inklusives Lernen für alle Beteiligten sinnvoll und attraktiv zu gestalten. Hierbei ist es bedeutsam, dann nicht nur das unterschiedliche Lernniveau und -verhalten der Lerngruppe zu beachten, sondern auch die unterschiedlichen Zugänge der Lernenden zur Natur und Umwelt. So geht mit der kognitiven Entwicklung auch eine Entwicklung des Zugangs zu Natur und Umwelt einher, die es zu berücksichtigen gilt. In diesem Sinne beschreibt beispielsweise Winkel, wie sich in den unterschiedlichen Stadien der menschlichen Entwicklung nach Piaget auch unterschiedliche Zugänge des Menschen zur Natur herausbilden (vgl. Winkel 1995, 79 ff.). Dies bedeutet, dass für Menschen in der Kindheit das Nachahmen und Erleben von Umwelt im Vordergrund steht. Begleitete und unbegleitete spielerische und experimentelle Angebote mit Naturphänomenen und Objekten der Natur stehen im Mittelpunkt. Sinnesgärten können hier z. B. als Aktionsfeld für Kim-Spiele (besondere Spiele zur Schulung der Sinne und des Gedächtnisses), LandArt (Kunstrichtung bei der z. B. in spezifischer Form Werke aus Naturmaterialen geschaffen und Naturräume gestaltet werden) dienen. Auch für Aktivitäten wie das Malen mit Pflanzenfarben, das Anlegen eigener Beete oder das Kochen mit Kräutern, Früchten und Blüten können solche Gärten der Ausgangspunkt sein und so die Basis einer inklusiven Bildung bilden. Während im Kindesalter dabei lange ein phantasievoller Zugang zur ›beseelten‹ Natur besteht, der auch in Liedern und Geschichten seinen Ausdruck finden kann, so steht im Jugendalter die Sachebene im Vordergrund. Hier bieten eher Projekte den Zugang zur Natur (vgl. Winkel 1995, 82 ff.). Das Bauen von Installationen, die Weiterverarbeitung von Produkten des Gartens oder auch der kreative Umgang wie z. B. das Herstellen von Seifen und Tees, aber auch meditative Ansätze und Achtsamkeitsübungen können hier eine sinnstiftende Basis für gemeinsame Wahrnehmungs- und Lernprozesse bilden. All dies kann dabei mit Blick auf das schulische Lernen fächerspezifisch (z. B. Hauswirtschaftsunterricht, Sachunterricht, Deutsch) oder aber auch fächerübergreifend verankert werden. Auch in den nachschulischen Lebensphasen kann der Sinnesgarten eine Basis für einen für alle Beteiligten sinnvollen Erfahrungs- und Handlungsraum darstellen. Auch hier seien beispielhaft Wahrnehmungs- und Achtsamkeitsübungen genannt, sowie das Erleben neuer Wahrnehmungseindrücke und der kreative Umgang mit Produkten aus dem Sinnesgarten.

5 Schlussbetrachtung

Die aufgezeigten Aspekte verdeutlichen, dass (Sinnes-)Gärten das Potenzial haben, ein sinnvolles und sinnstiftendes Handlungsfeld im Rahmen einer an der Lebenslinie orientierten Pädagogik zu sein. Durch den traditionell engen Bezug von Mensch und Natur, bei der der Garten als spezieller Naturraum innerhalb der Menschheitsgeschichte von besonderer Bedeutung ist, bieten sie ein attraktives Lernfeld für Menschen jeden Alters und jeglicher Herkunft und Geschlechts. Dies gilt insbesondere auch für Sinnesgärten, die es durch spezifische Formen der Gestaltung ermöglichen, in besonderer Weise Wahrnehmungserfahrungen zu sammeln, zu verinnerlichen und sich an sie zu erinnern. Dies ist nicht nur im Rahmen inklusiver Bildungsprozesse für Menschen mit schwerer und mehrfacher Behinderung von Bedeutung, sondern unterstützt das lebenslange Lernen aller Menschen. Im Kontext einer nicht ausgrenzenden Pädagogik kann dieses Lernfeld derart wahrgenommen, gestaltet und genutzt werden.

Literatur

Bernasconi, Tobias/Böing, Ursula (2015): Pädagogik bei schwerer und mehrfacher Behinderung. Stuttgart.

Berting- Hüneke, Christa/Jung, Sandra/Kellner, Gabriele/Neuberger, Konrad/Neuhäuser, Fritz/Niepel, Andreas/Putz, Maria/Schmidt/Wilfried/Scholz, Stefan/Sieber, Andrea/Strohmeier, Gerhard/Weiß, Anke (2010): Gartentherapie. 2. Aufl. Idstein.

Erfahrungsfeld zur Entfaltung der Sinne Gemeinnützige Forschungs- und Bildungsgesellschaft mbH verfügbar unter: http://www.phaenomania.de (6.12.2015).

Flade, Antje (2010): Natur psychologisch betrachtet. Bern.

Fröhlich, Andreas (2011): Aktivitäten des täglichen Lebens schwerstbehinderter Menschen. In: Fröhlich, Andreas/Heinen, Norbert/Klauß, Theo/Lamers, Wolfgang (Hrsg.): Schwere und mehrfache Behinderung – interdisziplinär. Oberhausen, 229–240.

Fröhlich, Andreas (2005): Behinderte Wahrnehmung. In: Fröhlich, Andreas (Hrsg.): Wahrnehmungsstörungen und Wahrnehmungsförderung. 11. Aufl. Heidelberg, 39–64.

Haupt, Ursula (2006): Wie Lernen beginnt. Grundfragen der Entwicklung und Förderung schwer behinderter Kinder. Stuttgart.

Mayer-Tasch, Cornelius (2004): Der Garten als Lebensraum des Menschen. In: Callo, Christian/Hein, Angela/Plahl, Christine (Hrsg.): Mensch und Garten. Ein Dialog zwischen Sozialer Arbeit und Gartenbau. Norderstedt, 23–46.

Müller, Christa (2004): Wurzeln schlagen in der Fremde. Interkulturelle Gärten – ein neuer Ansatz in der sozialen Arbeit. In: Callo, Christian/Hein, Angela/Plahl, Christine (Hrsg.): Mensch und Garten. Ein Dialog zwischen Sozialer Arbeit und Gartenbau. Norderstedt, 100–116

Niepel, Andreas (2010): Sind Gärten heilsam? In Christa Berting-Hünske/Jung, Sandra/Kellner, Gabriele/Neuberger, Konrad/Neuhäuser, Fritz/Niepel, Andreas/Putz, Maria/Schmidt/Wilfried/Scholz, Stefan/Sieber, Andrea/Strohmeier, Gerhard/Weiß, Anke (Hrsg.): Gartentherapie. 2. Aufl. Idstein, 21–25.

Niepel, Andreas/Emmerich, Silke (2005): Garten und Therapie. Wege zur Barrierefreiheit. Stuttgart.

Plahl, Christine (2004): Psychologie des Gartens. Anmerkungen zu einer natürlichen Beziehung. In: Callo, Christian/Hein, Angela/Plahl, Christine (Hrsg.): Mensch und Garten. Ein Dialog zwischen Sozialer Arbeit und Gartenbau. Norderstedt, 47–73.

Praschak, Wolfgang (2011): Die Welt wahrnehmen und lernen. In: Fröhlich Andreas/Heinen, Norbert/Klauß, Theo/Lamers, Wolfgang (Hrsg.): Schwere und mehrfache Behinderung – interdisziplinär. Oberhausen, 219–228.

Schenk, Inge (2004): Früchtchen seid Ihr und Spalierobst sollt Ihr werden. Das Gärtnerische in der Pädagogik. In: Callo, Christian/Hein, Angela/Plahl, Christine (Hrsg.):

Mensch und Garten. Ein Dialog zwischen Sozialer Arbeit und Gartenbau. Norderstedt, 117–129.

Schmeer, Gisela (1996): Das sinnliche Kind. 4. Aufl. Stuttgart.

Schneiter-Ulmann Renata (2010a): Pflanzen als therapeutisches Mittel. In: Schneiter-Ulmann, Renata (Hrsg.): Lehrbuch Gartentherapie. Bern, 39–58.

Schneiter-Ulmann, Renata (2010b): Zusammenfassung der Forschungsergebnisse. In: Schneiter-Ulmann, Renata (Hrsg.): Lehrbuch Gartentherapie. Bern, 123–127.

Schwoll, Joachim/Sturm, Tanja (Hrsg.) (2010): Inklusion als Herausforderung schulischer Entwicklung. Widersprüche und Perspektiven eines erziehungswissenschaftlichen Diskurses. Bielefeld.

Strohmeier, Gerhard (2010): Soziale Kompetenz durch das Gärtnern. In: Berting- Hüneke, Christa/Jung, Sandra/Kellner, Gabriele/Neuberger, Konrad/Neuhäuser, Fritz/Niepel, Andreas/Putz, Maria/Schmidt/Wilfried/Scholz, Stefan/Sieber, Andrea/Strohmeier, Gerhard/Weiß, Anke (Hrsg.): Gartentherapie. 2. Aufl. Idstein.

Wahrig, Gerhard (1971): Deutsches Wörterbuch. Gütersloh.

Winkel, Gerhard (1995): Umwelt und Bildung. Denk- und Praxisanregungen für eine ganzheitliche Natur- und Umwelterziehung. Seelze-Velber.

Zimmermann, Antje (2002): Ganzheitliche Wahrnehmungsförderung bei Kindern mit Entwicklungsproblemen. Möglichkeiten der sensorischen Integration. Ein Überblick. 3. Aufl. Dortmund.

Sylvia Mira Wolf

»Wie geht es weiter, wenn wir nicht mehr sind?« – Erste Ergebnisse einer Befragung von alternden Eltern von Menschen mit (mehrfacher) Beeinträchtigung zu Wünschen und Absprachen innerhalb der Familien.

1   Einleitung/Problemaufriss

Partizipation im Sinne mitgestaltenden Handelns und mitverantwortlichen Lebens in der Gesellschaft ist ein wichtiger Schlüsselbegriff der UN-Konvention über die Rechte von Menschen mit Beeinträchtigungen. Sowohl in der Wissenschaft als auch in der praktischen Umsetzung wird zunehmend die wichtige und notwendige Auseinandersetzung mit der Lebensphase des Alterns von Menschen mit intellektueller Beeinträchtigung thematisiert (vgl. Diekmann et al. 2013; Frewer-Graumann/Schäper 2015). Auch die frühe Bildung sowie die schulische Inklusion sind populäre Felder. Im Fokus dieses Artikels steht eine Gruppe, die bislang in der Forschung weniger beachtet wurde: Menschen mit einer intellektuellen Beeinträchtigung im mittleren Erwachsenenalter (von 30 bis 50 Jahre). In diesem Alter wird ein Themenfeld zentral: die Planung der Zukunft. Die Brisanz und steigende Relevanz des Themas (z. B. Weeks et al. 2009) resultiert aus der stetig anwachsenden Population von älteren Menschen mit Beeinträchtigungen. Viele Menschen mit Beeinträchtigung werden ihre Eltern überleben oder haben es bereits (s. a. Braddock et al. 2001). Angehörige von erwachsenen Menschen mit Beeinträchtigung stehen insofern vor der Herausforderung unterstützende Angebote nicht nur gegenwärtig bereit zu stellen, sondern auch Vorbereitungen zu treffen, um eine Unterstützung über die gesamte Lebensspanne zu organisieren. Diese betreffen unterschiedliche Handlungsfelder und Lebensbereiche (Frage des Wohnortes und der Ablösung vom Elternhaus, Frage nach einer möglichen gesetzlichen Betreuung, Frage der Verantwortlichkeit nach dem Tod der Eltern, Frage der finanziellen Vorsorge) und sind immer im Spannungsfeld von Autonomie und Heteronomie angesiedelt. Hierbei bekommt die Frage nach der räumlichen Umwelt (Wohnung und Wohnumfeld) gerade unter dem Aspekt der Förderung von Kompetenz, Teilhabe und Selbstbestimmung älterer Menschen mit Beeinträchtigung eine besondere Brisanz. Ein selbstgewählter und angemessener Wohnraum ist eine Voraussetzung für die Lebensqualität und Zufriedenheit. Die nachfolgend dargestellte Untersuchung fokussiert die Sicht der alternden Eltern und zeigt, dass die Planungen hinsichtlich der Unterstützungsleistungen innerfamiliär sehr unterschiedlich erfolgen. Teilhabemöglichkeiten und Selbstbestimmung werden in diesem Kontext oft noch wenig beachtet. Hierbei werden zwei Gruppen betrachtet: Familien, in denen die Menschen zu Hause leben und Familien, in denen ein Übergang in eine andere Wohnform bereits stattgefunden hat.

2 Forschungsstand

2.1 Transitionsprozess

Die Wahl des Wohnortes bzw. der Wohnform von Menschen mit Beeinträchtigung ist, gerade unter der Perspektive der Selbstbestimmung, ein hochbrisantes Thema für aktuelle und zukünftige Planungen. Für Eltern gestaltet sich die Auseinandersetzung mit der Suche, dem Übergang und der Anpassung der Menschen mit Beeinträchtigung in eine geeignete Wohnform oftmals als ein komplexer und langwieriger Prozess, in den viele Faktoren hineinspielen. Trotz der Bemühungen zur Erhöhung der Eigenbestimmung und der Erweiterung der Angebote des ambulanten Wohnens leben derzeit mindestens 50 % der Menschen mit einer intellektuellen Beeinträchtigung in ihren Elternhäusern. Die Schwankungsbreite variiert hier international und spiegelt somit auch die Abhängigkeit von unterschiedlichen sozialpolitischen, aber auch kulturellen und religiösen Grundeinstellungen wieder: von ca. 60 % in den Vereinigten Staaten (Braddock/Hemp 2009), dem Vereinigten Königreich (Taggart et al. 2012) und Kanada (Weeks et al. 2009), etwa 75 % in Spanien (Martorell et al. 2007) und über 90 % in Taiwan (Wang et al. 2007). In Deutschland lebten 2007/8 vermutlich 50 % der Menschen mit einer intellektuellen Beeinträchtigung bei ihren Eltern (Bagüs 2009). Genaue und aktuelle Zahlen sind hier leider schwer zu ermitteln. Für den Personenkreis der Menschen mit schweren und mehrfachen Beeinträchtigungen ist von einem hohen Prozentsatz auszugehen, die entweder möglichst lange in den Elternhäusern leben oder in größeren stationären Einrichtungen (Fischer 2011). Es gibt eine Reihe von Studien, die zu dem Ergebnis kommen, dass Eltern (auch im höheren Alter) sich auch wünschen, dass ihre erwachsenen Kinder mit Beeinträchtigung möglichst lange bei ihnen zu Hause wohnen bleiben (z. B. Bigby 2004; McConkey et al. 2006; Taggart et al. 2012). Alternative Wohnformen werden wenig oder gar nicht diskutiert. Alternde Eltern sind häufig nicht davon überzeugt, dass die bestehenden Institutionen sich optimal um ihre Kinder kümmern können, bzw. nicht mit der gleichen hohen Qualität und Zuverlässigkeit wie sie selbst (Bigby 2004; Heller/Caldwell 2005). Gleichzeitig äußern Eltern ihre Sorgen und Befürchtungen bezogen auf die Zukunft und das weitere Wohlergehen ihrer erwachsenen Kinder. Dieses Festhalten an dem Wohnort »Herkunftsfamilie« mit der Vermeidung konkreter Planungen wird von einigen Forscher(innen)n als mögliches resultierendes ›transfer trauma‹ diskutiert: Die Eltern sterben, nichts ist vorbereitet und die Menschen mit Beeinträchtigung müssen unvermittelt ihren Wohnort wechseln (Griffiths/Unger 1994; Hole et al. 2013).

2.2 Planung der Zukunft

Die Planung der Zukunft innerhalb der Familien ist international ein ausführlich untersuchtes Feld. Hierbei fokussieren sich die Untersuchungen fast ausschließlich auf die Familien, in denen die Menschen mit intellektueller Beeinträchtigung noch zu Hause leben. In weniger als der Hälfte dieser Familien sind bereits Pläne hinsichtlich der Zukunft entwickelt worden (u. a. Dillenburger/McKerr 2010; Freedman et al. 1997; Heller/Caldwell 2006). Zudem sind die Pläne häufig wenig konkret und umsetzbar (Gilbert et al. 2008; Lunsky et al. 2014) und nur kurzfristig angelegt (z. B. Smith 2003). Die Absprachen differieren in den unterschiedlichen Domänen: Bei Heller und Kramer (2009) gab nur etwa ein Drittel der befragten Familien bereits Pläne hinsichtlich des zukünftigen Wohnortes an. Zwischen 40 % und 46 % hatten Pläne hinsichtlich der gesetzlichen Betreuung und der finanziellen Absicherung. Carr (2005) führte eine Längsschnittstudie mit Eltern von Kindern mit Trisomie 21 (N = 30) durch. Zum Zeitpunkt, als die Menschen mit Trisomie 21, 30 bzw. 35 Jahre alt waren, hatten 69 % respektive 60 % der Eltern noch keine konkreten Zukunftspläne. Der Eintrag auf Wartelisten für einen betreuten Wohnplatz war in 3 % bzw. 13 % der Fälle erfolgt.

2.3 Beteiligte an den Planungen

Innerhalb der Familien und auch mit den betreuenden Institutionen lässt sich ein unzureichender Austausch konstatieren. Einen besonderen Stellenwert in dieser Diskussion nehmen die Geschwister ohne eine Beeinträchtigung ein. Sie werden häufig nicht oder nur wenig in die Planungen miteinbezogen (z. B. Heller/Caldwell 2006; Heller/Kramer 2009), trotzdem wird seitens der Eltern häufig (implizit und explizit) erwartet, dass sie zukünftig die Verantwortung übernehmen (u. a. Freedman et al. 1997; Greenberg et al. 1999; Wolf 2014). Auch hier präsentiert sich der Wohnort als ein wichtiges Thema: In den Familien, die Zukunftspläne entwickelt haben, äußerte etwa die Hälfte der Eltern den Wunsch, dass ihr Kind mit einer Beeinträchtigung in der Zukunft bei einem Geschwisterteil wohnen wird. In Diskrepanz hierzu stehen die Einschätzungen und Wünsche der Geschwister, die in einem geringeren Maß einer Verantwortungsübernahme und einem gemeinsamen Wohnen zustimmten (z. B. Heller/Kramer 2009; Wolf 2014). Eltern gaben zudem in einem höheren Maße an, das Absprachen getätigt worden sind (Griffiths/Unger 1994; Wolf 2014). Die Absprachen innerhalb der Familien sind nicht verlässlich und stehen z. T. im Widerspruch zu (heimlichen) Wünschen (z. B. Davys/Haigh 2007), aber auch Befürchtungen seitens der Eltern (Gilbert et al. 2007). Auch wenn Eltern gar nicht unbedingt wollen oder erwarten, dass die zukünftige Sorge auf ihre Kinder übergeht, führt deren Einbindung in das Thema dennoch zu einem deutlichen Absinken der Belastung (s. a. Pruchno et al. 1996; Seltzer et al. 1991). Ein weiterer zu beachtender (und zu verändernder) Punkt in der Diskussion um die Zukunftsplanung ist der, dass bislang häufig über die ›Köpfe der Betroffenen hinweg‹ geplant und entschieden wurde. Der Einbezug der Menschen mit Beeinträchtigung in die Planung erfolgt nur im geringen Maße. Ryan et al. (2014) subsumieren, dass die Mehrzahl der interviewten Menschen mit einer Beeinträchtigung den Wunsch angab, im Alter weiterhin bei ihren Familien und Eltern zu leben. Ebenfalls wenig gesucht wird der Austausch mit betreuenden Fachdiensten oder Einrichtungen (z. B. McConkey et al. 2004, 2006).

2.4 Faktoren, die die Planungen beeinflussen

Eltern ist es durchaus bewusst, dass das Thema ›Zukunftsplanung‹ ein wichtiges ist, mit dem sie sich auseinandersetzen müssen (z. B. Dillenburger/McKerr 2010). Häufig sind sie jedoch der Meinung, dass es für Menschen mit Beeinträchtigung aufgrund ihrer intellektuellen Einschränkungen nicht möglich sei, die Planung nachzuvollziehen und ihnen das Thema zudem zu viel Angst und Sorge bereiten würde. Auch die Auseinandersetzung mit der eigenen Sterblichkeit spielt eine Rolle (vgl. Burton-Smith et al. 2009). Je älter die Mütter waren, desto mehr Planungen bestanden in den Familien (Heller/Factor 1991). Bei Freedman et al. (1997) zeigte sich der Familienstand als ein Schlüsselfaktor: Wenn die Mütter verwitwet waren, war es wahrscheinlicher, dass sie Pläne hatten. Zudem hatten die Mütter mit konkreten und kurzfristigen Planungen die meisten eigenen gesundheitlichen Probleme, und auch ihre Kinder mit Beeinträchtigung zunehmende gesundheitliche Verschlechterungen. Ein recht einheitlicher Befund präsentiert sich hinsichtlich des Levels der funktionalen Einschränkungen der Menschen mit einer Beeinträchtigung: Wenn die Einschränkungen als geringer eingestuft wurden (durch die Eltern), war die Wahrscheinlichkeit von getätigten Zukunftsplanungen höher (Freedman et al. 1997; Heller/Factor 1991; Kaufman et al. 1991; Pruchno/Patrick 1999, Lunsky et al. 2014). Dies mag mit mehr Möglichkeiten der Wohnarrangements, einer höheren Selbstständigkeit und mehr Einbezug der Wünsche der Menschen mit Beeinträchtigung verknüpft sein. Häufig identifizierte Erschwernisse bei den Zukunftsplanungen, die im externen Bereich anzusiedeln sind, beinhalten mangelnde Informationen, das Fehlen von passenden Serviceleistungen und adäquaten Wohneinrichtungen sowie Schwierigkeiten, den finanziellen Bedarf und Rahmen einzuschätzen (z. B. Gilbert et al. 2007; Heller/Factor 1991; Taggart et al. 2012).

2.5 Nationale Untersuchungen

In Diskrepanz zu dem internationalen Forschungsstand gibt es bislang noch wenig deutschsprachige Studien, die sich mit dem Themenfeld auseinandergesetzt haben. In dem Projekt »Perspektiven alternder Menschen mit schwerster Beeinträchtigung in der Familie« von Hellmann, Borchers und Olejniczak (2007) wurde eine qualitative Studie mit 12 Frauen und 15 Männern mit schwerer Beeinträchtigung ab dem 40. Lebensjahr und deren Angehörigen durchgeführt. Aufgrund der Interviews wurden vier Familientypen gebildet, die sich bezüglich der Zukunftsplanung unterschieden: Charakterisierend für den Typ (»Ich nehme mein Leben in die Hände«) war in allen Fällen ($n = 5$), dass sich die Familien mit der Frage, was nach dem Tod/Ausfall der Eltern passiert, beschäftigt hatten und auch konkrete Absprachen innerhalb der Familien getroffen hatten. Beim zweiten Typ (»Ich weiß, sie fordern mich auch weiterhin«, $n = 9$) hatten die Familien begonnen, sich mit der Zukunftsplanung – unter Einbezug von Verwandten – auseinanderzusetzen. In dieser Gruppe war die Mehrzahl der Mütter verwitwet. Die Menschen mit Beeinträchtigung favorisierten einen weiteren Verbleib innerhalb der Familien, solange es noch möglich ist. Bei dem dritten Typ (»Wir haben schon viel geschafft«, $n = 9$) wurde das Thema der Planung der Zukunft von den Eltern noch vernachlässigt, da es Angst und Sorge bereitete. Die Überlegungen waren noch sehr unkonkret und nicht in den Familien kommuniziert. Bei dem vierten Typ (»Jetzt sind auch mal die Eltern dran«, $n = 4$) existierte in keiner Familie eine Planung, das Thema wurde gemieden.

Ein weiteres nationales Beispiel ist das Projekt »Gemeindeintegriertes Wohnen für Menschen im Alter«, das 2005 bis 2008 vom Caritasverband Paderborn durchgeführt wurde. Es wurden 538 Personen zwischen 40 und 75 Jahren schriftlich befragt. Der überwiegende Teil der Befragten lebte in Familienhaushalten. Ein Großteil dieser Gruppe (81 %) äußerte den Wunsch, auch im Alter in der gewohnten Umgebung wohnen zu bleiben. Hinsichtlich kommender möglicher Erschwernisse aufgrund des Alters erwogen sie Umbaumaßnahmen, einen Umzug in eine kleinere, zentraler gelegene Wohnung oder ins ambulant betreute Wohnen. 95 % der Befragten aus den Wohneinrichtungen wollten ebenfalls als Rentner/in nicht aus ihrem Zuhause. Eine Kombination der Perspektive sowohl der Menschen mit Beeinträchtigungen als auch derer Eltern stellt die Kundenstudie von Seifert dar (Seifert 2010). Ein Schwerpunkt der großangelegten Untersuchung war hierbei der Wohnort und das Wohnen im Sozialraum. Im Rahmen der Angehörigenbefragung von 70 Personen im Alter von 25–83 Jahren wurden die Wünsche und Vorstellungen erfragt. Zum einen waren die Eltern in einem hohen Maße davon überzeugt, dass sich ihre Kinder an ihrem jetzigen Wohnort – zu Hause bei den Eltern – sehr wohl fühlen würden, 25 % präferierten dies auch als zukünftigen Wohnort. In diesem Punkt bestand kein Unterschied, ob die Eltern zwischen 40 und 50, 50 bis 60 oder über 60 Jahre alt waren. Diskrepant hierzu äußerten 48 % der Menschen mit Beeinträchtigungen, die zu Hause lebten ihren Wunsch nach Veränderung, jedoch auch ca. 40 % derer, die in anderen Wohnformen lebten. Insgesamt betrachtet gibt es zunehmend mehr Projekte in Deutschland, die sich mit dem Wohnen im Alter und dem Übergang ins Seniorenalter von Menschen mit Beeinträchtigungen auseinandersetzen (vgl. Greving et al. 2012). Bislang wurden selten Familien befragt, in denen der Übergang in eine andere Wohnform bereits erfolgt ist. Dies stellt einen Fokus der nachfolgenden Studie dar.

3 Eigene Untersuchung

Es wurde eine Fragebogenerhebung bei Eltern (N = 53) und Geschwistern (N = 92) von Menschen mit intellektueller Beeinträchtigung durchgeführt. Im Folgenden werden Teilergebnisse bezogen auf die Elternbefragung dargeboten, die Ergebnisse aus der Geschwisterbefragung und der Vergleich auf der Familienebene können an einem anderen Ort nachgelesen werden (Wolf 2014, 2015).

3.1 Fragestellung

Die Studie eruiert den aktuellen Stand der Planungen und Absprachen bezüglich der Zukunft innerhalb von Familien mit Menschen mit einer intellektuellen Beeinträchtigung. Nachfolgend werden folgende Bereiche explizit herausgestellt: Welche Wünsche bestehen bei den alternden Eltern in Bezug auf den zukünftigen Wohnort der Menschen mit einer Beeinträchtigung? Wie ist der aktuelle Stand der Absprachen innerhalb der Herkunftsfamilien und mit der betreuenden Einrichtung? Welche Aspekte sind innerhalb der Familien bereits besprochen? Welche aktuellen Faktoren erschweren die Planung der Zukunft? Alle Fragen werden hinsichtlich des aktuellen Wohnortes der Menschen mit intellektueller Beeinträchtigung auf Unterschiede zwischen den Familien überprüft.

3.2 Stichprobe

Insgesamt beteiligten sich 53 Eltern – 50 Mütter (94,3 %) und 3 Väter (5,7 %) – im Alter von 51–86 Jahren (MW = 68,38, SD = 8,61) an der schriftlichen Erhebung. Sie hatten im Durchschnitt 3,58 Kinder (SD = 1,39), Range: 2–10. Mehr als die Hälfte war verheiratet oder zusammenlebend: 31 (58,5 %), 17 (32,1 %) Personen waren verwitwet, 2 getrennt lebend und 3 verwitwet mit neuen Lebenspartnern. Die Stichprobe bezieht sich auf 53 erwachsene Menschen mit einer intellektuellen bzw. mehrfachen Beeinträchtigung, die alle in einer WfbM (aber an unterschiedlichen Standorten) in einer Stadt im Emsland arbeiteten. Die Menschen waren im Alter von 30 bis 52 Jahren (MW = 39,37, SD = 5,79), 26 weiblich (49,1 %) und 27 männlich (50,9 %). Über die Hälfte wohnte zum Zeitpunkt der Befragung bei den Eltern (n = 32, 60,4 %), 12 (22,6 %) im Wohnheim, 5 in einer Wohngruppe (9,4 %), jeweils einer/e mit Partner/in (1,9 %) oder alleine und zwei in anderen Settings (3,8 %). Hinsichtlich der Beeinträchtigung ihrer erwachsenen Kinder gaben 13 Eltern an, dass ihre Kinder Trisomie 21 haben. Die übrigen Eltern machten Angaben zu Einschränkungen in mehreren funktionalen Bereichen, weshalb in der Untersuchung von einer Mehrfachbeeinträchtigung gesprochen wird.

3.3 Ergebnisse

Wohnort

Betrachtet man die Gesamtstichprobe, so konnte sich etwa die Hälfte der Eltern ein Wohnheim oder eine Wohngruppe als optimalen zukünftigen Wohnort vorstellen und fast genauso viele das Wohnen bei den Eltern (s. Abb. 1). Erhebliche Unterschiede zeigten sich zwischen den beiden Gruppen: Wenn die Menschen mit Beeinträchtigungen zurzeit noch zu Hause lebten, konnten sich deren Eltern signifikant häufiger vorstellen, dass dies auch in Zukunft so bleiben solle ($\chi^2(1) = 24{,}35$, $p < .000$), dass sie zu ihren Geschwistern zögen ($\chi^2(1) = 20{,}08$, $p < .000$) und seltener, dass sie in eine Wohneinrichtung gehen würden ($\chi^2(1) = 17{,}31$, $p < .000$). Zudem zeigte sich deutlich mehr Variabilität in den Vorstellungen der Eltern, wenn die Menschen mit Beeinträchtigungen zu Hause lebten als bei den Familien, in denen ein Umzug/Wechsel in eine Einrichtung bereits stattgefunden hat, oder die Menschen mit Beeinträchtigungen ambulant betreut oder alleine wohnten.

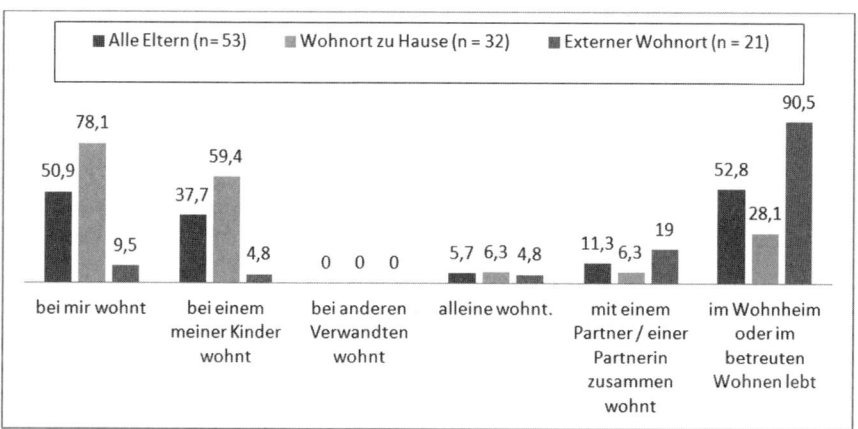

Abb. 1: Was wünschen Sie sich persönlich für die Zukunft Ihrer Tochter/Ihres Sohnes mit Behinderung? Ich wünsche mir, dass meine Tochter/mein Sohn … [Anmerkungen. Wünsche der Eltern in Prozentwerten. Zusammengefasst wurden die Angaben »trifft vollkommen zu« und »trifft etwas zu«.]

Beteiligte an den Planungen

Bei den Eltern wurde erfragt, mit wem sie die Zukunftspläne bereits besprochen haben (s. Abb. 2). Es zeigte sich die höchste Absprache mit den Kindern ohne Beeinträchtigung (66 %), 45,3 % aller Eltern gaben eine Absprache mit den Menschen mit Beeinträchtigungen selbst an. Hierbei differieren wiederum die Zahlen je nach derzeitigem Wohnort. In allen vier Bereichen sind deutlich weniger Absprachen in den Familien erfolgt, in denen die Menschen mit Beeinträchtigungen noch zu Hause lebten, der Chiquadrattest zeigte hier eine Signifikanz bei den Absprachen mit der Einrichtung: $\chi^2(1) = 6{,}85$, $p < .01$.

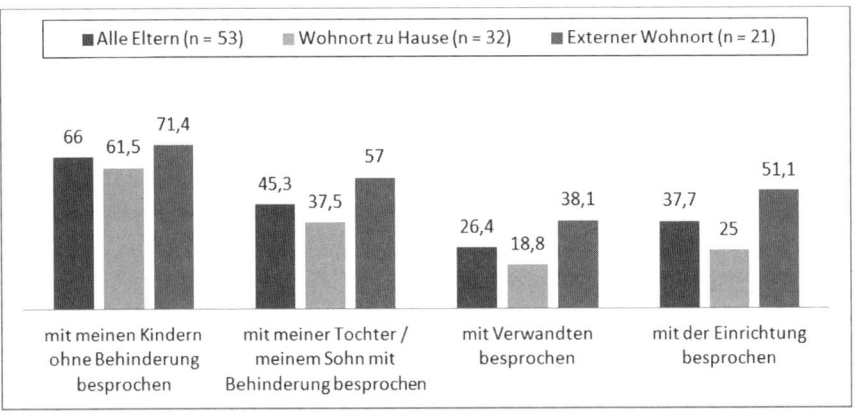

Abb. 2: Ich habe die Zukunftspläne für meine Tochter/meinen Sohn mit Behinderung ... [Anmerkungen. Erfolgte Absprachen seitens der Eltern in Prozentwerten.]

Absprachen innerhalb der Familien

Insgesamt war in über 60 % der Familien bereits über eine mögliche Betreuung nach dem Tod der Eltern diskutiert worden sowie über die zukünftige Wohnform, einhergehend hiermit war in 47,2 % bereits ein gesetzlicher Betreuer eingesetzt (s. Abb. 3).

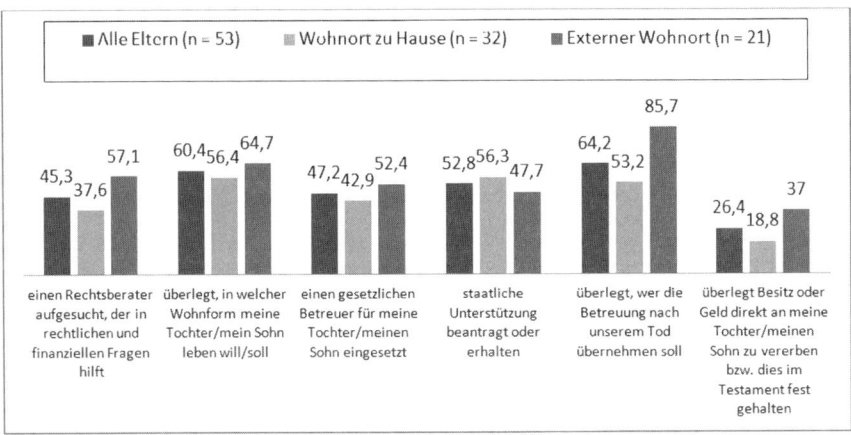

Abb. 3: Was ist in Ihrer Familie zum aktuellen Zeitpunkt bereits besprochen worden? [Anmerkungen. Erfolgte Absprachen innerhalb der Familien seitens der Eltern in Prozentwerten.]

In fünf der sechs Bereiche existierten weniger Absprachen in den Familien, in denen die Menschen mit einer Beeinträchtigung zu Hause lebten. Einzige Ausnahme stellt die staatliche Unterstützung dar, diese war in diesen Familien bereits häufig beantragt oder besprochen. Die Überprüfung auf signifikante Unterschiede mittels des Chiquadrattests ergab nur für die Frage nach der Betreuung nach dem Tod eine

Tendenz: $\chi^2(1) = 3.33$, $p = .068$. Hier erklärten knapp über die Hälfte (53,2 %) der Eltern, bei denen die Menschen mit Beeinträchtigung noch zu Hause lebten, bereits Absprachen oder Überlegungen getroffen zu haben versus 85,7 % der Familien, in denen die Menschen mit Beeinträchtigungen extern wohnten.

Aktuelle Stressoren

Bei den Eltern wurden bisher schon bestehende Stressoren, die sich dann auch noch auf die Zukunft auswirken können, erfragt (s. Tab. 1). Am meisten Erschwernisse lagen im Bereich der eigenen Gesundheit der Eltern vor, gefolgt von gesundheitlichen Problemen der Menschen mit Beeinträchtigungen. Auch hier zeigte sich eine höhere Belastung der Eltern, bei denen die Menschen mit Beeinträchtigungen noch zu Hause lebten, in allen fünf erfragten Bereichen. Signifikante Unterschiede bildeten sich darin ab, dass die Eltern in einem höheren Maße die Gesundheit der Menschen mit Beeinträchtigungen als Erschwernis angaben ($t = 2{,}63$, $df = 50$, $p < .05$) sowie ein höheres Gesamtmaß an Stressoren ($t = 2{,}30$, $df = 50$, $p < .05$).

Tabelle 1: Folgende Faktoren können es Ihnen in der Zukunft erschweren, sich um Ihre Tochter/Ihren Sohn mit Behinderung zu kümmern. Inwieweit treffen die Erschwernisse auf Sie zu?

	Alle Eltern (N = 53)		Wohnort zu Hause (n = 32)		Externer Wohnort (n = 21)	
	MW	*SD*	*MW*	*SD*	*MW*	*SD*
Arbeitsbelastungen	2,06	1,09	2,27	1,23	1,76	,77
Eigene gesundheitliche Probleme	2,88	1,02	2,97	1,02	2,76	1,04
Gesundheitliche Probleme meiner Tochter / meines Sohnes mit Behinderung	2,58	1,04	2,87	,92	2,14	1,06
Gesundheitliche Probleme eines anderen Familienmitgliedes	1,88	1,08	1,97	1,05	1,76	1,14
Finanzielle Belastung	1,86	1,02	2,03	1,07	1,62	,92
Stressoren gesamt	2,26	,68	2,44	0,63	2,01	0,69

Anmerkungen. Mittelwerte und Standardabweichungen der Erschwernisse der Eltern. Ausprägung: 1 = gar nicht, 2 = kaum, 3 = etwas, 4 = sehr.

Welche Faktoren stehen im Zusammenhang mit den Stressoren bezogen auf die Zukunftsplanung? Es bildete sich kein linearer Zusammenhang mit dem Alter sowohl der Menschen mit Beeinträchtigungen als auch der Eltern ab, sondern sogar eine gegenläufige Tendenz: Je älter die Menschen mit Beeinträchtigungen ($r = -{,}12$) und die Eltern (r = -,22) waren, umso weniger Stressoren wurden von den Eltern berichtet. Es zeigte sich ein tendenzieller Zusammenhang zwischen einem höheren Maß an täglicher Unterstützung und den Stressoren der Eltern (r = ,24). Hochsignifikante Korrelationen zeigten sich mit der eigenen Gesundheit der Eltern, je schlechter diese war, umso mehr Stressoren (r = -,51***) wurden berichtet.

4 Diskussion und Ausblick

Der Wunsch der Eltern nach dem zukünftigen Wohnort ihrer erwachsenen Kinder steht in deutlicher Abhängigkeit von dem aktuellen Wohnort. Für Familien, in denen bereits ein Übergang vollzogen wurde, wird diese Wohnform in einem hohen Maße weiterhin präferiert (90,5 %). Deutlich heterogener präsentieren sich die Wünsche in den Familien, in denen der Mensch mit einer Beeinträchtigung noch zu Hause lebt. Wie auch in den internationalen Studien belegt, präferieren hier die alternden Eltern weiterhin einen Verbleib in der Herkunftsfamilie (zu 50,9 % bei sich als Eltern und zu 37,7 % bei den Geschwistern). Nur die Hälfte wünscht sich einen Übergang in eine Wohneinrichtung.

Das Thema ›Planung der Zukunft von Menschen mit einer Beeinträchtigung‹ ist in vielen Familien erst in Ansätzen besprochen worden, zudem zeigt sich ebenfalls wieder nur ein geringer Einbezug der Menschen mit Beeinträchtigungen selbst sowie weiterer Familienangehöriger und auch der betreuenden Institution. Sehr deutlich wird, dass diese Problematik insbesondere in den Familien angesiedelt ist, in denen die Menschen mit Beeinträchtigung noch zu Hause wohnen. Aber auch in den Familien, in denen der Auszug bereits erfolgt ist, ist der Kommunikationsstand noch nicht befriedigend. Bei der differenzierten Aufsplittung der bereits besprochenen Bereiche präsentiert sich ein ähnliches Bild: Sowohl die gesetzlichen Grundlagen, als auch die Klärung der Fragen des Wohnortes, der allgemeinen Verantwortung und der finanziellen Absicherung sind in vielen Familien noch nicht hinreichend erfolgt. Als mögliche Stressoren, die eine zukünftige Verantwortlichkeit beeinflussen, zeichnet sich der Faktor der eigenen Gesundheit der Eltern ab. Insgesamt berichteten die Eltern der Menschen mit Beeinträchtigung, die zu Hause leben, von mehr Stressoren.

Diese Untersuchung unterstreicht auch für Deutschland, dass die Planung der Zukunft ein wichtiger Bereich ist, in dem vorrangig in den Familien, in denen noch keine Transitionsprozesse vollzogen wurden, aber auch in den Familien, in denen bereits ein Übergang stattgefunden hat ein hoher Bedarf an Kommunikation, Aufklärung und auch Hilfestellung von Nöten ist. Dies unterstreicht den Bedarf, frühzeitig mit möglichst allen Familienangehörigen in einen Austausch zu gehen, um gerade die Bedenken und Sorgen der Eltern aufzunehmen und auch zu respektieren, um dann gemeinsam eine Transparenz der Wünsche aber auch des konkreten Vorgehens und wichtiger Planungsschritte zu versuchen. Diese Studie weist auch auf die besondere Stellung der Geschwister ohne eine Beeinträchtigung hin, die zum einen für viele Menschen mit einer Beeinträchtigung, die sich vom ihrem Elternhaus ablösen wollen oder müssen, ein wichtigen Bezugspunkt und eine Unterstützung darstellen. Zum anderen sind sie für viele Eltern bedeutsame Ansprechpersonen.

Besonders relevant sind diese Ergebnisse für die Familien mit Menschen mit mehrfacher Beeinträchtigung, da hier die Befürchtungen und Sorgen der alternden Eltern nochmals höher sind, z. B. inwieweit in anderen Wohnformen den Bedürfnissen aber auch dem Pflegebedarf ihrer Kinder entsprochen werden kann. Zudem empfinden die Eltern möglicherweise in vielen Fällen den Wunsch, die Pflege und die Verantwortung auf die Geschwister zu übertragen, da diese den Menschen mit einer Beeinträchtigung am nächsten sind. Dabei scheinen sie sich der hohen Belastung, die hiermit verbunden sein kann durchaus bewusst. Auch der Einbezug der Wünsche und Vorstellungen der Menschen mit einer mehrfachen Beeinträchtigung gestaltet sich hier in vielen Fällen noch schwieriger, da sie sich häufig nicht verbalisieren können und ein Leben in Eigenständigkeit für sie nicht bekannt ist. Für die Zukunft bedeutet dies, gerade in diesen Familien mit möglichst allen Beteiligten in eine konstruktive Diskussion zu gehen, Befürchtungen, Vorbehalte, Sorgen zu thematisieren und Möglichkeiten zu betrachten, die allen Beteiligten gerecht werden. Auch alternative sozialräumliche Überlegungen, wie das gemeinschaftliche Wohnen sind eine mögliche Perspektive.

Literatur

Bigby, Christine (1997): Later life for adults with intellectual disability: A time of opportunity and vulnerability. Journal of Intellectual and Developmental Disability, 22(2), 97–108.

Bigby, Christine (2004): Ageing with a lifelong disability: A guide to practice, program, and policy issues for human services professionals. London.

Braddock, David/Emerson, Eric/Felse, David/Stancliffe, Roger J. (2001): Living circumstances of children and adults with mental retardation or developmental disabilities in the United States, Canada, England and Wales, and Australia. Mental Retardation and Developmental Disabilities Research Reviews, 7, 115–121.

Braddock, David/Hemp, Richard (2009): Developmental disabilities in North Dakota: 2009. A report on the structure, financing, and quality assurance of residential and community services. University of Colorado.

Bundesarbeitsgemeinschaft der überörtlichen Träger der Sozialhilfe (BAGüS) (Hrsg.) (2009): Kennzahlenvergleich der Überörtlichen Sozialhilfeträger 2007 und 2008, erstellt von con_sens Consulting für Steuerung und Soziale Entwicklung GmbH. Hamburg.

Burton-Smith, Rosanne/McVilly, Keith R./Yazbeck, Marie/Parmenter, Trevor R./Tsutsui, Takato (2009): Service and support needs of Australian carers support a family member with disability at home. Journal of Intellectual and Developmental Disability, 34, 239–247.

Caritasverband für das Erzbistum Paderborn e. V. (Hrsg.) (2008): Gemeindeintegriertes Wohnen für Menschen mit Behinderung im Alter. Abschlussbericht. Paderborn.

Carr, Janet (2005): Families of 30–35-Year olds with down's syndrome. Journal of Applied Research in Intellectual Disabilities, 18, 75–84.

Davys, Deborah/Haigh, Carol (2007): Older parents of people who have a learning disability: perceptions of future accommodation needs. British Journal of Learning Disabilities, 36, 66–72.

Dieckmann, Friedrich/Graumann, S., Schäper, Susanne/Greving, Heinrich (2013): Bausteine für eine sozialraumorientierte Gestaltung von Wohn-und Unterstützungsarrangements mit und für Menschen mit geistiger Behinderung im Alter. Vierter Zwischenbericht zum Forschungsprojekt »Lebensqualität inklusiv(e): Innovative Konzepte unterstützten Wohnens älter werdender Menschen mit Behinderung« (LEQUI). Münster.

Dillenburger, Karola/McKerr, Lyn (2010): ›How long are we able to go on?‹ Issues faced by older family caregivers of adults with disabilities. British Journal of Learning Disabilities, 39, 29–38.

Frewer-Graumann, Susanne/Schäper Sabine (2015): Die unsichtbaren Alten – Bilder über das Altern von Menschen mit lebenslanger Behinderung. Journal für Psychologie, 23 (1), 167–191.

Fischer, Ute (2011): Wohnen und Leben in der Gemeinschaft – Entwicklungen und Perspektiven. In: Fröhlich, Andreas/Heinen, Norbert/Klauß, Theo/Lamers, Wolfgang (Hrsg.): Schwere und mehrfache Behinderung – interdisziplinär. Oberhausen, 367–387.

Freedman, Ruth I./Krauss, Marty Wyngaarden/Seltzer, Marsha Mailick (1997): Aging parents' residental plans for adult children with mental retardation. Mental Retardation, 35, 114–123.

Gilbert, Anthony/Lankshear, Gloria/Petersen, Alan (2007): Older family-carers' views on the future accommodation needs of relatives who have an intellectual disability. International Journal of Social Welfare, 17, 54–64.

Greenberg, Jan S./Seltzer, Marsha Mailick/Orsmond, Gael I./Krauss, Marty Wyngaarden (1999): Siblings of adults with mental illness or mental retardation: Current involvement and expectation of future caregiving. Psychiatric Services, 50, 1214–1219.

Greving, Heinrich/Dieckmann, Friedrich/Schäper, Sabine/Graumann, Susanne (2012): Dritter Zwischenbericht zum Forschungsprojekt »Lebensqualität inklusiv(e): Innovative Konzepte unterstützten Wohnens älter werdender Menschen mit Behinderung« (LEQUI). Münster.

Griffiths, Diane Lynn/Unger, Donald G. (1994): Views about planning for the future among parents and siblings of adults with mental retardation. Family Relations, 43, 221–227.

Heller, Tamar/Caldwell, Joe (2005): Impact of a consumer directed family support program on reduced out of home institutional placement. Journal of Policy and Practice in Intellectual Disabilities, 2(1), 63–65.

Heller, Tamar/Caldwell, Joe (2006): Supporting aging caregivers and adults with developmental disabilities in future planning. Mental Retardation, 44, 189–202.

Heller, Tamar/Factor, Alan (1991): Permanency planning for adults with mental retardation living with family caregivers. American Journal on Mental Retardation, 96(2), 163–176.

Heller, Tamar/Kramer, John (2009): Involvement of adult siblings of persons with developmental disabilities in future planning. Intellectual and Developmental Disabilities, 47, 208–219.

Hellmann, Michaela/Borchers, Andreas/Olejniczak, Claudia (2007): Perspektiven alternder Menschen mit schwerster Behinderung in der Familie – Abschlussbericht. Hannover.

Hole, Rachelle D./Stainton, Tim/Wilson, Leah (2013): Ageing Adults with Intellectual Disabilities: Self-advocates' and Family Members' Perspectives about the Future. Australian Social Work, 66(4), 571–589.

Kaufman, A. V./Adams, J. P. Jr./Campbell, V. A. (1991): Permanency planning by older parents who care for adult children with mental retardation. Mental Retardation, 29, 293–300.

Lunsky, Yona/Tint, Ami/Robinson, Suzanne/Gordeyko, Marcia/Ouellette Kuntz, Helene (2014): System Wide Information About Family Carers of Adults With Intellectual/Developmental Disabilities – A Scoping Review of the Literature. Journal of Policy and Practice in Intellectual Disabilities, 11(1), 8–18.

Martorell, A./Pereda, A./Salvador-Carulla, L./Ochoa, S./Ayuso-Mateos, J. L. (2007): Validation of the Subjective and Objective Family Burden Interview (SOFBI/ECFOS) in primary caregivers to adults with intellectual disabilities living in the community. Journal of Intellectual Disability, 51(11), 892–901.

McConkey, Roy/McConaghie, Jayne/Barr, Owen/Roberts, Paul (2006): Views of family carers to the future accommodation and support needs of their relatives with intellectual disabilities. Irish Journal of psychological Medicine, 23(4), 140–144.

McConkey, Roy/McConaghie, Jayne/Roberts, Paul/King, Diane (2004): Family placement schemes for adult persons with intellectual disabilities living with elderly carers. Journal of Learning Disabilities, 8(3), 267–282.

Pruchno, Rachel/Patrick, Julie Hicks (1999): Effects of formal and familial residential plans for adults with mental retardation on their aging mothers. American Journal on Mental Retardation, 104, 38–52.

Pruchno, Rachel; Patrick, Julie Hicks/Burant, Christopher J. (1996): Mental health of aging women with children who are chronically disabled: Examination of a two-factor model. The Journals of Gerontology, 51B, 284–296.

Ryan, Assumpta; Taggart, Laurence; Truesdale Kennedy, Maria/Slevin, Eamonn (2014): Issues in caregiving for older people with intellectual disabilities and their ageing family carers: a review and commentary. International journal of older people nursing, 9(3), 217–226.

Seifert, Monika (2010): Kundenstudie: Bedarf an Dienstleistungen zur Unterstützung des Wohnens von Menschen mit Behinderung; Abschlussbericht. Berlin.

Seltzer, Gary B.; Begun, Audrey; Seltzer, Marsha Mailick/Krauss, Marty Wyngaarden (1991): Adults with mental retardation and their aging mothers: Impacts of siblings. Family Relations, 40(3), 310–317.

Smith, Gregory (2003): Patterns and predictors of service use and unmet needs among aging families of adults with severe mental illness. Psychiatric Services, 54, 871–877.

Taggart, Laurence, Truesdale-Kennedy, Maria; Ryan, Assumpta/McConkey, Roy (2012): Examining the support needs of ageing family carers in developing future plans for a relative with an intellectual disability. Journal of Intellectual Disabilities, 16(3), 217–234.

Wang, K.-Y., Hsieh, K., Heller, T., Davidson, P. W./Janicki, M. P. (2007): Carer reports of health status among adults with intellectual/developmental disabilities in Taiwan living at home and in institutions. Journal of Intellectual Disability Research, 51(3), 173–183.

Weeks, Lori E., Nilsson, Thomy; Bryanton, Olive/Kozma, Albert (2009): Current and future concerns of older parents of sons and daughters with intellectual disabilities. Journal of Policy and Practice in Intellectual Disabilities, 6, 180–188.

Wolf, Sylvia Mira (2014): Bedeutung der Geschwister von Menschen mit geistiger Behinderung im Erwachsenenalter unter besonderer Berücksichtigung der Elternperspektive. Unveröffentlichte Dissertation. Dortmund.

Wolf, Sylvia Mira (2015): Die Beziehung zu Geschwistern mit einer geistigen Behinderung im mittleren Erwachsenenalter – Kennzeichen und Prädiktoren. Heilpädagogische Forschung, 1, 23–36.

Verzeichnis der Autorinnen und Autoren

Dr. Gwendolin Bartz, Lehrkraft für besondere Aufgaben im Lehrgebiet Rehabilitation und Pädagogik bei geistiger Behinderung an der Technischen Universität Dortmund, Fakultät Rehabilitationswissenschaften.

Volker Benthien, Sozialwirt, Moderator für Persönliche Zukunftsplanung, Wunschwege, Leben mit Behinderung Hamburg.

Dr. Tobias Bernasconi, Studienrat im Hochschuldienst im Lehrgebiet Pädagogik für Menschen mit Beeinträchtigungen der körperlichen und motorischen Entwicklung an der Universität zu Köln, Humanwissenschaftliche Fakultät.

Prof. Dr. Jens Boenisch, Professor für Pädagogik für Menschen mit Beeinträchtigungen der körperlichen und motorischen Entwicklung und Leiter des Forschungs- und Beratungszentrums für Unterstützte Kommunikation (FBZ-UK), Universität zu Köln, Humanwissenschaftliche Fakultät.

Dr. Ursula Böing, Vertretungsprofessorin für Rehabilitation und Pädagogik bei geistiger Behinderung an der Technischen Universität Dortmund, Fakultät Rehabilitationswissenschaften.

Jun. Prof. Dr. Ingo Bosse, Leitung des Lehrgebiets körperliche und motorische Entwicklung an der Technischen Universität Dortmund, Fakultät Rehabilitationswissenschaften.

Univ.-Prof. Dr.-Ing. Christian Bühler, Professor für Rehabilitationstechnologie der Technischen Universität Dortmund, Forschungscluster TIP der Fakultät Rehabilitationswissenschaften und Institutsleitung Forschungsinstitut Technologie und Behinderung der Evangelischen Stiftung Volmarstein – Wetter.

M.A. Alja Cordes, Lehrkraft für besondere Aufgaben im Lehrgebiet Rehabilitation und Pädagogik bei geistiger Behinderung an der Technischen Universität Dortmund, Fakultät Rehabilitationswissenschaften.

Prof. Dr. Clemens Dannenbeck, Dipl. Soz., Professor für Soziologie und sozialwissenschaftliche Arbeitsweisen in der Sozialen Arbeit an der HAW Landshut, Fakultät für Soziale Arbeit.

Prof'in Dr. Carmen Dorrance, Professorin für Integration/Inklusion im Fachbereich Sozialwesen an der Hochschule Fulda, University for Applied Sciences.

Carla Klimke, Sonderschullehrerin an der Oberlinschule Volmarstein und Seminarausbilderin am Zentrum für schulpraktische Lehrerausbildung für sonderpädagogische Förderung in Lüdenscheid.

Jun. Prof. Dr. Andreas Köpfer, Leitung des Lehrgebietes für Inklusive Bildung/Inclusive Education, Schwerpunkt Lernen an der Pädagogischen Hochschule Freiburg im Brsg.

Univ.-Prof. Dr. Christian Lindmeier, Arbeitseinheit: Grundlagen sonderpädagogischer Förderung an der Universität Koblenz-Landau, Campus Landau, Institut für Sonderpädagogik.

Univ.-Prof.'in Dr. Irmgard Merkt, bis 2014 Lehrstuhl für Musik an der Technischen Universität Dortmund, Fakultät Rehabilitationswissenschaften.

Céline Müller, Dipl. Sozialpädagogin/Sozialarbeit; M.A. Social Management; Lehrbeauftragte Professional School Leuphana Universität, Lüneburg, Moderatorin für Persönliche Zukunftsplanung, Wunschwege, Leben mit Behinderung Hamburg.

Prof.'in Dr. Barbara Ortland, Professorin für Heilpädagogische Methodik und Intervention an der Katholischen Hochschule NRW, Abteilung Münster.

Matthias Schumacher, M.Ed., Pädagogische Fachkraft, Diakonie Ruhr Wohnen, Bochum.

M.A. Katharina Silter, Doktorandin im Lehrgebiet Behindertenpädagogik an der Universität Hamburg, Fakultät Erziehungswissenschaften.

Dorothea Sickelmann-Wölting, Sonderschullehrerin im Hochschuldienst im Lehrgebiet Rehabilitation und Pädagogik bei geistiger Behinderung an der Technischen Universität Dortmund, Fakultät Rehabilitationswissenschaften.

Nadine Voß, Dipl.Soz.päd., Moderatorin für Persönliche Zukunftsplanung, Leitung der Tagesstätte Ilse Wilms, Leben mit Behinderung Hamburg.

Prof. Dr. Erik Weber, Professor für Integrative Heilpädagogik an der Ev. Hochschule Darmstadt, Fachbereich Sozialarbeit/Sozialpädagogik, Studiengang Inclusive Education/Integrative Heilpädagogik.

Dr. Sylvia Mira Wolf, Dipl.-Psych., wissenschaftliche Angestellte im Lehrgebiet Rehabilitation und Pädagogik bei geistiger Behinderung an der Technischen Universität Dortmund, Fakultät Rehabilitationswissenschaften.

Univ.-Prof.'in Dr. Kerstin Ziemen, Professorin für Pädagogik und Didaktik bei geistiger Behinderung an der Universität zu Köln, Humanwissenschaftliche Fakultät.